人際關係的理論與實務

徐西森、連廷嘉、陳仙子、劉雅瑩　著

作者簡介

♣徐西森

國立高雄師範大學輔導與諮商研究所博士

美國麻州大學波士頓分校諮商與學校心理學系學分班

諮商心理師 94 特考及格

曾任：台灣輔導與諮商學會理事長

　　　台灣諮商心理學會理事長

現任：國立高雄師範大學諮商心理與復健諮商研究所教授

　　　中華民國諮商心理師公會全國聯合會理事長

♣連廷嘉

國立高雄師範大學輔導與諮商研究所博士

曾任：國立台東大學教育學系助理教授

　　　國立新竹教育大學教育心理與諮商學系助理教授

　　　國立台南大學諮商與輔導學系副教授

現任：國立台南大學諮商與輔導學系教授兼系主任

　　　台灣輔導與諮商學會理事

　　　台灣諮商心理學會監事

　　　台灣遊戲治療學會常務理事

　　　《台灣遊戲治療學報》主編

❧陳仙子

國立高雄師範大學成人教育研究所碩士

現任：華語教師

❧劉雅瑩

美國愛荷華州立大學諮商教育碩士

曾任：輔英科技大學共同教育中心講師

現任：張老師基金會台中分事務所兼任諮商心理師

推薦序

在我從事輔導工作和兼任學校行政工作多年的經驗中，發現「關係良好」是推動一切事務的基礎。與個案要先建立良好的諮商關係才能進行輔導；師生互動良好，才容易激勵學生自發性的學習；長官與部屬關係和諧才能帶出團隊合作的行動；甚至親子之間也如此，去除代溝，氣氛融洽，兒女才能在愛的環境中順利成長。誠如企業界所云：單打獨鬥的時代已經過去，不論是團隊合作還是策略聯盟，在在顯示，錯綜複雜的人際關係將是除個人專業之外，另一立足於社會的重要因素，即便是從事個人工作室的SOHO族，也還要有人打理行銷才有辦法生存下去。

這本《人際關係的理論與實務》，誠如書名揭示：兼具理論和實務。從個人到家庭，從學校到職場，從一個人的外表到內在的管理，從人際的衝突到溝通，可說是各種人際間可能出現的關係和議題都涵蓋在內，特別是網路人際這個新族群亦納入其中。e世代的興起，網路人口急遽蓬勃發展，虛擬的人際關係會帶來何種影響，是否會對現實社會帶來衝擊？本書也有精闢扼要的探討。

徐西森、連廷嘉、陳仙子、劉雅瑩四位年輕的學者在專業領域上各領風騷，平日散居南北，此次排除萬難，攜手合作，就個人擅長部分鑽研發表，共同完成這本教學、訓練、個人進修皆實用的專書。身為高師大的師長，欣見後進能彙整各種領域的人際關係，提出他們的見解和建議，本人除樂為之序外，也願意向大家推薦。希望本書能對

推薦序

讀者省思與發展人際關係有所助益，也願美好的人際關係能帶來各類
團體的凝聚力與生命活力，讓我們的社會更安和樂利。

高雄師範大學校長
戴嘉南　謹識

作者序

　　早期人類生活於傳統的遊牧和農業社會中，或因血緣情感維繫、或因族群依附共生等的需要，人際關係的問題與互動較為單純，也容易處理。時至今日，社會的開放多元，家庭的結構轉型，伴隨功利主義瀰漫、自我意識抬頭，人與人之間的互動關係亦隨之而量變、質變，多少人感嘆「做事容易做人難」，多少人迷失在疏離冷漠的都市叢林中，導致現代人內心充滿了寂寞、挫折、傷痛、無奈與困擾。如何經營良好的人際關係，已成為現代人重要的生活課題與學術議題。人際關係的存在雖與人類生活的歷史一樣悠久，但是，有系統的研究人際關係並將其視為一門科學、一門專業、一門藝術，卻是近代學術研究領域的大事，甚至到十九世紀以後，始將人際關係的學理運用於社會交往、生活情境與職場活動中，形成「人群關係與管理」、「組織行為」、「行為科學與管理」等學科的專業知識。

　　人際關係是人與人之間互相交往、交互影響的一種狀態，它是一種社會影響的歷程。廣義的人際關係包括親子關係、兩性關係、手足關係、勞資關係、師生關係等等人與人之間任何型態的互動關係。儘管是在路上、在公共場合裡與陌生人擦身而過，只要雙方之間已產生影響力，就可視為一種人際關係，例如你看到陌生人迎面而來，你閃身而過；你與友人在電梯內交談，見到陌生人走進來，你們隨即低聲交談或轉而沉默；當有陌生人注視時，自己會覺得不自然、不自在……等，凡此情形，也可視為一種人際關係。換句話說，人際關係不僅存在於熟識者之間，也可能發生於陌生的人事情境裡。但是，一般

人習慣上仍以與相識者之間人際互動的持續性影響歷程，視為人際關係的界定範疇。

　　本書共分為十二章。第一章緒論，包含人際關係的基本概念、發展歷程、研究方法等。第二章人際關係的理論，包含人際需求論與社會交換論、符號互動論與戲劇論、其他相關的理論等。第三章人際知覺，包含印象形成與整飾、自我與人際知覺、人際的吸引力等。第四章人際溝通，包含溝通的基本概念、人際溝通的理論、有效的人際溝通等。第五章人際衝突與合作，包含人際互動、人際衝突、人際合作等。第六章領導與管理，包含領導的基本概念、有效的領導行為、組織管理實務等。第七章壓力與情緒，包含壓力與情緒的基本概念、生活中的壓力管理、EQ 與情緒管理等。第八章兩性關係，包含友情與愛情、性與親密關係、情感失落的調適等。第九章家庭中的人際關係，包含夫妻的互動關係、親子的互動關係、手足的互動關係等。第十章校園中的人際關係，包含師生的互動關係、親師的互動關係、同儕的互動關係等。第十一章職場中的人際關係，包含辦公室的人際關係、勞資關係的經營、消費關係的經營等。第十二章網路人際，包含網路族與網路沉迷、網路中的人際互動等。各章文末皆撰有「人際之間」專文，以與該章節本文內容相互呼應，期盼加深讀者印象，強化學習效果。

　　本書旨在從廣義的觀點來探討人際關係的範疇，並兼顧理念建構的陳述和實務運用的說明。本書適合做為中等教育以上學校人際關係方面課程的教科用書，也適用於做為職場員工訓練和個人自我進修的教材讀本。本書撰寫期間，我們四位作者經常聚會討論，從個人寫作風格到專業內容方向，不斷的切磋研討，過程雖勞苦艱辛，但對個人成長或本書品質當有莫大的助益，期盼獻給讀者更豐富的內容與更具深度的內涵。謹此，感謝撰寫期間所有提供資料或惠允引用其研究心

得的專家學者與同業友人，也感謝所有家人、親友與師長的支持，以及心理出版社協助出版事宜。期盼我們的努力，能夠有助於你我未來的生活更為美好，人際之間更為和諧，更期待獲得社會大眾的迴響與先進學者的指正。

徐西森、連廷嘉、陳仙子、劉雅瑩

民國九十一年九月一日

作者序

目
次

表　次

表
次

人際關係的理論與實務

圖　　次

1

緒　論

人際關係的存在與人類生活的歷史一樣久遠。人類自出生以後，無可避免的都會與人產生互動關係，從最早接觸的父母、家人、同儕、師長，以迄投入社會生活及職場工作之後與朋友、同事、上司、部屬、客戶、消費者等人的交往互動。每個人從各種人際歷程中滿足了愛與被愛、認同與歸屬感等心理需求，也從中完成社會化、分工合作、成長進化的生涯發展任務；相對的，個人也可能從不良的人際關係中產生許多的心理困擾、人際誤會與職場衝突，甚至於損及個人的自尊與價值感。荀子所謂「人之生也，不能無群」，一語道出人是社會動物、無法離群索居的事實。

　　早期人類分工、合作於小群體中，或因血緣情感維繫，或因族群相依共融，人際關係的問題較為單純，容易處理。時至今日，社會開放多元，家庭結構轉型，功利主義瀰漫，自我意識抬頭，人與人之間的互動關係亦隨之而量變、質變，多少人感嘆「做事容易做人難」，多少人迷失在疏離冷漠的都市叢林中。在競爭激烈的工商業社會裡，法令、規定、契約、利益、職位取代了情感、道義、人倫、角色、品德，用以規範人與人之間的互動關係；是故，人際之間的思想與情感未必容易溝通交流，導致現代人內心充滿了寂寞、挫折、傷痛、無奈與無力。如何經營良好的人際關係已成為現代人生活的重要議題與學術研究的課題。

第一節
人際關係的基本概念

　　人際關係的存在雖與人類生活的歷史一樣悠久，但是，有系統的研究人際關係，並將其視為一門科學、一門學問、一門藝術，卻是近代學術研究領域的大事，甚至直到十九世紀以後，始將人際關係的學理運用於社會交往、生活情境與職場活動中，形成「人群關係與管

理」、「組織行為」、「行為科學與管理」等學科的專業知識。人是現代管理的基礎，管理乃是一種使群體發揮力量、完成共同目標的方法，亦即「使人把事做好的一種藝術」。因此人際關係不僅是心理學探討的焦點，也是工商管理、通識教育及社會科學等領域研究的範疇。

　　人類自從產業革命以後，工廠制度形成，資本主義產生，在自由競爭的經濟體系下，大規模的工業生產需要運用組織心理學、科學管理與人際關係學等專業的原理與技術，以對人數眾多的員工做有效的管理；同理，通路革命也對財貨流通的商業世界產生重大衝擊，為期開發人力資源，以對「人、財、物、事、時、地」作最大效能的發揮，人際關係與管理的知能方法，便成為現代人不可或缺的知識。對於一般的社會大眾而言，如何經營良好的人際關係，以期能夠快樂的生活與有效的工作，更是每個人所關心的事。

一、人際關係的意義

　　所謂「人際關係」（interpersonal relationship），又稱為「人群關係」，意指人與人之間互相交往、交互影響的一種狀態，它是一種社會影響的歷程（Brammer, 1993）。廣義的人際關係包括親子關係、兩性關係、手足關係、勞資關係、師生關係等人與人之間任何型態的互動關係；狹義的人際關係則專指友伴、同儕、同事的人際互動關係（徐西森，民 87；Devito, 1994）。基本上，人際關係產生於人與人之間的交互作用歷程，儘管是在路上或在公共場合裡與陌生人擦身而過，只要雙方之間已產生影響力，就可視為一種人際關係，例如你看到陌生人迎面而來，你閃身而過；你與友人在電梯內交談，見到陌生人走進來，你們隨即低聲交談或轉而沉默；有陌生人注視時，自己會覺得不自然、不自在……等，凡此情形，也可視為一種人際關係。換句話說，人際關係不僅存在於熟識者之間，也可能發生於陌生的人事情境裡。但是，一般人習慣上仍以「相識者之間持續性互動的影響歷

程」，視為人際關係的界定範疇。

　　人際關係是一種社會化歷程、一種影響力作用，也是一種行為模式，它是可以觀察、評量的，也可以經由學習、訓練來加以塑造、強化與改變。中國人習慣以「人緣」來描述人際之間實質關係所呈現的說明，但人緣只能作為人際活動使用範疇的指認術語（余德慧、陳斐卿，民85），人緣並不能解構一切的人際行為；有人以為人緣佳、人際關係良好是與生俱來的、是天賦資能的，其實人際關係是人類生存與生活的一種能力，可透過系統性的課程設計來加以訓練，這可由國內外紛紛成立許多以「人際能力訓練」為宗旨的專業機構得到證明。每個人的人際關係皆有其獨特性、一致性與複雜性，一如人的人格特質一般，人際關係也有其個別差異性（Verderber & Verderber, 1995）。人與人之間相處的反應模式不盡相同，因此有些人的人際關係好，有些人則不然；也有些人善於經營親子關係，卻不會處理兩性關係的問題，誠所謂：「一樣米養百種人」。

　　由此觀之，人際關係有其重要性與影響力，俗云：「有關係就沒關係，沒關係就有關係」，意味著現代人有良好的人際關係，凡事就沒問題；相對的，沒有人脈就有問題。人際關係的建立與維持，其目的不單只是人與人之間的交往相處，還要透過交互作用來影響對方的態度、改變對方的行為，以符合自己的需求和組織的目的，例如主管與員工保持良好的人際關係，不僅是為了便於管理員工、和諧相處，更在於使員工樂於努力工作，擁有更大的空間與更強的動力去發揮他們的主動性、創造力；甚至組成集體式、隱密性的人際監督體系，來保證企業組織的目標實現。

　　一般而言，影響人類人際關係的因素甚多，包括性別異同、社經地位、教育背景、人格興趣、社交技巧、宗教信仰、族群意識和生態環境等（Segrin, 1997; Turner, 1991），每個人在不同的人生發展階段都會有不同的人際交往對象與互動模式。此外，人際互動中因個別差異所導致的身心壓力與人際衝突，不但會影響個人的人際關係、自我概

念與生活適應，甚至會影響到個人的身心健康、生活態度和生涯發展。

二、人際關係的分類

　　不同性質的人際關係，其所產生的交互作用與影響力也有不同。人際關係的分類，依發展時間的不同，有常態性的人際關係與階段性的人際關係；依發展內容的不同，有人我取向的人際關係與工作取向的人際關係；依互動層次的不同，有深層次的人際關係與社交層次的人際關係；依人數對象的不同，有個別式的人際關係與群體式的人際關係；依功能目的不同，有工具性的人際關係與人本性的人際關係等。Devito（1994）認為人際關係的強度會隨著彼此資訊分享的多寡以及互動型態而改變，通常人們習慣於依個人與交往對象的熟悉程度，將與自己有關係的人區分為認識的人（acquaintances）、朋友（friends）與親密的人（intimates）等三類。

　　人際關係的分類並非固定單一的，一個人的人際關係可能同時兼具有上述不同分類取向的多種人際關係型態，例如親子關係可能是常態性、深層次、人本性及人我取向的個別式人際關係，此等人際互動關係，彼此依賴性強，影響深遠，不受時空限制，較不涉及人際的利害關係（功利導向）；而勞資關係則可能是階段性、職場社交性、群體式及工作取向的工具性人際關係，此類人際關係的形成大多源自於外在因素的介入，例如工作、法律、契約與時空背景等，其人際影響力只侷限於改變個人的外顯行為，而不易深刻影響其內在的態度、情感和價值觀。有時涉及利害關係時，人際之間較易產生複雜的問題，欲解決此類的人際問題可能會涉及法律層面。

　　傳統社會的人際關係較注重「應對進退」，它是通過「團體共識」而完成，亦即若有人說錯話、表錯情、做錯事，往往會受到團體的制裁；反之，一個人若言行不踰矩，則會獲得周遭人的讚美肯定。如此一來，我們就會學習到在什麼時間、什麼場合、面對什麼人（角

第
1
章
緒
論

005

色分際）應該採取何種行為反應，久而久之，我們就「人情練達」、「通曉人情世故」了（余德慧，民 79）。由於傳統上以道德觀、倫理學做為人際互動的依歸，因此任何人際關係的分類皆以「角色職位」為分界點。人際關係的訓練較重視「內化」的人格特質，而不強調「技巧」的訓練，以免巧言令色，只要能「君君、臣臣、父父、子子」即可，此即為人本的人際關係、仁者的人際關係。

在今日工商業的社會中，良好的人際關係有助於個人事業的成功，人際關係之所以成為工商企業界的顯學，乃是因為它的工具性性格，也就是它的「好用」、「有利」、「實效」。日本學者鈴木健二（民 79）研究成功人士的個案，發現成功人士的條件只有百分之十五與個人專業知能、技術經驗有關，另有百分之八十五則是決定於其人際關係的良窳。此一事實，改變了傳統上將人際關係視為是一種內化的人性美德，而強調它是一種人人必須學習的技術、知能。換句話說，人際關係如同「行銷學」、「經濟學」一樣，它是屬於一種工具性的知識，也是一種科學性的知能，更具有相當大的經濟效益；它不再只是一種生活經驗的累積或是道德倫理的標準，而是一項具有科學性理論依據的專業。

三、人際關係的理論

有關人際關係的理論甚多，長期以來，不少學者專注於探討人際吸引與人際衝突的因素、人際互動的層次與行為模式、人際關係與工作行為的相關、人際的刻板印象與印象概推（halo effect，又稱月暈效應）、阻礙或增進人際關係的方法等課題。一般常見的人際關係理論有：Schutz 的人際需求論（theory of interpersonal need）和 Kelley、Thibaut 等人的社會交換論（theory of social exchange），以及人格與情境交互模式（interactionist model of personality sitution）等。至於，將人際關係運用於「組織行為與管理」方面的理論更多，包括 Taylor 的科

學管理學派、Fayol 的管理程序學派、Dales 的經驗學派、Mayo 的人類行為學派、Barnard 的社會系統學派、McGregor 的 XY 理論等。此等學派或理論的先後問世，儼然是「人群關係與管理學」的理論發展史。本節先重點介紹「人際需求論」與「社會交換論」，其他相關之人際理論留待本書第二章再詳細探討。

(一)人際需求論

人際關係乃是為了滿足人類的基本需求。人與人之間的關係是否改變、建立與維持，端視雙方的人際需求程度是否一致符合。Schutz（1966）認為人類有下列三種最基本的人際需求：愛（affection）、歸屬（inclusion）和控制（control）。愛的需求反映出一個人表達、接受愛的慾望。愛的需求過強者是「過度人際關係化」（overpersonal）的人，愛的需求適中者是「適度人際關係化」（personal）的人，愛的需求缺少者是「缺乏人際關係化」（underpersonal）的人。歸屬的需求是希望存在於別人團體中的慾望，歸屬需求強者是「過度社交化」（oversocial）的人，歸屬需求適中者是「適度社交化」（social）的人，歸屬需求弱者是「缺乏社交化」（undersocial）的人。而控制需求則是指一個人希望成功地影響周遭人事的慾望，如同前二者（愛與歸屬）的需求一樣，控制需求強者是「獨裁者」（autocrats），控制需求適中者是「民主者」（democrats），控制需求弱者是「逃避者」（escapists）。

Schutz 認為人類人際關係的和諧來自於人與人之間在上述三方面需求的相容互補，如圖 1-1 之 A；反之，當人與人之間的人際需求是相悖衝突時，則人際關係的發展自然會不良甚至惡化，如圖 1-1 之 B。例如，甲乙二人約會時，甲喜歡主動決定約會的內容，乙也喜歡被動的（等待）享受甲的決定，則甲乙二人的人際關係可以持續進行，較少引發不必要的衝突。當然，人類的需求有其個別差異性，而且可能隨著時空因素的不同而改變。Schutz 的理論優點在於可用以解釋許多

人際行為，並作為個人人際衝突與抉擇之參考（陳光中等譯，民80）；惟其理論未能進一步說明人與人之間如何調適彼此的衝突、相悖之處，以求相容和諧。人際需求論之詳細內容請參閱本書第二章第一節。

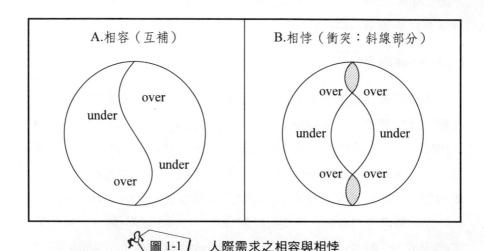

圖 1-1　人際需求之相容與相悖

(二)社會交換論

　　社會交換論簡稱為「交換論」（exchange theory），最早由 Homans 於一九五〇年代根據 Skinner 的操作制約行為論和基礎經濟學發展而來，強調人類的行為受到經驗及學習等因素的影響，當行為可以滿足人類的需要時，則該行為將會持續發生；反之，行為反應若引發不受期待的結果，則該行為會終止反應。爾後，約在一九六〇年代時，另有 Kelley 及 Thibaut 等兩位學者也認為人際關係是藉由互動時雙方所獲得的報酬（reward）和代價（cost）之間的互換結果來決定，如表 1-1。報酬是人際互動的增強物，常見的報酬包括好感、聲譽、經濟收益及感情需求的滿足等；代價則是人際互動的負向後果，諸如時間的浪費、精力的花費、財物的損失、聲望的下跌及焦慮、不滿、痛苦之類的不良情緒等。

一般而言，人類期待高報酬低代價的互動，例如「施杯水、受湧泉」、「拔一毛利天下」，成本少利潤高的人際投資，當然符合經濟效益。舉例而言，甲乙二人的人際關係持續一段時間之後，一方或雙方的淨利（報酬減去代價）低於某一水平時，則其中一方或雙方將可能對此一互動關係感到不滿或不愉快；反之，二人的淨利高於令人滿意的水平時，雙方會認為此一關係是令人愉快、互惠的，可以繼續發展、維持。當然淨利的滿意水準因人而異，即使同一個人也可能因時空背景或發展歷程的變化而有不同的淨利期望水準。

　　人類對代價與報酬之比率評估不一的原因是他們對滿意度有不同的定位，例如個人有許多高報酬率的關係時，他將設定較高的滿意度水平，因此可能對低報酬的人際關係不滿意，通常具有工具化性格或功利主義導向的人屬於此類人際理論模式的信仰者；反之，平時較少擁有正向人際關係經驗的人，可能不敢期待擁有高報酬率的人際關係，亦即個人的人際互動模式會受到平時或過去生活經驗的影響。社會交換論的觀點也可運用在人際溝通中，請參閱本書第二章及第四章。

 表 1-1　　人際互動的報償評估

$$
人際關係持續：\frac{報酬}{代價} > 1
$$

$$
人際關係終止：\frac{報酬}{代價} < 1
$$

　　投資報酬率決定了人際互動關係的吸引力，但 Kelley 等人的研究並未指出它會決定個人多久的人際互動關係；儘管個人有時會在代價高於報酬時，終止自己與他人的人際互動，但是，有時也會因發生特殊情況，導致一個人的人際關係長久處於此一代價高於報酬的不理想狀態裡。例如一位員工不滿意公司「不同工卻同酬」的措施，但又苦於無更理想的就業機會與工作環境，不敢輕易中止勞僱契約而離職。

第 1 章　緒論

Kelley 和 Taibaut 提出一個「**替代性選擇水準**」（comparison level of alternatives）的概念，亦即人際關係持續與否取決於一個人覺得是否有其他的選擇機會。若有，則當事人會因不滿意此一高代價低報酬的互動結果而終止人際互動；反之，若無替代性的選擇或選擇水準極低，則當事人只能繼續維持並忍受此一高代價低報酬的人際關係。

　　社會交換論與人際需求論一樣，皆對人類人際關係的發展提供了不同領域的探討觀點。惟社會交換論過於強調人類人際關係中的理性因素，且將人類的行為條件化、經濟化，忽略了人際互動行為乃是人類自然的情感發展。換句話說，Kelley 等人的理性模式或其他的人際理論未必能完全解釋人類複雜的人際行為，特別是非理性的外顯行為與心理需求的部分。儘管如此，不同理論模式的人際互動觀點，仍然提供了現代人研究人際關係的新範疇，其貢獻不容忽視。

四、人際關係的經營

　　觀察今日社會上的人際關係，普遍存在著許多問題，尤其隨著時代的變遷，昔日人心純樸、重感情、講義氣、守倫理的理想社會已漸變質。處在今日繁榮的工商業社會中，人與人之間的交往有時是以利害關係為著眼，刻意包裝自己，因此表現出來的感情是真誠或假意，實在無法讓人有辨別與提防的機會。人類原有理想的價值觀、倫理觀漸趨薄弱，更使一向拘泥於傳統學校教育、家庭教育及年齡稍長的人，無法突破現代社會的變遷藩籬，導致與新新人類產生不少親子、夫妻、師生、朋友、勞僱等人際關係的困擾與障礙。

　　人與人之間的互動關係受到許多因素的影響，內在因素包括個人的人格個性、知覺態度、動機需求、情緒感受與過去經驗等差異，外在因素包括社會階層、個人儀表、社經地位、教育程度、時空距離等條件。有時個人對他人的刻板印象、第一印象與月暈效應（印象概推）等心理現象，也會影響人際互動的結果。基本上，人都是希望被

他人了解、關懷、尊重、肯定（賞識）、注意與寬恕的，人與人之間相處，只要能多了解人類的人性需求與個別差異，便可以發展出「你好，我也好」的成熟型人際關係。否則，過度的自我意識、疏於人際經營、缺乏良性溝通往往容易導致「我好、你不好」的指責型人際關係、「我不好、你好」的討好型人際關係、「不管你我、只管規定」的電腦型人際關係，或「我不好、你不好」的混亂型人際關係，詳見圖 1-2。黃素菲（民 80）曾根據家族治療學派學者 Satir 的觀點，將上述五種不同類型的人際互動關係及其內在感受、情緒、外在行為、身心症狀和互動結果作一比較，詳見表 1-2。

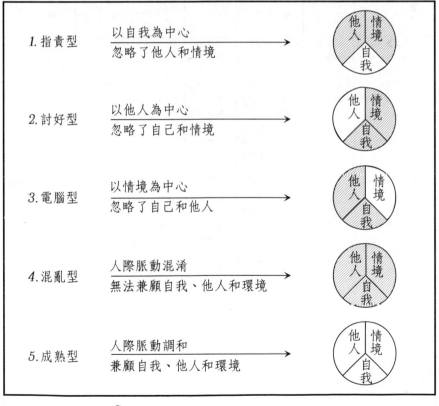

1. 指責型　以自我為中心　忽略了他人和情境

2. 討好型　以他人為中心　忽略了自己和情境

3. 電腦型　以情境為中心　忽略了自己和他人

4. 混亂型　人際脈動混淆　無法兼顧自我、他人和環境

5. 成熟型　人際脈動調和　兼顧自我、他人和環境

圖 1-2　不同人際關係的經營型態

表1-2　人際互動反應型態

項次	語詞	情緒	內在感受	外在行為	心理症狀	生理症狀	互動結果
指責型	·你從沒有做對 ·你怎麼搞的 ·都是你的錯 ·我不是已經講得很清楚，你怎麼…	·憤怒的 ·不滿的 ·疑神疑鬼的 ·叮嚀的 ·孤單的	·沒人關心我 ·除非我這樣大喊大叫，否則沒人把我當人看 ·我是寂寞且失敗的	·攻擊 ·批評 ·不同意 ·找碴 ·高姿態	·疑神疑鬼 ·不信任 ·獨斷 ·自大	·肌肉酸痛僵硬 ·高血壓 ·動脈硬化 ·氣喘 ·背痛 ·便秘	·人際不重要 ·目標重要 ·類比：鯊魚 ·結果：你輸我贏（強勢） ·好處：積極的
討好型	·都是我的錯 ·沒有你，我一個人不行 ·我在這，就是為了讓你高興 ·我必須讓別人快樂	·無助的 ·弱勢的 ·依賴的 ·內疚的 ·自貶的	·我感到一無是處 ·我沒有價值 ·沒有人喜歡我 ·我必須讓別人快樂，別人才會喜歡我	·道歉 ·取悅別人 ·屈服 ·乞求 ·撒嬌 ·順從	·神經質 ·憂鬱 ·自殺 ·焦慮 ·委屈	·消化系統不良 ·厭食 ·偏頭痛 ·便秘 ·胃病	·人際重要 ·目標不重要 ·類比：浣熊 ·結果：你贏我輸（委屈求全） ·好處：關懷的、敏銳的
電腦型	·按照過去的經驗看… ·依據目前資料的分析… ·一切都應該有個道理、有個規矩 ·大家都理智就沒錯	·固執的 ·就事論事的 ·有原則的 ·強迫的 ·正確的 ·講理的	·我必須讓別人知道我是很聰明、頭腦清楚、很講道理的 ·我其實很容易受傷 ·我不喜歡「情緒」，所以表現出沒感覺的樣子	·優越感 ·操作、規律、有原則、理性化 ·權威、獨斷、固執、僵化	·社會孤立 ·僵化 ·強迫性（思考和行為） ·循規蹈矩	·黏液分泌過少 ·癌症 ·淋巴疾病 ·單核血球疾病 ·心臟病	·人際是為目標而存在 ·類比：公雞 ·結果：雙方都輸一點（妥協） ·好處：智慧的
混亂型	·咦！我的銅板怎麼不見了 ·哎！談點別的，幹嘛鑽牛角尖 ·跟你講個笑話，那天…	·不規律的 ·活動過多的 ·不合適的 ·唐突的	·我覺得有壓力 ·頭暈眼花 ·沒有我的位置 ·我必須引起別人注意	·莫名其妙 ·牛頭不對馬嘴 ·顧左右而言他、干擾、聲東擊西 ·俏皮、詼諧	·混亂 ·失衡 ·不適應 ·急躁 ·自我的	·中樞神經系統失衡 ·頭暈眼花 ·渾身不對勁	·人際、目標都不重要 ·類比：烏龜 ·結果：不戰而逃（逃避）、溝通沒有重點 ·好處：幽默、有彈性
成熟型	·你是說… ·我覺得… ·讓我們一起來想… ·你的看法是… ·我們的結論是…	·自主的 ·愉快的 ·沒有防衛的 ·尊重的 ·平等的 ·溫和的	·協調一致 ·平衡 ·滿意 ·自我價值感高	·獨特的 ·活力的、積極的、關懷的 ·勝任的 ·自我了解、富同理心的	·健康	·健康	·人際、目標都重要 ·結果：雙贏互惠 ·好處：對你、我、事情皆了解，問題易解決

（資料來源：黃素菲，民80，頁137）

一個人若想增進有效的、成熟的人際關係，不妨多參考他人的人際經驗，尋求諮商或善用資源。此外，也可運用下列人際經營的「十五多」原則：多關心他人；多為他人著想；多讚美他人；多與他人溝通；多寬恕他人；多向他人請教；多充實自己；多積極主動；多開放自我；多一點微笑；多一點樂觀；多尊重他人；多激勵自己；多幫助他人；多了解他人。由於人類的行為複雜多變，而且人有個別差異，因此在不同的時空環境下，人際關係的經營也應有彈性，不同類型的人際關係也需要有不同的經營方式。我國儒家的重要人物荀子認為：「求而無度量界，則不能不爭，爭則亂，亂則窮」（《荀子‧禮論篇》），一語道盡人際和諧的重要性。總之，人際關係之所以是一門科學、一門藝術，就是強調人際關係的學問必須隨著社會變遷不斷的研究發展，同時，因人、因時、因地、因事而制宜。

第二節
人際關係的發展歷程

　　日常生活中，每個人每天都會在許多不同的場合裡與他人互動，其所接觸的對象可能是熟識者，也可能是陌生人。有些人從與他人互動的經驗裡滿足了自我的人際需求，也有不少人在人際交往的過程中身心受到傷害。人際關係不僅是人類一種重要的社會行為，也是身心發展歷程相當重要的一環。因「人是群居的動物」，故人際關係的良窳被視為人類愛與歸屬感等心理需求能否滿足的重要指標之一。人與人之間的互動，往往會因彼此關係的親密程度差異而有不同的行為模式，個人與親友、家人相處的方式必然有別於和初識者交往的模式。人際互動行為的差異除了受到人類行為複雜性、個別差異性的影響之外，也與其人際關係的發展取向和所處的社會結構有關。

　　人類的人際行為與角色認同是其社會化發展的重要變項，個體從

第1章　緒論

社會化歷程中學習社會適應與性別角色；當社會結構改變，社會上的文化價值混淆，規範約束的能量薄弱，或人際衝突不斷時，往往會導致個人的社會化歷程崩解，其人際互動也可能因而受阻。換言之，個體的社會行為、人際互動的型態及人際關係的發展均深受個體所處環境之社會結構與文化規範的影響。例如有些社會文化會比其他的社會文化更容易塑造個體暴力與攻擊性的行為，新幾內亞的亞帕契族人與中非的批克米族人較被動、非攻擊性，而新幾內亞的孟都古牡族人則較獨立、有鬥志、不關心他人的需求（Shaffer, 1994）。

　　一個人早期的社會交往經驗，深深影響其未來的人際關係與對人的態度。人類自出生以迄終老，無不與人接觸。剛出生的**嬰兒**，人際關係發展深受母親或母親代理人的影響，親子的依附關係與手足的爭寵行為也可能間接影響其人格發展。而後，進入**幼兒期**，幼兒的無助及依賴既惹人憐也令人煩，既吸引成人的關愛也獲得其他孩子的注意，此時幼兒與別人接觸的方式與次數同等重要。社經地位不同的家庭，子女獲得關愛照顧的程度不同，也會影響其「信任他人」或「猜疑敏感」的人際關係發展（胡海國譯，民78）。此一時期的幼兒是以自我中心來發展其人際關係，他們害怕人際疏離、被遺棄與不受人注意，人際互動上雖然反應遲鈍（可能受動作、肌肉與骨骼發育等生理發展的限制），但仍有其人際敏感度。

　　至於**兒童期**的人際互動經驗則大部分來自於與同伴遊戲和與家人相處的經驗，他們開始發展「取」、「給」玩具，「護」、「鬥」同伴，「接受」、「拒絕」嬉戲等社會化行為。兒童期人際關係發展的特色是從以親子為重心的人際互動，轉而為以同儕為伍的社會交往，此時兒童從「受父母保護」的角色逐漸感受更多的「被他人欺侮」經驗，因此容易導致兒童產生人際互動的挫敗感，若兒童能適時獲得他人的愛、關懷與人際教育，將有助於催化其更多正向的人際行為。兒童期最常見的社會化人際行為包括違拗、競爭、模仿、認同、攻擊、指責、爭執與合作。此外，兒童也從遊戲過程中開始學習「領導」與

「服從」的社會行為，開始學習接受他人的要求與遵守團體的規範，其中「好寶寶」或「壞孩子」等人際回饋的觀感，也會成為兒童自我概念的一部分。

　　Shaffer（1994）認為兒童對他人知覺的發展是大部分社會認知方面研究的重點。對他人的評價或描述，兒童習慣於使用非心理性的具體詞彙，例如「你不乖，我不要和你好了」。一旦進入青春期後，個人則較能以抽象的、心理向度的語句來描述其周遭的人。在**青春期**的發展階段，由於伴隨個人生理結構的急劇變化，及其所帶來的情緒化與不穩定的心理反應，青少年的人際關係與社會適應面臨空前的挑戰，包括親子、手足、師生、同儕、兩性及職場等人際關係均隨之改變。

　　有些青少年由於無法面對身心變化與人際生態，導致退縮、疏離、猜忌、攻擊等偏差行為取代了適應性的社會行為。此時，同儕的影響力取代了家庭的影響力。青少年的社會交往對象開始由「廣交」轉為「深交」，「閨中密友」與「狐群狗黨」成為一項新新人類特有的社交次文化。當然，青少年時期的人際發展也有正向的一面，除了青少年在人際互動時釋放了真誠、熱情、自主與公義等良好的特質之外，他們也逐漸從孩子氣的行為模式蛻變為「準大人」的社交模式。個體**成年後**的人際關係發展則較具有穩定性，其交往對象也大都來自於同質性高之職場環境與生活經驗中的社會人士，或是成長歷程中「未斷線」的老友。成年人的人際關係發展和其社會角色、個性特質有關，其社交圈有時也來自於興趣相投的同性朋友或「家庭的朋友」（family friends）。

　　至於**老年人**的人際交往對象，多半受到居住區域、社會參與和休閒嗜好等因素的影響，例如長青大學的同學、早泳會的會員或「老鄰居」等。**當然**，個人的人際關係發展固然受到人類行為發展與社會互動結構的影響，也與其族群文化與集體意識有關。舉例而言，中國人的和諧觀由於對應層次不同而呈現明顯的轉化關係，從注重心靈的境界朝向注重情理的境界變化，最後再轉化至現實功效的境界。有些學

者（黃囇莉，民85）的研究發現：中國人的和諧觀是較辯證式、調合式及統制式的，其對應而生的衝突觀則分別為失和式、失調式及失序式的衝突。有時中國人的和諧觀會逐漸從動態的和合境界，逐漸因節制而固定。雖然和諧的境界有別，但中國文化價值體系認定「和諧」深具正向價值，它是吉祥與有利之象徵；反之，人際衝突則較具負面評價，將帶來不利的後果。

　　社會心理學家 Levinger 提出的「人際互相依賴模式」，將人類人際關係的發展區分為三個階段：單邊知覺（unilateral awareness）、雙邊表面接觸（bilateral surface contact）和互惠（mutuality）。在第一階段中，人際互動之一方只注意到另一方的外在特質，惟後者並未察覺前者的動作意向；而後，雙方互相意識到對方的存在，惟僅止於表象的特質或侷限於片段知覺印象；到了互惠階段，雙方深入交往，彼此分享經驗，發展非強制性的人際互動規範，隨著交往的次數與互動的親密度增加，彼此的自我表露程度也愈深入。此外，Altman 和 Taylors（1973）的「社會滲透模式」（model of social penetration）也認為，人際互動之雙方會逐漸由淺窄進而發展深廣的自我表露，人際關係與自我表露二者成正比關係，詳見圖 1-3（鄭佩芬，民 89）。

說明：
1=親密朋友
2=朋友
3=認識的人
4=陌生人

A=自我概念
B=需求、感受、價值觀
C=知覺、期望
D=表面特質

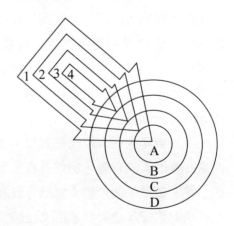

 　圖 1-3　　人際關係社會滲透模式圖（鄭佩芬，民 89，頁 142）

完形治療學派大師Perls從心理治療觀點將人際互動歷程區分為五個層次（Clarkson, 1999; Perls, 1973）。第一層人際接觸為社交層（cliché layer），它代表了人際之間表象、淡淡之交的互動層次，包括一般性的交談寒暄、製造話題及打招呼，或是禮貌性的握手行為。第二層人際接觸為作戲層（game layer）或角色扮演層（as-if layer），每個人都顯現出超乎實際的仁慈、聰明或無助，此一層次的人際接觸是充滿了作戲色彩和各式各樣的角色，例如「偉大的醫生」、「糾纏不清的人」、「自我殉道者」、「硬漢」等。當個人卸下前述角色時，人際之間就會進入第三層接觸的僵局（impasse），此時個人會體驗到那種擔心自己會被束縛、傷害或迷失、空虛的感覺，Perls認為大多數的人會極力避免自我去接觸此一層次，因為他們會擔心受怕，會不斷想盡辦法逃避責任，因此，人與人之間的互動經常停留在無法真誠會心的前二個層次。第四層人際接觸為死寂層（death layer），或稱之為內爆層（implosive layer），在此一層次中個人對外界刺激呈現出灰心、麻木的狀態或呈現出恐懼、絕望的狀態。最後階段是個人通過僵局、內爆層而至於外爆（explosion）。藉由此一真實的外爆〔或真誠表露（cathartic expressions）〕，個人開始努力於整合那些與真實自我核心息息相關的過去生活情境與人際經驗，達成大人合人、個體內外狀態的一致。

Devito（1994）的「人際關係形成模式」則將人際互動區分為六個發展階段：接觸（contact）、參與（involvement）、親密（intimacy）、衰退（deterioration）、修復（repair）和解離（dissolution）。人際互動一開始接觸會受到相互之間第一印象、印象整飾與人際吸引力等因素的影響（參閱本書第三章），而後視雙方投入參與的程度，決定人際關係是否持續發展、是否親密。當人際互動或親密感發展至一定的程度時，雙方的人際關係可能永遠保持此一狀態，也可能稍有消退；而因雙方的誤會、衝突或其他原因也可能導致人際再度衰退、修復，甚至解離。鄭佩芬（民89）則從人際溝通的觀點，強調人與人

第
1
章
緒
論

之間互動關係的發展約可分為下列三個階段：(1)彼此提供、交換資訊以促進相互認識的「開始階段」，包括從人際吸引、開始交談、持續交談到邁向親密；(2)彼此互惠與相互滿足需要的「穩定階段」，包括描述式溝通、平等式溝通、真誠式溝通以至完全式溝通；以及(3)相看兩厭、濃情轉薄或情緣已盡的「解離階段」。

若從兩性互動觀點而言，個體的人際發展歷程可區分為「無性期」、「同性群友期」、「同性密友期」、「異性群友期」、「異性密友期」及「婚姻性愛期」等階段。不同的發展階段有其不同的人際發展任務與經營原則，「同性群友期」即在發展個體的社會歸屬感；「同性密友期」重在充實自我的內涵以發展人際親密的情感；「異性群友期」旨在培養兩性社交知能；「異性密友期」則在建立婚姻關係厚實的基礎。每個人在兩性互動的人際歷程中，各有其不同的發展困擾和個別差異性（詳閱本書第八章）。

總之，人際關係乃是人類重要的社會生活方式，人類自出生成長以迄終老病亡，都必須與他人接觸、互動、學習、工作和生活。個人人際關係的形成不論是受到先天的能力、特質或遺傳等成熟因素的限制，抑或是來自於後天環境中模仿、順從、認同與內化等學習經驗的影響，每個人的人際互動與行為模式皆有其共通性，也有其個別差異性。人際關係學是一門藝術，也是一項專業，「藝術有變化、專業講原則」，如何在人際互動的情境中了解其變化與原則，掌握變與不變的應對空間，確是現代人必須重視與學習的課題，如此才能促進個人良好的人際關係，增進其工作與生活的效能。

第三節
人際關係的研究方法

根據現象學（phenomenology）的觀點，個人社會性的經驗與行為

是人類存在的重要指標，想要了解人類就不可能忽略人際之間持續性與發展性的互動情境，更不可能將個人獨立於社會環境之外來加以探討；相對的，任何人際關係的研究，也必須在自然與個人完全自由的情境中觀察才有意義（Clarkson, 1999）。Sartre（1948）也指出，「我無法將自由當成我的目標，除非我也將他人的自由同樣地當成我的目標」，當個體在一個受壓迫、不自然的環境下所發展而出的人際關係及其研究，絕對是毫無意義、毫無價值的。人際關係的研究，長期以來一直是人文與社會行為科學中重要的一環，其所採用的研究方法也與社會科學的研究方法相通。本節將分別探討心理學、人際關係學等領域常用的**社會科學研究方法**，以及探討**團體互動歷程**中常見的一些**研究系統**或評量工具，以作為人際關係研究方法的參考基礎。

一、社會科學的研究方法

人類的行為複雜多變，為期有效了解、預測與掌握，不能侷限於某一學科或技術的研究，因此，有許多的科學方法常被用來探討人類的心理、行為與人際關係，常見者包括實驗法（experimental method）、評定法（rating method）、調查法（survey method）、晤談法（interview method）、個案研究（case study）、問卷法（questionnaire method）、投射法（projective technique）、觀察法（observational method）、測驗法（test method）等。其中以觀察法、實驗法、調查法與測驗法等四項為主要的研究方法。

(一)觀察法

觀察法是觀察者以視覺、聽覺或其他輔助的視聽器材來觀察、記錄與分析受觀察變項的一種技術，此法雖非最嚴謹的科學性研究方法，但卻是最原始且應用最廣的方法。觀察法約可分為「自然觀察法」（naturalistic observation）與「控制觀察法」（controlled observation）二種。前者係在自然的情境下蒐集資料，觀察者並不影響受觀察者，甚至受觀察者也未必知道有人正在記錄、分析其行為，因此所獲得的資料較為真實自然，例如觀察兒童的遊戲行為與受干擾時的情緒行為，以改進管教方法或擬訂遊戲規範。至於控制觀察法則是在預先設置的情境中進行觀察，它是屬於嚴密而精細的控制方法。控制觀察法所獲得的資料若非「隨機取樣」，則其解釋、推論宜慎重，亦即觀察時必須注意取樣時不能有誤差，否則會影響結果的客觀性。

　　一般而言，觀察者的角色依其觀察行為的介入與否，可區分為「參與式觀察者」（participating observer）與「非參與式觀察者」（nonparticipating observer）。前者係直接且實際的參與在觀察或受觀察的情境裡，被觀察的人較自在，不會感受太大的壓力，甚至難以察覺觀察者的存在；後者則是觀察者不直接加入在受觀察的情境中，只在另一位置、角落或另一空間，藉助單面鏡、錄影機等器材去觀察、記錄受觀察者的行為，使觀察過程「接近自然狀態」。

　　無論是參與式或非參與式的觀察，基本上，觀察者都不能過度解釋所記錄、觀察到的現象，也就是觀察者重在掌握「是什麼」（what），而不是「為什麼」（why）。同時，觀察所得的資料必須具有準確性、代表性，不宜「斷章取義」、「以偏概全」。此外，觀察行為要先界定，觀察宜隨時記錄在事先準備的觀察表上，並利用電子器材輔助，例如錄音機、錄影機等，以便獲得更多客觀的資料，惟須事先告知受觀察者，徵詢其可接受的觀察方式或配合研究設計。同時，適當的採用時間隨機取樣（time random sampling）的設定方式，以便觀察到受觀察者的「常態」行為。

(二)實驗法

　　實驗法是一種嚴謹、精確的科學研究法。實驗法乃是研究者在一定的控制情境下，有系統的探索自變項（X），觀察和測量其對依變項（Y）所產生的影響結果。換句話說，實驗法不只在了解「是什麼」

的問題，也在於探討「為什麼」的因果（X→Y）關係問題。研究者根據其實驗（研究）計畫，控制或操縱一自變項（independent variable），又稱為實驗變項（experimental variable），以觀察、記錄與分析因自變項變化而產生依變項（dependent variable）的改變情形，例如在同一壓力情境下，團體互動歷程中成員口語行為與情緒反應（X）對成員自我概念與團體諮商效果（Y）的影響，詳見圖 1-4 研究設計範例。

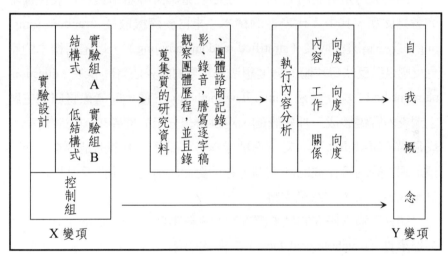

圖 1-4　實驗法研究設計架構之範例

（圖中文字：實驗設計／實驗組 A 結構式／實驗組 B 低結構式／控制組／X 變項／蒐集質的研究資料／團體諮商記錄影、錄音，謄寫逐字稿觀察團體歷程，並且錄／執行內容分析／內容 向度／工作 向度／關係 向度／自我概念／Y 變項）

　　實驗法雖然在科學研究上是一種過程嚴謹、成效最大且研究結果最精確的方法，惟因其涉及較為複雜的統計學與研究法等知識，加上考量實驗倫理與人道人權等因素，因此在人際關係學領域，除了專業性較複雜的研究問題之外，一般的人際互動議題較少採用此法。實驗法依實施場地性質的不同，可分為「實驗室實驗」（laboratory experiment）與「實地實驗」（field experiment）兩種。前者應用於特定的情境或實驗室中；後者則在實際的生活場地中進行實驗，亦即在實驗室以外的實際生活空間中實施研究，例如直接在工廠內研究員工人際吸引力對其人際關係與工作效率的影響，或是直接在商店裡探討親子依

第 1 章　緒論

附關係對人類消費行為的影響。由於實地實驗干擾變數較多，故必須進行長期研究，而且要有周詳的研究計畫，以維持實驗變項不變的條件。換言之，無論是質性研究或量化研究，實驗法的運用實際上均有不少的困難待克服。

(三)調查法

調查法乃是針對特定的研究主題，蒐集母群體中具有代表性樣本的意見反應。其中「代表性的樣本」來自於隨機取樣（random sampling）或分層隨機取樣（stratified random sampling），以確認樣本的意見反應足以反映母群體的態度想法。常見的調查法有問卷法（questionnaire method）與訪談法（interview method）二種，前者係將研究主題之調查內容編製成一種嚴謹的、可供量化分析的問卷表，並將之郵寄或當場（類似訪談法）交予受試樣本填寫反應；後者則是調查人員將預定調查的內容作成訪談大綱，在面對面的情境下訪問受試樣本，以蒐集代表性樣本的意見資料。

調查法通常研究的是被調查者的資料事實（informational facts）與心理事實（psychological facts）之間的關係。前者包括受調查者的性別、年齡、血型、居住地區、出生序別、宗教信仰、教育程度、社經地位、職業職務等屬於個人的背景資料；後者包括受調查者對本項調查主題的感覺、想法、態度、信念、期待、建議、行動等心理反應。例如探討不同居住地區、宗教信仰、教育程度與社經地位的家長對於子女網路交友與出入網路咖啡（網咖）店的意見看法。有時調查法所得的結果資料可進一步再配合實驗法或觀察法來進行研究，例如我國諮商督導工作實施現況調查及其督導人員教育訓練模式之實證研究。

調查法在學術界的應用相當普遍，一方面是因調查法可以大規模進行資料的蒐集，較少受時間、地域的限制，另一方面則在於此法的統計分析較為簡便，易於操作、了解。惟因調查時所用的問卷編製不易，其信度、效度難以確立，加上取樣的「代表性」問題，以致調查

法所獲得的結果資料，較不似實驗法或測驗法精確，因此調查法的研究結果在推論上與運用上宜慎重，例如選舉期間，候選人自辦的民意調查即有相當的爭議性。

(四)測驗法與測量法

測驗法或稱心理測驗法（psychological test method），是指運用標準化、科學化的心理測驗來探討人類的心理特質與行為反應，據以作為人事甄選、安置、評量及任用等參考，或作為一般自我了解、調查研究與生涯規畫的工具。常見的心理測驗類型包括人格測驗、智力測驗、性向測驗、興趣測驗及成就測驗等。科學心理學的特徵之一乃是對個體行為從事量化的精密研究，而心理測驗就是一種能使人類行為量化的主要工具，心理學家採用測驗法研究心理學的問題，有時候是要研究個體在某一方面的個別差異情形，有時則在於探討兩種或多種行為之間的關係，例如 S-R 法則、O-R 法則及 R-R 法則。有時領導管理者可運用心理測驗來了解部屬、安置員工，或作為人際諮商、生涯輔導與心理治療的參考。

測量法（measurement method）是指藉由精密的測量儀器來評量個體心理特質的　種方法。測量法在心理學上的應用，歷史相當悠久，目前也普遍地被運用在心理輔導、臨床醫學、學校教育與人際歷程等領域的研究中，社交計量法即屬測量法之一種。測量法也被視為一項重要且強而有力的心理性、診斷性與評量性的工具，其編製、設計、實施、分析及解釋、報告都有其標準化的程序與方式。目前國內外有關測量人際行為與互動關係的測驗也不少，均可適當的加以運用（例如社交測量表、孟氏行為困擾調查表等）。Moreno 的社會計量法（Sociometry）是相當著名的一種測量工具，社會計量法又稱為社會計量測驗（Sociometric test），係採用計量的方式來研究團體心理結構，並且運用社會關係圖（Sociogram），以分析、了解團體成員間人際關係的一種方法。

一般而言，無論是觀察法、實驗法、調查法、測驗法或其他研究方法皆各有其特點與限制，因此在使用上都必須配合研究的主題、目的、特質、計畫及研究人員的條件，甚至考量經費預算與研究對象。此外，人類的心理特質與行為反應個別差異性甚大，而且複雜多變，為期達成人際關係學的研究目的，適當的採取多種不同的技術與方法來進行人類行為與人際活動的研究實有其必要，例如欲了解「青少年飆車行為與心理需求之間的關係」，一方面可先採用調查法來了解青少年飆車行為的原因及其相關的意見，再以測驗法來評量違規飆車遭取締之青少年的內在心理需求，且將前述樣本加以分組，再以實驗法來探討運用正當方式（例如團體諮商、改善親子關係與家庭氣氛）來滿足飆車行為青少年的心理需求後，能否有效地影響其飆車態度、同儕關係或其他行為反應。總之，唯有不斷精進研究發展，方能掌握新時代新人類的脈動，促進人際關係學未來的發展與應用。

二、團體互動歷程的研究系統

　　Yalom（1995）、Budman 等人（1993）認為團體乃是一個社會的縮影，故心理學、人際關係學與諮商輔導等社會行為科學，經常將個體置於團體情境中，以觀察其團體互動歷程與人際交流行為。由於團體互動的專業歷程複雜，加上人類的心理與行為多變難測，故影響團體運作及其人際動力的因素甚多（潘正德，民 84；Fuhriman & Burlingame, 1994）。長期以來，團體互動歷程（包括團體諮商與心理治療）的效能評估偏重於採取對照組前後測之實驗設計等方法，以探討團體目標是否達成、成員行為是否改變、重要事件是否處理與參照效標是否顯著等議題。基於團體效果（輸出變項）深受成員特性與團體情境（輸入變項），以及運作歷程（中介變項）影響的原理，團體互動過程及其個體改變因子，更值得重視研究；換言之，團體目標如何及為何達成、成員行為如何及為何改變、重要事件因何及如何處理，以及

參照效標選擇的考量性及適切性，皆值得進一步的研究。

　　儘管人際諮商、團體治療等的互動歷程十分複雜，團體互動的歷程研究與效果評估也相當困難（Corey, 1990），但是過去數十年來，由於 Freud、Klein、Rank、Sullivan、Moreno 和 Murray 等學者的專業理念融入，團體行為與團體治療的蓬勃發展，以及統計方法、新興學說（例如客體關係與依附理論等）的興起等因素的推波助瀾之下，諮商與心理治療等社會科學領域發展出不少團體歷程的研究工具或分析系統（Beck & Lewis, 2000），包括團體情緒評定系統（GERS）、Hill 互動矩陣（HIM）、成員與領導者計分系統（MLSS）、心理動力工作及客體評量系統（PWORS）、治療歷程協商編碼系統（NOTA）、口語互動分析系統（SAVI）與社會行為結構分析系統（SASB）等等，其中 GERS 和 MLSS 旨在探討團體歷程中成員的情緒經驗與防衛行為，HIM 和 PWORS 旨在評估團體成員的互動關係與口語行為，NOTA 和 SAVI 旨在探討團體或人際歷程中成員的溝通行為，SASB 則在於評定成員對自我與對他人的態度以了解其人際互動歷程，並據以發展專業策略與團體活動。本節僅介紹下列四個團體互動歷程的研究系統，其他部分請參閱有關書籍。

(一)團體情緒評定系統（GERS）

　　GERS（Group Emotionality Rating System）是根據 Bion（1961）的團體「基本假定功能」（basic assumption functioning）理論所發展出來的評分系統。這個系統不但可用以檢驗基本假定理論本身，而且也可用來比較團體、治療師、成員之間的情緒互動模式和程度。GERS 以成員獨立的每句口語陳述為一評量單位，採取每一成員一整次團體內的口語反應次數累計，而非以連續的數次團體為一分析單元。GERS 將成員口語行為歸納為五個情緒類別：(1)爭鬥（fight）；(2)逃逸（flight）；(3)依賴（dependency）；(4)配合（pairing）；(5)中性（neutral）。GERS 以整體的言詞或口語陳述為評分的行為單位，實際評定

時可由一個非實際參與團體的研究者，錄下團體歷程時間的每一分秒，並對團體成員的每個口語陳述進行評分再加以資料分析。GERS的資料大部分適用於統計分析，以探討成員在團體歷程中的情緒行為與防衛行為。

(二)成員與領導者計分系統（MLSS）

Mann 等人（1967）所發展的 MLSS（The Member-Leader Scoring System）被用來分析團體中的團體發展、成員偏好和角色分化、沉默的成員、不同種族間的權力關係、性別和權力、成員和成員之間的互動關係，以及領導風格如何影響成員與領導者的關係等議題。Mann 等人將團體發展過程區分為五個階段，包括初始抱怨、過早倉促設定、面質、內在化、分離與結束。MLSS 主要在描述成員與領導者在小團體中 act-to-act 的口語互動行為，它是根據「自我心理學」與 Klein 的「客體關係」理論發展而來。

MLSS 可應用在自我分析、訓練、治療與班級團體中，它重視成員如何面對權威，強調成員與領導者的人際關係是團體的核心，此一關係會影響團體的任務是否能夠有效地達成或瓦解。MLSS 將團體成員的人際行為分類為三區（Area：衝動、權力關係、自我狀態）、六域（Subarea：敵意、善意、焦慮、沮喪、自尊、罪惡感），以及前述二者的交互作用（自「主動攻擊」至「表現自尊」等十八類行為），分別評量、對照領導者與成員的團體內行為。MLSS 採用量化分析並運用標準化資料，可比較成員不同類、區、域之行為對團體歷程的影響，例如運用不同的統計方法來比較不同種族或性別因素對領導者與成員關係、團體行為的影響。MLSS 所運用的統計方法甚多，諸如因素分析、群聚分析、變異數分析、多元迴歸、多變項統計等。為了佐證質性研究方面的資料分析，MLSS 也運用量的資料與臨床詮釋資料來相互驗證人際互動方面的研究。

(三)口語互動分析系統（SAVI）

SAVI（The System For Analyzing Verbal Interaction）是根據 Shannon 和 Weaver 的溝通計量論（The Mathematical Theory of Communication）所發展而成的一個團體溝通歷程的觀察系統。SAVI 將團體成員逃避溝通或趨近溝通的口語行為分為二個向度及其各三個類別（個人、資料、意向的**議題向度**與逃避、配發、趨近的**行為向度**），以及前述三乘以三的（交互作用）九類反應：對抗、逃離、競爭、個人資訊、事實資訊、影響、同理、資料處理與統合等。SAVI 的評量焦點置於團體溝通方面的個人層面、資料層面和談話意向層面。

SAVI 根據 Flanders 的口語互動系統，每三秒編一個類別，或是每一個話題改變時編一個類別，或是當說話者改變時即編一個類別。通常只對成員口語溝通的陳述內容編碼編類，非語言（視覺上）的線索則不予採納編碼，但與口語系統有關者除外，例如聲音方面的音調、語氣也是重要的溝通分析線索。前述之「個人」（person）係指團體互動歷程中趨近溝通或逃避溝通行為的個人事實或感受，而「資料」（data）則指成員趨近溝通或逃避溝通行為的客觀事實資訊，「意向」（orientation）係指影響成員口語行為的意義與對人際歷程的影響。SAVI 編碼結果可以比較不同成員團體內的人際互動行為，探討團體的運作歷程。

(四)社會行為結構分析系統（SASB）

SASB（The Structural Analysis of Social Behavior）系統適用於診斷與處理團體歷程中的人際互動行為。SASB 是 Benjamin 於一九七四年及一九九六年分別參考 Murray、Sullivan 等人的理論所發展的一種人際關係圓形複合結構的系統。SASB 如同是一個鏡頭（lens），用來解析人際間與個人內在的心理與行為，它是以心理病理學、社會發展學的學習觀點，強調個體早年的依附模式與人際型態會直接影響到其成年行為發展與人際互動。基本上，SASB 是由客觀的觀察者從團體互

動歷程的錄影帶與逐字稿中來進行編碼，同時對人際歷程與治療內容予以編碼。

SASB 編碼焦點放在「他人」或「自己」的人際行為，以及「內射自我」（introjection self）等三者的內容分析上，三者皆分別有八類人際行為。以**他人**為焦點的人際行為有主動關懷、肯定了解、放任解脫、忽視不理、敵對攻擊、歸咎責備、監督控制及保護引導等；以**自我**為焦點的人際行為有回應情感、表達揭露、分離獨立、隔絕疏離、畏縮退卻、慍怒不安、依從順服及信任依賴等；以**內射自我**為焦點的人際行為有積極自愛、自我肯定、自我解放、自我忽略、自我攻擊、自我責備、自我控制及自我護育等。目前已發展出多種電腦軟體來處理 SASB 的問卷調查和編碼系統等資料。SASB 方面的研究能結合臨床上的運用，是一個適用於所有人際情境的研究工具（翁令珍，民 90）。

上述研究系統或評量工具經常運用在團體諮商與心理治療的歷程中，以觀察成員之間、成員與領導者之間的人際溝通、互動關係與團體歷程。總之，人際互動與團體歷程的研究均會受到不同的研究設計、研究理論系統、研究者及其專業知能等變項的影響而有不同的研究結果。若欲進行團體歷程或人際關係領域的研究時，無論採取何種研究方法或研究工具，研究者、觀察者或其他相關人員均須事先周詳的規畫。人際關係與互動溝通方面的研究過程相當艱辛，更要考慮研究倫理與研究方法、設計等問題，如此才能充分掌握研究歷程，達成研究的目的。

為了因應社會行為科學的多元風貌，以及人際關係學的專業挑戰，唯有研究風氣與專業方法更進一步地蓬勃發展，其研究成果才能更加的精確化、專業化與多元化。此外，有志於此的研究人員或專業工作者，也必須不斷地充實自我學能、提升研究水準，同時尊重整個社會系統、團體系統、個體及其內在的心理系統，並加強前述系統及其相互間互動層面的分析，進一步深入探討團體系統對個體及其人際關係的影響歷程，方能促進人類更美好的生活品質與成長環境。

人際之間

　　最近，接到一位好友的來信，我們之間已經有好長一段時間沒有聯絡了。信上提及：

　　「真的很謝謝你為我所做的種種。

　　這些年來在高雄，受到很多朋友的幫忙和關心，我銘感五內……。

　　在許多事件中，更看清了自己個性的缺失，不自覺的錯失許多珍貴的朋友；

　　人往往在無知的嘗試錯誤中，得罪許多值得珍惜的朋友。

　　你曾告訴我：

　　『分擔痛苦，痛苦減半，

　　分享快樂，快樂加倍。』

　　但願此刻，因我的分享，

　　使我快樂加倍，痛苦減半。

　　………」

　　看完來信，我陷入好長一段時間的沈思，往事歷歷，翻湧而現。的確，現代人心靈空虛，心理困頓，若能尋找適當的人或適當的管道分享一下，相信有助於澄清自己的思緒，冷卻傷人的情緒。只可惜「面子」的尊嚴，讓你我戴上一副副面具，內心的話不想分享，有機會不想澄清，有感受不想表達。於是乎，更多的

第 1 章　緒論

面具阻隔了你我，梗在人與人之間。久而久之，我累了，你倦了，不再說、不想說、不能說……

這是悲情的現代人，這是困頓的現代人。

只要你肯用心分享，相信壓力可以獲得更多的紓解；只要你肯用情分享，相信可以擁有更多的人際情感，何樂不為。

當然，成熟的現代人也要學習：接受他人分享後，請不要用心「散播」、請不要用情「渲染」，更不要用力「發酵」，以免分享的人愈少，真誠的人愈少，知心的朋友也愈少；到時候，你我又要戴起面具，虛偽的過日子。

當別人對不起我們時，我們就試者去體會他內心的無力、無奈與缺乏安全感，所以他才會做出傷害別人的舉動，來滿足自己的空虛心靈。你若有從這個角度思考，便會發現自己心中的深仇大恨不再，豁然開朗。

切記！生命短暫，不應該浪費在懷恨上，「陽光融化冰雪，寬容化解仇恨」。

2

人際關係的
理論

有人類生存的地方即有人際關係的形成，人際關係存在的時間可說是與人類的歷史同樣悠久。對個人而言，人際關係形成於搖籃（cradle）到墳墓（grave）之間的歷程，個人終其一生在人際互動過程中完成社會化任務。有關人際關係理論方面的研究，美國著名的人際關係學者兼演說家 Carnegie 認為，可以追溯到先賢哲人，像是孔子、老子、釋迦牟尼以及耶穌等以廣義的愛為出發點的箴言，這些箴言在人際關係上提供了一個重要的認知（important percept），乍看之下，它們雖為平常的訓示，但也確是值得人們效法與遵循的（Carnegie, 1936）。在我國儒家思想中，孔子所言的君臣、父子、夫婦、兄弟和朋友的「五倫」，以及「己所不欲，勿施於人」等觀點，言簡意賅並能符應新時代的思潮，可稱為人際關係中個人與個人之間或是個人與群體之間互動的一種適當法則。

　　人際關係的研究在社會學、心理學和教育學上受重視，始於第一次世界大戰期間，由美國社會學家 Cooley 和 Mead 的大力推動，而理論的發展同時受了近代社會心理學、人類文化學的影響，以及對傳統及科學管理學派機械式組織理論反動而形成（彭文賢，民 81；張長芳，民 71）。近來，各國高等教育也設計了人際關係相關的課程，在西方學者研究的用語則有 Human Relation、Interpersonal Relationship、Menschiches Verhaltnis，以及 Menschiches Beziehung 等（彭炳進，民 87）。漸漸地，人際關係的研究日趨生活化，在個人、各行各業和團體組織都備受重視，以專題研究、在職訓練、講座分享、生活知能等推廣方式進行，人際關係的探討日益普及化。而探討議題也從人際間擴展到個人與環境、國際間的互動，涵蓋了個人的所有生命活動。

　　人際關係的研究領域相當廣泛，隸屬在人文和社會科學研究的範疇，是一門科技整合的學科，包括了倫理學、社會學、心理學、社會心理學、行政管理學、大眾傳播學以及生態學等，這些領域的學者專家們都曾探討研究人際關係的相關議題，進而發展出相關的理論、模式和觀點。各領域在人際關係理論的立論點不盡相同，而且所關注的

焦點也各異其趣。精神醫學關注個人如何受到人際關係的影響，通常是以當事者的觀點來看人際關係；發展心理學關注兒童與他人的關係對其發展是重要的決定因素；人格理論關注個人之間的差異，較少探究促使人格形成的人際關係之間有何不同（李佩怡，民88）；社會心理學著重研究個人的社會行為，包括在獨處或團體之中，對人際關係漸增的興趣。社會心理學家研究人際關係的主要興趣，是在探究人與人之間友誼與愛情的建立是怎樣的心理歷程（張春興，民84）。

美國心理學家 Gardner 提出的智力多元論（multiple-intelligence theory）中，人際互動的社交能力即是其中之一，可見人們是具有人際互動的潛力的。在我們欲探究人際關係中的相關議題之前，了解相關理論是不可或缺的先備功課，這不但有助於個人對本書其他章節內容的理解，更可以靈活運用於日常生活當中；更進一步者，學習經營良好的人際關係，可發展個人的特質、提升群體和組織的效能，促進社會的精進。而人際關係理論與這些相關議題的關係，猶如根之於樹。本文旨在分別探討人際關係的相關理論，介紹其理論概要和在人際關係上的應用，包括人際需求論、社會交換論、符號互動論、戲劇論，以及其他人際關係的相關理論。

第一節
人際需求論與社會交換論

人際關係和溝通滿足了人類的基本需求，這在美國人本主義心理學家 Maslow 提出人類的基本需求層次理論（Maslow's need hierarchy theory）中的歸屬需求（belongingness needs）可獲得印證。歸屬需求是指個人需要有人陪伴、關心、交往，例如：個人希望與同事、同伴保持和睦、友好關係，到一定年齡組成家庭，家庭成員相親相愛，個人還希望自己有所歸屬，成為某些群體的成員。這種需要如不能滿足，

第2章 人際關係的理論

個體就會感到異常孤獨和寂寞。這種需要又稱社會交往需要，即是人際關係層面的，由此可見人際關係和溝通可以滿足人類的基本需求。學者 Schutz 提出的人際需求論（the theory of interpersonal needs），有條理地詮釋了個人在人際關係方面的需求，以及因需求差異所表現出的人際行為。

若是將人際關係視為一種交易行為的理論，其歷史淵源可追溯到中國孔孟時代，當時的商鞅和韓非子即採取類似的觀點來分析人類行為和人際關係。之後，以批判諷刺的文筆刻畫人性的著作相當豐富，尤其是在明清時期，例如儒林外史中刻畫人際互動的現實面（張華葆，民 81）。晚近的行為科學領域中，以人類唯利是圖為著眼點的社會交換論，則是始於一九五〇年代學者專家陸續研究發表的理論——Homans 提出的社會行為基本型態、Balus 提出的社會交易，以及 Thibuat 和 Kelly 提出的人類群體心理學等，建構社會交換論成為人際關係理論的重要體系之一。本節旨在分別介紹探討 Schutz 提出的人際需求論（interpersonal needs theory）以及社會交換論（the theory of social exchange，簡稱 SET）。

一、人際需求論

Schutz（1958, 1966）提出人際需求論，主張人際關係是否要開始、建立或是維持，得依雙方的人際需求相互配合的程度而定。人際關係的模式，可透過三種人際需求加以詮釋，包括情感需求（affection need）、歸屬需求（inclusive need）以及控制需求（control need）。人們常藉由此三種基本的人際需求來進行與他人的互動，進而呈現出不同的人際行為，以建立與他人的關係。茲將人際中愛的需求、歸屬的需求和控制的需求探討於下：

(一)情感需求

　　情感需求是指個人有付出情感與獲得情感的期望，並且運用語言和非語言的方式表達情感，和他人建立關係並維持情感需求。個人的情感需求程度具有差異性，可以用一連續的光譜來說明其間的差異。在光譜的一端是缺乏人際關係（underpersonal）的人，避免親密關係，態度冷漠，較少對他人表達強烈的感情，不願意與人親近，並且逃避他人善意的情感付出。這種人儘管表面上表現得很友好，但卻與人保持一定的情緒距離，並希望別人對他也這樣。產生這種行為的根本原因在於自己擔心是否引起他人的好感，是否博得他人喜歡。

　　在光譜的另一端是過度人際關係（overpersonal）的人，希望與他人有密切的情緒聯繫並試圖建立這種關係，這種人要表現得格外具有人情味，或對他人表示熱情，盯住自己的朋友，阻止他與別人建立友誼，態度積極熱情地想和每個人建立親密關係，對於剛見面的人，對其信任並且將每個人視為好友，也希望他人將自己視為密友。但因他的情感也不易專注，因此較不易獲得真正能交心的情感。在光譜中間，介於缺乏人際關係和過度人際關係之間，是屬於適度人際關係（personal），無論關係密切與否，他都能恰當地看待自己。他自信自己會討人喜歡，可以依據情況與他人保持一定距離，也可以與之建立親密的關係，較容易表達自己的情感，以及接受他人的情感，能從與他人的互動過程中，體悟箇中滋味而獲得快樂喜悅。

(二)歸屬需求

　　歸屬需求是指個人能被他人認同接納，在群體情境中產生歸屬的需求，想要與他人建立並維持一種滿意的相互關係的需要。藉著參與使隸屬的需求獲得滿足，即是藉由參與和他人共同的活動，使人感覺融入群體，產生歸屬感，進而滿足歸屬的需求。個人的歸屬需求程度具有差異性，可以用一連續的光譜來說明其間的差異。在光譜的一端

第2章　人際關係的理論

是缺乏社交（undersocial）的人，這類的人生活較為封閉，也有歸屬的需求，但常常因為有所顧慮，像是怕被拒絕，通常選擇能夠獨處、內傾、退縮、避免與他人建立關係，拒絕加入群體之中。這種人一般說來會與其他人保持一定的距離，可能不參加、不介入別人的活動，或者巧妙地拒絕別人，例如：聚會時遲到、討論時打瞌睡等。偶爾會參加團體活動，在歸屬方面的需求較低，不需要很多人際互動來滿足。

在光譜的另一端是過度社交（oversocial）的人，這類的人在生活中常常需要同伴，比較無法忍受孤獨，獨處時會感到不自在或緊張，非常樂於參加活動，證明自己是得人緣而被接受的，同時也極歡迎有人來找他，經常向外與他人進行接觸，其行為是表現性的，例如：大聲講話、吸引他人注意、將自己意願強加於人等。超社會行為可能十分巧妙，可能表現出自己的技巧或問一些驚人的問題等。在光譜中間屬於適度歸屬的需求，大部分的人是屬於缺乏社交和過度社交之間，在人際交往中沒有什麼障礙，能夠隨著情境的變化而決定自己是參與群體還是不參與群體、參與多或是參與少等；可以一人獨處，也可以參與活動以滿足歸屬的需求。

(三)控制需求

控制需求是指個人希望能成功地影響周遭人事的慾望，在權力問題上與他人建立並維持滿意關係的需要。個人的控制需求程度具有差異性，可以用一連續的光譜來說明其間的差異。在光譜的一端是逃避型（waiver）的人，傾向於謙遜、服從，在與他人交往時拒絕權力和責任。這種人甘願當配角，希望別人承擔責任，只要有可能他就從不自作主張；在光譜的另一端是獨裁型（autocrat）的人，特點是好支配、控制他人，喜歡最高的權力地位。這種人喜歡做決定，不僅為自己而且為任何人做決定；在光譜中間，屬於民主型（democrat）的人，是理想的類型，能順利的解決人際關係中與控制有關的問題，能根據情況適當地確定自己的地位和權力範圍，既能夠順從上級，又能夠自

己掌權。當個體拒絕接受任何控制時，就產生病態行為，這種人拒絕尊重他人的權益，或者拒絕遵守社會規範，或者過分服從規範。

人際需求論強調人際關係是人們的基本需求，說明了人際關係中的互動行為只是程度上的差異，並非全有或全無，但並未申論人們在人際關係中如何做動態的彼此適應。在團體中，人們經常希望能夠在控制與被控制中尋求平衡，因此有些人藉由權力來與他人產生互動關係，有些人則是藉由被安排而與人建立關係。

二、社會交換論

社會交換論是西方社會學理論的流派之一，是社會學家 Homans（1950, 1974）針對結構功能主義研究提出的，其理論衍生自行為主義心理學和基礎經濟學這兩個領域，強調對人和人的心理動機的研究。Homans 認為在人際互動過程中，所展現出來的社會行為是一種商品交換；其前提是假設個人所付出的行為是為了獲得報酬（reward）和逃避懲罰（punishment），個人是採取盡量降低付出的代價（cost）和提高回收利益的方式去行動，並強調互動過程中的公平原則（equity rule），良好的人際關係就是在這種機制下建立的。此外，學者Thibuat 及 Kelly（1959, 1978）發展出代價與報酬的關係理論（cost-reward relation theory），認為交換的觀點在於分析雙方付出代價與獲得報酬的情形，認為在人際互動模式中，人際關係的付出代價與獲得報酬，是比個人的人格特質更為重要。人們期待低代價高報酬的互動，因此，人們會被自己認為最能夠提供報酬的人所吸引，並且會在人際互動過程中權衡得失，以維持人際關係的平衡。茲將社會交換論之報酬和代價（reward and cost）、評估結果（evaluating outcomes）、協調結果（coordinating outcomes）和公平原則（equity rule）等要點探討於下：

(一)報酬和代價

在社會交換論中，報酬是指在人際關係中所獲得任何正面有價值的結果。報酬可能包括物質和非物質，但在大多數的人際關係中，存在對個人更重要的報酬，包括：獲得讚美、支持、協助、尊重、笑容和陪伴等。值得關注的是，個人對「報酬」的認知具差異性，意即對某人是報酬的事物，對另一個人而言可能不具任何價值或意義。在社會互動的報酬方面，學者 Foa（1971, 1974）研究提出六種基本報酬的類型，包括：愛（love）、服務（service）、物品（goals）、金錢（money）、資訊（information）和地位（status）。這些報酬可以依特殊性（particularism）和具體性（concreteness）兩個向度做分類：特殊性向度是指在人際關係中所獲得的報酬價值依提供者而決定，例如：擁抱、溫柔對待、甜言蜜語等的價值，會因提供者的不同而具差異性。如果報酬是金錢，由誰提供則都很好運用。具體性向度是指在人際關係中所獲得的報酬是具體實在的物品，例如：金錢、職位和衣物等；非具體象徵性的報酬則如忠告、肯定和鼓勵等。

在社會交換論中，代價是指個人在人際關係中所得到任何負面的結果。代價可能包括時間、精力、衝突、焦慮和自我貶抑等，因為人際互動需要花費時間和精力，伴隨著一些衝突的發生，因而產生焦慮和自我貶抑等負面感受。還有任何促使個人資源虧損，或是剝奪從事其他有利的活動都算是付出代價。值得關注的是，個人對「代價」的認知具差異性，意即對某人是付出極大代價的事物，對另一個人而言可能認為沒有什麼。學者 Sedikides 等在一九九四年以大學生為對象，研究其在浪漫關係中所經驗到的報酬和代價為何，結果發現，在浪漫關係中覺察到付出之代價包括：因關係而產生的壓力、憂慮、時間、精力、爭吵、對方的依賴感、和缺乏與其他人社交和交往的自由。但在性別上具差異性：男性比較關注的付出代價是金錢、時間和精力的投資；女性比較關注的付出代價則是對伴侶的依賴和自我認同的喪失

（Sears, Peplau & Taylor, 1994）。

(二)評估結果

　　依社會交換論的觀點，在人際關係中評估結果，有兩種因素會影響個人決定是否追求或維持某種人際關係。一是考量人際關係對個人是否有利益，換言之，即是在獲得報酬與付出代價相互抵消後，整體的結果是對個人有利益（報酬高於代價）或是有損失（代價高於報酬）。二是衡量獲得報酬與付出代價，由其間所獲得的實質結果為何，亦即將人際關係做比較判斷；Thibaut & Kelly（1959）認為有比較水準（comparison level）和其他選擇比較水準（comparison level for alternatives）兩個比較標準。比較水準是指個人認為自己應該獲得的報酬結果，是根據社會規範以及個人的期望所產生的標準，與個人過去的人際關係經驗做比較，也會與其他類似經驗的人做比較，且高自尊的人對人際關係會有相對較高的比較水準，反之亦然。例如：將目前與鄰居的人際關係和過去的鄰居做比較，或是將目前與同事的人際關係和過去的同事做比較，也會與周遭朋友的經驗做比較。

　　其他選擇比較水準則是個人認為從其他選擇的人際關係中，考量需要付出的代價和可獲得的報酬，與目前進行的人際關係做比較；也是衡量可用的其他選擇時，個人所能接受的最低滿意度。在滿意的人際關係中，結果的水準超過比較水準。有時候不滿意結果的水準時，人們仍然決定繼續維持彼此的關係，是因為其他選擇比較水準的緣故，結果水準與其他選擇比較水準相當或超過，個人通常不會終止目前的關係。反之，結果水準低於其他選擇比較水準，個人則會不滿意目前擁有的關係，甚至考慮終止目前的關係。例如：一個已過適婚年齡的女性，對相處多年的伴侶，漸漸地不滿意彼此的關係（結果水準低於比較水準），但仍然繼續在一起，因為其他選擇（分手、暫時沒有其他戀愛對象、年齡漸增等）吸引力更低（結果水準高於選擇比較水準）；反之，若是其他選擇（更適合的戀愛對象）吸引力更高（結

果水準低於選擇比較水準），則會考慮與伴侶分手，選擇新的戀人。

(三)協調結果

社會交換論觀點的人際關係中，有一個共識是如何協調結果以使雙方的報酬達到最高。Thibaut 及 Kelly（1959）認為在人際互動中，有三種基本獲得報酬與付出代價的關係：(1)對稱的獲利：是指彼此付出的代價都最小而報酬最大。(2)對稱的吃虧：是指雙方付出代價都極大而雙方的報酬根本不存在或幾乎沒有。(3)雙方代價與報酬的不對稱：是指個人認為自己付出的代價較多而所獲得的報酬最少，但認為對方卻是所獲報酬最大而付出代價最少，這樣的人際關係不利於自己而有利於對方。針對上述人際關係的一般模式協調結果，一般人們在第一種模式中，彼此關係會愈來愈鞏固；在第二種模式中，彼此關係若沒協調適當會決定終止；在第三種模式的結果，彼此關係若沒協調改善則會趨於破裂。

個人會依實際的人際互動結果做協調，而協調結果的難易程度，則視雙方擁有多少共同的興趣和目標而定。一般而言，背景與態度相似的人在人際互動協調上的問題會比較少，彼此發展一個相互有利的關係則是比較容易的事；反之，則比較會有利益衝突的情形。在人際關係中，發生利益衝突時彼此必須協調出一個解決方式，或是發展出屬於雙方的一種行為規則。例如：一對夫妻討論如何運用年終獎金，先生想買最新款的電腦配備，太太想整修廚房，但年終獎金有限，於是協調出共同的解決方式，以兩人都喜歡的旅行處理，一起到日本北海道五日遊；或是協調採取輪流方式，先整修廚房，下次再購買電腦配備。

(四)公平原則

社會交換論在人際關係上也發展出分配公平原則的成效，即是存在著一種制約社會交換的普遍規範，Homans（1950, 1974）認為個人

希望自己獲得的報酬與其付出的代價成正比。如果交換的過程中違反公平原則，損害個人的既得利益，個人會感到憤怒不平；反之，一直獲得利益而沒有付出代價，個人也會感到內疚不安。在人際關係公平原則前提下，可採取的資源分配方法有三種：(1)公平分配：是指每個人都應該得到相同的結果。(2)各取所需：是指考量到每個人的相對需求。(3)正義分配：一個人獲得的利益應該和他的貢獻成正比。學者Austin 等研究發現，一般和朋友而非陌生人互動時，比較會使用公平分配，兒童也比成人會使用公平分配，或許它是最簡單的原則。例如：一個辦公室舉辦慶生會，同事間在分配生日蛋糕時，可能會採取公平分配、依個人食量和愛好分配，或是在慶生會中出錢出力較多者，給與品嘗較大塊的生日蛋糕。

此外，社會交換論也發展一個支系——公平論（equity theory），它具有四個基本前提：(1)人際關係的雙方會試圖讓彼此的利益結果達到最大。(2)一群人的互動會試圖發展出為每一個人公平分配報酬的規則，以促使這一群人集體的報酬達到最大。(3)當個人察覺某個人際關係不公平時，會感到煩惱，不公平的程度愈大，就愈感到煩惱。(4)覺察到人際關係中有不公平存在者，會採取行動以回復公平。回復公平的方式有真正的公平，和運用認知策略改變不平衡的覺察，以回復心理上的公平。例如：一個高中男生覺察之前常常沒做家裡分配的倒垃圾工作，因此可能會在假日多做打掃拖地的工作來補償（回復真正的公平），或是扭曲實情合理化自己的行為，認為自己有倒垃圾，只是沒有天天倒而已（回復心理上的公平）。研究顯示，人際關係公平性的研究以往大多來自於陌生人短時間的實驗室研究，近來則較多著重於親密關係中的公平性，而且公平性對關係滿意程度的影響也具個別差異性（Sears, Peplau & Taylor, 1994）。

值得關注與省思的是，社會交換論主張投資報酬率決定了人際關係是否繼續或終止，過於將人類的人際行為視為一種理性的模式，無法完全地解釋複雜的人際互動行為（Verderber & Verderber, 1992）。而

人際互動中提出的相關法則，會因文化背景的不同而有差異，有些法則是有成文的法律規定，有些則是約定俗成，以文化差異觀點可顯示出社會交換論的侷限性，其對文化傳統和人際關係深入的詮釋尚未完善（時蓉華，民 85；蔡培村，民 89）。

第二節
符號互動論與戲劇論

　　符號互動學派（symbolic interactionism）是當代社會心理學的體系之一。最早的符號互動論（the theory of symbolic interaction）是 Mead 和其學生 Blumer 所奠定，此理論在人際關係上的研究重點是採微觀（micro）的方式，來探討在人際關係中人與人互動的過程。其思想源流可追溯到十九世紀晚期和二十世紀初期的芝加哥大學，因為符號互動理論的主要代表學者和理論皆源自芝加哥大學，由學者 Mead、Colley 和 Thomas 等共創，其中又以 Mead 曾將符號互動理論做有系統的整理貢獻最大，他將實用主義的抽象哲學思想運用到實際經驗和社會現實中。之後，Blumer 對其理論加以詮釋，讓符號互動理論的基礎較完備，又稱為芝加哥社會心理學派或 Mead 社會心理學派（陳秉璋，民 80；鄭全全、俞國良，民 88）。

　　戲劇論（dramaturgical approach）是由 Goffman（1959）所提出來的，源自於符號互動理論，是指將個人的人際互動比擬成劇場中演員的互動，使用劇場的語言與架構來分析社會互動的一種模式，即是「人生如戲，社會是一座舞台」。Goffman 是 Blumer 的學生，其戲劇論可說是符號互動理論應用的結果，角色是面對特定環境中的表演，用各種語言與其他符號，來呈現自己的身分與意圖，而社會情境是舞台，不同的情境，有不同的演法，有不同印象管理的方式，本理論研究重點在於個人製造印象，以及他人根據其印象所做出反應的過程。

本節旨在分別介紹探討符號互動理論和戲劇論。

一、符號互動論

　　符號互動論認為，在人際關係中，個人對於他人的行為並非產生直覺反應，而是透過思考和詮釋，然後針對他人行為的意義，產生文字等抽象符號的媒介。符號互動理論主要有三種基本假設：一是人對事物所採取的行動，是以這些事物對個人的意義為基礎；二是這些事物的意義源自於個人與其同伴的互動，而不存於這些事物本身之中；三是當個體在應付其所遇到的事物時，會透過自己的解釋去運用和修改這些意義。欲了解個人行為，就必須先了解團體行為；符號互動論將社會看成是一種動態的實體，是經由持續的溝通、互動過程形成的。茲將符號互動論在人際關係詮釋的主要概念：符號（symbol）、詮釋（interpretation）、扮演他人角色（taking the role of the other），以及心靈、自我和社會（mind, self and society）探討於下（張華葆，民81；蔡文輝，民83；Blumer, 1969；Mead, 1934；Ritzer, 1992）。

(一)符　號

　　符號互動論觀點的人際關係中，符號包括語言、符號、文字、手勢、表情、動作和其他抽象符號等，這些符號充滿在日常生活當中，是無所不在的。語言和文字是一種符號，在人際互動中代表著某些意涵，其意涵是個人和社會賦與的，是個人在互動中用來代表感覺、觀念、思想、價值和情緒方面的溝通。動作也是一種符號，在人際互動中常藉由做出某一個動作時，將自己的意思表達出來，以便能和他人做溝通，例如：揮手、擁抱、接吻、握手等動作，不僅是身體的接觸，而且具有符號意義。

　　在人際互動過程中，人們的思想、觀察、傾聽、行動等，都須經由符號來表達以達到溝通的目的。符號互動理論認為個人對符號的使

用，是從幼時就已經發展出來，它也是個人社會化過程中重要的步驟之一。學者Charon（1979）指出「符號」具有三個基本的特質：(1)符號的發展具社會性，經由互動過程以符號表達意念、價值和思想。(2)符號的意義與運用並非完全一致的，它是由使用者隨意而定，當互動方式改變時，符號定義在運用上也可能會改變。(3)手勢和語言都含有某種特定的意義，當人們把幾個手勢和語言連接在一起時，它們就能用來表達意思、溝通和互動。

(二)詮　釋

　　Blumer的詮釋觀點是在闡明Mead行為主義和傳統制約理論的不同看法。符號互動論與傳統制約理論的區分為：傳統制約理論是一種刺激和反應的聯結作用，經過學習訓練可達到自動化的反應；而符號互動論則強調在人際互動上接受刺激後，必須經過個人的詮釋再做出反應，即是刺激—詮釋—反應，如此，人際的互動方能算是一種「有意義的互動」。符號互動論強調，人們互動是連續不斷的對話，包括人們對他人意圖之觀察、詮釋和反應，同時也學習對事物賦與意義。當大家都在學習以相同的方式詮釋符號，可以使得溝通更為順暢，也能幫助彼此有更好的互動，並有機會發展出更進一步的關係。

　　Blumer認為詮釋意義在人際行為中相當重要，其具有三個基本原則（陳秉璋，民80）：一是人們對事物的反應基礎建立在事物對自己的意義上；二是事物的意義在人際互動中顯現出來；三是事物的意義是經過個人詮釋而確定的。有時候人際互動中的情緒性或笑臉符號，並不是平日人們曾經驗過的，故一開始接觸之初，需要先觀察這樣符號的意義為何，以及他人有何反應，如此才能做進一步的詮釋，並做出適當的行為反應。

(三)扮演他人角色

　　符號互動論的基本研究單位是互動中的個人，而非個人內在的人

044

格，亦非社會結構。其重點在於互動的性質和過程，社會只是由一群互動中的個人所組成。因為個人不斷的互動、修改和調整，所以社會也不斷地變遷。個人由其過程中會試著去想像他人的處境，扮演他人角色是人們在每一社會情境中都會做的活動（Charon, 1979）。人們的互動過程，個人總是先將對方的行動加以吸收和詮釋，然後再反應，所以詮釋、分析和反應是人們的互動過程。而觀點和互動是人際關係行為的兩個重要變數，個人對外界刺激所持的詮釋觀點不止一種，因此反應行為也會有所差異。

　　人們透過詮釋他人的語言、姿勢和符號，來進行溝通和互動，預期對方的反應為何，以便適應彼此。人們在互動過程中會對他人的觀念加以猜測分析，並以此做為反應行為的參考。易言之，運用想像力扮演他人的角色，就是替他人著想的意思，例如：假如我是那個被惡言相向的人，我會怎麼辦？如此，我們才能了解他人的立場為何，為什麼會做出那種反應。這樣才能修正自己的行為，並在互動中協調適應，促進人際互動的效果。

(四)心靈、自我和社會

　　《心靈、自我和社會》是 Mead 的學生筆錄和詮釋其在社會心理學方面理論的創作，在符號互動理論中的人際關係有清晰的見解。Mead 認為心靈是社會文化的產物，成長於人際關係脈絡之中，人際行為的複雜需要經過心靈的詮釋過程，才具意義。它對個人的社會互動具有不可或缺的影響力，心靈幫助個人了解自己和他人，協助個人決定行為反應。而自我是具有反省的意義，是思考過程的一部分，個人可以跳出自己的立場，以旁觀者身分衡量自己，產生自我對話，也是人類特殊的能力。自我是經由兒童時期學習他人的角色，經過預備階段、嬉戲階段和團體遊戲階段（Ritter & O'Neill, 1989），以及想像他人對自己的評價而逐漸發展出來的。符號互動論強調人際互動中詮釋抽象符號的過程，並能透過自我反省，設身處地為人著想而後行

第 2 章　人際關係的理論

動，這些能力是人類心靈和自我的主要功能。

符號互動論認為人際互動中所接受的符號是抽象的，而且具有社會文化的內涵，必須透過詮釋才有意義，而對符號的詮釋需要在社會文化脈絡下進行。個人與社會具有無法分離的關係，唯有在社會情境中，個人的存在才有意義；而在社會情境中，人際間如果沒有藉由符號互相溝通，社會情境的存在也不具意義，人類的社會發展過程似乎就是一連串符號互動的歷程。而社會現象其實是個人整合自己和他人的觀點後，進而詮釋進行人際互動的一個歷程。因此，個人對於自己所處情境和對外在社會情境的界定，會影響個人與目前情境的互動關係。例如：在人際的糾紛中，在衡量對方的實力時，通常會摒除體力、智慧或能力因素，而是考量對方的人際背景，我們所考慮的許多因素多為抽象的，且都具有社會文化內涵。

以上所討論的為符號互動論的概要，這些概念是相互關聯的，可靈活運用。符號互動論的觀點中，了解符號的意義很重要，人際互動的行為反應依個人詮釋而有差異。而心靈、自我和社會不是分離的結構，而是人際符號互動的過程，三者的形成和發展是以符號運用為前提，如果個人不具備使用符號的能力，那人際互動即失去根據。語言是心靈和自我形成的主要機制，人際符號互動主要透過自然語言進行，人透過語言認識自我、他人和社會。個人透過人際互動學習有意義的符號，然後運用這種符號來進行自我互動並發展出自我，而人際行為的表現是個人在互動過程中自己設計的，並非對外界刺激的機械反應。個體在符號互動中逐漸學會在社會允許的限度內行動，個人的行為會受自己對情境所下定義的影響，人對情境的定義，表現在不斷地詮釋所見所聞，如此也能促進人際關係中的互動成效。

二、戲劇論

Goffman（1959）在戲劇論中詳盡地研究個人製造印象，以及他人

根據其印象所做出反應的過程，試圖探究潛藏在人際互動背後約束個人表現部分的架構（frames），並關注這些重複和定型的基本規則（ground rule），以作為人際互動中公開行為的引導。茲將戲劇論的概要——印象管理（impression mangement）、互動場地（field）和面子功夫（face-work）探討於下（Goffman, 1959；Popenoe, 1983）：

(一)印象管理

印象管理是指個人用適當的言語或非言語行為控制他人對於自己的印象形成過程，又稱印象整飾，或稱為自我表演，是一種社交技巧。在人際互動中，個人都知道對方不斷在評價自己，自己會藉由修正自我的呈現（presentation of self），以獲得個人想要的回應。這些印象中，尤其是第一印象會影響對方對自己的反應，所以個人在初次相見時，往往會選擇恰當的言辭、表情、姿勢與動作，試圖給對方留下一個良好印象。個人的印象管理在正式的場合和日常生活中都可能被應用，主要的方法有：

1. 依社會標準或是對方的好惡修飾自己。一個人的外表很容易被他人知覺到，所以個人會注意修飾外表，在異性面前更是如此。例如：應徵工作面試時會穿著符合該公司形象的服飾；與異性約會時會慎重打扮一番。

2. 隱藏自我。個人真實的一面，有時不受他人歡迎，為了讓人產生良好印象以及建立良好的人際關係，常常將真實的自我隱藏起來。例如：喜好開黃腔者表現出正派的模樣；皮草愛用者大談保育工作的重要性。

3. 依社會角色整飾自己，即表現出符合社會角色規範的行動。例如：總統在人民面前是領導者，回到家則是依先生和爸爸的角色行動。

4. 投對方所好。個人為了獲得他人對自己的良好印象，往往會投其所好，即是所謂的「見人說人話，見鬼說鬼話」。例如：政治人

物在選舉期間所做出的逢迎諂媚等舉止行為。

(二)互動場地

Goffman 將人際互動場地分為前台（frontstage）和後台（backstage），如同劇場中前台是公開表演的場地，歡迎大家欣賞；後台則是製作準備的場地，謝絕進入參觀。前台和後台的表演是互相抵觸的。在人際互動過程中，場地的布置是印象管理中修飾自己的一部分，前台是指公開領域，正式扮演社會角色，是與陌生人或是偶然認識的人互動時所做的行為；後台是指私密領域，可以輕鬆扮演自我，是與關係較密切者互動時所做的行為。互動過程中大多來回於前台和後台之間，例如：一個白天在證券公司上班的營業員，西裝筆挺且笑容可掬，面對客戶耐心十足地服務（前台）；下班後回到家，打赤膊著短褲，向太太抱怨客戶的囉唆麻煩和自己的疲倦（後台）。

(三)面子功夫

Goffman 認為表面功夫是指個人採取行動，藉著注視、手勢、姿態，以及言語的敘述，使他人對自己產生好印象；透過表面功夫，可以控制人際之間的尷尬。在此部分值得關注的有兩個議題，即是面子功夫和人際禮儀（interpersonal rituals）。面子功夫是指個人在人際互動中，會盡量求表現以保留面子（save face），並且盡量避免丟臉（lose face），表現出個人的自重。此說明了面子的運作即是個人對角色的知覺，而人際互動必須依社會規範來進行，所以「面子」概念代表個人行為符合特定社會規範的結果，以便獲得社會的支持，而種種表現的技巧即是「面子功夫」（詹火生、張笠雲、林瑞穗，民 77）。因此，文化背景是不可忽視的考量重點，有面子與否或是丟臉與否，會因文化背景而具差異性，例如：在中國社會中的人際互動是相當重視面子的。誠如孔子所言：「不知禮，無以立」，而關心面子是人際互動過程中必然的現象。

Goffman 曾探討人際禮儀的四種類型（張承漢譯，民 82）：(1)表達式禮儀（presentation rituals）：表達接受者的感激，例如：行禮、邀請、讚美、朋友見面打招呼等。(2)迴避式禮儀（avoidance rituals）：保持行為距離，表示對他人隱私的尊重，例如：避免雙眼直視陌生人、交惡的兩人相遇時採迴避以免尷尬。(3)維繫式禮儀（maintenance rutuals）：重申關係的存在，例如：過年過節時親友的聚會。(4)認可式禮儀（ratification rituals）：重申認可關係，例如：婚禮的道賀、告別式的弔唁、離婚時的安慰等。而人際禮儀發揮的功能有：(1)指示性功能：維持人際間的恰當關係。(2)自我保護和肯定功能：在人際互動中維持應有的形象，以及避免與不友善者交惡。(3)維持對等性功能：彼此進行良好的禮儀互動，以維持良好的局面。

第三節 其他人際關係的相關理論

人際關係是一門科技整合的學科，在前兩節的探討中，可以印證其理論基礎的多元化，各領域的學者專家們探討研究出人際關係的相關理論、模式和觀點，都可以做為我們學習人際關係這門學科時的參考。本節將介紹探討其他人際關係的理論、模式和觀點，包括：社會角色模式（social role model）、遊戲模式（game model）、平衡論（balance theory）、場地論（field theory）、俗民方法學（ethnomethodology）；以及 Adler 社會興趣觀點、Fromm 逃避／恐懼自由觀點、Horney 基本焦慮觀點、Sullivan 的人際理論觀點等。茲分別探討於下。

一、社會角色模式

社會角色模式認為人際關係是受到一些雙方均同意的角色支配。

第 2 章 人際關係的理論

而「角色」一辭是源自於戲劇用語,在人際關係中,「角色」是指社會期望的行為型態(張春興,民84)。例如:一般人都明白父母、配偶、情人、公車司機、導演、清潔員等角色所應該表現出來的行為。在社會角色模式有兩個重要議題是角色期望(role expectation)和角色衝突(role conflict)。角色期望是指個人取得某種社會角色以後,會按規範希望或他人要求來扮演該角色的心理傾向,例如:「養不教,父之過」是社會對父親角色的期待。角色衝突是指個人在生活中角色扮演時所遭遇的心理困境,與特殊人際角色有關的義務,例如:一位中年女性同時扮演妻子、母親、媳婦、女兒、會計等角色,有時難以兼顧而陷入人際苦惱。

二、遊戲模式

遊戲模式是由精神醫學家且有「溝通分析之父」(詳見第四章)之稱的Berne(1964)所提出的,遊戲模式主張人際關係是相當受到一些遊戲的控制或影響,而「遊戲」是指用來影響對方的一些人際策略,其認為一個人的人格包含三個自我狀態,自我狀態的理論是溝通分析的基礎,是指個人外顯的和可觀察的心理狀態,包括父母、成人、兒童三個部分,分別簡寫為 P、A、C(parents, adult, child)。父母自我狀態是一個人從父母或是其他具父母般影響力的人學習而來,再整合到自己人格的部分,當一個人在父母自我狀態時,外顯行為會表現得像自己的父母,而內在的想法和感覺亦然。兒童自我狀態則是一個人以自己過去,特別是幼兒時期的方式來思考、感覺和表現的部分。成人自我狀態則是一個人利用既有的資源來思考、記憶和應用的部分,通常以不帶感覺的方式來表現,例如:兒子提醒年邁的母親要記得服用感冒藥。此種情形,兒子屬於父母的狀態:「要記得吃藥,不要再忘記了!」年邁母親則屬於子女狀態:「是的,我會盡量記得!」而遊戲具有兩種功能——生活中親密關係的替代物和維持人際

關係的策略，但遊戲具有建設性和破壞性，因此在人際互動過程中要
謹慎運用。

三、平衡論

平衡論是由美國社會心理學家和完形理論家 Heider（1958）所提
出的，平衡論是指在人際關係中，個人與他人的態度和認知信念不一
致時，會促成個人態度的改變，意即平衡的認知引起一種令人愉悅的
滿意狀態，若認知不平衡則有向認知平衡轉化的趨勢。其強調認知結
構中評價因素與情感因素的一致性，在維持認知平衡中具有重要作
用，因此彼此之間對事物的觀點是否一致，會影響彼此人際關係的良
窳。Heider 在其所著的《人際關係心理學》（*The Psychology of Inter-
personal Relations*）一書中，用 P-O-X 模式來詮釋人際關係：P（per-
son）代表個人、O（other）代表另一個個人，X 代表共同關心的對象。
P-O-X 模式將 P-O、O-X 和 P-X 三者之間用正負號來表示；易言之，
當三者乘積為正時，代表著和諧的人際關係；反之，則代表著不和諧
的人際關係，如圖 2-1 所示。

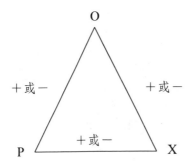

 圖 2-1　　Heider P-O-X 模式圖（Heider, 1958, p.208.）

當人際關係不平衡時，個人為了維持人際平衡，依照平衡論觀點
可能會採取下列策略：改變自己的態度、改變他人的態度或是意見，

忽略彼此之間的差異，認為彼此是相同的。Heider 的平衡論有助於人們了解人際之間的遊戲規則，經由溝通和協調，以維持和諧平衡的人際關係。

四、場地論

場地論是由社會心理學家 Lewin 於一九三○年代所提出的，其理論強調環境在心理學中的顯著性（1951）。場地論試圖以數學的一個分支——形勢幾何學的圖來描繪人與環境，以了解人類行為的公式，$B = f(P, E)$ 式中，B 代表 behavior（行為），P 代表 person（個體），E 代表 environment（環境），f 代表 function（函數關係），即行為是個體與其心理情境二者的函數。在這個公式中，人被視為生存在心理環境中，心理環境是個人周圍的物理與社會影響力。人和環境共同組成生活空間，是個人內在心理和外在事實的結合，人際關係的互動情形不僅僅是個人的行為表現，還包括環境與人之間的相互作用。圖 2-2 是心理學觀的簡化圖，其中 P 代表 person（個人），E 代表 psychological environment（心理環境），L 代表 life space（生活空間），F 代表 foreign hull（外在環境）。

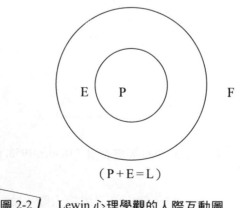

（P＋E＝L）

 圖 2-2　Lewin 心理學觀的人際互動圖

在圖中我們可以看出，人是生活在心理環境裡，共同形成生活空間。而生活空間與外緣邊界是有滲透性的，亦即是相互影響的。另外在場地論中，有三個主要觀點經常被討論（蔡培村，民 89）：(1)此時此刻（here and now）：強調人在此時此刻與他人交互作用下的表現，而不去探討過去的事件、行為。(2)知覺（perception）：個人主觀的知覺決定了自己與他人的交互作用。(3)意圖（intention）：每個人意圖的異同，構成了人與人之間不同的互動方式。

五、俗民方法學

俗民方法學又稱為人種誌（ethnomethodology），是由社會學家 Garfinkel（1967）在研究陪審團評議時所提出來的，是一個理論和方法學，藉由刻意破壞社會規範或常模，來觀察個人如何維持常模，如何從日常生活互動中來建構社會秩序的方法。其理論根源來自現象學，也受社會學、人類學以及語言學等的影響，轉換成微觀的社會學角度，重點在探討個人理解社會現實的過程，在日常生活態度與意義經驗的分析上，並強調個人對世界常識的理解，以及其互動方式。能提供人們在新的環境下如何去行動的知識，就像評審團一樣，使人際間能做有效的溝通和互動。茲將俗民方法學的概要——計算（account）、指標變義性（indexicality）、對等原則（etcetera principle）和自然語言（natural language）探討於下（陳秉璋，民 80；Garfinkel, 1967）：

(一)計　算

是指在人際互動過程中，雙方所表達的意涵是什麼？是否被對方接受了？即是指「雙方對話的分析」，而在日常生活中的互動，常以「省略方式」進行，因為彼此已「共同了解」（common understanding），這一類雙方了解不需用口頭解釋的部分稱為「指標性表達」

（indexical expression）。例如：時下稱有違禁藥品交易的 Pub 為搖頭店。

(二)指標變義性

是指在人際互動過程中的所有行動，都要依其特定的情境與特殊互動脈絡去分析、研究與解釋。因為同一種人際互動行動在不同的情境與特殊互動脈絡下，會產生不同的意義。因此，此派主張反對研究者加諸自己的主觀判斷，而是要將自己投入情境之中。例如：台灣地區平地人民與原住民的飲酒文化具差異性。

(三)對等原則

是指在日常生活中的人際互動並非一成不變的，也不需依照某固定模式進行，個人可以依實際的情境去應變而行動，並能透過經驗的累積學習，進一步去了解客觀情境的變化，如此便愈來愈能應付情境的變化。例如：求職者被拒，會試著改變應徵的策略。

(四)自然語言

是指人際之間實際互動所形成的基本對話結構，重視基本結構對話的分析；易言之，即是了解語意不能單純就文法結構和文字符號來考量，因為言行所隱含的意義存在對話中。值得關注的是，在日常語言的哲學觀當中，語言溝通的單位並非文字、符號和句子，而是語言行為運作過程中的產物。例如：人際衝突後的道歉行為，其含意並非單純的使用語句道歉而已，還包括態度和誠意的感受等。

六、人際關係相關的論點

此一部分將介紹其他學者專家所提出的人際關係理念，包括：Adler 的社會興趣、Fromm 的逃避／恐懼自由、Horney 的基本焦慮、

Sullivan 的人際觀點。茲分別探討於下：

(一) Adler 的社會與趣

　　Adler 是現代著名的精神分析學者，也是「個別心理學」的創始者，曾與 Freud 合作過十年，因理念不合而停止合作，繼而發展自己的人格理論，其認為人類行為受到社會驅動力的影響，具有社會性和創造性。人天生有一種主動關心周遭人事物的潛在傾向，稱之為「社會與趣」，是指個人知覺到自己是人類社會的一份子，以及個人在處理社會事務時的態度，包括為人類追求更美好的未來（李佩怡，民88）。隨著社會與趣的培養，自卑與疏離感會漸漸消失。人們由共同參與活動與互相尊重而表達出社會與趣，此時個人是往生命的光明面發展，而未具社會與趣的人會變得沮喪，生活在黑暗面。此種與生俱來的社會與趣，影響兒童人格的發展，任何適應上的問題，都與兒童如何在團體中覓求歸屬感有關。

(二) Fromm 的逃避／恐懼自由

　　Fromm 是二十世紀初傑出的精神分析學家，以心理分析學說來研究文化與社會等問題。其認為個人的氣質傾向（dispositions）是在與他人互動中而形成的，認為人類基本的兩難是自由與安全，提出逃避自由（escape from freedom）和恐懼自由（fear of freedom）兩個重要觀念（孟祥森譯，民82）：個人因為恐懼自由而逃避自由；自由原是個人所嚮往的，但因自由而產生現今社會規範的紊亂，人際關係趨於淡薄，個人承受人際間和與自己之間的疏離感壓力，對於缺乏社會支持的自由產生恐懼，因而逃避自由，並希望能接受他人的管制，從而獲得安全需求的滿足。其學說核心可謂是現代人所遭遇的困境與出路的指引，對現代人的精神生活影響極大。

第 2 章　人際關係的理論

㈢ Horney 的基本焦慮

心理學家 Horney（1937）提出「基本焦慮論」（basic anxiety），是對 Freud 所說的生及死之本能加以補充，強調人的焦慮主要是由於幼年時期的恐懼、不安全感、愛的需求以及罪惡感等複雜的情緒，累積形成怨恨受到壓抑（repression）而產生的。被壓抑的怨恨原先即為由來已久而且複雜的情感，它在潛意識裡支配人的行為模式及人格傾向。這種自我功能受到障礙的最大原因，在於怨恨及其攻擊與破壞傾向。原先是向外界爆發的破壞攻擊力，如果因缺乏對象或無法向該對象發出而受阻時，即會轉向自身而導致自殘行為。基本焦慮是一種自覺渺小的感覺，無依無助、被遺棄、受威脅的感覺，處身於一個充滿了錯誤、欺騙、攻擊、侮辱、出賣及嫉妒的世界中的感覺（葉明濱譯，民 71）。當兒童身處高度競爭情境中，會感到焦慮不安，進而發展出三種策略以對抗基本焦慮：(1)朝向人們（moving toward people）：藉著感情投注、依賴和服從他們來保護自己。(2)對抗人們（moving against people）：藉著攻擊和敵意來保護自己。(3)離開人們（moving away from people）：藉著孤立和退縮來保護自己。

Horney 也根據個人與他人的關係，將人際關係分成三種類型（鄭全全、俞國良，民 88）：(1)順適型：其特徵是朝向他人。這種類型的人無論遇到什麼樣的人、在什麼樣的場合下，他首先會想到「他喜歡我嗎？」在得到肯定或否定的答案，再採取適當的行動。這種人在交往中往往是被動的，多從事社會工作，例如：醫學、教育工作等直接接觸交往的職業。(2)進取型：其特徵是對抗他人。這種類型的人總是想窺探交往對方力量的大小，或其他人對自己的用處，從而採取對策，這是一種自我中心主義的表現。這種人多從事商業、金融、法律方面和科研方面的工作。(3)分離型：其特徵是疏離他人。這種類型的人經常想躲避別人的影響干擾，不願主動與人進行交往。這種人往往自命清高，亦造成空虛、孤獨的境界，多從事藝術、雕塑美術工作。

(四) Sullivan 的人際觀點

　　心理學家Sullivan（1953）發展出以人際互動觀點為主的人格發展理論，認為人格是個人與他人關連的性格型態。在不同階段，人格發展即在不同的人際關係中進行，注重早期發展的人際關係中的焦慮喚醒（anxiety-arousing）。因為嬰兒完全依賴重要他人來滿足其生理和心理的需求，缺乏愛及關懷導致缺乏安全感及焦慮，在個人成長過程中歷經社會化過程，不斷的評價造成壓力，使兒童自我標籤某些傾向為「好的我」（good-me）和「壞的我」（bad-me），而壞的我部分帶來個人的焦慮，漸漸發展出自我系統（self-system），透過察覺控制，以保護自己免於焦慮，個人會選擇性地不注意那些焦慮經驗的要素。

　　有關人際關係的理論研究，經過各個領域專家學者們殫智竭力的研究，所建立的人際關係理論、模式和觀點，可讓人們藉由不同的學術範疇的立論，對人際關係有更深入的了解和體悟。隨著網路世紀的來臨，人際關係也將隨著大環境的變遷改變，而衍生出許多新的人際關係問題留待解決。國際間的互動在美國九一一恐怖攻擊事件後有了轉變，而全球資訊網絡的發達影響了人們的生活，促使人們與電腦科技的關係更為密切，相對的，人際間的關係則日漸疏離。此外，高齡化的來臨也使我國正式邁入老人國家，這些外在的種種變遷，將會影響各種人際關係的互動模式，而更多的專家學者參與人際關係理論研究，將會使這門科技整合的生活知能學科日益蓬勃發展。

第 2 章　人際關係的理論

人際關係的理論與實務

人際之間

　　「一九九六年金石堂出版風雲人物」，曾編譯克勞塞維茲的《戰爭論》、薩富爾的《戰略緒論》、李德哈特的《第二次世界大戰戰史》等名家著作無數的紐先鍾先生說過：「我在書中，我是全世界最快樂的人」、「教書、寫書與讀書，是我最喜歡做的事」。此外，他曾以二句話勉勵剛獲得博士學位的門生：「得了博士，待人愈要謙恭」、「從今天起，才算是開始讀書，以前讀的書都是為了考試，不算數的」。

　　一個人如果想要擁有快樂成功的人生，就要不斷的求知、充實自己，要讓你的智慧寶庫（頭腦）隨時注入一些新的知識、新的觀念、新的做法，這樣的人生才會是光彩的、跳躍的。

　　人如果只有一招半式，人生若是一成不變，那日子多乏味，工作多枯燥，人簡直和機器沒兩樣。相反的，人若是多了些生活的常識，多了些專業的知能，無形中我們的生活便會注入了很多「元素」，元素製造「動能」，生活才能不斷的躍動，人生不再是一成不變，也不再空虛無力。最後我們會發現：自己的日子是可以過得理直氣壯的。

　　知識是這麼的重要，但是我們平時是如何在充實求知呢？捫心自問，你一個月內看了幾本新書？聽了幾場演講？學習了哪些新知？其實看好書聽演講是簡單又速成的求知法，每一本書、每一場演講都是別人智慧、心血的結晶，多吸收別人的智慧結晶才能增廣自己的見聞，豐富自己生命的內涵，也才能隨時為自己的人生樂章注入新的旋律音符。

3

人際知覺

人際關係的建立、維持與發展，大部分取決於個人的特質與人際之間互動的結果，因此要進一步的發展人際關係，先決條件為個人是否願意與他人交往，形成人際互動的過程。一般而言，人際互動過程包括印象形成、人際知覺、人際吸引、人際溝通與親密關係。無論是在哪一個階段，人際知覺都扮演著很重要的角色。因此，本章針對人際知覺歷程中的印象形成與印象整飾、自我知覺與他人知覺、人際的吸引力加以說明，至於人際溝通、衝突與合作，以及各種親密關係則留待本書其他章節詳加探討。

第一節　印象形成與整飾

　　在人際交往時，我們會彼此形成有關對方的印象。這種印象的好壞會影響到我們對他人的推論，影響到我們是喜歡這一個人或討厭這一個人，間接地決定要不要跟這個人繼續交往或交往的深度為何，甚至是否發展良好的人際關係。所以印象形成在人際關係中占了一個很重要的地位。本節旨在說明印象形成的意義、印象形成的過程，以及印象形成的訊息處理模式，同時探討印象整飾的理論與實際的作用。

一、印象形成

　　在個人與他人初步認識的互動過程中，即可能在他的記憶中保存對方的第一印象，而且經由個人的知覺主動選擇而形成。我們可能會特別注意到一些容易引人注意的線索，例如在出席宴會的場合突然出現一個奇裝異服的人，其與眾不同的特徵將突顯出個人的特殊性（特別容易吸引我們的注意），因而在不同的情境中可能對相同的人產生不同的印象。因此，在一個情境中所突出的特徵將產生個人的一些推

論，而形成我們對這個人某一部分的印象。

(一)印象形成的意義

所謂印象是指人們記憶中所留存有關他人或自己的形象。這些印象並非是直接從他人的記憶中拷貝下來，而是經由知覺者主動的構思所形成的。因此，印象的形成（impression formation）可以說是我們把有關他人的各種訊息綜合在一起而形成對他人的整體印象之歷程。舉例來說，當我們初遇到某一個人時，我們會馬上注意到他的外表、衣著以及言行舉止等，這些訊息提供我們對於這一個人的初步概念。但這些概念僅止於第一次的刻板印象，也就是突顯的個人特質，並沒辦法對一個人作全面了解。隨著時間流逝，開始慢慢的交往，有關對方的訊息逐漸增加，也了解到對方的嗜好、興趣、個性、生活方式等，於是將這些片面的資料蒐集起來，就形成有關對方整體的印象（鄭全全、俞國良，民88）。而且，這些印象一旦形成，都會對日後與他人的交往產生重要的影響。

(二)印象形成歷程

不管是倉促的判斷，還是謹慎的思考，我們一旦對別人形成印象，就會依據這些判斷來和別人互動，譬如你很喜歡搖滾音樂，你可能就會和這樣的人變成朋友。印象形成有時可能只是根據簡單的訊息處理，也有可能是整合所有的訊息，這也牽涉到處理訊息的知覺者。因此，對於印象形成的過程來說，大致上可以涵蓋三個重要的成份：被知覺者（行動者）、知覺者及交往情境（鄭全全、俞國良，民88），茲說明如下：

1. 被知覺者

被知覺者就是被形成印象的人。在人際交往的過程，不管是被知覺者的性別、種族、外貌、衣著、言行舉止，或者是表現出來的嗜好、興趣、態度、個人特質等，都提供知覺者形成印象的重要訊息。

第3章 人際知覺

2. 知覺者

知覺者就是處理印象訊息的人。在人際交往的過程，其行動者的訊息是否被扭曲，端視知覺者自己對於人性如何看待，以及過去的經驗。因此，不同的知覺者所存在的個別差異，也會影響印象的形成。

3. 交往情境

交往情境就是行動者與知覺者實際交往的情境，自然會對印象的形成產生影響。舉例來說，在棒球場上大聲喊叫或交談並不會對我們造成很大的影響，大部分的人會認為那是正常的，不會給與不好的印象。不過，如果情境改變了，若是在圖書館裡大聲喧嘩，大家會認為那是沒有修養，會形成不好的印象。因此，相同的行為在不同的交往情境中可能會形成不同的印象。

由上得知，影響我們對別人形成印象的原因有很多，有時我們可能根據他人的一、二個顯著的外表特徵就加以判斷。這些情形在小時候就可能出現，你可能會喜歡和乾乾淨淨的小朋友玩，卻不喜歡和一個滿身髒兮兮的小朋友玩。所以，印象的形成會牽涉到知覺自己本身、他人以及兩人的環境，這可能牽涉到你自己過去的經驗，以及當時的情境如何來判斷。

(三)印象形成的訊息處理模式

在我們的生活中，常常會在短時間之內獲得許多有關於某個人的訊息。知覺者會對這些訊息加以處理，形成一個整體的印象，這個過程稱做印象形成的訊息處理過程。一般來說，對於人們如何進行訊息處理，心理學家提出了三個不同的模式加以說明印象的形成（黃安邦譯，民81），包括累加模式、平均模式及加權平均模式。

1. 累加模式

所謂累加模式（additive model），即是知覺者形成一個對他人的整體印象，乃根據個人所有單個的社會特質或個人特質的評估值加以總和而得到的處理模式。舉例來說，某個人具有正面的特質，如誠

實、正直、友好等三種特質，那麼可以根據特質評估的正面程度給與加分，其整體印象的評估得分為 8 分（誠實 3 分，正直 3 分，友好 2 分）。倘若這個人還有愛心的特質，此特質被評為 2 分，則整體印象應該加上 2 分而成為 10 分。因此，可以很清楚的看得出來，每增加一個正面效果，就會使知覺者對一個人有更好的印象。相反地，倘若有一個負面的效果，譬如報復性強（－4 分），那麼會根據其負面評等給與扣分成為 6 分（10－4＝6）。

2.平均模式

所謂的平均模式（averaging model），則是知覺者根據所有的個人特質的總評估值加以平均而形成一個對他人的整體印象。如同上面的例子來說，累加模式只有總和，不做任何的平均或加權，只要有任何一個特質則會在分數上累計起來。不過，這種累加模式可能沒有辦法說明各特質的相對重要性，所以有了平均模式的修正。平均模式的算法是將所有的特質加起來，並且除以特質數，其結果為 2.6 分（8÷3＝2.6）。倘若增加一個愛心的特質（2 分），其結果反而降低為 2.5 分（10÷4＝2.5）。可見，每增加一個特質需要考慮到該特質與原有整體印象的強烈程度。如果是一個正性的強烈特質，那麼會增加正面印象的程度；相反地，若是該特質比原來的整體印象的強烈程度弱，那麼納入該特質反而會降低整個印象的平均值。

3.加權平均模式

所謂的加權平均模式（algebraic model），則是根據不同特質的重要性給與不同的加權，所形成的整體印象。這一種方式，是根據每個特質對於事情的重要性，而給與適當的加權值。換句話說，加權平均模式必須進一步考慮各特質的重要性，經過加權後再計算其平均分數。舉例來說，在上面的特質當中，報復性強的特質似乎比誠實、正直、友好、愛心的特質來得強烈。因此，在我們對他人所形成的印象中，報復性的特質似乎影響較大，我們會給與更大的加權，其整體的印象為 0.4 分（3×1＋2×1＋3×1＋2×1－4×2＝2，2÷5＝0.4）。可見一

第 3 章 人際知覺

個比重較重的負性效果，會拉低整體正性的效果。

總之，上述三種不同的處理模式所得的分數並不相同，但是無論採用哪一種模式，我們都可以得到一個分數，由分數的高低來推論印象的好壞。而且，不管是使用哪一種訊息處理模式，我們在作決策之前，可能會作全面性的評估，將所有的訊息整合在一起，而非只根據單方面或特別的情形評估。在這樣的整合過程中，每個人所知覺到的比重不同而給與不同的加權，這可能與訊息感受的本身沒有絕對的標準有關，譬如與一個聰明的人在一起，可能有人會覺得有壓力，有人會覺得可以學到很多東西，所以背後牽涉到的特質可能不一樣，相對地會影響到我們對他人做出不同的處理方式。

二、印象整飾

我們和別人進行人際交往的過程中，往往會希望能夠表現自己最好的一面、發揮最大的優點，而在對方心中留下一個美好的印象或形象，並藉由良好的人際關係而獲得成就感與個人價值。這種經由個人刻意修飾而形成的正向形象，可能有利於個人人際吸引之有利條件，並且也可以為個人帶來正面預期效果與益處。

㈠印象整飾的意義

根據 Schlenker（1980）的說法，印象整飾是「有意識或無意識地去試圖控制真實的或想像的社會互動當中形象的投射，目的是為了能夠去影響其他人的感受」。所以說，印象整飾（impression management）乃是個人企圖透過自我表現去控制他人，並形成對自己有利的歸因過程；換句話說，就是企圖控制他人對我們形成印象的一種歷程。在人際交往的過程中，常會看到這樣印象整飾的情形。每個人都會注意自己在社交場合的表現，希望在別人面前有良好的表現，留下好的印象，因此在不同的場合，都會刻意去修飾自己的服裝儀容或自

己的表現。譬如一對正在交往中的男女朋友，他們在約會之前都會刻意的梳妝打扮，增加自己在對方心中的良好印象，以便日後能進一步交往。或者，在一般的工作職場上，為了給上司有良好的印象，除了平時穿著得體外，盡量在特殊場合中展現自己的才能，如何在短短的幾分鐘之內讓你脫穎而出，這些都需要加以修飾。

(二)印象整飾的理論

印象整飾是個人行為的自我呈現，以便控制他人對我們形成的印象。在許多社會行為的觀點，如同廣告包裝，個人盡可能去表現他們的優點以及降低其缺點（Ralston & Kirkwood, 1999）。以上我們說明了印象整飾的意義，然對印象整飾的真正用意，迄今仍有不同的觀點去解釋。為了探究印象整飾的心理因素，多年來心理學家試圖從符號互動、自我表現與情境認同的觀點去尋求解答。基於這樣的方向尋求，發展了以下三種常見的印象整飾理論：

1. 符號互動論（symbolic interaction）

許多研究者都認為印象整飾對於有效的人際關係與溝通是非常重要的。在符號互動理論裡，強調個體對於他人行為的反應，並非根據直覺來反應，而是透過思考與詮釋，賦與行為意義，才產生相對應的行為。社會學家 Mead 認為人與人之間的交往，必須透過語言、姿態等符號表徵與人溝通，漸漸地意識到自己的外貌與他人對自己的評價，以及如何與人交往。當自己意識到自己的行為會讓他人覺得不舒服或形成不好的印象，就會調整自己的行為模式，以符合人際互動上的需要。

2. 自我表現論（self-presentation）

社會交往如同一個舞台，每個人會按照自己的生活腳本來扮演。當一個個體出現在他人面前時，幾乎每一個人都希望呈現最佳的表現，試圖控制別人接受良好印象，作為日後人際交往的基礎。這樣自我表現所產生的印象整飾是為了獲取社會認同，以及在人際交往中讓

第3章 人際知覺

雙方都感到愉快和維持良好的自我評價（鄭全全、俞國良，民88）。一個人能夠成功地受到社會認同的形象，就好像中國人常說的「有面子」；否則形象受到損傷，就好像「丟了面子」。雖然維護面子並非人際交往的主要目的，不過它卻可以讓人際交往得以繼續維持下去。所以人際交往過程中，必須呈現自我最佳狀況，使之能夠被他人適切的知覺，以及獲得適當的評價。

3.情境認同論（situational identity）

情境認同理論也是用來解釋印象整飾的一種論點。根據情境認同理論的觀點，對於每一個社會背景或者是人際交往的場合中，都存在著某種特定的遊戲規則或社會行為模式（鄭全全、俞國良，民88），因此，在人際交往中，每個人都盡可能的扮演與當時情境相配合的角色，以讓周遭人認同與滿意。舉例來說，一個大專校院的教授在學術發表時，為了展現其專業能力，可能很嚴謹細心地呈現自己的研究結果；但等他回到家或是遇到好朋友，可能就會變得比較輕鬆隨意。

上述三種理論，雖然觀點不太一樣，不過有其共同點，那就是他人的某些訊息可能對我們形成印象，而我們盡可能地表現自我，以便和他們繼續交往。在這個過程中，有很多人際互動模式是文化因素、是大家約定俗成的。倘若沒有做印象整飾，一旦印象形成了，就可能會影響到我們與別人互動。即使我們獲得更多的訊息，我們也可能會扭曲原來的意義，讓印象難以改變。所以在互動的過程中，我們可能會產生他人期待看到的行為，因為一旦別人對我們的看法形成，就傾向於維持不變與較難改變。

(三)印象整飾的作用

印象整飾乃是人際互動中普遍存在的現象。有些人善於此道，八面玲瓏；有些人則不善於此，窒礙難行。不管是靈巧也好，或是笨拙也好，沒有一個人可以不用此道，我們無時無刻都在透過言行舉止，向他人宣告自己是怎樣一個人。換句話說，印象整飾人人在做，只是

巧妙各有不同罷了（許惠珠，民85）。

　　印象整飾究竟對人際關係有何作用？由上述的論點可以得知，印象整飾可以使一個人在不同的場合，對不同的人做出不同的自我表現。也就是說，我們每個人都希望自己「有面子」，而不要「失面子」。因此，可以藉印象整飾而獲得社會認可的自我意象。尤其在工作失敗或遭遇挫折、顏面盡失時，更需要印象整飾，以挽回面子（許惠珠，民85）。換句話說，印象整飾是人際關係的潤滑劑，它可以將人際關係變得更融洽，讓彼此雙方感受到愉快，並使個人更受大家的歡迎與喜愛。相反地，若是一個人不修邊幅，我行我素，沒有考慮到周遭的人事物或調整自己的行為模式，他可能會受到社會所排斥，不受歡迎，間接地造成人際困擾或適應不良。因此，印象整飾是社會交往的基本功課，有助於提升社會適應的能力。

　　一個人的印象整飾正如演員在舞台上扮演其角色，其他人只是配角，按照腳本來對戲。譬如一個人表現出道貌岸然、高不可攀的樣子，也就是告訴我們「他是一個不容易親近的人」。當我們接受到這樣的訊息，我們就會調整我們的角色，與他保持距離。相反地，若這個人和藹可親，我們將會調整我們的態度與之親近。換句話說，人們可以藉著印象整飾傳遞某些訊息，讓對方知道如何和我們互動。

　　當然，社會上也會給某些人特定的角色，做什麼就應該像什麼。譬如做老師就應該有老師的樣子，學生應該有學生的樣子，醫生就應該有醫生的樣子，護士有護士的樣子。假若我是一位老師，我就應該扮演傳道授業解惑的角色，應該有愛心和耐心，以及高標準的身教和言教等等，這一切都只是為了讓我們得以在社會中生存。否則，從外人的眼光中，我們將不倫不類。例如建國中學有位麻辣教師，表現GTO式的老師角色，但那也只是異數，有待我們社會重新去定位。一般所謂的「女為悅己者容」，便是女人為了她自己喜歡的人而做印象整飾的最佳寫照。在這個印象整飾的過程中，大部分的人都只是為了贏得別人的讚賞與肯定，重新建立起自尊與自我概念。

第3章　人際知覺

總而言之，人們在與他人人際交往的同時，會經由個人主動知覺，而在記憶中留存有關自己或他人的印象，綜合與他人的相關訊息而形成對他人的整體印象。就印象形成的歷程而言，包括被知覺者、知覺者、交往情境等三個部分。而印象形成的訊息處理模式可以從累加模式、平均模式、加權平均模式來加以解釋。印象整飾則是一種企圖透過自我表現而控制他人對我們形成的印象，並產生對自己有利歸因的一種心理歷程。

關於印象整飾的理論則包括：符號互動理論、自我表現理論與情境認同理論等，而其主要作用在於增進人們的人際關係，成為彼此人際關係互動的一種潤滑劑，可以使人際相處更愉快、更受人歡迎、更有人緣，並有助於提升個人的社會適應能力，是個人在社會人際互動的重要基本課題。由此可見，印象整飾對於人際溝通而言，占了非常重要的地位，也是人際溝通中常用的技巧。只要運用得宜，便可以讓我們的人際關係建立得更加順暢與快速，而且在維繫上也有催化的效果。不過，「水能載舟，亦能覆舟」，倘若運用過當，不用真心來表現自己與對待別人，老使用欺騙狡獪的方式，別人可能一次受騙、二次受騙，不可能老是受騙，到時候黔驢技窮，將成為人際關係的致命傷。

第二節　自我與人際知覺

我們是如何形成對別人的印象呢？這涉及到個人感官知覺之心理運作歷程。在知覺的運作過程中，我們會對自己所感受到的訊息加以選擇，經過整理與組織，形成個人主觀的解釋意涵。而人際知覺的內容包括個人的自我知覺與他人知覺兩個部分，前者是指個人對自己的了解與看法，後者則是強調個人對他人訊息選擇與整理而成的認知過

程。本章節先行介紹知覺的基本概念，其次介紹影響人際知覺的相關因素與理論，最後再論述自我知覺與他人知覺之相關內涵。

一、知覺的基本概念

　　一般而言，個體從刺激接收到反應，大概經過生理與心理兩種歷程。生理歷程所獲得的經驗稱為感覺（sensation），心理歷程所獲得的經驗則稱之為知覺（perception）。感覺是指從各種感官器官得到的訊息，而知覺則是針對感覺的訊息加以解釋與界定。所以，在知覺的歷程中，感覺是知覺的條件，有了感覺才有知覺。不過在知覺的過程當中，並非只是感覺的直接經驗，有很多是經過改造的經驗。所以知覺應該是經過選擇而有組織的心理歷程，是個人對於環境中的人事物之認知，是決定行為的主要因素（徐西森，民 91；黃惠惠，民 88）。換句話說，知覺是將蒐集到的資料加以整合並賦與意義的過程（Ver-derber & Verderber 1995）。一般來說，知覺常經歷下列三個步驟：

(一)訊息選擇

　　我們的知覺經常無法知道所有的事情，因此選擇我們所要注意的部分就顯得非常重要。譬如在夜市的地攤用麥克風引來顧客，即是運用強烈的刺激以吸引顧客的注意；電視上一而再、再而三的出現同一個廣告，也較能引起大家的注意；演講時利用大聲抑揚頓挫變異的刺激而吸引大家的注意。動機通常會運用在我們想要注意的事件，以滿足個人的心理需求。所以，在我們選擇刺激時，會受到一些生理與心理的因素影響（黃惠惠，民 88）。如果你是近視或重聽，你可能會受到感官生理上的限制，感覺不到一些環境中的刺激；相同地，我們在選擇訊息時，也會受到興趣、需求與期待的影響。我們的動機和需求影響到我們所看到的與沒看到的訊息。

(二)訊息組織

在選擇性刺激的資料進來之後，個體並非照單全收，而是需要經過篩選和過濾，找出有意義的部分加以組織。在知覺的整理過程中，我們不僅針對知覺的資料加以分類，更重要的是我們能用一些有意義的方法，根據過去的經驗、偏見以及相關因素加以分析。用來解釋我們如何組織的理論稱為建構論（constructivism），其主張當我們組織和詮釋這些經驗時，必須應用認知的結構（Wood, 2000），這些認知結構稱之為認知基模（schema）。Kelly 於一九五五年最早提出，建構的觀點常被應用在溝通或心理學的領域上。知覺的組織依賴許多因素，訊息愈不清楚與複雜，就愈難以組織。

(三)訊息解釋

在知覺的過程中，解釋也是一個重要的過程。有人對你微笑，可能喜歡你，也可能只是一個禮貌上的互動而已。因此，在組織資料之後，可能會根據過去的經驗，對人類行為的假設、期望，對事物的了解程度或心情所影響而做不同的解釋。因此，對於相同的刺激，可能每個人的解釋都不一樣。幾乎很少人會選擇相同的訊息，運用相同的組織方式，當然其行為結果的解釋會有很大的差異，而這些差異就會影響到我們的溝通。

綜合上述，個體從接受刺激到產生反應會經歷生理與心理的兩種運作歷程，其中經由生理歷程所得到的經驗稱為感覺，而心理歷程所得到的經驗稱為知覺，根據感覺的訊息而加以解釋與界定。感覺是知覺的基本要件，有了感覺從而有了知覺；而知覺常經歷選擇、組織、解釋等三個步驟。所以，當我們知覺到許多訊息時，我們並非只是用感官對刺激作記錄的動作，而是對不同的訊息賦與獨特的意義。

二、人際知覺

在日常生活中，我們需要不斷地和社會中各式各樣的人交往，在這個過程中，我們不僅在影響他人，其他人也對我們的生活產生重大的影響。正因為這樣，我們需要努力地去了解其他人，及他們的背景、動機、特質、興趣、情緒等，然後根據這些認知來決定如何和他們交往，甚至找出彼此最佳的交往模式。因此人際知覺（interpersonal perception）可以說是個體試圖去了解自己與周遭人的認知過程。以下我們先探討如何根據面部表情、目光接觸、身體接觸、語調等非口語與口語訊息來獲得有關人們的情感、心情與情緒；其次是探討推論過程中常見的歸因理論及偏見。

(一)人際的非語言與口語溝通

在許多情境下，社會因素會受到各種外在因素所影響，那麼我們要怎樣知道對方的心情是好或壞？是高興或是悲傷？最常使用的方式有兩種，一個是直接用口語問他們，另外一種方式則是用間接觀察的方式得知。往往很多心情會暴露在非口語的訊息當中，譬如臉部表情最能反映一個人的情感，喜怒哀樂可以在臉上看得出來，幾乎全世界的臉部表情都是一樣。相同地，眼光和身體姿勢也會透露出個人願不願意接受對方或拒絕對方。既然非口語線索可以提高個人在他人心目中的地位，因此可以加以辨識以提高人際知覺（鄭全全、俞國良，民88）。

不管是語言溝通（verbal communication）或是非語言溝通（non-verbal communication），都必須經過訊息的編碼、傳送、接收、譯碼與回饋的過程。雖然，語言的溝通常常是影響人際知覺與溝通的重要媒介，不過也別忘了非口語溝通的重要性。因為在我們溝通的經驗裡，非口語溝通所帶來的感受性有時比語言溝通來得更貼切。這樣的

意思並非語言溝通不重要，而是兩者各有其重要性，譬如在陳述事情時，語言溝通具有獨特的價值與功能，但若涉及情感層面，反而是非語言溝通比語言溝通來得重要。

(二)歸因理論

在人際交往上，了解他人當下的心境或感受是很重要的。不過，我們很難直接獲得人們內心狀態所有的訊息，僅能藉助外在的線索所得到的間接資料來推估人們的內心狀況，這樣的推論過程就稱為歸因理論。因此，我們會採用各式各樣的訊息來思考別人的行為，並且試著去理解其行為何以發生的背後原因所在，根據此行為與他們可能產生的原因相聯結在一起，而其中我們可能會考慮到的原因包括：在某些特定情境中可能特別突顯出來的原因──例如我們所注視的人、明亮的色彩、移動的影像、響亮的聲音，或是其他可能吸引我們注意力的顯著特徵，或是那些和行為有相互聯結關係的可能原因、更容易取得的可能潛在原因，以及根據可取得的訊息模式所建議的可能原因，或是根據共變訊息（尋找和某事件會獨特地一起共變的可能原因，亦即當事件發生，其潛在的因果因素即存在，而事件不發生時即不存在的訊息）而產生的歸因等，從其中而看出行為發生與背後原因之因果關係，進而從其中的推理與因果關係中去做預測與預期（Sears, Peplau, & Taylor, 1994）。不過，值得注意的是，不同文化的人也可能會用不同的原因來解釋人們的行為，例如有些文化是根據行為者的一般人格特質來推究行為的發生原因，有些文化則是從個人的社會角色或是人際關係來解釋其行為。

根據以上所述，我們的歸因或推論可能會因為個人的主觀知覺而產生偏誤，而在外部因素影響行為的同時，人們可能會試著修正最初的推論；當覺察到我們的歸因有可能不準確或是有偏誤時，將可以讓我們更仔細地或更周全地考量別人的想法，進而得到較客觀與較準確的人際知覺歷程。然而，我們也可能同時受到需求與期待的影響，而

阻礙我們對事實的搜尋與解釋，接受表現上所看到的一切，相信眼前所看到的事實，這種選擇性的線索可能會大大干擾我們的人際知覺，進而嚴重影響到一個人的人際互動關係。因此為了增進個人的人際關係，對於事件與行為所發生的可能原因需要更客觀地從全面性觀點去探討與推論，以免陷入歸因的謬誤陷阱之中。

總之，在與人交往的過程中，人們和他人彼此相互影響，而人際知覺即是個人試著去了解自己與周遭人們的認知過程，人們可以根據對方的口語訊息與臉部表情、目光接觸、身體接觸、腔調等非口語訊息來獲知有關對方的情感與情緒，而在了解與認識他人的心境之後，可能藉由一些外在線索所獲得的間接資料來推估其內在心理狀態，此推論過程即稱為歸因理論。而個人的推論與歸因可能並非完全符合事實，或許也會產生個人的歸因偏誤或偏見，個人必須有所覺察與調整。

三、自我知覺

自我知覺（self-perception）是指個體試圖了解自己的認知過程。換句話說，也就是個人對自我意象的評定和看法。人們對於自我知覺的了解與對他人形成印象一樣，皆使用相似的處埋方式和詮釋過程。就如同自我知覺理論所提出的，人們經常根據自己的行為來推論自己的性格，也會運用他人的反應來形成自己的看法，拿自己來和別人做社會的比較，發現自己和別人有哪些不同（莊耀嘉、王重鳴譯，民90）。

自我知覺跟他人知覺一樣，不一定是正確的，那只是自己對自己的了解而已。一般來說，自我可以分為兩個部分，一個是主體的我，也就是處理訊息和問題解決的我；另一個則是客體的我，也就是對應於他人關係的自我，是我們與他人互動過程中的受體（鄭佩芬，民89）。對自己的情感、動機和意向的了解會比較容易，因為我們可以透過自我覺察、自我反省與批判，把注意力朝向自己，從而獲得有關

073

自己的心理訊息。然而在這樣的知覺過程中，有兩點值得我們注意：第一是我們或許知道自己在做什麼，但我們常不知道自己為什麼這樣做；其次是在缺乏其他人當作我們的參照標準時，我們很難評估自己的特質。

在之前我們提過，在對別人形成印象時，我們會根據他人的行為和環境的原因作出歸因，相同地我們對自己的知覺也是應用相同的歸因過程。譬如你突然生氣了，你會問你自己究竟為什麼發脾氣，是誰惹了你？還是對自己的行為生氣？這一切都值得我們去覺察與評估。至於自我的知覺，一般都會和自我概念、自我意象與自尊一起討論，換句話說，低自我概念、低自我意象與低自尊的人，其自我的知覺也會偏低，他們所觀察到的行為都偏向於負向，對自己較沒自信，也比較不願意與人溝通。Verderber（1996）在其所著的《溝通》（*Communicate*）一書中特別強調自我概念、自我意象、自尊與自我知覺等部分的關聯性。

(一) 自我概念

自我概念（self-concept）係指個人對自己多方面知覺的總合，此知覺包含了個人與環境互動、個人與他人互動，以及自己行為的歸因型態等。換句話說，自我概念是一個人對自己的一種看法，它包括了所有關於自我訊息處理的整個過程。自我概念在我們的成長過程中逐漸形成，而且經由我們所認定的角色來呈現。我們所扮演的角色，可能會受到當下的情境需求所影響。因此，在我們與他人互動的過程中，必須不斷的修正自我的概念，以獲得新的想法與認知。如同在人際交往過程中，我們也不斷地修正自我的知覺，以獲取適切的人際互動。

(二) 自我意象

自我意象（self-image）係指對自我概念的知覺，它是由自我評價

所組成，而這些自我評價受我們的經驗與別人的反應所影響。自我評價（self-appraisal）乃是說明我們對於自己的意象是來自我們所看到的部分。我們可能從鏡中看到我們自己的身體，並對自己的身體下判斷。如果我們對自己的身體滿意，我們可繼續保持下去；倘若我們不滿意自己的身體，我們可能會去改變。如果還是不能改變，我們可能會對自己形成不好的評價，否定自己。

當然，自我意象也可能受經驗所影響。如果自己與別人交談都能順暢，那會對自己形成善於交際的自我形象；反之，若對於過去的經驗愈否定，則會對於該人際角色的自我意象愈否定，且不願扮演該角色。別人的反應也可能傷害個人的自我意象，導致低自尊。因此，要有良好的自我意象有賴於知覺的正確性與處理知覺的方式。每個人經歷過成功和失敗，也聽過讚美和責備，如果我們只是注意到成功和正面的經驗，那我們的自我意象可能是扭曲的。唯有在面對所有的訊息時，能夠適切的去處理，才是良性溝通的上上之策。

(三) 自　尊

自尊（self-esteem）是我們對自己的正面或負面的評價。自尊會影響我們對他人的知覺與人際溝通方式。一般而言，低自尊的人常會否定自己，會以自貶的觀點來看待自己。因此，低自尊的人常自暴自棄，不肯認真努力工作，預期別人會否定自己，常以消極的方式來因應。相反地，若是一個高自尊的人，他會對自己有信心，肯定自我存在的價值，永遠充滿活力，努力達成工作。自尊和自我意象一樣，不僅會影響到我們的溝通，也會影響到我們對他人的知覺。當我們的自尊愈高，我們愈能正確地處理自我與他人知覺的訊息，讓我們所知覺到的世界與真實的世界能夠更接近，否則將會與真實脫節，導致誤解和溝通破裂。

綜合上述所言，既然自我知覺會受個人過去的經驗和別人的反應所影響，因此，為了能有效提升自我效能，必須增加自我覺察的能

力，真實地去評估自己的優缺點，才能有效地幫助自我成長。很多人
際困擾的個案，主要是來自於負面的評價，對於自我有負面的歸因和
偏見，造成不好的自我知覺。所以，我們必須知道自己的知覺如何影
響行為，哪些行為容易引起正面的反應，然後多從事這樣的行為模
式，以增進有效的溝通。

四、他人知覺

在遇見一個陌生人時，我們心中會有很多的疑惑：我們有共同點
嗎？他們會接受我嗎？我們可以相處嗎？這一切的問題都會在我們的
心中產生問號。若要有效的解決這些問題，唯有了解對方，由對方的
反應來獲得答案。這也就是說，當我們不了解對方的時候，我們很難
去預測他們的行為，更別提如何在人際互動中作出有效的反應（Ver-
derber & Verderber, 1995）。因此，我們會設法尋求關於他人的訊息，
以便組織與解釋他人的行為，因應彼此之間的互動。所以，知覺在此
扮演著非常重要的角色，除了在之前所述的自我知覺之外，更重要的
是對於他人的知覺，唯有在獲得充分的自我與他人知覺，才能進行有
效的溝通。

他人知覺（other-perception）是指我們對於感官所接受到他人的訊
息，加以選擇、組織與處理而得到他人印象的一種過程。在這些過程
中，與前面的自我知覺一樣，並非完全正確，可能會被增強或改造。
Verderber 及 Verderber（1992）認為，影響他人知覺的重要因素包括他
人的外表特徵、刻板印象與情緒狀態。

(一)外表特徵

他人知覺的第一印象往往是以一個人的外表特徵作為基準。外表
高大的人會讓人覺得他是勇敢的，外表弱小、喜歡笑的人會讓人家覺
得他是可愛靈巧的。而且在推論的過程當中，也常會受到月暈效應的

影響，可能他成績很好就認為他各項才華都很好。倘若我們判斷經驗不足，會習慣於主動填補某些觀點而造成錯誤的知覺。

(二)刻板印象

當我們對別人做判斷時，最容易犯的缺點就是以刻板印象來判斷他人。刻板印象是對人過度簡化的象徵，在使用上常會藉助某一個觀點就亂下判斷，導致誤判的現象。譬如最常看到的例子是黑人總是懶惰的，中國人沒有公德心，這只是知覺的一種捷徑，但並非人人都是這個樣子。或許在認識一個陌生人之初，可以粗略地有個印象，不過仍然要多一點訊息判斷，否則就容易成為偏見。

(三)情緒狀態

情緒狀態也是影響我們去評定別人的一項阻礙，我們常常會受到情緒的影響。當我們情緒低落時，我們常會知覺到對方負面的訊息比情緒好的時候來得多。同樣地，情緒也會影響到我們的歸因，當我們情緒好時，我們會對他人的行為找一個合理的藉口；反之則會將它歸因為故意的，或是有不當的行為理由。

顯然，上述人際知覺包括兩個部分，一個是指個體試著了解自己的認知過程，稱為自我知覺；另一個是指個體感官接受到他人訊息，並加以選擇、組織與處理而得到他人印象的過程，稱為他人知覺。他人知覺與自我知覺同樣並非完全準確，均可能被增強或改造過。所以，在與人互動時，不僅要注意到自己的意象與自尊，更重要的是去了解自我與他人知覺之間的訊息處理過程，了解互動的歷程，作出最佳的反應。

五、增進人際知覺

與人相處，貴在相知。能相知，才能相惜；能相惜，才能相愛。

我們都希望自己能慧眼識英雄，知人善用，不希望自己看走眼。到底要怎樣才能看清對方的廬山真面目？關鍵在於如何有效蒐集正確的訊息，不管是詢問別人或何種方式，都是為了產生正確的人際知覺（許惠珠，民85），因為，錯誤的知覺常常可以看到，並且會影響到我們的溝通。因此，想要成為一個勝任的溝通者，必須改善我們人際知覺的正確性，以幫助你有效建立與評估自己和他人的知覺，並做出好的判斷。茲將增進人際知覺的方法說明如下：

(一)認清人際知覺的偏差

人常常會受人際知覺歷程中的種種偏差所影響，譬如「月暈效應」，而常會以刻板印象來判斷他人。很多人常犯的錯誤是，堅持「我在那裡，我知道我看到什麼」。他們毫無疑問地接受他們的知覺，把自己的知覺當作是事實，而不會去質疑它的正確性（黃惠惠，民 88）。如此一來，人與人的互動過程中，個人都堅持自己所看到的、所聽到的、所感受到的，彼此不肯讓步，造成人際間的衝突發生。因此，為了化解這些不必要的人際衝突，首先需要對自己的知覺產生質疑——我們所看到的或所聽到的可能是不正確的，必須接受錯誤的可能性，我們才有機會進一步去尋找證據。在做任何決定之前，可能都得再思考一下，再度確認知覺的正確性，避免不必要的人際溝通困擾。

(二)因時制宜善用適切的知覺經驗

我們在觀看人時，通常習慣用自己的經驗推理或過去與他人互動的經驗來對他人產生印象，譬如有一位朋友曾經為了某種利益而不擇手段，你會永遠認為他是個不擇手段的人。知覺會使你期待在他的身上看到卑鄙的行為，這樣的結果，你可能會把那個人所有的行為都看成卑鄙的行為，即使那個人可能因為時間的改變，而有不同的表現，不過，你可能很難改變之前對他的看法。另一種可能是你自己本就較

為自私、斤斤計較，那麼你可能會「以小人之心度君子之腹」，認為其他人也跟自己一樣。因此，要改善人際的知覺，必須摒棄舊有的知覺，調整這些過時、不正確、不完整的知覺，以當時的情境知覺來與人溝通，才能增進溝通的成效。

(三)勿妄下定論與照單全收

我們之前曾經討論過，知覺需要經過選擇、組織和解釋，而解釋常常是根據事實的推論而來。事實是可以驗證的陳述，推論則是根據所觀察的行為或訊息加以組織所形成的結論。當我們在作推論時，可能會受到心理因素的歸因所影響，導致與事實有所出入。所以，在與別人溝通時，應該確認你是在陳述一件事實或只是你個人的推論（Ver-derber, 1996），因為這樣的結果可能會導致不同的知覺訊息，影響人際之間的互動。當我們在蒐集他人的訊息時，有些可能是事實，有些可能是偏見，有些可能是謠言。因此，不應該亂下斷言或照單全收，重要的是要能去偽存真，仔細去分析資料以作正確的判斷。

(四)尋求更多的資訊來驗證知覺

通常我們習慣以一份或兩份的資訊來對自己或別人形成知覺，造成很多的誤判及不良的溝通。如果是這樣，可以試著在對人形成印象之前，多方去尋求相關的訊息，以便能增加知覺的正確性。情境可能會對人際知覺產生影響，有些人只是在特定的情境之下才會有一些特殊的行為，因此需要將情境因素也考慮進去，不要有過分的自負與肯定，以免誤判。至於要如何蒐集更多的資料，可以運用口語與非口語的方式，針對自己的疑惑加以澄清，以驗證自己原先的知覺是否正確（Verderber & Verderber, 1992）。換句話說，不要以外觀來論斷對方的內在，可以多去和他交談，了解其真正的內在想法或感受，與原先所蒐集到的資料相互驗證，以確保知覺的準確性。

根據上述的討論，我們可以很清楚地了解到人際知覺的過程必須

第3章 人際知覺

涵蓋訊息的選擇、組織和解釋。在人際溝通的過程中，很多訊息可能會因為自己主觀的因素而有所偏差。因此，在和別人互動時，應該對於自己與他人的知覺保持彈性，不要太快下判斷，蒐集多一點的訊息，再來評估當下的情境，選擇較佳的溝通策略，才能改善原有的人際交往模式。

第三節
人際的吸引力

　　人際關係與人際交往的核心在於對人的喜歡與否，人際間的吸引與排斥是人際關係形成的重要因素之一，也是個人關係維持與親密交往的影響因素之一。在茫茫大海當中，為什麼你會跟某個人交朋友，而不去跟另一人交朋友？哪些特質會吸引人注意或討人喜歡？哪些特質會惹人討厭？這一切的問題將會在本節中詳加討論。本節旨在說明人際吸引力的意義，並深入探討其理論基礎和影響因素，以作為個人增進人際關係之參考。

一、人際吸引力的意義

　　剛抵達一處陌生的環境，環顧一下四周的陌生者，你可能會疑慮，誰將會成為我們的朋友？我們如何形成新的連結？這個朋友是點頭之交，或是親密的朋友？如何讓點頭之交變成玩伴或知心的朋友？這一切的一切，都得歸因於彼此的相識，進而引發交往，且成為密友。那為什麼你會認識這個人，而不去認識那個人？主要的原因來自於你喜不喜歡這個人，想不想認識這個人，或是這個人有什麼吸引了你，讓你想進一步去了解他。所以，一個關係的形成通常是彼此相互吸引或者彼此相互喜歡所引發。倘若兩個完全沒吸引力的人擦身而

過，充其量只能說是像風吹過，引不起你的注意。

　　究竟什麼是人際吸引呢？簡單地說就是人際魅力，人與人之間相互吸引、相互喜歡和親和的現象。換句話說，所謂的人際吸引（inter-personal attraction）就是在人與人之間有了良好的知覺後，彼此形成的相互吸引力。所以，人際吸引可以說是人與人之間彼此注意、欣賞，產生好感，進而想要接近，建立更親密人際關係的心理歷程（鄭全全、俞國良，民88）。但影響人際吸引的原因很多，可能來自時空背景、態度、個性、成就、外表等等，都足以影響某人與某人是否可以交往。而且在關係發展的過程當中，人際吸引是人際交往的第一步，倘若兩人之間沒有相互吸引之處，便很難建立良好親密的人際關係。

二、人際吸引力的理論

　　人際吸引力在人際交往中，有滿足個人基本人際需求與建立關係的初步指導作用。因此在國外有許多研究試著去解釋人際吸引的原因，並進行一系列的實驗，提出許多人際吸引的理論模型，Dwyer（2000）從增強理論、社會交換論及公平理論等模式的觀點來說明人際吸引力的現象。

(一)增強論

　　增強是心理學行為理論最常用的專門術語。在增強情感論（the reinforcement-affect theory）當中，古典制約與操作制約的理念均有助於人際互動關係的建立與穩定。從古典制約連結的觀點來看，我們喜歡和能夠讓我們連結到快樂和滿足的人在一起，而不喜歡和那些讓我們討厭的人在一起。從操作制約的觀點來看，我們喜歡和會鼓勵我們、獎勵我們的人在一起，不喜歡和會懲罰我們的人在一起。因為這些獎賞，不管是物質上的或是精神上的，都具有增強效果，讓關係得以維持下去。但是當這些酬賞減少或停止時，關係可能會出現一些瓶

頸或破裂。說明白一點，也就是說，我們喜歡和關心我們、欣賞我們、看重我們與帶給我們快樂的人在一起，不喜歡和反對我們、批評我們與讓我們痛苦的人在一起，因為和他們在一起我們會感到快樂，否則就覺得不受到尊重。

(二)社會交換論

社會交換論（social exchange theory）源自於經濟學的觀點，認為關係是基於人與人之間報酬與代價的互換，而最令人滿意與維持穩定關係的方式是以最低的代價換來最大的酬賞（參閱本書第一章及第二章）。換句話說，人們在與他人的關係中，會尋求使報酬達到最大化，並使代價減到最低的狀況。這種現象最常出現於上司與部屬關係、師生關係、朋友關係之間。因此，當我們與其他人交往時，我們會思考利弊得失，看看能不能以最少的代價獲得最大的報酬，再來決定我們要不要與那個人相處或交往。譬如在公司裡，雖然我們會被美麗的同事所吸引，但我們會去衡量各種因素，是否有其他的同事也在競爭或追求，假若發現勝算不大，甚至會毀壞前途，便可能會放棄追求的念頭。不過，並非每個人都是這樣的盤算，每個人對報酬的定義也都不一樣，或許對另一人來講，他會認為未來的事情待天決定，只要珍惜現在即可，也許就會認真的去追求。

(三)公平論

公平論（equity theory）是屬於社會交換論的一支，認為兩個人之間關係的建立、維持與發展，要看當事人覺得這種關係的維持是否對雙方都能互蒙其利來決定。也就是說，不管是我們吃了虧或占了別人的便宜，都會讓我們覺得不舒服。唯有當大家彼此感覺付出與報酬之間取得平衡或公平時，關係才會穩定的發展下去。因此，人與人交往過程當中，往往是以報酬與代價來衡量自己周遭的人際關係。人們希望自己所投入與所支出相平衡，以作為衡量人際吸引力大小的尺度。

換句話說，假設在交往中的代價與酬賞是平等或是正向的，那麼交往的另一方對他來說就具有吸引力，就願意繼續交往下去。相反地，假設是不平等的，那麼就會失去交往的動機與慾望。這種情形常常發生在夫妻之間的人際關係，倘若太太下班還要洗衣做飯，而先生卻只是翹二郎腿看報紙，那麼太太就會覺得不公平而感到不舒服；倘若此時先生也能分擔一些家事，這樣會讓老婆覺得公平而感到舒服。

綜合上述理論可以很清楚地說明人們之所以彼此吸引、建立與維繫關係的一些原則。因此，對於關係的建立而言，人際關係的發展有其階段性，溝通的目的是在建立和維持與他人的人際關係。兩人在人際關係中能夠繼續維持下去，就得雙方都能獲得滿意。如同增強理論所說的，當我們和喜歡的人在一起，彼此才有愉悅的感覺，否則，一見面就大吵大鬧，將會降低再次交往的機會。而且，良好的人際關係並非會自動地發展下去，它需要付出與經營，沒有人可以一直付出而不求代價的，彼此都在衡量自己付出和他人給與的代價是否合宜與公平，否則很難繼續經營下去。

三、影響人際吸引力的因素

世界上人口超過五十億，為什麼我們只會跟某些人相遇，而無法認識所有的人，原因乃是人與人之間交往的重要條件之一是時空的接近性。人與人之間人際關係的形成，必須在一定的情境下發展，這種情境因素也反映了人際關係的結構與本質。除了情境因素外，個人的特質包括外表、才華、能力、個性等，兩人之間的相似性與互補性也會影響人際吸引的決定因素，間接影響人際關係的發展。

(一)情境因素

時空的接近性（proximity）是影響人際關係的重要因素之一。當一切外在因素都不變的情況之下，與我們接觸的頻率愈高，愈容易成

第3章 人際知覺

為我們的朋友或情人。一般來說,與自己的同學、同事、鄰居、朋友等接觸的機會較多,交往的機會較大,因此較容易建立好感與良好的友誼。這種情境因素,也是我們常講的「天時」、「地利」、「人和」,情侶常藉著花前月下,談情說愛;朋友藉著風和日麗,結伴踏青;同事藉著喜慶,聯絡感情;師生藉著學術討論,增進情感。或許在很多時候,並非是大家的特質吸引,而是相處久了自然產生好感,進而建立關係。這種情形也常出現在情侶關係,很多情形是男女原本不來電,但在親朋好友的促成機會下「送作堆」,而有愛苗出現,進而產生親密關係。

從我們的生活經驗來說,我們不太容易與三千哩外的陌生人成為好朋友,反而比較容易和同一層樓的鄰居或工作夥伴成為好朋友。為什麼接近性會讓我們容易發展良好的友誼呢?其原因可能來自於重複曝光效應。我們對自己親近的人會產生一種熟悉感,讓我們覺得很熟悉,在正常的人際互動下,很自然成為我們的好朋友(黃安邦譯,民81)。俗語說「遠水救不了近火」、「近水樓臺先得月」,因為距離近,交往的機會多,我們愈容易了解彼此,相互有好感,或有需要時朋友也較容易來協助,顯示出時空距離是形成友誼、愛情或人際關係的重要因素。

從心理學的角度來看也是如此,當我們面臨新的人、事、物時,會因為不熟悉而出現緊張焦慮,不過隨著新的人事物經常曝光,我們的焦慮會逐漸的減低,熟悉感慢慢的增加。因此,人與人交往的頻率愈高,愈容易產生較親密的人際關係。交往的頻率增多,比較容易有共同的生活模式和經驗、共同的話題與感覺。不過,對彼此不太認識的朋友而言,或許增加交往的頻率的確可以增加人際關係的形成。但是在注意次數的同時,可能也需要考慮交往的內容或品質,倘若有不好的負面印象,曝光愈久,其效果可能愈惹人厭,大家反而更不喜歡他。

(二)個人特質

一個人的個人特質可能是影響別人是否會喜歡他的重要因素。當然，會有人說，每個人喜歡的類型都不一樣，有些人喜歡漂亮的女生，有些人喜歡有才華的女生，有些人喜歡和活潑外向的人在一起，有些人喜歡和沉默寡言的人在一起。的確，這些個別差異畢竟是存在著。不過，有些個人的特質是較受大部分的人喜歡，如果你希望別人更喜歡你，你就得培養該項個人特質，以便吸引別人的注意（陳皎眉、鍾思嘉，民85）。外表的吸引力、能力與個性等個人特質都是影響到人際吸引的因素。

1. 外表吸引力（physical attraction）

儘管我們都說「內在美比外在美重要」、「美麗是膚淺的」、「不能以貌取人」，不過，人們仍然對外表吸引力的反應強烈，且熱中於追求美麗的外表。這些都可以從目前市面上的塑身廣告窺得一二，很多人寧願把大筆的錢花在化妝品或減肥塑身上。小時候，長得可愛或漂亮乾淨的人最吃香，不論是大人或小孩都喜歡找他們玩。長大之後，俊男美女更是大家追求的目標。希臘哲學家亞里斯多德曾經說過一句名言「美麗是最好的推薦函」，可見外表的吸引，自古至今，這樣的道理都未曾改變。人的外表對於初次交往來說是一個重要的吸引因素，尤其是在異性交往時特別顯著。外表美麗給人的感覺是愉悅的，讓人喜歡接近的；相反地，外表醜陋的會讓人不喜歡與之靠近，想辦法避而遠之。所以人們都相信，膚色、面貌、體型、風度等都對人產生不同的吸引力。當兩個人在交往時，往往會根據對方的外表來評價，形成正面或負面的印象，進而影響了日後相互間關係的發展。

2. 能力（competence）

一般而言，具有社交技巧、智慧、有才華與能力的人比較容易受到人們的喜歡。一個人愈有能力，人們就愈喜歡他。為什麼有能力的人會讓人喜歡呢？原因可能是與有能力的人在一起，可以少犯一點錯

誤，覺得比較安全。不過，假如有人「過於完美」，也會引起人們不太舒服（黃安邦譯，民81）。或許一個有小瑕疵而又有能力的人似乎比較具人性化，這一點點的小錯誤會使他與普通人更接近，而不是高不可攀，遙不可及。也因為這樣，有些強人會故意犧牲形象、裝瘋賣傻，使自己更接近群眾，譬如我們的「阿扁」總統在他當市長時，會扮演小飛俠的角色，讓年輕人更容易與之親近，甚至成為年輕人的偶像。但是，並非每一個人都可以這樣，有時「畫虎不成反類犬」，有些一天到晚都在出紕漏，讓人家覺得跟他在一起會很丟臉的人，是較難吸引人與他接近，更別談建立親密的關係。

3.個性（personality）

個人有許多人格特質，在社會化歷程中，漸漸地會成為個人的代表符號。通常正向特質的確會使個人更具吸引力，也較深受一般人的喜歡，例如：體貼的、開朗、具安全感、可信賴、隨和以及幽默感等，我們會喜歡和這些人在一起。倘若一個人具備溫暖、誠實、友善、正直、樂於助人的特質，我們較容易喜歡他們，因為和他們在一起，我們會感染歡樂的氣氛，放鬆緊張的心緒；相對地，誰會喜歡和愁眉苦臉、挑三揀四的人在一起呢？若是一個人奸詐狡猾、自私自利等，只會讓人產生厭惡的心理。那麼，怎樣的人會使人感到溫暖和友善？一般來說是真誠與真實較讓人們喜歡，說謊和虛偽較讓人們討厭。也就是說，當我們身上具備有忠厚老實、親切體貼、善解人意、笑口常開的特質，較容易吸引別人的眼光與我們相近。如果你沒有具備這樣的特質，而又希望吸引別人，就得要培養一些令人吸引的特質。

(三)相似性與互補性

人際吸引既然是有關兩人之間的事，因此，彼此之間是否適配也是我們注意的焦點。導致人際吸引的因素除了情境和個人因素外，另外一個重要的因素是交往對象的相似性與互補性。一般來說，交往對象的態度、愛好、價值相似性與人們需求的互補性都會影響人際吸引

的深度與強度（Sears, Peplau, & Taylor, 1994）。當人與人之間的相似性與互補性愈高時，愈容易產生人際吸引力的行為反應。

1. 相似性（similarity）

人際吸引的另一項因素為相似性。我們傾向於和我們態度、信念、興趣、愛好、價值觀等相似的人在一起，套一句俗諺就是所謂的「物以類聚」，當我們對某人認識不清時，我們可能會注意到時空的接近性以及外在的吸引力；不過，當我們愈來愈清楚一個人時，我們在乎的可能是對方的特質是否與我們相似。為什麼會有這樣的結果呢？可能是當我們與相似的人在一起，我們可以談論各種彼此有興趣的話題，容易形成共識、相互支持與建立良好的人際關係（Duck & Pittman, 1994）。從評價的角度來看，通常正面的評價較容易讓人有愉快的感受，負面的評價會讓人不愉快，或許是有類似的價值體系與文化背景，較容易會給對方正面的評價與讚賞，因而容易產生「英雄所見略同」的喜悅，並且更加自我肯定。相同地，也比較容易從對方得到同意與支持，使我們更有信心，可以共同分享彼此的快樂。

因此，在人際關係中容易與特質相近的人結交為朋友，正是所謂的「志同道合」、「英雄惜英雄」、「惺惺相惜」、「同病相憐」。一般而言，態度相似的人傾向會成為朋友，而在重要事件上持相同觀點的人，要比在些微小事上有相同意見者更能互相吸引對方。易言之，個體在態度上的認知、情感和行為愈相近，彼此的接納程度就愈高，這也是建立親密關係的重要因素之一。相似性是支持個人在選擇朋友時所考慮的一個重要因素，而且個性相似的人互相結為朋友的機率也較高，因為彼此在溝通方面也較能順暢，有一種巧遇知音的感受。

2. 互補性（complementarity）

人們需求的互補性乃是指雙方可以在交往的過程中獲得相互滿足的心理狀態。當雙方的需求能夠互補時，就能形成強烈的吸引力（Sears, Peplau, & Taylor, 1994）。譬如個性強勢的人或許比較喜歡順從的伴侶，個性順從的人反而比較喜歡強勢的伴侶；支配性格的人容易與被

第3章 人際知覺

動型的人相處、相互喜歡，並建立與維持密切的友誼關係；活潑外向的人和沉默寡言的人結為好朋友。這樣的原因乃是在交往的過程當中可以截長補短，互相滿足對方的需求。

為何需求上的互補也會吸引人？可能人們有時不太喜歡自己的複製品。兩個人都愛講話，誰願意聽對方講話？當兩人的需求是互補時，一方所需要的，正是另一方能夠提供的；或者一方缺少的，正是另一方具備的，導致彼此間的吸引。這樣的情形不僅出現在一般人際交往上，對於兩性情感的發展而言，態度上的相似性會吸引異性，人格特質上互補者也會彼此吸引。一般而言，相識初始階段，或許是因為大家對於差異性的需求，彼此會對人格特質上有互補性的對方引起好奇，進而吸引其注意，但是若要成為較為親密的朋友關係，那可能需要彼此互相接納與調適，否則常常會是關係衝突的來源。

總之，人際吸引是指在人與人之間有相互吸引、喜歡與親近的良好知覺後，彼此所形成的相互吸引力與人際魅力。而人際吸引亦是人際交往的關係發展中的第一步，有了人際吸引的重要基礎，才有意願與動機進一步發展更親密的人際互動關係。關於人際吸引的相關理論包括：增強理論、社會交換論、公平理論等，而影響人際吸引的因素包含情境因素（接近性）、個人特質、相似性與互補性等相關因素，其中個人特質因素包括：外表吸引力、才華、能力與個性，如能增加個人的人際吸引力，將更增進社會適應能力與價值感。

顯然，我們也很難將吸引視為一個被動的經驗或過程，因為它是與另一個人的互動結合在一起，無法分開。當我們發現某人有吸引力，一定是與他接觸之後才有這樣的感覺。但是有感覺非必有親密關係的存在，除非將此吸引化作行動，運用人際互動溝通技巧，互相給與對方回饋與讚美，互相依賴與共享，慢慢形成親密的人際關係。因此，先要讓自己成為有吸引力的人，才能建立友好的人際關係。

　　每回開車出門時，最頭痛的問題，莫過於尋找停車位，以及駛過狹小的巷道。前者並不是真的沒有停車的空間，而是許多店舖住家用盆景、廢桌椅、輪胎等物占據自家門前的停車位，後者則因人人貪圖自己的方便將車停放在自家附近的巷道旁，使得原本狹小的空間益形擁擠，行車其間，險象環生。此外，生活中經常可見：插隊的賣黃牛票者、違規營業的攤販、亂倒垃圾的人⋯⋯，這些人行事都只考慮到自己，無視於他人的存在。一言以蔽之，都是自私心作祟。

　　我們的社會若是每一個人都存著私心，到處人人自掃門前雪，人人各自為政，誰也不管誰，長此下去，這個社會就會分崩離析；換個角度來說，一個家庭若是父親做父親的事，母親做母親的事，子女做子女的事，彼此互不關心，這個家根本不像一個家，倒像是一個旅館。人若失去家庭就像失去「根」一樣，無所依歸。因此，自私心重的人，其實失去的比擁有的多。

　　若是每一個社會、每一家庭的成員，能夠摒棄心中的那份私心、私慾，將自我心中的那扇門打開，他將會發現最大的收穫者是自己，因為他不會被自己的心門所限制。「人」如果加上一個「口」，就變成了「囚」字。有多少時候，我們自己給自己劃地自限，這是我的家、這是我的房間、這是我的東西、這是我⋯⋯的時候，就好像把自己囚禁在一個狹小的範圍裡面，動彈不得。表面上，好像把自己保護得很好，實際上，已經在自己身上加了許多的牢框而不自知。所以，只有想辦法將心中那道線抹去，

才不會造成人與人之間的隔閡。

　　人如果一直執著於「我」，而無視於他人的存在，最後帶給他的不但不是快樂，反而是沉重的壓力與負擔。因為，私心就像一道衝不破的魔障，會讓自己深陷其中，永遠無法跳脫出來。最後，鑽牛角尖走向死胡同。

　　一個人如果能沒有私心，也就能夠提升自己到達佛家所說的「無我」境界。「無我」並不是忘記了自己的存在，而是「我」經過一番蛻變，看到另外一個超脫的「我」。換句話說，我們不僅僅只追求於「我好」的目標，而且期待自己的「好」能影響別人的「不好」。唯有「你好，我也好」，才是人際最理想的境界。也是社會進步、人類進化的原動力。

4

人際溝通

一隻狐狸被幾隻獵狗追趕，遇到一位砍伐橡樹的樵夫，於是就懇求樵夫指引牠一個安全的避難所。樵夫叫牠躲到他的茅屋裡，狐狸於是爬進去，躲藏在一個角落。幾分鐘後，獵人與他的獵狗趕到。獵人問樵夫，有沒有看到狐狸。樵夫宣稱他沒看到，但是在述說的當頭，他卻用手指著狐狸所藏匿的茅屋。獵人沒有注意到樵夫的手勢，但卻相信他的話，很快地就繼續向前追趕。當獵人及獵狗遠離之後，狐狸不理會樵夫，自行離開那茅屋。樵夫就在這個時候叫住牠，並責罵牠說：「你這個忘恩負義的傢伙！我救你一命，但你卻連一句道謝都不說就要離開。」狐狸答覆說：「倘若你言行一致，你的手不背叛你的言詞，我真該竭誠地感謝你呢！」……

上述寓言故事說明了溝通不僅是一種口語（verbal）行為的交流，也涵蓋了非口語（nonverbal）行為的表現。今日，人與人之間相處，有些人感嘆其他人心口不一、言行不一致。有人「無口無心」，有人「有口無心」，也有人「有心無口」，真正「有心有口」、言行一致、表裡如一的人卻愈來愈少。即使溝通的雙方（個人或團體）有心有意願，然而往往因缺乏溝通的理念與技巧，以致心意無法表達，人際無法共鳴，因而感到人際互動的困難。

第一節 溝通的基本概念

在現代工商業的社會裡，「溝通」已經成為時髦流行的名詞，不僅現實的生活、人際的互動處處可聞，圖書雜誌上的專論也不少，甚至電視台等傳播媒體也開設有專門強調溝通的 call-in、call-out 節目。因此，親子要溝通，夫妻要溝通，師生要溝通，勞資要溝通，親友要

溝通，即便是政府官員與民意代表、社會大眾也要溝通。然而，有的人不願與人溝通、無力與人溝通、期待他人主動溝通（自己被動等待），或是缺少與人溝通的勇氣和時間，最後導致人際疏離、衝突加大。如此一來，人與人之間誤解更深，彼此內心疏離、猜忌、不滿與痛苦。

人際之間為避免互相傷害，必須學習主動與人接觸、溝通。唯有不斷溝通、分享經驗，人際衝突與誤會才可以化解，才可以減少傷害，才可以「異中求同」獲得人際共識，不同的意見才可以交流。當雙方可以了解彼此的想法與感受時，正如同雙方相互進入對方的內心世界，就可以消除人際盲點，磨去人際隔閡的分界，誠所謂：人與人之間「有溝通就有了解，有了解就有諒解，有諒解就有包容，有包容就有和諧」。

一、溝通的意義與重要性

何謂「溝通」？「溝通」英譯為 communication（也可視為「傳播」），溝通一字源自拉丁文之communis，意即「分享」或「建立共同的看法」。溝通是指個體或團體與其內外在環境、其他個體或團體之間訊息的傳遞、交換與相互影響的過程。溝通是一種雙向交流、互動的過程（process），它包含了三個重點：(1)溝通經常發生在二人或二人以上的團體之間；(2)溝通內含訊息的傳送、交換；(3)溝通經常有其動機與目的。溝通過程中的「訊息」不一定是指語言、文字或符號，也可能是手勢、動作、表情或眼神等。

一般而言，溝通過程中包含了三個重要變項：傳訊者（encoder）、訊息（information or message）、受訊者（decoder）。三者之間彼此傳遞、交換與相互影響，就構成溝通的互動模式，如圖4-1。

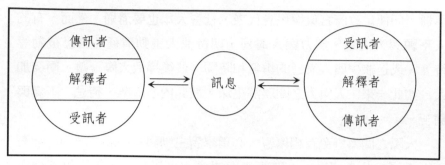

圖 4-1　　溝通的互動模式

　　圖 4-1 顯示，完整且有效的溝通應是雙向溝通，亦即當傳訊者將訊息傳達給受訊者時，後者同時將訊息加以解釋（譯碼、轉碼）再回饋予傳訊者（此時二人的角色互換，傳訊者已成為受訊者，受訊者則成為傳訊者），彼此交互作用，直至雙方都能了解對方的看法與感覺；反之，若是傳訊者將訊息直接傳達給受訊者後，溝通過程即告完成，此為單向溝通。單向溝通固然可以傳遞訊息，但較無法使傳訊、受訊雙方彼此產生交互作用、澄清回饋，故僅屬於訊息的傳遞，例如獨白、自省、政令宣導、宣傳單等。

　　溝通的良窳不僅影響人際之間意見的交流、資訊的交換等結果，同時也會改變人際互動的品質與工作的效率。隨著工商業的發達，現代社會人際之間的互動更為頻繁，人與人之間已無可避免的必須產生接觸，有接觸就會涉及雙方態度、價值觀的交流。換句話說，有人聚集的地方，就會有人際溝通與互動的問題，即使是一個人獨居離群，也終不免「自言自語」、「自我沉思」或「吾日三省吾身」，此等「**自我對話**」也算是另外一種形式的溝通，也同樣能夠產生訊息交換、回饋的功能。是故，溝通的重要性與日俱增，它已成為促進個人成長、增進人際情感、提升生活品質、提高工作效率與帶動社會進化的重要媒介。

二、溝通的層次與形式

　　溝通是指雙向的互動交流,說話的人(傳訊者)要能正確地說出自己所要表達的意思及目的;而聽話的人(受訊者)也要能接受說話者所發出的完整訊息,彼此就事實做一了解和討論,以促成雙方都能接受的共識與共鳴;換句話說,**溝通就是人與人之間傳達思想、感覺或交換情報、訊息的過程**。溝通的目的不僅在於形成人與人之間交往的正向動力,刺激個人或團體的成長,也在於滿足人類的心理需求(愛、歸屬、自尊、成就、求知等等),形成人類生活的良伴與消遣,更可以提高工作效率,促進觀念的整合,展現民主的精神。

　　基於前述溝通的目的與重要性,人與人之間溝通的層次也有不同。人際溝通最基本的層次乃在於「傳達事理」,藉由溝通之一方陳述事實,引起對方思考並影響其見解;例如甲告訴乙新的投資觀念,乙仔細一想,果然有道理,可以增加許多收入利益,於是乎乙放棄原有的理財方法。溝通的第二個層次是「表達情感」,溝通之一方表露觀感、流露情感,並與對方產生感應;例如甲男對乙女有好感,向其表露個人情感,乙女也有同感,二人遂開始交往,發展親密的情誼。溝通的第三個層次是「鞏固關係」,溝通之雙方坦誠說明過去曾有的誤會,並共同探討未來應如何避免此等衝突再度發生,使雙方的互動關係益形鞏固。溝通的第四個層次是「實現目標」,雙方透過既有的互動關係,共同討論,集思廣益,尋求方法來達成個人或團體的目標。溝通的互動層次請參閱圖 4-2。

第 4 章　人際溝通

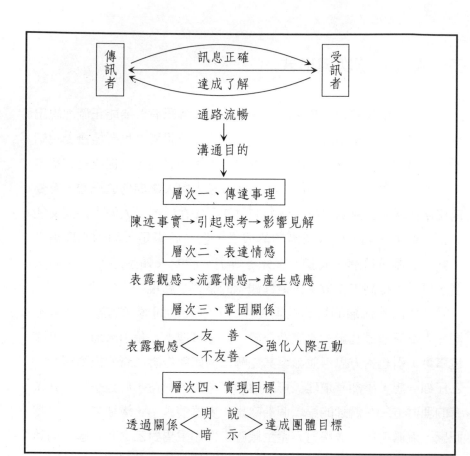

圖 4-2　人際溝通的層次

　　至於溝通的形式，可依其不同的向度特性來區分。若就人數多寡而言，包括自我溝通、一對一溝通、小團體溝通、大團體溝通，以及一對多（例如公眾演說）、多對一（例如甄選面試）、多對多（例如政黨協商）等溝通；若就溝通的訊息而言，可以區分為語言溝通與非語言溝通；若就溝通方式而言，可以分為書面溝通與口頭溝通；若就溝通的性質而言，可以分為認知溝通、情感溝通與意向溝通；若就隸屬關係而言，可以區分為垂直溝通與平行溝通；若就溝通時機而言，可以分為正式溝通與非正式溝通。

　　一般而言，不同形式的溝通皆有其利弊得失，對人際溝通的品質

亦有不同程度的影響。茲分別比較口頭溝通與書面溝通的優點、缺點及其溝通原則如下：

(一)口頭溝通

口頭溝通乃是指運用語文或肢體動作等動態方式，來與他人產生訊息交流的溝通狀態。此一人際溝通的優點在於：(1)對不明白的地方可再予解釋；(2)可用手勢、語調和臉部表情輔助溝通觀念；(3)比書面溝通更具影響力與說服力。唯其缺點則有：(1)訊息容易在口語、語氣中被曲解；(2)內容除非予以記錄，否則無法長久保留。為了避免口頭溝通產生前述的缺失，溝通時當事人要以誠懇的態度，同時採用客觀性解決問題的語氣來談話，更重要的是避免曲高和寡並加強雙向溝通，使個人的談話讓每一位溝通對象皆能了解。

(二)書面溝通

書面溝通乃是人際溝通之雙方，採取以文字、符號、圖表等靜態書面資料來交換訊息及促進交流的方式。書面溝通的優點有三：(1)統一時間速率，使團體的所有份子能同時得到消息；(2)有助於記憶和學習複雜的資料；(3)可防止消息傳送時的曲解。中國人在具有上下尊卑隸屬關係的親子之間、勞僱之間或師生之間等人際溝通中，有時礙於族群文化、個性保守及風俗習慣，不善於以口頭溝通來處理人際衝突，此時不妨運用書面方式（例如信件、卡片）來進行溝通。唯其缺點在於：(1)無法針對疑點來澄清、補充資訊；(2)容易斷章取義、偽造不實。因此，進行書面溝通時須注意溝通雙方的背景條件與文化差異，並尊重對方的溝通型態。

(三)口頭或書面的溝通原則

1. 簡單（brevity）：溝通的內容不以語文的多寡為衡量重點，應求簡短而明瞭，清楚而明確。

2.單純（simplicity）：使用通曉的語文與章節，避免艱澀的詞彙內容。

3.有力（strength）：多用具體的用語，表達時條理分明，令人一目了然。

4.真切（sincerity）：溝通內容真實，應具有人情味，少用冷嘲熱諷，並誠懇地指出雙方的溝通焦點與盲點。

5.系統（system）：溝通的內容宜條理分明，有系統的整理後，再加以呈現、表達，以免雜亂無章缺乏重點，特別是進行單向溝通時。

三、溝通的盲點與障礙

人類各方面發展的個別差異，正是人際溝通困難的所在。每一個人的個性、動機、情緒、態度、習慣與價值觀都不同，因此人與人之間在溝通時也難免有些盲點與限制。一般而言，造成人際溝通困難的原因包括：(1)時空的阻隔；(2)知識與經驗的差距；(3)個人立場的不同；(4)主觀的態度；(5)利害衝突；(6)面子問題；(7)溝通技巧不良；(8)其他因素，例如身體狀況不佳等。若溝通雙方在前述因素的差異性愈大，則人際溝通的難度愈高、障礙愈大、盲點也愈多。

(一)人際溝通的盲點

人與人之間的溝通，由於雙方的個別差異，難免在雙向互動及意見交流時會有溝通不周延的現象，也就是「雞同鴨講」或「有溝不通」。這種人際溝通盲點有時會造成資訊互換錯誤、延誤商機，甚至引發人際衝突，阻礙個人成長，不可不慎。常見的人際盲點如下：

1.由於聽話的速度大約較講話的速度快四倍，因此一般人在聽取他人的話語時，通常都以多餘的時間想別的事情，而不設法掌握話語中的真正含意。

2.在聽話過程中，刻意拒絕聽取自認為難以理解的話語，選擇性的

注意溝通訊息。

3. 有時因個人對他人的印象而影響溝通，亦即根據一個人之外表、為人、學識背景、說話技巧，判斷他能否講得出值得聆聽的話語，所以「不以人廢言」是重要的溝通原則。

4. 在溝通場合裡，不聚精會神地聽講，卻擺出專心聽講的姿態。這種「假性溝通」也容易阻礙人際資訊的交流。

5. 當說話的人說出幾句自己不樂意聽的話時，則當場拒絕再聽下去。

6. 當個人認為說話的人不會再說出自己感興趣的話時，立刻就想別的事情。或自己在聽某人講話時，老在那兒思考如何答話，而不太注意聽此人說話的內容。

7. 自己在聽話時，很容易因外界的聲音或事物的干擾而分心。

8. 當某人的某些話語觸怒了自己，在他說完話之前即試圖打斷他的話，甚至向他提出反駁。

(二)人際溝通的障礙

人與人之間溝通時，經常容易出現下列現象而阻礙人際交流：語氣的障礙（語氣不同令人會錯意）、動機的障礙（動機不同令人會錯意）、情緒的障礙（情緒化的言行阻礙溝通）、形象的障礙（職位角色不同影響溝通的真實性）、防衛的障礙（心理防衛無法真誠溝通）及專業的障礙（專業領域不同影響不同行業的交流）等。當人際溝通障礙出現時，人與人之間往往會產生「搭錯線」、「表錯情」、「會錯意」、「傳錯話」等互動不良的結果。此等人際溝通障礙的原因主要來自於：

1. 知覺（perception）的問題

知覺乃是一個人對現實的看法，此種看法受到個人價值觀、信仰和過去經驗的影響；由於價值觀、信仰和經驗的不同，也就影響了人們對事物的看法和解釋。在溝通時不可能所有參與溝通者都具有相同的知覺，又因知覺具有選擇性，因而受訊者往往在溝通中只接受他所

希望聽到的部分訊息而忽略了其他內容。

2.語文與語意（language and semantics）的問題

許多溝通者不善於運用語言或文字來表達他們自己，有時溝通者或囿於語彙的不足、或口才的不佳，往往會使對方不知其所云。

3.連結人數（number of links）的問題

在口語溝通時，如果傳遞或接收訊息的溝通人數愈多，愈容易造成溝通的問題；此外，組織訊息的傳遞所經過的層次愈多，曲解的程度也愈大。

4.地位（status）的問題

地位是指個人在組織內的階級與關係的屬性（attributes）。由於地位的不同，也會影響組織內人際溝通的品質。通常人們總避免把壞的消息傳送給上層的人，往往將不好的訊息除去或隱藏起來。

5.時間限制（time limit）的問題

時間不足也會影響溝通的效果。有時因時間的限制，傳訊者無法對其溝通過程的資訊做詳細的考慮，內容也簡化到不能清楚地表達出來，以致受訊者不明瞭溝通的目的，或對訊息的目的做不當的推測（inference）。

上述問題皆容易導致人際溝通的困難，不可不慎。因此人際溝通時，不妨多澄清彼此的訊息及意向，適時的運用手勢、動作、語氣或錄音、錄影、簡報等輔助方式，來強化溝通的內容和效果。除了了解人際溝通的阻力之外，更積極的作為乃是學習人際溝通的技巧與理論，以便掌握正確、有效的人際溝通。

人際溝通的理論

　　人際溝通（interpersonal communication）乃是人與人之間訊息傳遞、接收與交換的一種歷程；它是由資訊的傳送者將訊息傳達予資訊的接收者，接收者透過譯碼、轉碼的過程，將訊息加以處理再傳送予資訊的傳送者，彼此之間產生交流作用的一種歷程。人際溝通可能是一種傳遞訊息、接收訊息或遂行個人企圖的單向溝通，它也可能是人際之間一種交換訊息、交流情感和形成共識的雙向溝通。人際溝通的雙方（傳送者、接收者）可能是一人對一人、一人對多人、多人對一人或多人對多人等型態。

　　個體人際溝通的能力與其人際關係的發展息息相關（鄭佩芬，民89）；同時，個人的人際溝通能力也會影響其生活適應、自我概念與生涯發展。Wiemann（1977）認為人際溝通乃是個人在其所處的情境中，為達到自我目標所採取的有效行為；Trenholm 和 Jensen（1996）則強調人際溝通能力對個體、對群體是相當重要、必要的生活行為能力；Clarkson（1999）和 Perls（1976）也認為一個人缺乏創意的表達能力時，其當下所產生的激動狀態便是個人焦慮的來源。有時一個人的人際溝通能力意指透過互動的行為以滿足個人目標，包含調適自我、配合他人的人際互動歷程。由此觀之，人際溝通與我們的身心發展和生活適應密切相關。

　　儘管人類的行為發展係以其內在的生理結構為基礎，但仍深受外在環境與學習經驗的影響，因此人類的行為表現有其共通性與差異性，前者包括個人的行為都是有原因的，每個人的行為反應皆有一定的方向、目標，而且具有變動性；後者意謂個人的行為發展有其特殊性、個別差異性，引發個人相同行為反應的刺激可能不同，每個人的

行為方向與目標未必一致，故不同個體的行為反應也相當複雜、變異性大。換言之，人際之間的互動溝通模式既要考量人類行為的共通性，也要注意其差異性。基於此，心理學家或社會科學等領域的學者不但研究人際溝通的目的、方法、障礙、型態及其對人際關係的影響，也嘗試進一步對個體的人際溝通行為提供一個概括的、系統的、推論的、原則性的理論模式。

　　人際溝通理論所欲探討者，旨在建構一個促進人類溝通效能的架構方向，唯因人類的心理與行為相當複雜，所以人際溝通的理論也相當紛歧，不同學科領域的溝通理論，其見解、內涵與專業歷程未盡相同，例如大眾傳播學、組織管理學、科技教育、人際關係學等不同學科所建構而成或參考引用的溝通理論即有區別。本節擬自人際歷程與互動關係的角度，探討五種常見的溝通理論。蓋人際關係被視為是一種有意義的互動歷程，此等意義來自於互動雙方在認知上、情感上和意向上各方面訊息的輸出與輸入，以提供個體或群體之心理性、社會性或決策性的功能。

一、符號互動論

　　符號互動論（the theory of symbolic interaction）又稱為「人際交流論」，它也是一種人際交換論，此一理論最早由社會學家 Mead（1934）所提出，後經 Blumer（1969）等人不斷修正、闡釋，終成一家之言，係當代重要的人際溝通理論（參閱本書第二章第二節）。Mead 認為人類所有的行為反應皆是以「溝通」為基礎，人與人之間旳行為表現並非是針對對方的行為而反應，而是針對他人行為中的「意圖」而採取適當的反應。例如某人眨眼，我們會先判斷他是因「心領神會」而眨眼，或是因「不以為然」而眨眼，也有可能眨眼只是對方「神經抽動」的反應。因此人際溝通時，多半是藉由觀察、研究他人的行動或生活經驗，先去「讀」、「解讀」其內在的意圖。當賦與某一人、

事、物或行為某種意義時，這就形成了該人、事、物或行為的「符號」（symbol）；換句話說，一個人的想法、行動或目標是基於表達另一種的想法、行動或目標之「意義」而來，例如結婚「鑽戒」不僅是一種財富象徵，也是一種婚姻契約的象徵；「伸手」可能表示歡迎、求助、請便或攻擊。唯有了解對方的反應及其內在的意圖，才能創造有效的、正確的人際溝通。

　　Mead 的符號溝通理念開啟了符號互動學派（symbolic interactionism）的思潮，至於符號互動論與符號互動學派則是由 Blumer（1969）所定名、倡議的。Blumer 認為人類溝通互動必須解釋對方所做的事或所想的事。任何具有正向功能的他人行為便會成為自己的行為反應；當面對與他人溝通時，一個人可能會放棄自己的意圖或目的，重新考慮、檢核、取代、強化他人或自己的意圖、目的，例如不喜歡某人卻又與之握手、讚美。一個人會嘗試運用各種方法將自己的行為界限與他人的行為反應相互結合。因此 Mead、Blumer 等人的符號互動論相較於其他人際溝通理論更重視人類互動的現實層面。

二、焦慮、不確定性處理模式論

　　Gudykunst 的焦慮、不確定性處理模式（anxiety / uncertainty management）認為一個人在人際溝通方面的知識、技巧和溝通動機，深受個體內在焦慮（anxiety）和不確定性（uncertainty）等二項因素的影響，唯有適當處理此焦慮和不確定性因素，方能達成有效的人際溝通（Kim & Gudykunst, 1988）。根據 Gudykunst（1991）的觀點，「焦慮」是指與他人溝通時，個人內在所呈現的一種不安的情緒狀態；「不確定性」係指個人對自己和他人缺乏預知、了解的一種狀態，包括預測的不確定性（predictive uncertainty）和解析的不確定性（explanatory uncertainty）；「溝通動機」則是意謂著當事人面對外在環境傳入訊息時的意願狀態，包括個人的需求、訊息的吸引力、社會連結、自我概念

等。

　　Gudykunst 的焦慮、不確定性處理模式重視個人內在與外在環境等二項需求，焦慮和不確定性是一種人際溝通的重要媒介，個體人際溝通的行為動機不僅在於滿足自己內在的需求，同時也會吸引個體對外在的社會情境形成一種社會連結。換言之，個人會適時的調整自我、開放自我來因應外界情境的需要，形成一種人際溝通的歷程。個人的人際溝通能力除了受到個體現有的溝通知能影響之外，更受到內在溝通動機的干擾，此中知識、技能和動機等三方面的條件是否具備，將會決定個人在人際溝通時焦慮感的高低與不確定感的強弱，並間接影響其人際溝通的有效性，詳見圖 4-3。前述人際溝通的所有影響變項均會相互干擾或催化，形成複雜的、細膩的交互作用。Gudykunst（1991, 1993）進一步指出，有效的人際溝通必須先適當地處理個體內在的焦慮感與外在的不確定感，而專注（mindfulness）正是一種處理個體焦慮感與環境不確定性的要素，唯有個體「專注」的面對人際溝通情境，方能引導個體催化出更強而有力，且兼具深度與廣度的人際溝通能力。

三、學習模式論

　　Verderber（1995）的學習模式論（learning model）強調人際溝通是一種持續性的學習歷程，任何新事物或生活知能的學習是困難的，不但要深入了解其內涵、方法，而且要在現實生活裡不斷地學習應用。Verderber 認為辨識名家名曲與實際彈奏名家名曲是兩回事；同理，個體尚未完全學會更多溝通技巧之前，其人際溝通也必會顯現笨拙、不夠靈活等缺失。當事人剛開始要學習溝通技巧時，可能會感覺這些技巧是虛假的、不切實際的，唯有依照一定的學習過程不斷地練習，使溝通技巧能夠自由自在地運用在個人生活中，方能提升自我的人際溝通能力與發展良好的人際關係。這正如同學習任何技能一樣，

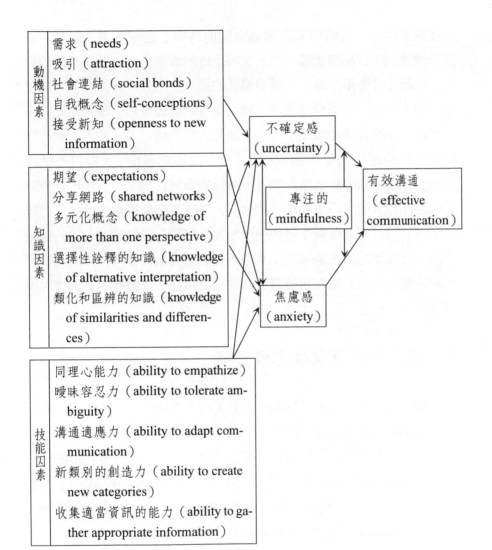

動機因素
- 需求（needs）
- 吸引（attraction）
- 社會連結（social bonds）
- 自我概念（self-conceptions）
- 接受新知（openness to new information）

知識因素
- 期望（expectations）
- 分享網路（shared networks）
- 多元化概念（knowledge of more than one perspective）
- 選擇性詮釋的知識（knowledge of alternative interpretation）
- 類化和區辨的知識（knowledge of similarities and differences）

技能因素
- 同理心能力（ability to empathize）
- 曖昧容忍力（ability to tolerate ambiguity）
- 溝通適應力（ability to adapt communication）
- 新類別的創造力（ability to create new categories）
- 收集適當資訊的能力（ability to gather appropriate information）

不確定感（uncertainty）

專注的（mindfulness）

焦慮感（anxiety）

有效溝通（effective communication）

 圖 4-3　　**焦慮、不確定處理模式**（Gudykunst, 1993, p.38）

有賴於不斷地嘗試努力、反覆練習。例如一個人想要發展其書面溝通能力，不妨先藉由各種範例來反覆撰寫練習，包括練習「問題描述」、「目標設定」、「具體的過程與方法」和「接受挑戰考驗」。

　　Verderber 人際溝通的學習模式有六個步驟，首先要了解相關的

「理論基礎」，包括與人際溝通有關的各種心理學知識（動機、知覺、情緒、語言和概念等）；其次將複雜的溝通行為切割成具體的行為「技巧及其運用步驟」；學習模式的第三步是分析有效和無效的技巧運用「實例」，以學會區辨、運用有效的溝通技巧；學習模式的第四步是「自我評估和改變」，為了改進人際溝通能力，個人必須積極地評估目前運用的每一種技巧，「學，然後知不足」，擬訂改進計畫，並詳細條列出目前階段與下一階段的學習目標；第五步則是將前述已習得的溝通技巧不斷地「練習」，同時運用到現實生活中，持續「反省」個人溝通經驗；最後便是加強「複習」正向的、有效的溝通技巧。唯有如此，方能發展出具有彈性的溝通能力。Verderber的學習模式論重在強調人際溝通是有目的性、持續性、自發性、多元性與學習性。

四、個人內在溝通能力模式論

Trenholm 和 Jensen（1996）的個人內在溝通能力模式（the model of communication ability）認為人的溝通能力是多層面的組合模式。一個人的人際溝通能力係以自我為核心，並且結合了個人外在所處的文化情境（cultural context）和歷史情境（historical context）而形成。人際溝通時，個人必須具備下列能力：詮釋能力（interpretive competence）、目標能力（goal competence）、角色能力（role competence）、訊息能力（message competence）和自我能力（self competence）。詮釋能力重在個體如何解析外在環境訊息；目標能力重在個體如何設定溝通目標、訂定溝通計畫及預期溝通結果；角色能力係指個人對應溝通時的角色設定與情境認知；訊息能力則是指個人有效地編碼、譯碼、轉碼以與他人溝通的能力；自我能力意指個人自我概念及其形塑、表達的能力，強調個人的獨特性，也是一個人人際溝通能力的核心，其他前述四項則屬於溝通知能層次，詳見圖4-4。

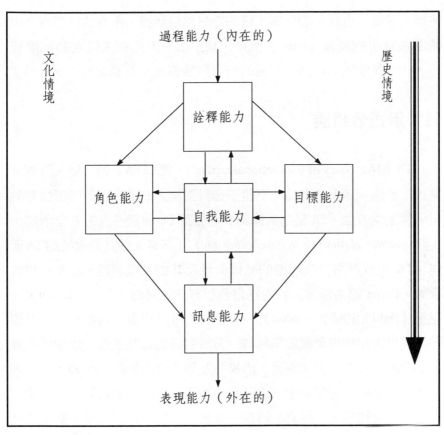

過程能力（內在的）

文化情境

歷史情境

詮釋能力

角色能力　　自我能力　　目標能力

訊息能力

表現能力（外在的）

圖 4-4　　**個人內在溝通能力模式**（Trenholm & Jensen, 1996, p.13）

　　Trenholm 和 Jensen 認為，唯有個體擁有溝通的內在能力（過程化），才能形成有效的溝通表現（結果化）。例如，一個生長在封閉、保守家庭中的青少年，因長久處於「小孩子有耳無口」（多聽少說）的溝通文化中，可能逐漸形成當事人壓抑、神經質、沈默、缺乏自信與主見的溝通特質，甚至產生「溝通恐懼」現象（參閱本章下一節），此亦成為溝通者的成長情境或「歷史包袱」，導致當事人缺乏上述五項（或其中幾項）人際溝通的過程能力，影響了未來的人際溝通表現及其結果。基本上，人際溝通是一種情境文化的象徵，也是一

第４章　人際溝通

107

種個人獨特「自我」的反應，例如在日常生活裡，所有的口語行為中最常被使用的詞彙（word）便是「我」字，因此在人際互動與溝通時，相當程度地反映出一個人的自我狀態與成長背景。

五、溝通分析論

TA（The theory of transactional analysis，簡稱 TA）是一種人際溝通模式，也是一個人格理論，更是一種針對個人的成長和改變所採取的系統性治療方法。TA 是由美國精神科醫師 Berne 於一九五八年所創，《*Transactional Analysis in Psychotherapy*》（1961）是其最重要的 TA 著作。TA 重視個體自我狀態的結構分析及其對人際溝通、心理治療的意義。Berne 認為每個人的內在自我都有三個層面：父母（parent）、兒童（child）和成人（adult），而且個人可以藉由行為觀點、社交觀點、歷史觀點和現象觀點來解釋、分析對方的自我狀態，以便採取最佳的對應「狀態」與之溝通、治療和互動（黃佩瑛譯，民 85）。例如一個人哭泣時，習慣眼中含淚（行為觀點），他可能期盼溝通對象安慰他（社交觀點），因為小時候只要他一哭便會得到注意、關懷（歷史觀點），因此他經常會表現哭泣行為，以獲得人際需求的滿足（現象觀點）。

Berne 的「TA」模式強調自我負責的人際溝通與互動行為，TA 蘊含相當複雜的自我狀態內涵，例如人際溝通時蘊涵五種功能性的自我狀態：控制型父母（CP）、撫育型父母（NP）、成人（A）、適應型兒童（AC）和自由型兒童（FC）。Berne 認為個人的結構性自我狀態有三個層次：0 度、1 度與 2 度，因此衍生而有與生俱來的自我狀態（P0、A0 及 C0）、兒童時期的自我狀態（P1、A1 及 C1），以及成長階段的自我狀態（P2、A2 及 C2）。人與人之間的溝通，本質上是二個或多個自我狀態的互動歷程，人際溝通型態大致可區分為三種形式：互補式溝通（complementary transaction）、交錯式溝通（crossed transaction）和隱藏式溝通（ulterior transaction），其各自的溝通分類與內容、實例，詳見圖 4-5。

　　前述三種溝通形式，原則上以互補式的溝通最為理想，但人際溝通有時需要考量溝通時雙方的角色、動機、內容、地位、時機和互動關係等相關因素，交錯式溝通和隱藏式溝通有時也可以顯現一個人的個性風格、行為模式與人際互動經驗。Berne 認為溝通者或治療者可適時採取詢問（interrogation）、明確化（specification）、面質（confrontation）、解釋（explanation）、舉例說明（illustration）、確認（confirmation）、具體化（crystallization）和詮釋（interpretation）等溝通技巧或治療技術，配合前述溝通者之自我狀態的結構分析，來達成有效的人際溝通或諮商治療。

　　除了上述五種人際溝通模式之外，有些學者也嘗試從不同的專業角度或學理觀點，提出其他相關的理論建構，包括 Goffman（1959）的「印象整飾論」、Garfinkel（1967）的「俗民方法論」、Homans（1974）的「互動交換論」、Ting-toomey（1993）的「認同協調過程模式」，以及徐西森（民 86）的「溝通層次論」等。不同學者的不同理論，各有不同的特色、內容、運用時機與溝通實務，在在值得社會大眾和人際溝通的研究者參考運用。人際溝通的效果不僅繫於溝通者的理論取向與表達能力，更重要的是互動雙方能否相互了解其溝通態度；溝通態度包含真誠、尊重、接納和同理心等。人際溝通的態度有時重於理念與技術，因此人際溝通與互動關係二者是息息相關的。

　　有些學者從微觀（micro-order）視野來研究人際互動關係，注重探討組成個人互動的最小單元，例如眨眼、點頭、起身等動作，不同的細微反應各有不同的溝通意涵；也有不少學者從鉅觀角度（macro-order）去觀察和實驗一些大型的人際互動結構與溝通模式，例如多元文化的溝通型態、次文化的互動脈絡或網路人際的溝通行為。不同內容、技巧的人際溝通理論可能代表了人類溝通行為的不同哲學、人性觀與專業學理，皆值得探討參考，如此方能建構出人類複雜性溝通行

第 4 章　人際溝通

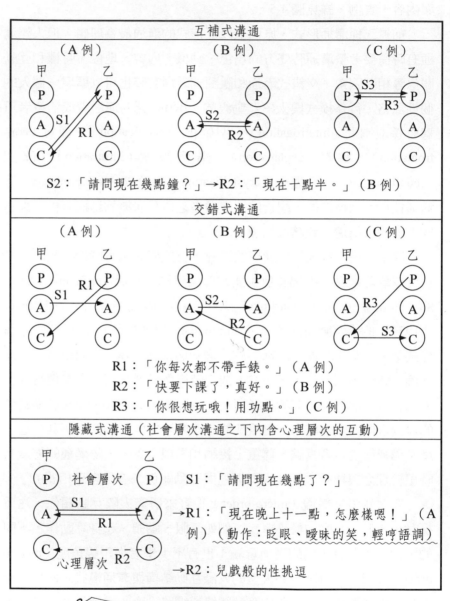

圖 4-5　溝通分析論的溝通形式及其對話範例

為的真實面貌與完整輪廓。

有效的人際溝通

　　我國中央研究院前院長吳大猷博士曾說：「當今人類最大的困難，不是科學的發明與創造，而是人的觀念溝通。」儘管人際溝通有其盲點、障礙與困難，然而溝通也可以縮短人與人之間的距離，縮小人與人之間的個別差異，擴大人類的資訊交換與意見交流，形成共識、促進情感。欲增進人類有效的人際溝通，就必須先去除人類對溝通的恐懼與壓力，再運用人際溝通的原則與技巧。茲說明「人際溝通的恐懼現象」、「人際溝通的原則」和「人際溝通的技巧」如後。

一、人際溝通的恐懼現象

　　一位善於溝通／溝通能力強的人，通常此人的人際溝通恐懼感較低。最早於一九七〇年提出「溝通恐懼」（communication apprehension）一詞的是美國西維吉尼亞大學的 McCroskey 教授，他認為：溝通恐懼是指個人在與他人或群體溝通時，所產生的害怕和焦慮。換言之，當一個人因溝通障礙無法克服，而產生一種影響溝通的不良情緒，就稱之為「溝通恐懼」。溝通恐懼可能來自於溝通目的的不同、溝通對象的不同、溝通場合的不同、溝通前的準備程度，以及溝通內容的難易度等因素。通常溝通恐懼會深深地影響當事人的生活習慣、學習態度、人際關係、心理特質、職業選擇與生涯發展等各方面的表現。

　　根據吳靜吉、王政彥等國內學者的研究發現（王政彥，民80）：國籍、性別、年齡、出生序、居住地區及人格特質等因素會影響一個

第
4
章
　
人
際
溝
通

人不同程度的溝通恐懼感。其重點摘述如下：

1. 就國籍來說，美國人的溝通恐懼比中國人低。

2. 就性別來說，國中生和大學生的兩性之間，大致上沒有顯著的差異，雖然在國中的階段，團體討論時男生的恐懼稍為高於女生；在大學的階段，公開演講方面，女生的恐懼稍為高於男生。但在企業界工作的女性員工，溝通恐懼又顯著的高於男性，這可能是受到職位及年齡的影響；因為在工商業界，職位愈高，女性的比例就愈低，而年齡愈大，女性的比例也愈少，通常職位愈高其溝通恐懼愈低。

3. 就年齡而言，國中生的溝通恐懼高於大學生，大學生則高於企業界的員工。

4. 就排行來說，在兄弟姐妹中排行老大的，溝通恐懼最低，老么則最高。

5. 就地區而言，鄉村的學生比都市的學生害怕溝通。

6. 就個人心理特質而言：

(1)自我概念（尤其是社會的自我概念）和溝通恐懼關係密切，社會的自我概念愈低，其溝通恐懼愈高。

(2)自我坦露也和溝通恐懼發生關聯，表白自己的意識愈低、機會愈少，其溝通恐懼也相對愈高。

(3)自我表現也難脫溝通恐懼的關係，在人際互動中，比較會應用口語、行為等技巧或策略以期留給別人好印象，甚至討好別人的大學生，其溝通恐懼通常也比較低。

(4)將心比心也會影響溝通恐懼，一個比較能夠設身處地、具有同理心的人，在溝通時也比較不會有恐懼。

(5)寂寞害羞和溝通恐懼幾乎是雙胞胎，通常愈容易寂寞害羞的人，其溝通恐懼也愈高。

(6)社會焦慮和溝通恐懼可以說是一種共通概念、兩種研究向度。愈害怕在人群中表現和互動的人，每遇溝通的機會，比較會產

生溝通恐懼。

(7)學業成績可能是唯一和溝通恐懼無關的因素,這是指中國人而言,在美國兩者之間是有關係的。在台灣,學業成績主要是來自筆試,它和口頭溝通較沒有關連;若有一天,當我們的學校也開始重視互動學習、團體教學時,溝通恐懼和學業成績之間的關係就不會那麼單純了。

面對人際溝通益形重要的現代社會,溝通不僅是一種手段、一種過程,更是一項工作技能、一種權利保障。唯有先拋棄個人的溝通恐懼感,才能運用溝通原則,學習溝通技巧,進而開闢人際溝通的管道,充實人際互動的內涵,累積個人或團體在生活、工作、人際關係等各方面發展的成功資源。

二、有效溝通的原則

美國管理協會(American Management Association)曾針對有效的人際溝通,發表「良好溝通的十誡」(ten commandments of good communication),引起社會大眾及專家學者的重視。茲將其內容摘述如下:

1. 溝通前先將概念澄清。
2. 檢討溝通的真正目的。
3. 應考慮溝通時的一切環境情況,包括實質的環境及人性的環境等。
4. 擬訂、規畫溝通內容時,應盡可能取得他人的意見。
5. 溝通時固應注意內容,也應同時注意語調。
6. 可能時,盡量傳送有效的資料。
7. 應有必要的跟催、澄清。
8. 溝通時不僅應著眼於現在,也應著眼於未來。
9. 應言行一致。
10. 應成為一位「好聽眾」。

人與人之間交往,若是因理念不同導致人際溝通衝突時,不妨真

誠地嘗試以對方的角度去了解一切，多傾聽，先尊重對方表達意見的權利，避免當下皺著眉、摸著頭、目露詫異且說「你錯了……」、「我不同意你……」之類的話。以適當的友善態度提出重點式的挑戰，或訴求更高層次的動機及說法，必要時不妨將自己的理念做戲劇化的說明，也適時地同理對方的想法及願望。如此，必能有助於緩和人際溝通的衝突，拉近彼此的距離，使雙方的理念、態度較為一致。當然，最好的溝通是避免爭辯的溝通。

　　人與人之間相互溝通時，應先行了解溝通的輸入變項，設定輸出變項，並且掌握中介變項，如圖 4-6。輸入變項包括：溝通者的**個人特性**——成長背景，溝通的目的、方式、訊息、期待與計畫等；以及溝通時的**情境特性**——物理情境與社會情境等。輸出變項則包括：溝通後**個人的改變期待**及**組織的發展結果**。了解溝通雙方的「起點行為」與「終點行為」，較能掌握溝通時的運作過程。

　　一般而言，人際溝通要注意下列原則與要領：(1)不要太急於或勉強溝通、互動；(2)溝通時注意彼此的聲調、語意、表情、態度等細微之處，以及溝通訊息的基本內容，避免對方曲解意義；(3)語言的選擇，特別是微妙的語意或情緒上的形容詞，都會影響溝通者的感受；(4)溝通時，宜同時注意對方內在和外在所表達的訊息，尤其是面對一位個性內向的溝通者，更須察覺其非語言行為；(5)把握時機，適當的蒐集有助於溝通的消息或價值的事例，促進雙向溝通；(6)檢討自己的溝通方式或內容，鼓勵對方表達他的反應（回饋），以及事後自我檢討；(7)理想的溝通狀態是「團體中心」的溝通，而非「自我中心」的溝通；(8)溝通應是個人自由互動、自發性的交流；(9)留意「團體外溝通」及「次團體溝通」對整體溝通網路的影響；(10)適當運用溝通技巧來達成有效的溝通目標。

　　總之，有效的人際溝通，必須要能適度的運用語言技巧、非語言技巧及掌握基本原則，才能同時完成人與人之間行為層次的互動、情

（清楚溝通目標）

個 人 特 性

- 改變對方的態度或行為，先要了解其基本資料。
- 溝通之前要先清楚自己的想法，有系統地分析主題與概念。
- 澄清自己最重要的溝通目標，然後選擇合適的溝通技巧。
- 事先訂出溝通計畫，多尋求他人意見，有助溝通時獲得他人支持與客觀訊息。

個 人 的 改 變

- 了解他人及自己的行為與態度之改變。
- 增進雙方的情感交流與關係，有助於彼此的成長經驗。
- 探討改變的層面與溝通內涵之間的相關。

溝 通 的 過 程

- 不要急於或勉強溝通、互動。
- 溝通時注意彼此的聲調、語意、表情、態度等細微之處，以及溝通訊息的基本內容，避免對方曲解意義。
- 語言的選擇，特別是微妙的語意或情緒上的形容詞都會影響溝通者的感受。
- 溝通時，宜同時注意對方內在和外在所表達的訊息，尤其是面對一位個性內向的溝通者。
- 把握時機，適當地蒐集有助於溝通的消息或價值的事例，以助溝通內容。
- 檢討自己的溝通方式或內容，鼓勵對方表達他的反應（回饋），以及事後自我檢討。

實線：直接影響
虛線：回饋反應

情 境 特 性

- 溝通時考慮物理與社會的環境，唯有個體與環境的互相配合才能有助於達到良好的溝通。
- 物理方面：
  場地布置、空間設備、噪音隔離、通風照明等。
- 社會方面：
  人際屬性、互動關係、社經地位、權威角色、社會期待、團體目標等。

組 織 的 發 展

- 此種溝通是否符合團體的要求，是否有助於達成團體長遠的目標與發展。
- 溝通能否維繫團體的存在，建立團體的形象。
- 溝通能夠促發團體的動力。

（清楚溝通目標）

 圖 4-6 動力式的人際溝通模式

感層次的交流與認知層次的交集。今日工商業社會強調效率、創新、互助與分工,每個人都有自己的觀點,有人拋棄成見,也有人堅持己見,如何發揮人際溝通的功能,以異中求同,形成共識與合作,是一項重要的課題。沒有人天生是人際的贏家、溝通的高手,唯有自信、開放及持續不斷的學習、訓練,才能培養良好的溝通能力,發展人際情感,進而樂在生活中、樂在工作中。

三、人際溝通的技巧

人際關係的建立、維持與改善,固然受到互動雙方之身心特質、動機目的與交往態度的影響,但是,如何運用有效的人際互動原則,且實際操作有效的溝通技巧,更是突破人際、經營人際的重要方法。有效的人際溝通技巧不僅須以人際溝通的研究與理論為依據,同時應強調實用性效果、機能性組合(各技巧統合運用),若能配合輔助教材或教學手冊以供學習者參考更佳。人際溝通技巧屬於行為科學的範疇,如何將對人類行為的觀察、了解與研究結果運用於改善、促進人類的行為與生活,亦是行為科學的重要任務。

從古代到現代,人際溝通的技巧一直深受世人的重視。舉例而證之,《論語·先進篇》中,引述孔子評論其弟子的話:「德行,顏淵、閔子騫、冉伯牛;語言,宰我、子貢;政事,冉有、季路;文學,子游、子夏。」由此可知,早在我國春秋戰國時期,「語言表達能力」已與德行、政事、文學並列,以做為評價個人能力的標準之一。至於西方,早自希臘時期即將文學與語言融合而成為許許多多偉大的論述。歷年來研究人際溝通的學者亦不在少數,包括 Wafford, J. C.、Ellis, A.、Neer, M. R.、Schneiden, A. E.、McCroskey, J. C.、Lomas, W. L.、Davis, K.、Carnegie, D.、Farb. P.、Cohen, H.及林語堂、何大中、方蘭生等人。

所謂「有溝(channel)才能通」,人際溝通時要考量溝通的時

機、溝通的地點、溝通的對象、溝通的氣氛與溝通的動機等因素，雖然影響溝通的要素包括人、事、時、地、物，但是「人」才是決定溝通成敗的重要變項。古聖先賢有云：「可與言，而不與之言，失人；不可與言，而與之言，失言。」此話正足以說明，人際溝通的關鍵在於對象可不可以溝通，若可與之溝通，則可以獲得該對象的「智慧」，刺激個人成長；反之，「秀才遇到兵」，有理也講不清，徒增雙方困擾。當然，除了溝通的對象，個人的表達能力與溝通技巧也會影響人際溝通的效果。一般而言，人際溝通技巧包括非語言技巧、語言技巧與溝通原則三大部分，三者兼具必能創造有效的人際溝通。

(一)非語言溝通技巧

有人說：「一場成功的演講，演講者要會講也會演，才能引起聽眾的共鳴。」英國大文豪莎士比亞曾在《冬天的故事》一劇中寫道：「他們的沉默蘊涵著話語，他們的手勢表達著語言。」誠所謂：無聲勝有聲。我國「至聖」孔子也提及：「觀其眸子，人焉廋哉！」凡此皆說明了非語言訊息的溝通，有時影響力甚於語言。因此，日常生活中，關愛子女的父母，與其殷殷叮嚀，倒不如給子女一個溫馨的擁抱；關心學生的師長，諄諄教誨之餘，何妨給學生一個激勵式的微笑；熱戀中的情侶，海誓山盟的千言萬語，抵不過一次情深款款的凝神對望。

當然，非語言訊息的表達必須以「真心誠意」、「用心用情」為內在動力，否則無法促進有效的溝通，只會予人「表裡不一」、「虛有其表」的不良觀感。此外，非語言的訊息必須與語言的訊息相配合，否則就會形成前述寓言故事「狐狸與樵夫」的不實溝通。非語言的溝通技巧包括六大部分：

1. 聲音系統

任何語音、語氣、語調的變化都會影響人際溝通的效果。唯有透過音調的抑揚頓挫、速度快慢、重音強調、大小音量等調節與變化，

才能有助於人際溝通時的訊息交換，增強語言訊息的意義，引起溝通者的重視，例如久候夜歸丈夫的妻子，一句「回來了！」或「回來了呀！」語氣不同，可能代表妻子不同的心情感受。

2. 儀表系統

溝通時，雙方的臉部表情、眼神、穿著、打扮（服飾）、記號等皆會影響訊息的傳遞。特別是臉部表情，包括前額、眉毛、眼睛、鼻子、臉頰、嘴、下巴等；透過面部各種器官之變化，可以展現喜樂、悲哀、驚訝、恐懼、憤怒與厭煩等表情。面部器官之中，以被稱為「靈魂之窗」的眼睛最具表達力，例如溝通時眼神是否專注或閃爍逃避，可能代表不同的溝通心態與訊息意義；相談甚歡時，是否臉部表現出愉快的神情等。至於服飾不同，可能反映了溝通者不同的身分、角色與溝通心情。

3. 姿勢系統

身體定位（傾向）、姿勢與手勢變化也會影響溝通的效果。手勢往往是當事人不易察覺的溝通反應部分；通常手勢也代表一個人在溝通時的情緒指標與身分象徵。例如溝通時容易產生溝通恐懼的人，可能身體的定位是與對話者相反方向或側身朝安全處（信任的人或離開的出口處）；其人在交談時可能會出現握拳、扳折手指關節、捲紙角、扯迴紋針等動作。不同的手勢可能代表一種權威、引導、意見、致意、分離或炫耀等不同意涵。此外，個人的坐姿、站姿、立姿等均足以傳達諸多訊息，例如挺胸、收小腹，以穩健的步伐走路，可能傳達精神抖擻或趾高氣昂的訊息；腳擺在桌上之坐姿，可能傳達鬆懈、自滿或玩世不恭的態度。當事人身體前傾可能代表其人正在專注傾聽；若身體後仰、兩手抱胸，可能代表不專注或不認同。

4. 觸動系統

心理學家認為，愈是年齡較小的兒童，愈需要家人安全性的觸摸、輕撫。觸摸可以降低嬰兒的死亡率，增加兒童的智能發展，此已早經心理學方面的研究證實。不同方式、不同程度的觸摸可能代表不

同的意義訊息，例如一位男性主管對女性員工輕拍一下肩膀後隨即離手，或在拍肩膀後停留其手並移動撫觸，二者可能有不同的含意，前者代表支持、慰勉、寒暄；後者可能意味著喜歡、騷擾或別有居心等。

5.空間系統

人際溝通不僅要考量人的因素，也要注意溝通時物理環境與溝通者位置、角度等變化。任何場所的通風設備、擺設布置、桌椅安排、照明光線、門窗方位等變項都可能影響溝通的效果，例如主管面談、考核員工時，宜讓員工向陽（光）而坐（但避免過於刺眼，給與當事人壓力），如此更能掌握員工語言與非語言的表達訊息並相互驗證之。此外，根據黃素菲（民 80）等人的研究發現，距離的遠近也代表著不同的人際互動關係，包括四個等級類別：

(1)親密距離（intimate distance）：大約是十八吋，這是與最親密的人所保持的距離。

(2)私人距離（personal distance）：大約是十八吋到四呎，是夫妻或情人在公開場合所保持的距離。

(3)社交距離（social distance）：大約是四呎到十二呎，指一般商業性溝通距離或是同事間工作的距離。

(4)公眾距離（public distance）：大約是十二呎以上，例如上課教室的師生距離、演講者與聽眾的距離等。

6.時間系統

溝通時，個人講話的速度、雙方交談的時間長短、溝通時間的限制與否等因素，在在影響著人際溝通的品質與效果，例如二人正式交談的時間以一小時內為宜，團體的正式會議不宜超過三小時，以免造成溝通者或參與者的身心負荷，影響對談、討論的溝通效果。

非語言的溝通技巧有助於「**重複**」、「**代替**」、「**強調**」、「**調節**」語言的溝通訊息。當事人若想**強調**其表達意見的重要性時，可以用手勢、音調、表情來輔助；同理，當一個人想要避免傾聽者會錯意，也可以用手勢或身體定位來**重複**其表達內容；再者，為了緩和、

調節談判時的溝通壓力，可以運用空間系統來輔助會談效果；當然，表情變化、人際觸動有時可以**代替**語言系統，發揮「不言而喻」的功效。表 4-1「非語言訊息觀察記錄表」（徐西森，民 86）可協助個人或他人察覺自我的非語言訊息，以增進人際溝通的效果。

　　綜合言之，人際溝通運用非語言的技巧包括：與人交談時，注視對方的眼睛，適當的手部接觸，身體略為前傾，適時的表露微笑，視線適度的移動，愉快的臉部表情，面對面，回應式的點頭，嘴唇輕抿，眉毛上揚，眼簾張開，適度的手勢，放鬆的肢體語言等。唯有因人、因事、因時、因情境，知其所以然的配合非語言訊息的變化及語言訊息的表達，才能增進人際溝通的效果。

表 4-1　　非語言訊息觀察記錄表

(一)眼神	出現頻率	對此行為的感受
1. 自然的眼神接觸		
2. 向下打量		
3. 向上看		
4. 看別的地方		
5. 毫無表情的注視		
6. 其他		
(二)表情及頭部動作	出現頻率	對此行為的感受
1. 安詳而有表情		
2. 適當地微笑		
3. 不停地微笑		
4. 很少笑		
5. 配合說話內容的表情		
6. 臉部表情嚴肅		
7. 無關的臉部表情		
8. 冷漠的表情		
9. 皺眉頭		
10. 過度情緒反應		

（下頁續）

（承上頁）

11.肯定地點頭	＿＿＿＿＿	
12.不停地點頭注視	＿＿＿＿＿	
13.其他	＿＿＿＿＿	
（三）身體的姿勢	**出現頻率**	**對此行為的感受**
1.稍微前傾	＿＿＿＿＿	
2.身體面向說話者	＿＿＿＿＿	
3.放鬆的姿勢	＿＿＿＿＿	
4.觸摸說話者	＿＿＿＿＿	
5.抖腳	＿＿＿＿＿	
6.舒適地往後靠	＿＿＿＿＿	
7.固定僵硬的姿勢	＿＿＿＿＿	
8.離說話者很遠	＿＿＿＿＿	
9.離說話者太近	＿＿＿＿＿	
10.不斷更換姿勢	＿＿＿＿＿	
11.放鬆的手勢	＿＿＿＿＿	
12.誇張的手勢	＿＿＿＿＿	
13.雙手交叉在胸前	＿＿＿＿＿	
14.其他	＿＿＿＿＿	
（四）音質	**出現頻率**	**對此行為的感受**
1.愉快的語調	＿＿＿＿＿	
2.適度的講話速度	＿＿＿＿＿	
3.聲音單調	＿＿＿＿＿	
4.太裝腔作勢	＿＿＿＿＿	
5.太大聲	＿＿＿＿＿	
6.太小聲	＿＿＿＿＿	
7.太快	＿＿＿＿＿	
8.太慢	＿＿＿＿＿	
9.使用口頭禪	＿＿＿＿＿	
10.聲音顫抖	＿＿＿＿＿	
11.結巴	＿＿＿＿＿	
12.其他	＿＿＿＿＿	

（下頁續）

第 4 章　人際溝通

（承上頁）

(五)使人分心的個人習慣	出現頻率	對此行為的感受
1. 玩頭髮	————	
2. 玩筆	————	
3. 嚼口香糖	————	
4. 拉扯衣服	————	
5. 喝飲料	————	
6. 敲手指及腳	————	
7. 其他	————	
(六)其他	出現頻率	對此行為的感受
1. ————————	————	
2. ————————	————	
3. ————————	————	
4. ————————	————	
5. ————————	————	
6. ————————	————	
7. ————————	————	

(二)語言溝通技巧

我國古代很重視言談交際的行為，漢朝揚雄《法言·問神篇》中提及：「言不能達其心，書不能達其言，難矣哉！唯聖人得言之解，得書之體。面相之，辭相辭，舒心中之所欲，通諸人之嗫嚅者，莫如言。彌論天下之事，記久明遠，著古昔之昏昏，傳千里之忞忞者，莫如書。」可見一個人要想成功，必須能以說話來表達自己的心意，能以書寫來記錄自己的言辭。文筆與口才是個人成就功名事業的本錢，從古至今皆是如此。文字與語言都是人類傳情達意的媒介、人際溝通的管道。語文乃是人際互動的工具，一種既淺顯又深奧的智慧。

一個善於言談的人，可以藉由語言的力量來成就自己，創造成功；相反的，拙於言談的人，往往喪失機運，難以功成名就。所謂

「人而無解，安所用之」，足證語言在人際溝通上的重要性。然而過於賣弄辭藻、譁眾取寵的人也令人反感，眾人避之唯恐不及，亦即「巧言令色，鮮矣仁」，一個善於唇槍舌劍、逢迎奉承的人，其品德操守恐怕也值得商榷。因此，如何適切地表達語言訊息，將會影響一個人的自我形象、人際溝通和人際關係。

語言訊息的表達要注意**言辭達意、不卑不亢**，尤其是避免語詞忌諱。例如有人在參加親友喜宴時因中途離席而說：「我先走一步！」又有人在拜訪長輩時，詢問其家人：「老先生不在了嗎？」凡此皆可能予人不祥的觀感，必須謹慎用語。此外，語言的表達要考慮言談者的身分、言談的對象、言談的立場、言談的場合；古人重視語言表達時要「言談之道，攻心為上」、「發人曲衷，動之以情」、「以虛就實，曲得所謂」、「辭情懇切，坦然見誠」、「出語不凡，一鳴驚人」、「誘之以利，禁之以害」等。

現代人在語言表達與人際溝通時，要注意同理、類比，適當的運用邏輯觀念、推理潛詞、諧音雙關、借義雙關及隱性用語。在表達語言的形式上，可以採用譬喻、寓言、引經、據典、詩詞、歌賦、名言、諺語、託辭、歇後語及詼諧語（幽默）等；在表達語言的技巧上，除了傳統採行的「借題發揮法」、「欲擒故縱法」、「以退為進法」之外，也可參考運用許多的語言溝通技巧。Spitzberg 和 Hurt（1987）認為人際溝通技巧可以區分為對應式、沉著式、表達式與互動管理式等四大類，詳見表 4-2。任何的人際溝通行為可能同時兼具上述四類（或單一類型）的技巧。此外，一般常見的溝通技巧尚包括下列六大項：

1. 語言的同理性

人際溝通時，除了陳述己見之外，也應設身處地站在對方的立場為他著想，表達「人同此心，心同此理」的感覺，以引發他人的共鳴。因此可以適度的使用「我知道你……」、「好像你會感到……」、「你的心情……，我能體會」、「你剛才說的……部分，我深有同感」

第
4
章
人
際
溝
通

表 4-2　　人際溝通技巧（含語言、非語言）的分類

對應式（altercentrism）技巧	沈著式（composure）技巧
支持的（supportiveness） 試圖澄清的（seek clarification） 自我參考的（self-references） 參考他人的（other-references） 認可指示的（approval indication） 點頭（head nods） 身體前傾（body lean） 微笑（smiling） 眼神接觸（eye contact） 身體定位（body orientation）	快速反應（response shortness） 說話頻率（speech rate） 說話障礙（speech blockages） 口語緊張程度（vocal tension） 物體操作（object manipulation） 眼神接觸（eye contact） 關連性反應（response relevance） 身體的外在動作（extraneous movement） 姿勢僵化程度（postural rigidity） 坐立難安程度（fidgeting）
表達式（expressiveness）技巧	互動管理式 （interaction management）技巧
個人意見表達（personal option expression） 適當使用幽默（appropriate use of humor） 音調（monotone voice） 聲音變化（vocal variety） 發聲轉向明快（brevity of speaking turns） 姿勢（gestures） 適當的臉部表情（facial expressions） 舉例說明（illustrators） 微笑、開懷大笑（smiling, laughing） 身體位置和方向（body posture and orientation）	主題開啟（topic initiation） 發問（question） 延續主題（topic follow-up） 鼓勵（encouragement） 中斷、打岔（interruption） 談話時間（talk time） 流暢性（fluency） 反應時間（response time） 說話停頓時間（vocalized pause） 再次聲明（restatements）

之類的話，以拉近溝通雙方的人際距離，建立良好的互動關係。

2.語言的具體性

　　與人交談時，為了避免使對方曲解己意，同時節省時間，在語言表達時宜具體明確，避免含糊其詞。因此，可以適度地舉例說明、強調重點、分點敘述、簡潔扼要、咬字清晰、速度適中。有些老師對學生講話或指正學生時往往語言反應過於籠統，學生可能不清楚師長的意思，當然更無法確切地掌握個人行為須改變的方向。例如期中考後，在走廊上遇到甲生，老師劈頭一句：「你看你表現那麼差！」這句話就很容易令學生摸不著頭緒，當老師說他表現差，可能是表示他一無是處，事實上，學生真的糟糕透頂嗎？當然不是，只是他某一段時間或某一部分表現不佳。因此老師與學生溝通時，一定要講清楚要學生改進哪一部分，當然最好在指正前先肯定他某一部分的優點，老師可以說：「你前一陣子滿用功的，上課很專心。只是不知道為什麼最近這兩天老師發現你上課時會打瞌睡、不專心，究竟怎麼了？」其中「這兩天」、「上課睡覺的行為」就是具體明確的語言訊息。

　　為人父母者講話一樣要具體，有時父母對子女講話言詞籠統或狠毒：「你最懶，我從沒看過像你這麼懶的小孩子……」，這是很不好的溝通語言。父母可以具體的說：「小寶，爸爸媽媽發現你最近這一週來起床後棉被都沒摺好，以前你都摺得很好，爸爸媽媽好喜歡，最近我們很擔心，你願意告訴我們為什麼嗎？……」類似這樣具體化的言詞，可以讓溝通對象（學生、子女、部屬等人）學習建設性的行為，清楚自己應該努力的方向，同時避免否定他的存在價值。

3.語言的溫和性

　　人際溝通時應注意語詞不要極端化、太具攻擊性，而宜採取溫和中性的字眼來敘述，避免使用「你從不……」、「你總是……」、「你又……」、「你每次……」等極端性、高頻率（以偏概全）的字眼，或應避免使用「你真笨」、「你真糟糕」、「你很懶」、「你很『菜』」……等高攻擊性字詞。舉例而言，上司發現某員工最近工作

狀況不佳時，不妨以「××，我發現你最近十天的工作表現沒有以前有效率」取代「你現在表現太差了」的批評。因為負向的批評會塑造一個人失敗的自我認同和行為表現。

4.語言的引導性

與人交談，適度的傾聽不僅可以建立雙方互動的關係，有時也可協助當事人從敘述表達中自我反省。當然，傾聽時要適時的引導、發問、澄清，讓對方願意表達自己的想法。當了解對方愈多，愈能掌握溝通的方向與切入點，誠所謂「知己知彼，百戰百勝」。引導與傾聽可以交錯運用，引導後要注意傾聽，傾聽時要適切的摘要、回應（例如點頭、注視，並回以「嗯！嗯！」的聲音），以免產生誤導或陷入溝通的盲點。引導要有邏輯性、啟發性；傾聽則要專注、有耐心。

5.語言的激勵性

人與人之間的互動關係，唯有在彼此肯定、讚美的過程中，才會提升自我的價值感，促進人際情感的交流。讚美愈多，激勵愈強；微笑愈多，關係也愈親近。當然，讚美也應適度、適切、適中，而且具體、真實，否則易給對方虛假的感覺，減少內心真誠的交流。

6.語言的幽默性

幽默感是人際溝通的潤滑劑。幽默感不僅是反映一個人語言的表達能力，同時也是一種個人的人格特質，更是為人處世智慧的象徵。任何語言溝通技巧都很容易學習與運用，唯獨幽默感不容易經由短期訓練而成。平時欲培養個人的幽默感，不妨從下列管道著手：(1)會調侃自己；(2)尋求效法對象；(3)蒐集笑點；(4)培養創造力；(5)開放心胸；(6)運用敏銳的覺察力；(7)輔以適度的肢體語言；(8)不怕挫敗、有信心。有時觀賞一些美式幽默的書籍及影視節目也有助於培養個人的幽默感。

幽默感不僅可以自我解嘲、化解尷尬的社交場面，也可以為人解難、營造和諧的溝通情境，例如我國秦朝的優旃、宋朝的蘇東坡、清朝的孫菊仙、近代的林語堂等人皆是詼諧風趣的人士。至於西方的名

人政客，具有幽默感與機智反應的人，更是不勝枚舉。茲舉一例說明適時的幽默感可以為人解難疏困。滿清時的恭忠親王有一天召來戲班表演武打節目，親王一時興起，要求演員下台至石板地面「開打」，演畢有賞；眾人面面相覷，唯恐在石板地上扭傷筋骨。然而，親王催促不止，甚至面露不懌之色。此時，孫菊仙在旁打趣道：「你們好好的打，打完了，王爺不僅賞你們每人一錠銀子，還賜你們每人一帖膏藥。」親王及眾人聞言，咯咯大笑。於是，親王收回成命，台上舞的盡興，台下看的高興。

　　除了上述語言溝通技巧之外，其他諸如：**語言的順序性、語言的立即性、語言的面質性、語言的開放性**，也都有助於增進人際溝通。當然，溝通是一種知識，也是一種藝術，每個人運用的方式及內容不盡相同，除了語言技巧與非語言技巧二者相輔相成的使用之外，更重要的是溝通要「用心用情」，亦即溝通的態度也很重要，唯有真誠、尊重、接納的態度，才是有效人際溝通的根本；否則，學習再多的溝通技巧，只會令人感受到不自然的「匠氣」，缺少了「人味」。因此，人際溝通應同時兼顧內在心靈的交流與外在訊息的交換。

人際之間

曾經看過一則新聞報導：一位母親經常要她的大女兒協助家務，大女兒心生不滿，認為母親偏心，較寵小女兒。於是乎母女二人發生嚴重爭執，母親氣急敗壞的說：

「你既然不喜歡這個家，你給我出去好了。」

女兒也反擊的說：

「要出去的人不是我，爸爸姓什麼，我姓什麼，你又姓什麼，該出去的人是誰？」

母親被激怒的摑了女兒二個耳光，並說：「你忘了生你的人是誰？」

從此母女二人不再交談，時間長達三年，二人互動關係完全藉由小女兒來傳話。

這則報導令我感觸不已。女兒不能體察母親的苦心，採取激烈的反應與不敬的態度，的確需要加以管教。然而，母親年長，卻與女兒一般見識，運用不理性的教育手段，也有必要自我檢討。兒女不懂事、有誤解，為人父母者理應更加用心與之溝通，以化解子女心中的不滿，如此才能增進親子關係。

現代社會中，經常可見：有些人不願與人溝通、無力與人溝通、期待他人主動溝通，或缺少與人溝通的勇氣和時間，最後，導致人際疏離，衝突加大。如此一來，對方誤解更深，你也難免心中痛苦。

為了避免互相傷害，人應學習主動與對方接觸、溝通。當你不斷與人溝通，不斷與人分享經驗時，即使對方又做出傷害你的

舉動，你也可以再一次與他討論、溝通，千萬不要認為過去就算了，千萬不要認為不理就算了。忘不了的，理不斷的，你要去溝通，因為人與人之間常溝通就會減少誤會與衝突，而誤會、衝突減少後，人與人之間就沒有很多的傷痛，也不會有很多的不滿與仇恨。

當你發現到與別人有誤會、有衝突，是別人導致你生命灰暗時，不要害怕與他交會接觸，你不妨回過頭用理智而非情緒化的態度去跟他面對面說清楚。當你們彼此了解對方的想法時，正如同你進入到他的世界，他進入到你的內心，二者之間自然融合有共識，共識一經形成，又何來的人際盲點？

所謂：「有溝通就有了解，有了解就有寬容，有寬容就有和諧。」人與人之間有了和諧，生命自然圓融。

5

人際衝突與
合作

當不想獨自一個人時，我們便會考慮與別人接觸；當接觸形成時，我們就開始了與人的互動關係。人與人之間的互動關係可能有許多種，有些可能是暫時的關係，例如購物時的主顧關係；有些可能會是較持久的關係，例如朋友、夫妻。有些時候的人際互動關係可能會是緊張的，有些時候可能是和諧的。舉例而言，十字路口的交通訊號燈壞了，車子爭先搶過路口，結果全部擠在十字路口，所有的車子都無法移動。一位交通警察走過來笑笑的說：「讓我來製造一點空間，好讓車子可以移動，但你們要聽我的指揮。」約莫過了十分鐘，路口恢復了暢通。因此與人互動的過程中，有時需要與人合作以維繫關係，同時也需要設法化解衝突以恢復人際的和諧。本章將分別就人際互動、人際衝突與人際合作等三部分來加以探討。

第一節 人際互動

　　魯賓遜因船難而漂流到一座孤島，與黑人土著「星期五」成為親密的朋友。如果是你，你願不願意像魯賓遜一樣在孤島上獨自生存呢？如果魯賓遜不是陷於孤島上，而是在原來的社會裡，他與社會裡的黑人會建立什麼關係呢？他會與誰建立起親密關係？由前述問題可引伸出一些常見的人際互動課題，包括人類寂寞孤獨及群聚的現象、親密關係與公眾關係，以及正向的人際互動方式等。

一、寂寞、孤獨與群聚現象

　　「我很能享受獨處的時間。」「真羨慕你，我沒辦法享受長時間的獨處，那會讓我覺得寂寞，所以我在週末一定要與朋友聚在一起。」「那你也要先能找到人啊！」「沒錯，有時要找人還真的有點難，那

時就覺得很痛苦。」從以上的對話來看，在生活中，有人能享受孤獨；有人則會覺得寂寞，需要找人相聚。寂寞的感覺令人不舒服，所以要藉著與人在一起來消除，真的有效嗎？以下我們將分別來探討寂寞、孤獨與群聚。

(一)寂寞與孤獨

寂寞（loneliness）與孤獨（aloneness）是不同的。寂寞是一種不愉快的主觀感受，因為個人覺察到自己與人的關係缺乏某些重要的特質，可能是對「質」或「量」的不滿意。如：相處的對象如果不是自己想親近的人，與他們在一起時就不會覺得親密，這是對「質」的不滿意，是種「情緒性的寂寞」（emotional loneliness）。當你環顧所存在的社會環境，發現自己沒什麼朋友，或沒有親密的朋友，這是對「量」的不滿意，是種「社會性的寂寞」（social loneliness）。

孤獨則是指與別人隔離的狀態。「與別人隔離」，有時是個人的選擇，有時是被迫的。前者如：學生「閉關」準備考試；戀愛中的人關起門寫情書；或避開人群去思考重要事情；或是為了精神的修煉。後者如：船難漂流到無人的孤島；生病被安置在單人病房；遭別人惡意排斥。

一般人常會覺得形單影隻的人是寂寞的；雖然說獨自一個人可能較容易感到寂寞，但是我們不能將孤獨與寂寞畫上等號。一個表面上看起來是孤獨的人，如果能好好的安排生活，他並不會感到寂寞；反之，表面上看起來是不孤獨的人，心裡卻有可能是寂寞的。如：一個生活多采多姿的「獨身者」可能不覺得寂寞；一個與朋友聚在一起玩樂的人可能會覺得寂寞，因為他之所以與朋友在一起並不是為了共享娛樂，而只是不想週末獨自在家。

人的寂寞感，有時可能是因為生活上的變動而引發的，這就是所謂的「情境寂寞」（situational loneliness）。會讓人感到寂寞的生活變動，例如：結束一段親密關係、離婚、面對死亡；或當一個人剛進到

一所新學校、搬到一個新城市、開始一個新工作,都會對新環境感到陌生,周圍又沒有朋友,而感到有些寂寞。

面對「情境寂寞」,有時可以很快的恢復,有時卻需要花點時間。如:學生離家到外地唸書,剛開始會覺得寂寞,但他會因很快的交到朋友而不再感到寂寞。可是失去一個心愛的人,要恢復可能就需要較長的時間。而且每個人恢復情緒的速度也不相同,有的人可以很快,有人花很長時間卻仍然無法恢復。

當一個人處於被迫的孤獨時,會怎麼處理?有些人會認定是因為自己有缺點,例如不善於表達、不討人喜歡,他們如果不知如何改變自己或繼續做些無效的改變,孤獨就會一直跟著他們。有些人則是將孤獨視為暫時性的,他們會做些改變來消除孤獨,例如培養興趣、學習表達、參加社團,以建立一些有意義的社會聯繫。如果這些方法是有效的,他們就能夠順利的與人接觸。

(二)群　聚

為什麼我們想要與人親近呢?心理學者認為,人有想要親近他人的「親合動機」(affiliation motivation)。此外,藉著接近別人、與別人互動,許多內在的需求(被關心、被接受、被了解、被支持、被愛)都可能被滿足,例如:有一女孩剪個短髮,穿著 T 恤、牛仔褲,在脖子上綁著一條絲巾,當她走出門後,有人對著她微笑,且對她的裝扮予以稱讚,這女孩會覺得很滿意,且對自己感到有信心。別人的回饋讓她知道她是被接受的。

再者,跟別人在一起可以減少憂慮與寂寞。人在一種熟悉的情境下,總會希望能多了解一些訊息,讓自己比較能有明確的選擇或判斷。例如,當你懷疑可能罹患癌症而去醫院,在診療室外等候時,你可能會與在等候的病患談到有關癌症的徵兆及治療方式。而人在覺得寂寞時也常會想親近人,與親近的友人聊聊,或許可消除心中的寂寞;但如果是擠在人群中看電影,對消除寂寞可能不會有幫助。

另外，人的某些目標可能需要與人交往才有可能達成。例如，要打羽毛球至少要有另外一個人與你搭配才可能開打，如果要打得好，可能還要請教練教導；戀愛也是，要找到一個願意與你交往的對象之後才能進行。有時候，我們與人在一起，是為了共享一些有趣的活動；有時候純粹只是為了打發時間。你可能曾接到一個朋友的電話，他說：「沒什麼特別的事，只是坐在電話旁邊，就打個電話給你啦！你在做什麼？」然後，你陪他聊些不重要的話題，最後對方說：「好了，我累了，要去睡了，再見。」

　　所以，綜上所述，人可能基於某些原因而讓自己處於孤獨或群聚。當一個人是被迫處於孤獨時，是最容易感到寂寞的，培養興趣可消除寂寞，設法與人接觸，順利的建立有意義的關係，孤獨的狀態才可能消除。沒有意義的關係接觸，雖會讓自己看起來並不孤獨，但內心的寂寞感卻仍然會存在。

二、親密關係與公眾關係

　　有一位父親工作很忙，很少在家，女兒很想多接近父親，就請母親教她做父親喜歡吃的點心。有天父親回到家，才坐下來就忙著接聽電話。女兒跟母親說：「爸爸好辛苦喔！」母親鼓勵女兒待會把做好的點心拿去給父親吃。父親終於放下電話了，女兒把點心拿到他面前，說：「爸爸，吃點東西吧！這是我今天跟媽媽學做的喔！」女兒等著父親的讚美，但父親說：「謝謝，先放著，我等會再吃。」然後又開始撥電話，直到女兒要上床睡覺，那份點心都沒被動過。女兒告訴母親：「我再也不做點心了，爸爸不喜歡吃。」

　　事隔一星期後，女兒躺在加護病房，只見父親握著女兒的手，傷心地對女兒說：「張開眼睛好嗎？我的乖女兒，爸爸在等妳起來做點心給爸爸吃呢……」一生當中，我們花在朋友、家人的時間，與花在早餐店的老闆、醫護人員、路邊的陌生人的時間，是不會相同的，因

為他們在我們心中的重要性不一樣。以下將分別探討親密與公眾這兩種關係的形成。

(一)親密關係

　　Levinger 和 Snoek 用兩個圓來解釋沒有血緣關係的個體,如何從無關係進展到彼此依賴的關係。他們將此過程分為四個階段:第一階段稱為「零接觸」(zero contact),兩個個體因為時空的交錯,沒有機會察覺、接觸到對方,彼此獨立沒有任何關係。這就好像國內插畫家幾米先生民國八十八年的作品《向左走、向右走》裡的男女主角,比鄰而居,但因彼此出門的習慣,一個習慣向左走,一個向右走,兩人都沒察覺到對方的存在,也一直都沒有關係。所以,走入人群,增加曝光機會是重要的。

　　第二階段為「知曉」(awareness),單向或雙向的注意到對方,知道對方的訊息,但雙方沒有任何的接觸。就像電梯間的兩個人:「我們每天在電梯間碰面,會注意到彼此,但從未交談。他總是身著西裝,搭配著領帶,一付斯文樣。」「我們每天在電梯間碰面,會注意到彼此,但從未交談。她總是身著素色套裝,淡妝,專業中帶有女性的柔美。」一般而言,我們對別人的印象,在觀察一個人的外觀及行為時就已初步建構完成,如果我們對此人有較好的印象,就會比較想主動親近這個人。所以,塑造形象也是滿重要的。

　　第三階段為「表面接觸」(surface contact),兩人開始互動。電梯門打開了,但沒有人要進出,「這樓層的小孩總是喜歡亂按電梯。」「對啊!有時早上要出門時都會等好久。」「唉!沒辦法,大家都是只考量到自己的需要罷了!」「咦!到了,再見。」「再見。」我們可能都有遇過類似這樣的交談經驗。你會發現這些互動都很簡短,且可隨時中斷,電梯門打開了,互動就結束了。互動時談話內容也很表面,如天氣、社會新聞、當下環境所發生的事情。我們與某些人的關係可能就僅止於此,不會再進入下個階段。

第四階段為「相互關係」（mutuality），隨著一起活動及交談，兩人形成輕重不同程度的依賴關係：相識到親密。我們與某些人僅是共享活動和興趣；與某些人除了分享興趣，還會交換一些對事情的看法；在某些人面前，我們甚至會毫無保留地顯露自己最脆弱的部分。

　　1. 相識（acquaintance）：雙方所談的內容大部分維持在公眾領域，但也會開始談些個人的事，如：對人、事、物的看法，及做些自我坦露（self-disclosure）。

　　2. 朋友（friend）：彼此擁有約 50% 的共同興趣，交談內容大半都是私人領域，力求相互的了解，彼此的關係是相互了解、相互依賴、會互施援手的。有時會因個人生活的變動或爭執，而使關係變淡或結束。

　　3. 親密知己：彼此在興趣及人生目標有許多契合，雙方交談內容大都發生在私人領域上。彼此有很好的默契，有相同的人生目標可分享。關係穩固，較不會因誤會或爭執而影響情誼。

　　與人的互動，或是與某些人的關係可能會停留在第三階段，如果要進入第四階段，雙方除了需要投入足夠的時間與精神外，要發展出穩固的親密關係，有些學者（李燕、李浦群譯，民 84）認為要能處理以下三種對立情況：

　　1. 盡情傾訴與保護隱私

　　「我告訴你許多我的事是因為我認為你是我最要好的朋友，可是沒想到你竟然將我的事情告訴了別人，你知道我有多難受嗎？」要達到彼此間的親密，雙方必須要有某種程度的自我坦露，但這樣一來也可能會暴露出自己的脆弱面，或一些不想讓別人知道的私密。或許我們在決定向他人傾吐時，就要知道自己哪些部分的東西是不公開的；而另一方面，我們也要學習對他人在我們面前毫無保留，或無意中所顯露出來的弱點、隱私保持尊重，不要再與其他人談論。

第 5 章　人際衝突與合作

2. 獨處與共處

一則丈夫殺妻的故事（嚴韻譯，民90），當男的告訴朋友他要結婚的消息時，朋友問他：「你為什麼要結婚？」他說：「週末時我不用再開六小時的車去看她，那我就有週末了！」半年後，警察問他：「你為什麼要殺你的妻子呢？」他低著頭，看著妻子的屍體，說：「我想要有週末！」想要擁有屬於自己的自由時間，又想要與親密的人在一起，究竟要怎麼平衡？或許我們要學習，不要總是認為花時間與人共處是「一定要的啦！」有時候我們也需要有屬於自己的自由獨處時間。所以，當你需要獨處時，就不要勉強自己與人共處；而當別人向我們反應需要獨處的需求時，也要尊重他的選擇。

3. 穩固、可預期及變化、創新

某品牌的巧克力在電視上打出的廣告：女孩去機場接男友，在等待時，不斷地有人送這女孩綁成一朵花似的巧克力，漸漸地，集結在女孩手中的巧克力已成束了，這時笑容滿面的男友也帶著一朵花樣的巧克力出現。等人可有過如此的驚喜？你或許會說：「我認識的那個人才不會這樣做。」或說：「如果我是那男的，也不可能這麼做，機場出關都已忙成一團了，哪會有時間想到製造驚喜呢？」當對方的行為反應模式是熟悉的時候，這或許可讓彼此的互動多一些方便與穩固，但是一旦缺乏變化，也會讓關係失去活絡感，這時小小的創意、小小的變化或許可以帶出不同的新鮮感。

由上觀之，若要發展穩固的親密關係，需要投注時間及精力來經營，自我坦露、花時間共處、了解行為模式是必要的；但是，要能選擇適當的坦露以免受傷，要允許彼此有獨處的時間，好讓自己處理事情或對關係做些省思，有時要發揮創意來活絡有些平淡的關係。

(二) 公眾關係

公眾關係一直存在我們的生活當中，但往往被我們所忽略。想想，你每天離家後可能遇見的人會有哪些？大樓管理員、鄰居、賣東

西（三餐、珍珠奶茶、衣服鞋襪、書籍、電玩遊戲……）的小販或售貨員、大眾交通工具的司機、認識的人、理髮美容師、醫生、客戶、陌生人……。你與這些人的關係就是公眾關係。你對你所遇到的這些人，你關心嗎？通常不會。你了解他們多少？通常不會很多。

　　究竟是什麼原因會讓一個人與其他群眾產生互動呢？每當我們去接觸不甚了解的人時，我們有時不一定是為了要了解認識對方，而是為了某個實際目的，例如，購買商品（食品、服飾、書籍……）、要求服務（醫療、申請戶籍謄本或成績單……）。在《張老師月刊》曾看到這樣的故事：有位先生，打電話到某單位找人，總機小姐的態度很差，此時，他就把音樂盒移近電話聽筒，讓音樂盒的音樂透過電話筒傳送幾秒鐘，然後對總機小姐說：「希望剛才的音樂讓妳的心情好一些。」對方沉默了一下子後，說：「對不起，請您原諒我剛才的態度。」然後改用和善的態度幫他轉接電話。顯然，此先生在瞬間記起自己原先的目的，並想辦法理解對方，才能順利達成自己所要的。

　　但是，你總會看到有人在瞬間忘了互動的目的。中午用餐時間，有家自助餐廳，一位穿西裝打領帶的先生向老闆要個飯盒，並要求讓他自己添飯。老闆不斷地回應：「告訴我你要多少飯，我幫你。」「先生，後面還有很多人在等著呢！告訴我你要多少飯，我裝給你。」這些話依然無法改變那位先生的堅持。後來老闆把飯盒從那位先生手上拿回來。「怎麼了？」那位先生說，「老闆，別這樣嘛，不然你來裝好了。」老闆說：「不用了，我不想把飯賣給你了，請你出去，不要妨礙我做生意。」最後，那位先生只好離開了。

　　究竟與公眾互動需要怎樣的互動方式呢？如何才能讓我們能順利達成我們想要的目的呢？以下有幾個互動的原則值得參考：

1. 了解角色行為和辦事程序

　　為了使互動可預知，我們大多對公眾的互動制定了角色行為和行事程序。例如，目前許多的銀行、郵局，服務台的人員除了回答顧客的問題外，還負責新開戶的資料處理；櫃台的人員則處理金錢的提取

存入。顧客要利用櫃台人員來存取金錢，必須先填妥存取單據上的資料，並領取服務號碼條，然後依號碼順序等候服務。如果你未領取服務號碼條，你可能就無法接受服務了。

2.表示尊重

Forbes 認為「人類不可能獲得真正的快樂，除非他受到相當的尊重。」（張惠卿譯，民76）要尊重別人有幾種方法：

(1)使用正式稱謂和姓，而不直呼名字，如「主任」、「陳經理」、「校長」。中國人對親人的稱呼一向很重視，連帶也廣及於公眾的互動上，所以你常會聽到小孩子去買東西的時候會叫店家老闆為「阿伯」、「阿姨」、「叔叔」，也有小孩像大人一樣，叫「老闆（娘）」。

(2)積極主動的示好。「你好，需要什麼服務嗎？」「嗨，你今天好像很有活力哦！」「你今天這樣穿滿亮麗的！」聽到這些話是不是會讓你的心情愉快呢？而這些話，正表示說話者照顧到別人很想被重視的感受。

(3)了解別人的行為。當別人的行為不符合我們的期待時，有些人很容易做出情緒反動；不去了解別人行為的原因，就認定別人是錯的，且需要改變，並直接表達心中的不滿。《與豪豬共舞》（胡茉玲譯，民85）一書提到一個故事，一個小男孩在車廂內嘻鬧著，坐在旁邊的父親對這一切好像沒看到。一位婦人被吵得受不了，生氣地對他說：「你的兒子那麼吵，你竟然也不管管！」「對不起，我一直想著我昨天過世的太太，所以沒注意到……」對別人的行為有充分的了解，就能避開情緒性的反應，也就能尊重到對方。

3.仔細留意自己的目的，並管理自己的情緒

當對方的反應不是依我們所要求或期待時，我們通常會陷入不愉快的情緒中。有位客人拿著一過期但已拆開的魷魚絲要求結帳的服務人員退錢或更換，服務人員以已拆封為由拒絕，客人不高興地指責服

務人員未把過期貨取下，服務人員認為客人在買東西時就應確認貨品才買，客人聽了更是不高興，雙方僵持著。這位客人顯然沒注意到結帳人員並沒有權決定東西能否退還或更換，而把一切店家的疏失都加諸在此服務員身上。他為什麼不直接要求能負責的人出面呢？要提出這種要求很簡單，但只有在心平氣和、理智能運作的情況下才有可能。

綜合上述看法，公眾關係雖不必像親密關係那樣投入大量的時間與精力，但是，為了順利達成自己的目的，依循程序、尊重對方、做好個人的情緒管理以化解不滿意是必要的互動原則。

三、正向的人際互動

如何形成一個正向的人際互動？家族治療學派的重要學者Satir在《新家庭如何塑造人》（吳就君譯，民83）一書裡提到幾個重要的觀點：第一，人與人的互動是一種創造性的活動，要用心經營才能有滿意的關係；其次，要用正向的觀點來看待對方，將他視為一個獨特的個體，是人類的珍寶，盡可能的去了解他、支持他；最後，要一致（congruence），即每個人要能察覺自己的內在狀態，願意說出自己的想法與感受（也就是情緒上的誠實），並願意為自己的行為負責。這樣才能讓「你」、「我」、「我們」這三部分都保有空間，每部分的價值都被維護。任何一部分如果被否認、被壓抑，關係就會遭破壞，需要用正向人際互動來修護關係。

所以，Satir強調的是人與人相互平等對待的關係，在成長的過程中，當我們遭遇到威脅、利誘，這時人與人的關係並不是平等的。也就是你、我、我們這三部分有被否認、被壓抑，這時我們會有以下四種因應方式：當一個人太在乎「我（自己）」及「我們」，完全忽略「你（別人）」時，就會出現責備、批評行為，這就是「指責型」（blame）；如果只在乎「你（別人）」、「我們」，不關心、體貼「我（自己）」，這時這個人就會努力的去順應別人的要求，這就是

「討好型」（placate）；當「你」、「我」都被忽略時，長篇大論就很容易從這個人的嘴中說出來，這就是「超理智型」（super-reasonable）；當「你」、「我」、「我們」都被忽略時，談話就會失去焦點，變得無聊、無意義，這就是「打岔型」（irrelevant）。你不妨看看你與別人互動時，你與別人的配對關係是如何的。

這些因應方式都是一些防衛方式，並無法把未被滿足的需求表達出來。唯有我們尊重自己及別人，用「我」訊息來表達，才可能把未被滿足的需求表達出來。「我」訊息的表達是要讓別人知道他的行為對我們造成的影響，表達時要有禮貌，因為表達的目的是在分享感受，並期待對方能有合作的回應。如：「我覺得失望，因為我很期待週末與你在一起，但是你卻選擇要去看朋友。」「當你們在這裡說話時，我覺得好無聊，因為我不知道要做些什麼，所以我想去外面走走。」另外，也要學習傾聽，這樣才能鼓勵別人表達他的未滿足需求。所以當我們聽到別人用適當的或不適當的話在表達需求時，我們應該要以傾聽來回應。例如：「你是說你感到很失望，因為我要去找朋友，那我怎麼做會比較能讓你接受呢？」「喔，我們在說話，你沒事可做，所以覺得無聊，那你有什麼想法呢？」

Satir 還以冰山的概念來告訴我們要如何與別人做出接觸。她以「冰山」來代表人的經驗，認為行為（behavior）只是當下經驗的一部分，因為表現在外，所以最容易被察覺到。其實，在行為之下依序還有感受（feeling）、觀點（perception）、期望（expectation）、渴望（yearning）及核心的自我（self）等幾個經驗層次。所以，人與人的互動就是兩座冰山在互動，要維繫關係，就要時時注意自己的冰山、別人的冰山，並設法維持讓這兩座冰山不會相撞。

與人做出接觸，是要視對方為獨特的珍寶，並嘗試與對方的冰山做出接觸。「指責型」的珍寶就是能「自我肯定」，可從他的「期望」來做出接觸；「討好型」的珍寶是「關心與敏感」，可從「感覺」來做接觸；「超理智型」的珍寶是「理智」，可從「觀點」來做

接觸；「打岔型」的珍寶是「有趣、自發、創造力」，冰山的任何部分均可做出接觸。

所以，有人不斷批評你的不是時，你要接受這是此人的創意接觸，因為他是冒著被你討厭的險，把想說的話說出來，他一定相當肯定自己所說的話，所以你可從他的「期望」來做出接觸，問他：「那你對我還有什麼期待？」「你希望看到什麼樣的結果呢？」他就會慢慢的把注意力轉到冰山的「期望」上。

「媽媽常對我說：『豬不肥肥到狗，女孩子光會唸書有什麼用？』有時候聽了實在很生氣，會很想頂回去，可是一說話，媽媽又會說：『對啊！你書讀多了，翅膀長硬了，會跟我回嘴了，你如果夠聰明的話，那你唸的怎麼不是國立大學呢？』我真的不想再多說了，畢竟她是我媽媽。」這個人顯然在努力的迎合討好媽媽，你可從「感覺」來與她做接觸，問她：「當妳媽媽對妳說這樣的話時，你內在真正的感覺是什麼？」

就如Satir所說的，一個凡事都想控制別人的人，要學習如何與人分享他的權力；一個凡事都只會說「好」的人，要學習說出真正的好或不要。人與人之間若能維持那份尊重，學習欣賞別人及自己，允許自己、別人表達，或許人際的互動是可以較和諧的。

第二節　人際衝突

考前某同學去跟同學借筆記，同學不願借他，他生氣的說：「你真不夠朋友，算了，我去跟別人借，小氣鬼。」然後不愉快的離開。如果這個人是你，當場你的反應會是怎樣的呢？你的反應跟他一樣嗎？就在被拒絕時，你可曾想過同學不願意出借筆記的原因是什麼呢？是因為他是個自私的人？還是他一直把你當成是課業競爭的對

手，所以才不借你筆記？還是因為他覺得自己的筆記寫得不好，不好意思借你？人與人相處有時會出現不愉快，這就是所謂的人際衝突，那麼，人與人為什麼會發生衝突？衝突是如何發生的？衝突發生時要如何因應呢？這是本節要探討的主要內容。

一、人際衝突（interpersonal conflict）的概念

有一位武士每天穿著盔甲，隨時準備去拯救受難的公主，但有一天，他的老婆對他說：「脫下你的盔甲，不然我就帶著兒子，馬上離開你。」對武士來說，這真是個嚴重的打擊，繼續武士的精神可能會使他失去家人，他該做出怎樣的選擇呢？這就是人際衝突。衝突是什麼？是什麼原因引發人際衝突？衝突的發生是瞬間造成的嗎？以下我們將分別探討這三個問題：

㈠衝突的定義及類型

學者對衝突有不同的解釋：有的強調衝突是一種主觀的知覺感受，是指一方或雙方知覺到彼此的看法不一致而處於對立，個體會感到生氣、挫折、懷疑，衝突就產生了，所以衝突是一種內隱的不愉快感覺。有的則強調衝突是一種對峙的行為，也就是在與人互動時所出現的對立行為，例如：叫女兒做家事以阻止她去約會、不停的說話以妨礙對方的專注力、出口傷人，所以衝突會出現許多外顯的行為。這兩種衝突觀點似乎都不完整。

衝突是一種過程，這是目前較被接受的一種解釋：衝突是指雙方在互動的過程中，覺得彼此不相容，而形成對峙的互動歷程，在互動的過程中，彼此會產生內隱或外顯的行為（陳幸仁，民86）。由此定義來看，衝突的發生是主體在「互動」的過程中，「知覺」到彼此的不相容，不管是否有表達內在的不舒服，或採取行為措施，似乎都無法達成共識，所以雙方處於對立的狀態。

衝突有哪些類型呢？衝突的主體可以是個人或團體，衝突所涉及的主體，可以是單一的，如：個人衝突（personal conflict）、組織內的衝突（intraorganizational conflict）；也可以是兩個（以上）的，如：人際衝突（interpersonal conflict）、群內衝突（intragroup conflict）、群間衝突（intergroup conflict）。

　　個人衝突是指個人面對選擇無法做出決定，而使自己無法依據選擇來行動，也導致自己困在某種狀況中。最常見的衝突有三種：雙避衝突（avoidance-avoidance conflict）、雙趨衝突（approach-approach conflict）及趨避衝突（approach-avoidance conflict）。雙避衝突是指個人要在兩個都不想要的目標裡挑一個，如有時候必須在回家挨罵或是繼續在街上挨餓受凍中做出選擇；雙趨衝突是指個人要在兩個都想要的目標裡做挑選，如畢業典禮當天要選擇與死黨共餐或是與女友相聚；趨避衝突則是個人面對一個很想要的單一目標，因無法排除其負向作用而無法做出決定，如正在實施減重計畫的人面對美食，吃或不吃，真是滿掙扎的。

　　組織內的衝突是指組織裡的人因工作分配、組織結構或權力的分配所產生的摩擦（林靈宏譯，民81）。垂直衝突（vertical conflict）與水平衝突（horizontal conflict）是最常見的衝突。垂直衝突主要是指上下層級間因為角色、任務、目標的不同而引發摩擦、衝突，如學生幹部為晚歸的同學掩護，校方的宿舍管理者卻認為幹部縱容學生。水平衝突是指發生於同一層級的衝突，可能因為未能了解對方的目標的緣故，如電腦在組裝完成後，品管組抽樣發現瑕疵品的比率偏高，整批貨被退回。

　　人際衝突是指兩個成員之間或更多成員之間的衝突情況。彼此可能因為目標、認知或角色的不同而引發對立，如夫妻可能會因對「乾淨」的看法不同而在打掃環境時起衝突。群內衝突是指個人與團體或次級團體與團體間的衝突（林靜茹，民82），可能是個人對團體的規範不滿意所引起的，如某員工不滿意因請假過多而遭公司解聘、學生

145

對學校規定不能染髮覺得難以接受、一群員工集結在一起，抗議資方不合理的工時要求。群間衝突則是指有兩個群體發生衝突，可能是因為權力地位的不相等、不明確的規範、不信任或溝通障礙而發生衝突（林靜茹，民82），例如工會與資方可能對某些事情的看法會有不同。

(二)人際衝突的形成原因

人與人在互動中，因目標或行動的不相容，又無法透過協商達到滿意的結果，雙方處在一種對立的狀態，這就形成了人際衝突。那麼，人與人會因什麼而起衝突呢？包括人與人之間在目標、利益、感受、觀點、想法、價值觀、角色期待、溝通不良和權力慾等層面因素的差異。茲說明如後：

1. 目　　標

雙方想要的目標不同時會引起衝突，如：武士想要忠於武士精神，隨時整裝備戰，但太太卻希望他把精神放在家人身上；女兒希望打工賺錢貼補家用，媽媽卻希望女兒好好唸書，不要擔心家裡的經濟；放假時，小孩會很想與朋友去玩，父母卻希望孩子留在家裡，與家人共聚。

2. 利　　益

人可能會為有限的資源無法妥善分配而有衝突，例如：兩男同時為獲得同一女子的「愛」，而彼此形成情敵對立著；兩人為「第一名」、「經理」職位而相抗衡著；爸爸要看棒球比賽，兒子要看卡通；中國與義大利為「Pizza」的原創者而爭執。

3. 感　　受

彼此內在感受經驗不同也可能會引起衝突，例如，甲說：「我媽媽很嘮叨，每次聽她說話，真的都會受不了！」乙說：「有那麼嚴重嗎？媽媽不都是會多唸小孩幾句嗎？我都聽聽就算了。」乙可能無法了解甲的感受，事實上，一個不喜歡被批評的人，當別人多說了一些話，他就無法忍受。

4. 觀點、想法

個人以自己的觀點對別人的行為做推論，且相信自己的推論是正確的，這也會引發衝突。就如電影「心靈捕手」（Good Will Hunting）裡的威爾與尚恩，威爾看到尚恩掛在牆壁上的一幅畫，就認為尚恩是「娶錯女人」！所以就問尚恩：「她拋棄你？還是她搞上別的男人？」結果，他的主觀引起尚恩的不愉快，將他推出門外。另外，對同樣一件事情，雙方的解釋不同也會引發衝突，例如，女兒向母親說明未準時回家的原因，女兒認為她是在「解釋」，媽媽卻認為女兒是在為未準時回家「找藉口」。

5. 價值觀

每個人對重要、對錯、真假所持有的信念就是價值觀。因為成長經驗不同，所以不同年齡、性別、職務的人可能會因所抱持的信念不同而引發衝突。有一男生想跟朋友聚聚聊聊天，打電話跟女朋友取消週末的約會，女生生氣的說：「我們好不容易才能見個面，現在你又要取消，到底是我重要還是你的朋友重要？」男生放下電話後仍不了解女朋友為什麼生氣，他認為「愛一個人就要給與對方一些自由」；女生在電話的另一端也在想著：「愛一個人要珍惜在一起的時間啊！」

6. 角色期待

每個人一生中可能會扮演不同的角色，社會對每個角色的行為模式有不同的期許。當事人對自己扮演角色的看法可能會跟社會的期許有所不同時，就會引發衝突。例如，學生覺得染髮是跟隨流行，學校卻認為學生不該把重心放在與課業無關的事情上，難怪 e 世代學生碰上古世代的觀念時，都寧可抱著被學校處分的危險也要彩色的頭髮。

7. 溝通不良

溝通不良可能是說話的方式、內容或態度不好。當女兒回家時，媽媽問她怎麼這麼晚才回來，女兒說：「沒什麼啦！問那麼多幹嘛！」「怎麼啦！我是你媽，不能問妳去哪裡？如果妳在外面給人騙了怎麼辦？」女兒低著頭，一臉不高興，低聲的說：「囉唆……」「妳說什

麼？……」母親想知道女兒晚回家的原因，沒想到不僅沒聽到想聽的話（內容），反而被女兒的說話方式及態度給激怒了。

8. 權　力

人的權力來源可能來自角色職務，也可能來自個人本身的特質。如果你是班上的服務股長，你就有權力制定班上清掃工作的方式，這個權力是來自你所擔任的角色；如果你是思考清晰、富邏輯且公正的人，同學常請你評理、裁定對錯，這個權力就是來自個人本身。擁有權力者如果不能慎用權力，就會引發衝突。例如，一個長得很漂亮的女孩常能順利的讓班上的男孩子幫她處理一些小事情，這看在其他女孩子眼裡，可能會覺得她是在用「美色」利用人，因而對她有些不滿，甚至群結起來不理她，因此她們之間的空氣就變得緊張了。

由此看來，人際間會因不同的原因而發生衝突，或許往後與別人發生不愉快時，不妨先看看，是什麼原因造成彼此的不愉快；順便檢視一下自己常會因什麼原因而與人發生衝突。或許這樣可讓自己較易覺察到衝突而提早做出因應。

(三)衝突的發展過程

觀看衝突的發生，不難發現衝突往往都是「由緩和到激烈」的過程，彼此的反應會交互影響，結果可能是愈演愈烈導致不可收拾，也可能達成共識握手言歡。衝突的發展大致可分成以下幾個階段（陳幸仁，民 86）：

1. 潛伏期

衝突發生之前可能已有引發衝突的因子，也就是有一些對立或不相容的現象，只是沒被偵察到；不是每個人都能敏銳的察覺，且了解到暴風前的寧靜是一種危險的徵兆。例如，男女在交往時，女生可能會很喜歡呼朋引伴的找一堆人一起聚會，男生不好意思說不，努力的呼應女朋友，日積月累，男生可能會覺得受不了，女生卻不知道。

2.察覺期

彼此可能已知覺到潛藏衝突情境的存在，也感受到敵意與焦慮。而當事人即使察覺到衝突的存在，也可能會因個人或第三仲裁者的介入予以淡化，而不會爆發衝突。既然雙方都感覺到彼此有些不合，在這時，「歸因」——也就是怎麼解釋對方的行為，就顯得特別的重要。用負向歸因會導致敵意上升；用正向歸因可能會淡化敵意。例如，電影「心靈捕手」裡，威爾不斷的在對尚恩的話發表意見，最後一口認定尚恩一定是遭女人傷害，尚恩可以把威爾的話解釋為「故意傷害」；也可以把威爾的話解釋為「非故意的」，他只是藉著所熟悉的知識在發表看法而已，這樣做只是要別人認定他是聰明的。

3.爆發期

衝突已經公開化，這時會進入「評估意圖」階段，開始解釋對方的意圖，同時也決定因應的方式。個體的因應方式，有時可化解衝突，有時卻可能將衝突擴大。例如，當雙方都處在情緒高點，採取逃避是可暫且讓衝突不繼續擴大，讓彼此的情緒降溫，可好好冷靜思考後再溝通。但是如果雙方對衝突的問題不再討論、不再協調，這會讓彼此的衝突一直持續存在。

4.處理期

彼此開始採取一些實際的行動，每一方的行動都會刺激另一方產生一些回應行為，在這交互反應後，可能會導致衝突的化解，也可能會使衝突持續升高。有學者認為，不管此次衝突的結果如何，有可能會對下次衝突有潛在影響。也就是說，先前有過的不愉快可能會在彼此間留下一個不愉快陰影，這種隔閡如果沒辦法消除，都可能為彼此留下衝突的因子。

所以，人際衝突的發生大致上並非瞬間造成的，從覺察到不愉快狀況，並做適當的歸因及因應，或許可化解衝突，但也可能導致衝突的持續擴大，因此，與人互動過程，時時覺察並溝通是滿必要的。

二、面對衝突時的因應方式

隨著時代的變遷，人們對衝突的看法也有些轉變。傳統上，認為衝突是不好的，應該避免，這種觀點在一九三〇年代到一九四〇年代甚為流行，認為衝突的發生是代表著個體是有問題，衝突是具有破壞力的，會使關係破裂，所以要想辦法消除解決。一九四〇年代末期到一九七〇年代，學者認為衝突既是不可避免的現象，就應設法與它相處。目前的互動觀點則是強調衝突存在的必要，認為人們如果長期處於和諧平靜的狀態，由於缺乏改變與創新，關係會變得停滯；如果人們能保有適度的衝突，則可讓關係持續變化、成長。

當人們開始注意到衝突的正面功能，人們對衝突的看法改變了，同時也改變了面對衝突的態度，從消極的「解決衝突」轉為較積極的「衝突管理」（conflict management），個體要學習處理衝突的方法，以便衝突發生時能有效的處理。也就是個體面對衝突，不只是尋求衝突的化解，更強調預防，期能將衝突導向正向，成為助力。

為了能讓衝突的正向功能得以轉化到個人身上，了解自己面對衝突時的因應方式是有其必要的，唯有這樣，我們才有機會選擇較正確的方法來因應衝突。要了解個人面對衝突時的因應方式，學者設計許多不同的評量工具：Blake 和 Mouton 於一九六四年編製 *The Blake-Mouton Conflict Instrument*、Thomas 和 Kilmannm 於一九七四年發表 *Management of Difference Instrument*（林靜茹於民國八十二年參考以上兩種測量工具，編成衝突管理風格問卷）、Putnam 和 Wilson 於一九八二年編製 *Organizational Communication Conflict Instrument*、Rahim 於一九八三年發表 *The Rahim's Organizational Conflict Inventory*（王振鴻於民國七十八年修訂成衝突問卷）、Sternburg 和 Soriano 於一九八四年編印 *The Conflict Resolution Scale*（李錫永、韓瑞信分別於民國七十六、八十三年依此量表修訂成衝突解決問卷）。

此外有學者將衝突的因應策略歸納為以下五種（曾端真、曾端珉譯，民85），不妨在看完之後，想想自己在什麼樣的情況會採用什麼因應方式？面對不同的人時，自己的因應方式是否會不同呢？

(一)退縮（withdrawal）

　　害怕或不願意面對問題，而將自己抽離衝突的情境，可能是身體的抽離（離開現場、拒絕討論），或心理上的抽離（靜默）。如室友們在寢室聊天，你想休息，但環境太吵讓你無法入睡，勸說他們也沒有多大的效果，離開這裡去別的寢室或許是一種常被用到的方法。如果這樣的情形每天都發生，離開可能就不是好的因應方式，因為那對自己已經是個困擾，與室友商討訂定寢室規則可能才是解決之道。

(二)投降（surrender）

　　有一方做出讓步，放棄、不再堅持自己原有的想法，改為順從於對方。有些人覺得面對衝突很不舒服，所以盡量避開衝突。如有位學生在與班上的同學討論作業時，自己的想法常被其他同學否決，自己雖覺得不舒服但也不想太堅持，當同學問他：「你認為怎樣？」他就會回答說：「你們認為這樣比較好，那就這樣好了。」這種做法有時候反而會讓對方覺得不舒服，因為他覺得你沒有說出真正的想法；有時候也會因壓抑太多不滿的情緒，而一併發作，激烈反應往往讓別人無法理解，也使情況更難控制。

(三)攻擊（aggression）

　　用身體或言語來迫使對方屈服，完全不顧及對方的感受。人常會在無意識中使用言語攻擊，如學校老師對著某同學說：「你這報告寫的是什麼東西？國小的學生都寫得比你有水準！」「你再不改進，繼續缺課，那麼你就準備重修算了！」另外，無意中的玩笑，往往對人的自尊造成打擊，如媽媽對女兒說：「我怎麼生出你這樣的女兒，一

點都不像我，那麼胖。」同學對身材較豐碩的同學說：「你是豬啊！吃那麼多！難怪你的身材會胖的像條豬。」這種做法常會使雙方的關係在無意間遭破壞。

(四)說服（persuasion）

以某些方式或理由來改變別人的態度或行為。例如小朋友喜歡把東西抽出來丟得滿地都是，爸爸看了很生氣，很想責罰小朋友，但媽媽說：「沒關係啦！等會我跟他玩一個收東西的遊戲，就可以收好了。還是你跟他玩，順便培養一下父子感情。」電視某廣告的媽媽所說的「衣服弄髒就弄髒啦！不然我怎麼知道我的寶貝有多厲害呢？」這句話，相信可以讓媽媽們不再為小孩弄髒衣服而責罵孩子吧！

(五)討論（discussion）

雙方願以客觀、開放的心態來面對問題，協調出能令雙方都滿意的作法；「尊重、聆聽、適度退讓、穩定的情緒」（王淑俐，民 89）是討論的良好態度。「對你剛才所說的，某某地方我贊同，對某某地方，我覺得如果加上這些，我也會同意你的意見的，不知你的看法怎樣？」如此一來，對方的接納度會較高，我們可以在日常生活中多多練習此一表達方式。

從以上這五種方式來看，退縮是完全迴避問題的存在；投降是不重視自己的需求；攻擊是忽視別人的需求，這三種可能都不是恰當的因應方式。說服是一種可行的方法，但是要找出好理由來讓對方改變心意，需要一些智慧。討論是較好的因應方式，但是需要雙方都有心配合。

三、建設性處理衝突的原則

當雙方都在乎彼此時，才會有意願要處理衝突。即使如此，Satir

認為人在壓力下常會習慣性的採取某種因應方式，如果我們稍不注意，可能就會掉入習慣性的負向因應方式中。所以，當你在與人商討時，如果覺察到有不舒服或感到有壓力，這表示可能有衝突存在的警訊，這時你不妨觀察一下彼此目前的因應方式，或許可以即時的改變因應的方式。如前所述，採取討論的方式是較好的處理衝突的方式，以下的原則可能有助於提升我們處理人際衝突的滿意度：

(一)雙方要有意願處理衝突

　　雙方有意願是指彼此都想面對問題、願意表達、傾聽對方，沒有預設的立場。如果一方有意願，另一方沒有意願，衝突是不可能化解的。如女生發現男友做了一件難以原諒的事，她感到非常生氣，氣沖沖的跑去跟男友求證，男友說：「給我時間聽我解釋。」女生說：「我不想聽你的解釋，我簡直不敢相信你竟然會欺騙我。」說完，女生走了，男生不斷地打手機，卻得不到任何的回應。

　　如果你是因為聽到「你到底在做什麼？」「你從來都沒有……」「我沒有錯……」而覺得不舒服，表示對方是「指責」；你不妨也看一下自己的因應方式，你可能也跟他一樣，也是在「指責」。如果是這樣，你們可能都需要暫停一下。當然，你的不舒服也可能是對方「打岔」的關係；當你很認真，但對方卻是注意力不集中、改變話題、講笑話或言不及義，這當然會讓你覺得不舒服。

　　當你察覺到對方的因應方式後，你可採取Satir的建議，接觸他的冰山：對「指責型」，試著詢問他的期待；對「超理智型」，試著詢問他的觀點、看法；對「打岔型」，你可邀請他注意，你可以說：「我察覺到我們好像有些緊張。」「我想知道你想要的是什麼？」「我想知道你就目前的討論有什麼看法？」你也可以試著用「我」訊息的方式來表達。

(二)尊重、了解、直接溝通

人要了解自己的感受與想法很容易,但要隨時去留意別人的感受與想法並不是那麼容易。我們在理解別人時,不要只以自己的觀點去解釋別人的動機、行為,而應努力的去了解對方的行為、動機及感覺。例如有一孩子回家晚了,一進門看見母親在客廳等候著,孩子以為母親等著要罵他,沒想到他母親只說了一句:「很晚了,去洗個澡睡覺,冰箱有些蛋糕,餓的話可拿去吃。」孩子不安的對母親即將離去的背影說:「妳為什麼不問我為什麼這麼晚才回來?」母親轉身說:「我想你一定有充分的理由才會這麼晚回來的!」「那妳為什麼坐在這邊等我呢?」母親說:「因為我沒看到你回家,我會不安,睡不著啊!」

直接表達相當重要,特別是自己感到不滿、不安的時候,盡量使用「我」訊息的方式表達。父母要在外面用餐,但五歲的小朋友肚子不餓,待在那邊也沒玩具可玩,挺無聊的,跑來跑去好像又會被罵。一直被教養要表達需求的他對父母說:「我不太喜歡你們在這邊吃飯,我們帶回家裡吃好嗎?我想早點回家看阿公,你們覺得怎樣呢?」又,如果自己的情緒無法平穩,至少應先告訴對方諸如:「我擔心以我現在的心情,我說出的話可能會讓我們彼此更加難受,所以,可不可以改天再談呢?」的話。

(三)思考解決衝突的策略

要化解衝突,是需要冷靜的思考一些有用的策略的。黑白羊過獨木橋,彼此互不退讓,最後雙雙落橋,這故事告訴我們,互不相讓會讓彼此付出代價,結果是雙輸,無法化解衝突。那麼,要怎麼做呢?

「在旁邊再加一木橋好了!」這就是所謂的「架橋」(bridging)法,是指找到一個令雙方滿意的選擇,讓彼此不需要退讓。例如,你要練球,我要打球,球場只有一個,那麼我們就來場比賽。左藤俊明

（民 90）提到日本有位禪師受託寫寺號的匾額，住持將匾額擺在一旁，等待墨乾再懸掛，結果被小孩踏到了，留下一個明顯的腳印，住持向禪師賠不是，禪師就在匾額的左側題上幾個字：「足跡不絕之寺，可喜可賀，皈依人何其多」。

「一隻羊先後退，這樣可讓彼此都很快的過橋。」這就是讓對方「減少付出」（cost cutting）的方法，讓別人不需再增加付出來達成協議。例如，甲在山下，乙在山上，甲想與乙一起用餐，甲選擇上山與乙共進晚餐。

依據互惠原則，當你對別人施惠或退讓，會引發別人也作出相同的回應。所以有時候當你做出退讓來化解衝突，你會發現「相互捧場」的情況，也就是對方也對你做出退讓。如：有一條巷道非常狹窄，造成通行不便，其中一戶住家就決定拆圍牆，往後退三尺。另一住家看了，也拆圍牆往後退三尺。有時候對方也會找機會回報你這次的退讓，如：有位房東每到夏季就自動為房客調降房租，希望房客拿降租的錢買點冰品消消暑氣，所以，每當房東要調整房租，房客都無意見。

此外，運用學習原埋也可化解衝突。例如某公園在中午常有一群少年踢鐵罐，吵得老先生無法入睡，他對這群少年說：「我已經習慣你們中午踢鐵罐了，但我擔心你們不會持續下去，所以拜託你們每天來踢，我給你們每個人五十元。」少年欣然同意。頭兩個星期，這群少年每天中午都來踢鐵罐，各拿五十元。到第三星期時，老先生抱怨的說：「你們最近踢得好像不夠大聲，再這樣，我可不願付五十元喔！」少年更努力的踢，老先生還是不滿意，故少年拿到的錢愈來愈少。最後，老先生只願付十元，少年也不願意繼續踢，老先生獲得原先安靜的午後時光。

㈣尋求第三者的協助

有時雖然雙方很想解決問題，但並非所有的衝突都能順利解決。

第 5 章 人際衝突與合作

這時可考慮找第三者協助解決，例如，仲裁者（arbitrator）、調停者（mediator）、諮詢者（consultant）。仲裁者是個客觀公正的第三者，能聆聽雙方並做出一個能滿足雙方需求的裁定。如果找仲裁者來做決定，那麼雙方就一定要接受仲裁者所做出的決定。如果雙方沒有這樣的共識，即使找人仲裁，雙方不願接受仲裁決定，衝突仍是無法化解的。通常子女監護權、受暴婦女人身安全的維護都可請法院裁決。

調停者亦是公正的第三者，會盡量幫助雙方達成協議。車禍或醫療的賠償問題，大多會先透過調停者來談論賠償金額，如果調停不成功，可能就會改尋法院仲裁。諮詢者通常會是專家身分，會協助探討問題及解決方法、提供一些必要資訊供雙方參考、協助評估各種狀況，但是不會為雙方做出裁定或建議。

㈤保持幽默感

幾位男士接受一項性生活調查的訪談，對於一年性行為的次數，有一名男士很高興的回答說：「一次。」大夥非常納悶，此男士怎麼還能高興得起來，接著此男士繼續說：「而且就在今天晚上！」你是否覺得此男士很夠資格當蘇格拉底的座上賓呢？馬克吐溫曾說：「幽默的泉源不是歡樂，而是悲傷。」面對壓力或逆境，如果可以改用一種較好的思維方式來看待，這就是幽默。

要怎樣才能轉換好的思維方式呢？遇到不如意時，不妨看看事情背後有沒有潛藏的好處。蘇格拉底曾對其學生說：「萬一你娶到的妻子也跟我太太一樣，那麼你就有機會跟我一樣成為一位哲學家了。」沒錯，這就是潛藏的好處。

幽默對人際間的緊張與衝突有極佳的潤滑作用。有次筆者在維也納的街頭，在友人催促的情況下未走人行斑馬線而直接穿越馬路，就在路中央；一輛車緊急煞車，筆者差點就成車下冤魂。就在驚魂未定時，只見坐在車內的外國男士將手往自己的脖子做出「自刎」的動作，馬上「攤死」在車上的方向盤上，然後抬起頭笑著指往一個有斑

馬線的方向，剎那間，驚嚇不見了，我們都笑著離開現場。這種事如果在國內發生，可能聽到的是：「你找死喔！」這樣也是可以把驚嚇趕走，但接下來可能會引起更多的不愉快吧！

　　人在面對壓力時，常覺得自己是沒有選擇的，但事實上我們是有選擇的，只要你保有幽默感，快速的轉換思維，挑選一個較好的看待事情的方式，你就可從壓力中抽離。就如某糖果的廣告：有一妙齡女郎走路時，不小心把一隻鞋跟踩斷了，她懊惱了一下子，就蹲下來把另一隻鞋的鞋跟也折斷，然後愉快的繼續向前走。所以，愈是處在不愉快，愈是要提醒自己需要幽默感。

　　以上是一些較重要的處理原則，就我們所知，並不是所有的衝突都能順利化解的，所以，在處理衝突時一定要確定彼此都有意願要處理，雙方在冷靜的情況下，思考出雙方都能同意的方法，必要時可請第三者協助，為了讓協調一團和氣，時時保持幽默是必要的。

第三節　人際合作

　　看到有人東西掉了，你幫他撿起來，你不會期待對方對你有任何回報，這是一個「協助」的行為；開著車上合歡山賞雪，路中央有一塊大石頭，一群人合力推開石頭以淨空路面，這是「合作」（cooperation）的行為；馬拉松賽跑，第一個到達終點的人可獲得獎杯與獎金一萬元，這是「競爭」。這些都是人際互動中常見的行為。以下我們將探討人類合作的動機、影響合作的原因，及學習與人合作。

一、合作與合作的動機

　　與另外一人或更多的人一起工作或協調，以達成某共同目標，這

種基於某種誘因而相互協助就是合作。所以學生讀原文教科書時，基於想了解課程內容的共同目的，幾個學生可能約定彼此分別閱讀某一章節，將內容翻譯或整理出重點，再藉著交換筆記或解說的方式來協助其他人了解課程內容，這就是一種合作。

然而，人與人的合作都是為了外在的「誘因」嗎？假日去公園時，你會看到有兩人在玩飛盤；有一群人在打棒球；有一群人在唱卡拉 OK；有爸爸在拍小孩的照片，媽媽在旁邊逗小孩作表情動作；幾個樂師在合奏一首你熟悉的曲子，這些互動的行為似乎也都需要彼此的協調合作。

所以，Argyle（李茂興譯，民 85）認為我們不應該把合作只限定在外在的利益誘因，他認為人「在工作、閒暇或社會關係中，為了追求共同的目標、享受共同活動的快樂，或為了加深彼此的關係」，而與別人以一種「相互協調方式一起行動」，這就是合作。由此看來，人類主要的合作行為是發生於工作與親密關係中。合作大概是基於以下四個動機：

(一)現實的需要

在現實的社會裡，許多的事只靠個人是無法完成的，需要借助於別人的力量與專長，例如蓋房子。一九八九年電影「證人」（Witness）有一段情節令人印象極為深刻：所有的艾米許男人（Amish）合力將屋子的結構支撐起來到建蓋完成。

(二)追求物質上的滿足

在原始的人類社會裡，為了食物，男女合作，男人提供獵物，女人將獵物烹煮為食物，將皮毛縫製為衣服。當族群開始擴大後，專業分工更明顯，出現以物易物，用雞蛋換布料、用兩隻雞交換一根鋤頭。

(三) 維繫生活中所需的社會關係以滿足內在需求

對許多人而言，朋友、情人或夫妻是生活中滿重要的內容，因為這些關係能提供許多社會性與情感性的支持，例如，為了物種的延續，性行為必須是男女兩人合作方能進行；小孩的餵食與照養也須靠夫妻兩人合作。台中有位學生住院，從其病房的窗戶可看到學校，所以在校的同學就在教室的最高處懸掛著寫有「某某同學加油」的紅布條，為該住院的同學打氣，這就是一種情感性的支持。

(四) 進行共同參與的活動，享受樂趣

如果你拿一個籃球到籃球場，沒多久另一個人拿個籃球到球場，兩個人可能會一起玩，以輪流投籃或比賽的方式進行，遵守這個規則就是合作。如果有更多的人來到球場，就分成兩組人馬玩球，這時同一組的成員彼此之間就會有更多的合作行為出現：察覺到某一成員正站在較有利的投籃位置，手上握有球的成員可能會想把球傳給他，而站在較有利位置的人也會留意到是否會有隊友傳給他；當發覺到某成員投籃的準確度較高時，成員也較會主動的把球傳給他。這可單憑默契，也可透過溝通來達成。

所以，工作上的合作大多是基於外在酬賞，且考量到個人無法獨自完成艱鉅的工作。親密關係的合作大多基於後面兩種動機：家庭是基於傳宗接代及彼此照顧而發生合作行為；朋友間的合作大多是休閒、談話及相互協助。

二、影響合作的因素

分組作報告是讓學生有機會學習與人合作完成工作，可是每當老師要求學生分組做報告時，總有一些情況會出現：有學生想要獨自做報告；有學生抱怨，沒有人想和他一起做報告；有學生說報告完成只

靠幾個人而不是全部。為什麼學生不想與人合作？為什麼有學生不被考量為合作對象？為什麼一群人做事反而使合作降低？有什麼因素會影響合作呢？

(一)互惠原則（reciprocate）

「我們怎麼對待人，別人也會怎麼對待我們」，這是前人告誡我們與人相處的基本原則。但是在我們的生活中，我們真正奉行的原則卻是「別人怎麼待我，我就怎麼對待他」。或許你聽過以下的對話：

> 甲：「你幹嘛講話這麼大聲呢？」
>
> 乙：「嘿！搞清楚喔！是誰講話比較大聲？」
>
> 甲：「算了，我不想跟你計較了！」
>
> 乙：「那最好！誰想跟你計較呢？」
>
> 甲：「我這個人就是這樣，有恩報恩，有仇報仇。」
>
> 乙：「我這個人也是這樣，你敬我一尺，我還你一丈。」

這或許就是「以牙還牙」，但學者也發現，當別人表現出高度的合作態度時，我們會較信任他且願意去配合他。由此看來，每個人的行為足以引導別人做出雷同的回應。所以，當你是以一種真誠的善意為開端，在與人互動後，這個過程自然會有人也真誠的回應你。

(二)對別人行為的歸因

如果你的情敵有天來找你，提出一個建議：把要買禮物送給你們共同所愛的人的錢匯集起來，再添加一些錢，送給你們共同所愛的人，因為得知他／她最近有金錢上的困難。你會怎麼回應呢？這時候，對於他的提議，你腦中所浮現的想法可能會影響你的回應：「我想，他真的是想幫忙，所以我會答應。」「我想，他會不會是最近手頭較緊，擔心我會做的比他多，而造成他的追求受影響，不行，我要

自己來。」由此看來，對他提出建議的動機、意圖所作的歸因才是決定要合作或不合作的關鍵所在。當意圖被解釋為真誠、善意時，你會配合；當意圖被解釋為是擔心競爭會變得不公平，你會更加小心謹慎，你就會不想配合。

(三)參與工作的人數

「一個和尚，扛水喝；兩個和尚，挑水喝；三個和尚，沒水喝。」這不僅告訴我們合作的好處，也提醒我們合作是困難的，當人數增加時，合作可能反而不見了。這其中有幾個原因：當人數增加時，會發生自私的心態，「別人會去挑水吧！」而且，基於互惠原則，一個人的自私行為也影響到別人，導致合作無法繼續。另外，當人數變多時，責任分散，沒有需合作的壓力，而且人數變多時，會形成不同的小團體，成員為了維護自己的利益，會與團體內的成員合作，但對團體外的成員卻會採競爭而非合作的方式。

(四)個人的傾向

你是不是會覺得，有些人就是喜歡與人較量，有些人就是喜歡與人配合。如果你是個不喜歡與人較量的人，當你與一個喜歡較量的人在一起時，會有什麼情況發生呢？「都是他在做，自己好像什麼都沒做。」「滿有壓力的，做不好時，他會生氣。」自己有上述的想法，對方也會埋怨「太累了，我的伙伴不太認真。」為什麼會這樣呢？學者依人的個性將人分為四種類型：(1)競爭者（competitors）：最關心的是自己的利益，而且自己一定要比別人獲得更多；(2)合作者（cooperators）：會注意到彼此的需求，希望彼此都能獲得最大利益；(3)個人主義者（individuals）：只關心自己如何獲取最大的利益，別人獲利如何，他並不在意；(4)中立者（equalizers），認為利益要分享，且要分得差不多，雙方所得不能有太大的不同。所以，一個競爭者會很在意自己是不是比別人好，同時認為對方也會跟他一樣，所以他就採取

競爭而非合作的策略。

(五)溝 通

若要了解溝通對合作的影響，有興趣的研究者可分別告訴三組受試者以下的訊息：第一組是「一定要溝通」；第二組是「需要時可交談」；第三組是「不能有任何交談」。結果將會發現，被要求彼此要溝通的第一組受試者出現最多的合作；被限制不能溝通的第三組受試者出現最少的合作。由此看來，事前的溝通對合作是有幫助的。

(六)信 任

個人心中沒有任何猜疑就是信任。每當金融機構出現問題時，就會有一群人爭相擠兌存款，即使金融單位提出「經營沒問題」的說明，甚至在現場擺著整屋子的現金，民眾似乎都不願做出「不兌現」的配合反應，除了維護財產之外，「不信任」金融單位也是民眾不願採合作策略來回應的原因。所以，要獲得別人的配合就要先能獲取對方的信任。

(七)獎 勵

相互合作，對不同的人有不同的方式，要利用獎勵也要因人而異，忽略人的意圖與動機，獎勵有時並不能鼓動合作行為。例如，加班費對一個不積極賺錢的員工可能就無法激起他「配合加班」的意願；用加分來引誘學生在課堂上要「對課程內容有回應」，對只求六十分及格的同學而言，可是一點魅力也沒有。

由此看來，先對別人釋出合作的誠意、事前的溝通及取得信任，都可能引發別人的合作行為；當我們能對別人的行為做善意的歸因，確定能獲得滿意的獎賞時，我們也會考慮配合別人，與人合作；而合作時要注意，有些人可能不習慣與人合作，且人數太多也會影響合作。

三、學習與人合作

「此人能力很好，如果不安排他與別人搭配，他可以把事情做得很好⋯⋯」一家公司的負責人在看完這封推薦函後，將此人放入「不錄用」的卷夾裡，因為他不能聘用一個無法與人合作的員工。這位求職者大概不知道，不習慣與人合作竟然是造成他被拒絕的原因。所以，我們必須在成長過程中學習與人合作。以下是幾個可練習的場合：

首先是學習的場合，願意表達自己的不了解及回答別人的問題。如學生表達自己對某問題的不了解，老師就會用另一種方式來解釋，直到學生了解，這就是一種課室裡的合作。其次，參與討論也是一種方式，在團體裡表達自己的意見，這不但可增加探索自己潛在想法的機會，也讓別人得知你的想法，有機會向你學習，慢慢的，別人可能認定你是「有意見的人」或「有主見的人」，這樣別人會想找你討論，聽聽你的看法。此外，閒聊也可練習與人合作。當話題是運動時，你就要從腦中的記憶庫去蒐尋有關這部分的資料，如果你發現腦中並沒有這部分的存檔，那麼你就用「積極傾聽」的談話技巧，表達出你對此主題的興趣與好奇，你仍可融入話題的，千萬別一語不發的坐在一邊聽。

在找到可練習合作的場合之後，我們還需具備一些合作的技能。首先是說與聽的技巧，少用「你」訊息說話，因為這種說話方式往往會讓對方更加的防衛，不易產生合作；多用「我」訊息的回應，不僅能表達出自己的感受，也可能讓對方了解到彼此要合作才能解決問題的事實。「你怎麼說這樣的話呢？你很沒有責任感？」「聽到你說要我去找別人時，我想到在這麼緊迫的時候要找別人一定有困難，這讓我覺得很擔心。」前者是「你」訊息的表達；後者是「我」訊息。

另外，了解一些可促使別人合作的策略也有助於人際合作。「選擇策略」意指提供解決方法讓對方選擇。如果要約一個很忙的伙伴討

論報告，可說：「我知道你最近很忙，而我們的報告也很需要我們找時間來完成，所以，你是希望從今天開始，每星期選一個晚上討論，或是每星期選兩個晚上討論？」父母會告訴小朋友：「你要再玩十分鐘後就來洗澡？還是要繼續玩不洗澡，等會兒睡覺時不聽故事？」

「得寸進尺效應」（foot-in-the-door effect）告訴我們，一個人一旦答應了別人的要求，就會趨向於繼續接受別人其他的要求。曾經有位太太就是利用這個原理，成功地教會先生幫他煮飯。首先，故意忘了按電鍋按鈕，打電話請先回到家的先生幫忙，然後再故意忘記加水，然後再故意忘記洗米。先生覺得按按鈕不太難，加水也不難，所以就一直幫忙做下來。當然，事後的讚美是不能忘的。所以，甲可對乙說：「我知道你很忙，可不可以這樣，明天撥半小時出來，我們先簡單討論一下呢？」然後過兩天再去要個半小時或一小時。

「漫天要價效應」（door-in-the-face effect）也讓我們知道，連續拒絕別人幾個請求或提議後，拒絕者會因感到不好意思再拒絕，而答應別人的提議。許多學生都能很成功的運用此原理而向父母要到零用錢，「我的零用錢不太夠用，可不可以增到三千元？」「不然一千五？」所以，甲可對乙說：「我們的報告要找時間完成，所以我想，從今天開始，我們每天要找兩個小時討論，不然會來不及的，你同意嗎？」「不然一個小時？」

因此，了解了施展合作的時機及方法後，接下來最重要的事情大概就是練習了。所以，學生可在課室裡發問、對課程內容表達自己的看法，其他人也可利用在職進修、自我訓練，或是在閒聊時用傾聽方式來回應對方的談話內容，或是在衝突時用一些策略來引導別人願意做出合作的回應。總之，人際衝突與合作乃是增進人際關係的重要課題，值得關注與學習。

人際之間

記憶中，國二那一年，是我最後一次與人打架。

之所以打架是因隔壁班的三位學生，從嘲笑我數學不及格到人身攻擊我「又肥又鈍又笨」，於是乎，又笨又鈍又肥的我，以一揍三，結果是被導師找去談話。

當時導師橫眉豎目地訓了我許多話，自覺受委屈的我，倒沒有用心去聽，甚至內心嘀咕著老師老糊塗，不能明辨是非。隔天，導師送我一本新的筆記簿，打開第一頁，斗大的一個題字「忍」躍入我眼簾，我感動地望著老師，分不清是因他的禮物，還是他的用心。

就這樣我「忍」到了今天，與人無爭，不再逞強鬥狠。

「忍耐」使我能以冷靜的頭腦處理事物，使我能以溫暖的心面對人事。「人要有一顆冷靜的頭腦和溫暖的心」，這是日本經濟團體連合會（簡稱「經團連」）前會長平岩外四先生的名言。

平岩先生自述在其生活中，隨時抱著一顆溫暖的心關愛著周遭的人，隨時用一種冷靜的態度去剖析外界事物。平岩先生之所以有如此的修養及人際的歷練，必須回溯到一九四一年（昭和十六年），二次大戰期間，他在新幾內亞及中國大陸牡丹江畔從軍時，忍受饑餓蠻荒的困境，忍受孤寂寒冷的考驗，而在艱困生活中產生如此的心得體會。

回憶過去的日子，他視那段時間是自己生命當中最低潮、最黑暗的時期，但是當他抱定要回國的信念，他渡過了惡劣環境的考驗，他內心平靜，不急躁。那段歷練帶給他生命很大的迴響。

所以，人愈是在生命低潮的時候，愈需要有勇氣去忍受考驗，去面對挑戰，若能如此，生命終將開花結果。

　　清朝名將曾國藩先生說過：「耐冷、耐苦、耐煩、耐閒，不急、不躁、不競、不隨者，方以成大事矣。」當你在生活中遇到挫折、不如意時，更要學習如何去忍耐，用冷靜的頭腦去分析；同樣地，不因別人或外在給你的挫折、打擊而使自己對人性產生懷疑，甚至產生偏激、攻擊或自傷的行為，不要讓人性的弱點，影響你對生命的熱愛。

　　如果你能用忍讓的心去面對周遭的人，如果你能用冷靜的頭腦去面對周遭的事，相信生命的能量會更加旺盛，生活也會更加的豐富。別忘了，隨時忍受，便能受得，有受有得。

6

領導與管理

俗話說：「坐轎的人要有人抬轎，抬轎的人若是用心用力，坐轎的人愈是舒服；反之，抬轎的人若是無心無力，則坐轎的人恐怕會坐不穩、坐不久。」此話很貼切地反映出領導者與被領導者之間的互動關係。一位主管是否具有領導能力，將決定其夠不夠資格擔任領導者。不僅是領導部屬需要領導能力，凡是推展任何工作無不需要借重個人的領導能力與管理行動。領導者的任務便是將人力和物力結合起來，以達成組織或團體的目標。若要達成此一目標，領導者必須具有明確的身分，所謂「名正言順」，而且要有自由裁定權（即職權）以支持其行為。

　　在企業組織裡，大部分的員工都希望上司能體恤部屬，易於與之相處與溝通。此外，上司應能多尊重部屬的意見，而不只是一味地要求部屬完成工作進度與目標；一位只重績效、工作要求嚴苛、一味地追求盈餘利潤與公司發展，卻沒有人性化管理的主管，必然無法受到員工部屬負責積極的輔助配合。唯有激勵且體諒部屬的上司，才能獲得員工的回饋，部屬也能在被關懷、被尊重的情況下，超越挫折，全力以赴。

　　員工是人，不是機器，亦不可視其為生產工具。作為上司的首要工作便是了解員工，然後才能影響其合作辦事的意願；否則縱使能夠控制千百部機器的人，也不配稱為好上司。大多數員工都希望在自己服務的機構裡有一番作為、受人器重、多學一點東西，以及爭取成就滿足自己。如果公司給他機會去發展才能和潛力，使他與公司一起成長，他才會對個人和機構的前途充滿信心；反之，在暮氣沉沉、故步自封的機構裡，縱使薪酬較優，員工也會在短時間內離職。因此員工與領導者之間應該要建立良好的人際互動關係，組織也要有完備的人事管理系統及工作評估制度。

第一節　領導的基本概念

　　自有人類群居生活的歷史，便存在著領導與被領導的關係。遠溯自上古時代，圖騰社會的群眾領袖和部落社會的戰士巫覡，皆為社會互動的中樞，此等領導是結合超群體力、出眾智謀或呼風喚雨的宗教力量，以維持個人的統治地位；人民對領導者僅有茫然崇拜的心理和無條件的承受順從。爾後，中古封建社會的貴族家臣與部曲諸侯，以農奴生產與土地分配的權力關係，晉身為擁有政治權、經濟權及宗教權等三位一體的領導者，人民為求生存不得不接受此等隸屬關係。然而，長久受統治壓迫剝削的結果，終於激起被領導者的民主思潮，眾人開始重視個人主義與平權理念。

　　時至今日，領導的地位與本質產生了基本上的變化，領導綜合了複雜特性，不同的時空背景所需要的領導條件也有不同。無論是民主式領導、放任式領導、支持式領導或權威式領導，儘管領導的型態有所差異，但沒有任何一種領導類型或領導者是絕對的理想與完美。隨著組織團體的性質、目標、結構、情境及成員特性等條件的不同，其所應採取的領導方式與管理知能也有不同。

一、領導的意義

　　所謂「領導」（leadership），含有引導、指導、統率（統御）及指揮之意。根據《韋氏辭典》的解釋，領導係指獲得他人信仰、尊敬、忠誠和合作等行為的意義。領導被視為「一連串針對組織目標並完成目標與影響群體活動的程序」。基本上，領導與管理、指揮、統御等行為有所不同。「領導」是一種影響力的作用，領導者藉各種手

第 6 章　領導與管理

段，謀取合作，主導成員行為，使之達成目標；「管理」則偏重於包括事、時、地、物等運作處理的過程，以科學為用，衡量各種因素，並將目標對象精密組合，以發揮最大效用的一種手段；「指揮」含有指示方略、調度一切之意，或由法律授予一個人權力與責任，以統率群眾、命令群眾的行為；「統御」則指控制群眾或駕馭群眾之意。

(一)領導的權力基礎

領導基本上是一種影響力作用，它是一種實現目標的行為，也是一種動機導向的行為。領導乃指「引導成員有所不知而使其知，有所不能而使其能」，易言之，領導是少數人影響多數人的一種能力或一種過程。領導也是一種複雜的行為，同時受多項因素的影響。領導者的個人特質、能力和領導情境都會影響其領導成效，而成員之所以受領導者影響，主要就在於領導者具有法定的權力、專家的權力、酬賞的權力、懲罰（強制）的權力及考核的權力。是故，領導者對整個組織團體的發展具有相當重要的影響力。

1. 獎賞權：機關主管為了提高工作效率，而以種種的方法來獎勵熱心工作部屬的一種權力。

2. 懲罰權：機關主管為了維護組織團體的目標，對於工作不力者給與懲罰的一種權力。

3. 合法權：機關內人員之所以服從領導者的領導，乃是他們相信領導者具有合法的權力，這些權力是機關團體所指定的，或是上級人員所賦與的，或是由其他因素決定領導者的地位所引起的；亦即員工感到機關組織有合法的權力給與領導者去命令眾人工作或反應。

4. 歸屬權：領導者之所以能得到部屬的服從與支持，是由於被領導者認為他們的感覺、願望與利益，如同領導者一樣，都是組織的一份子。

5. 專門知識權：領導權的形成乃是由於一個人擁有工作上所需的

知識、能力與技巧，亦即領導者是具有專家的權力，他們以其專業知識去影響他人、領導他人。

上述五種領導的權力基礎中，獎賞、懲罰和合法權容易和獨裁的領導方式結合為一體，而歸屬權易為民主的領導方式所採用，專門知識權則被民主式領導和放任式領導所重視。

(二)領導的行為和型態

人類行為具有個別差異性，不同領導者的領導行為與領導型態也有不同的變化。組織內領導者所反應的領導型態直接影響其領導行為與領導功能。有效的領導行為須靠平時的訓練和經驗來獲得，如果領導者未具備良好的領導能力，即使個人擁有有利的角色、形象和專業地位，仍會引發組織內成員的冷漠、憤怒、抗拒或不合作等不當行為。

1. *介入指導式行為*：舉凡領導者使用對質、勸誡、解釋、詢問等方式，間接地要求成員反應，或是領導者以具體的口語，直接要求成員按照其所希望的方式來反應，皆屬於此種領導行為。

2. *契約管理式行為*：領導者認為組織團體本身如同一個社會單位，只要明確地賦與其原則、規範，成員即可按照預定的契約來反應，領導者與成員的互動關係也是依此而發展。

3. *認知教育式行為*：領導者有時運用講解、說明等傳統式教法來指導成員，此類領導行為常見於學術性的組織團體中。若是組織內成員順從性格愈高，且領導者愈具有權威性角色時，此類領導行為則更為明顯。

4. *支持同理式行為*：領導者採取關懷、鼓勵、讚賞、尊重的態度與行為來運作組織團體，使成員在正向、安全、開放的情境下，願意主動地投入團體內與他人互動，此為支持同理式領導行為。此一領導行為常見於新進領導者或新成立的組織機構中。

5. *澄清引導式行為*：領導者給與成員較大的空間自行決定組織導向、個人參與度、團體目標、工作內容和方式等事宜，領導者僅

從旁協助成員澄清問題、引導方向。此類領導行為的領導者必須具有客觀判斷、精確分析、清晰思考及敏銳觀察等能力，才能達成組織團體目標。

不同的領導者有不同的領導型態，不同的領導型態導致不同的領導行為。領導者在領導一個組織時，究竟採取何種領導型態為宜，必須視組織性質、團體目標、組織氣候、團體動力及領導者個人條件（理念、能力、權力基礎及人格特質）等因素的不同而決定。一般常見的領導型態約可區分為權威型、民主型與放任型等三種，此三者各有不同的人性觀、領導行為與溝通網路，詳見表 6-1。

表 6-1　　三種領導類型的比較

項次	權威型	民主型	放任型
意義、內涵	1.組織內所有的事，由領導者決定。 2.所有的工作步驟、方法完全由領導者指揮，一個命令一個動作，所以成員總是不知下一步該如何做。 3.每個人的工作任務及工作夥伴由領導者決定。 4.以領導者個人的觀點讚美或批評成員的工作，在工作過程中對人保持冷淡的態度。	1.領導者鼓勵並協助成員對所有事務進行討論與決定。 2.工作目標與步驟在組織討論中已有共識，若需技術指導時，領導者會提供參考性的建議。 3.成員自由與任何人共事，工作分配由團體共同決定。 4.對於成員的工作，領導者以客觀地或事實地觀點讚美或批評；領導者盡量和其他成員一樣，不做過多的介入指導。	1.領導者避免參與決策，完全由成員決定。 2.領導者只在應成員要求時，提供各種有關資訊，但不參與討論。 3.領導者完全不參與工作分配、人員配對。 4.除非被問及，領導者對成員的工作才會有補充性、特殊性的意見，領導者不想去評價或調整團體過程。

（續下頁）

項次	權威型	民主型	放任型
對人的假設（基本信念）	領導者懷疑員工的判斷力、鑑別力，員工從事任何工作都必須要請示專家或權威的領導者。	領導者拒絕接受一個固定責任來領導團體，認為組織的成長並不是領導者全然要負責，而是每個成員要負責的。	組織內成員自己負責整個團體的發展。領導者相信成員的角色是與自己相同，拒絕接受任何的功能、關係、責任，領導者認為人是無法加以約束的。
方法（行為表現）	領導者對成員的行為會做許多分析、解釋，以幫助他人解決困難。若是帶領小組織單位，傾向於對人進行高壓式的判斷與評價。	領導者希望能了解團體成員的能力、需要，適當地以人際關係來幫助成員發揮。協助成員了解團體的目標，不拒絕成員的依賴，而是有技巧、有方向地協助個體消滅其焦慮。使用澄清、反應、回饋等技巧來幫助成員了解組織，提供良好的氣氛與資源給成員。	領導者對成員的一切不予引導，全取決於大家的討論，將組織內不清楚的事物、狀況拋給成員去解決，個人不做任何的指導。
溝通型態	「放射型溝通」：成員彼此較少互動，大多與領導者交流，此亦為一般組織發展初期常見的溝通情況。	「網狀型溝通」：溝通有系統，並不完全集中在領導者身上，成員彼此之間也相互交流。	「無序型溝通」：團體溝通混亂，缺乏目標，沒有脈絡，成員私下互動，影響整個團體動力。

註：本表內 M 代表成員，L 代表領導者

173

二、領導的特質

　　組織的發展與績效有時取決於領導者和組織成員的互動情形，美國學者 Napier 等人（1983）認為，領導者對組織的影響力遠大於其他變項。無論領導的型態為何，領導的觀念為何，任何一種組織團體，其領導成效和領導者的人格特質與知能技巧有絕對的相關。具體而言，領導者的行為和對團體的介入反應，往往受其個人的價值觀、人格和心理需求的影響，此等內在心理因素與外在行為因素（領導技巧）同等重要。究竟哪些領導者的人格特質有助於凝聚團體動力、催化組織情境、促進成員內在成長性的改變、完成工作目標；相反的，又有哪些領導者的不良特質，將會造成對組織的衝擊，渙散成員的向心力，停滯組織的動力，激起成員的反彈、抗拒等行為，在在值得探討。

　　Stockton 和 Morran（1982）強調有效的領導者具有溫暖與情感流露二項特質。Forsyth（1990）發現建設性的領導者是自我接納和尊重別人的；破壞性的領導者則多攻擊的、權威的、情緒化的、缺乏耐心等特質。Trotzer（1977）則主張有效的領導者須具備七項特質：(1)自我覺察；(2)開放；(3)有彈性；(4)容忍不明確；(5)積極；(6)有人性；(7)人格成熟與統整。

　　綜合言之，有效領導者的特質應該是：有勇氣、肯付出、自信、有主見、開放坦誠、有個人魅力、有活力、肯嘗試新事物、有覺察力、幽默感、具創造力、以身作則、客觀的、負責的、樂觀的、親切的、敬業的、體貼的及情緒穩定的……。當然，一個人若已具備上述良好特質則幾近於「完人」，然而領導者又不是「萬能者」，是故領導者宜時時自我涵養，提升內在修為，避免有負向的特質在團體中反應、發酵，例如：膽怯的、被動的、頑固的、防衛的、害羞的、主觀的、自負的、攻擊的，情緒化、高度自我中心、缺乏耐性、心浮氣

躁、油腔滑調等。

　　領導者若能夠「**自我覺察**」，就能反觀自我，同時也能協助組織內成員覺察自己的感覺、情緒與經驗，如此才能建立團體共識與凝聚力。自我覺察的領導者較能容忍他人不同的價值觀，並了解表露自己多少的價值觀、看法會影響成員。其次，領導者需要有**開放與彈性**的特質，「開放」有助於成員感受到安全感，可以在團體中表露不同的意見，「彈性」使領導者能充分運用團體動力而不致為團體計畫所限。有些領導者固執於團體預定的目標與工作內容，無視於組織目前的發展動力與成員需求，造成團體運作困難，甚至導致成員被傷害、組織解體，領導者也因不知變通、壓力過大而「灰頭土臉」，殊為遺憾。

　　最後，值得強調的是，領導者的**人性觀**及其**人格是否成熟**，也會影響團體的成效。一位有效的領導者要時時對人有興趣、熱愛工作、對人尊重並有助人的熱忱，更重要的是要同理每個人（包括自己）在人生不同發展階段中種種的幸與不幸，並能體會成員在解決問題過程中的一切努力。他能夠堅強地面對組織成員的挑釁、衝擊，能夠對自己、對成員、對工作負責，如此才能協助成員學習良好的行為模範（modeling），完成工作目標，獲得人格的正向改變：**成長、適應與統整**。

第二節　有效的領導行為

　　誠如前述所言，有效的領導者宜計畫、組織與協調被領導者的行為。同時，對被領導者內在需要的滿足，應給與充分的關心與支持。領導者與被領導者更應相互分享資訊，彼此交換意見。領導者必須具備達觀的人生哲學與豐富的專業知能，認同機構的形象與組織的目

標。此外，領導者應了解被領導者的本質特性，充分導引團體中的成員相互合作，化解團體動力的障礙，並且建立良好的支持系統，使成員擁有福利與安全的保障。

一、領導管理的理論

近年來，許多學者投入領導方面的研究，包括Fiedler、Learned、Schein、Barnard 等人。影響領導效能的因素甚多，除了必須考量領導者的人格、能力與行為等個人特性之外，也必須考慮被領導者的知覺、工作性質、團體架構與組織系統等。有效的領導乃在於領導功能的發揮及領導者的行為能被部屬接受，並使部屬感受到個人特質與心理需求等狀態能夠獲得滿足，從而產生勤勉努力、增強激勵及擁有工作成果等收穫，如圖 6-1。茲舉重要的領導理論說明如下：

(一)偉人論

傳統的領導理論強調「英雄造時勢」，領導者通常具有「神人」般的特質，此種眾人「可欲性」特質足以改變環境，影響團體成員。心理學家 Wood 研究法國從公元一〇〇〇年至一七八九年（法國大革命）之間的七百多年歷史，將三百八十五位國王或統治者依其領導權勢區分為強、中、弱三組，再將其所處的國勢區分為盛、中、衰三組，然後分別探求二者之間的關係。結果發現二者具有約.60～.70 的正相關，亦即領導者個人的才能與領導效能有密切關係（徐西森，民86）。

(二)時勢論

領導時勢論又稱為「社會決定論」，此一理論強調時代的精神與社會的力量適時的塑造領導人物來影響群眾行為，亦即「時勢造英雄」。Bales 及 Stang 不約而同指出：影響人的是環境而非單一的領導

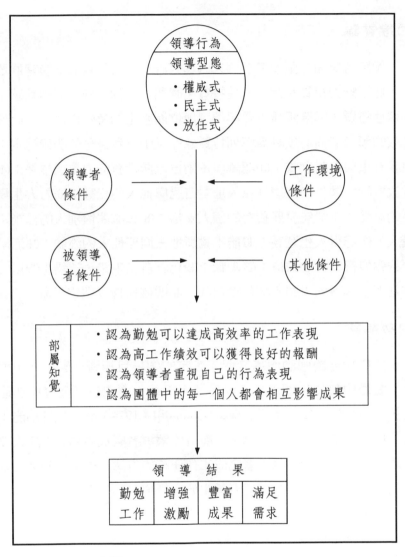

 圖6-1　　　有效領導的運作模式

人物（徐西森，民86）。假設前述偉人論認為「沒有希特勒就沒有第二次世界大戰」，時勢論則以為「即使沒有希特勒，也會有其他的人物或環境條件足以造成第二次世界大戰」。因此，領導者所處的時空背景相當重要。

(三)特質論

領導特質論主張領導者個人因具有許多魅力特質而能影響群眾行為，此等魅力特質包括一般性特質（聰明、主動、外向與幽默感）與特殊性特質（因應組織需要與領導地位而產生的特殊條件）。此外，有效的領導者尚必須具備下列特質條件：(1)自我身分的明確認定；(2)自我尊重與自我欣賞；(3)認識與接納自己所擁有的力量或權勢；(4)成長改變的意願；(5)持續且深入地對自己與他人的覺察；(6)對人生模糊性的忍受力；(7)能發展獨特的個人風格；(8)真誠關懷別人的福祉；(9)投入工作尋得人生意義；(10)能不獨斷地去同理他人的經驗；(11)活潑有力的領導行動；(12)誠信；(13)幽默；(14)允許自己犯錯、認錯；(15)以「活在當下」為導向；(16)不斷創造自我；(17)明確抉擇以塑造生命。

(四)功能論

領導功能論強調領導者個人設定的領導目標將會影響其領導行為：團體中最能影響他人、滿足他人需求、達成目標及發揮功能的人，就是有效的領導者。心理學家 Stogdill（1974）認為領導功能主要有二項：「體恤」與「結構」，前者係領導者與被領導者之間人際互動的要素，後者則指領導者完成工作任務的方法。Bales（1965）則在他的研究中發現：有些領導者偏重於人際導向的領導，有些領導者則重視工作導向的領導。基本上，一位有效的領導者應同時具備社會取向（social orientation）與工作取向（task orientation）的領導行為，前者著重於維持團體向心力及激勵成員士氣；後者則注重於達成團體目標與完成工作任務。

(五)聯列論

領導聯列論又稱為「權變論」，它認為領導是一種複雜行為，同時受多種因素的影響。Fiedler（1967）認為領導效能乃是領導行為與

領導情境交互作用的影響結果。領導者必須根據領導情境的不同而採取適當的領導行為，領導情境包括：**領導者與部屬之間的互動關係、工作的結構與方法、領導者的職權**，詳見圖 6-2。當領導者與部屬之間的互動關係不良(−)、工作的結構性高(−)、工作方法不明確(−)和領導者的職權愈弱(−)時，則領導效能不佳，領導者無法發揮影響力，此時是最不利的領導情境，故領導者可採取以「工作導向」的領導行為較為有利。依此類推，不同的領導情境會產生不同的領導行為和領導效能。

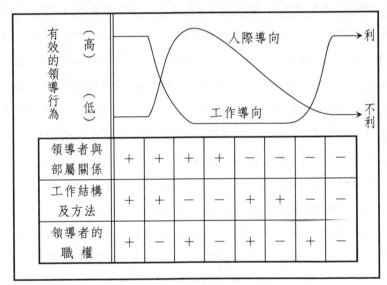

有效的領導行為	（高）（低）	人際導向　　　　　　　　利 工作導向　　　　　　不利						
領導者與部屬關係		＋	＋	＋	＋	－	－	－

圖 6-2　領導聯列理論之各種領導情境及其領導行為

換句話說，Fiedler 認為領導效能也受到領導者領導行為與領導功能的影響，Fiedler 將領導行為區分為工作導向與人際導向二種，將其置於上述不同的領導情境中，結果發現：在最有利與最不利的領導情境下（亦即上述三類變項皆有利或不利時），領導者宜採行工作導向的領導行為；至於其他六種不同的領導情境中，則以人際導向的領導行為較易產生良好的工作績效。Fiedler 認為沒有絕對有利的領導行

第 6 章　領導與管理

179

為，即使有也未必能適用於任何一種領導情境或組織結構裡，欲提高領導效能必須從改善領導行為、調整領導功能與改變領導情境等方面著手。

(六)格矩論

領導格矩論乃是將二個領導的向度排列組合成五種領導模式，它是由 Blake 和 Mouton 二人於一九六四年所發展而來（李茂興等譯，民85）。二個向度是指**關心生產**（工作導向）和**關心員工**（人際導向），每一向度有九點量尺，按其高（9點）低（1點）構成五種不同的領導模式，依其在二向度上之格矩位置區分為：「1.1 型領導」、「1.9 型領導」、「9.1 型領導」、「5.5 型領導」、「9.9 型領導」，如圖 6-3。Blake 及 Mouton 認為 1.1 **型**領導是一種**赤貧式**領導與**放任式**領導，領導者既不關心員工也不關心工作生產，1.9 **型**領導為**娛樂式**領導，領導者關心員工但不關心工作生產，員工每天上班如同在渡假一般，沒有工作壓力；9.1 **型**領導是一種**指導式**領導，領導者重視工作生產，在工作上經常採取監督、指導的方式來領導員工，較少關心員工的生活；5.5 **型**領導是**折衷式**的領導，對於員工的工作生產表現及其人際互動表現適度的關心，發揮中度的領導效能；9.9 **型**領導是一種**民主式**領導、**效能式**領導，領導者不但關心員工，也關心工作效率，經常與員工保持良好的人際關係，同時創造高績效的工作成果。

美國學者 Forsyth（1990）認為「團體領導是一個交互的（reciprocal）、轉換的（transactional）、變化的（transformational）歷程。在此過程中，有人去影響（influence）、激勵（motivate）他人，以達到個人與團體的目標」。所以，領導是一種影響、改變個體行為的重要方式，領導者正是團體的樞紐，如今領導被廣泛地研究、運用在各種組織情境及學術領域中，包括心理學、社會學、行政學、組織管理學、行為科學與管理等。過去有人誤解領導是非科學的、非人性的，是一套公式、制度，是一種控制、駕馭的手段，領導者是天生的或環境下

的產物，所謂「英雄造時勢」。其實領導就是一種團體動力，未必全繫於團體之一人（領導者或成員），但任何人都不能否認，在一個團體組織中，領導者引導、催化、整合的功能甚為重要。

若說領導是一種過程，那麼領導者就是一個人或一種職位（position），領導者的行為與角色深受領導策略、成員反應及組織發展過程的影響，領導者的策略可能依時間的進展，催化成員發揮更多的影響力與擔負更多的責任。很多的領導者傾向於減少組織團體的結構行為和責任，決定給成員較多的自由及責任；有些領導者的想法恰好相反。不論何種形式、風格的領導均取決於團體領導者的角色與功能。

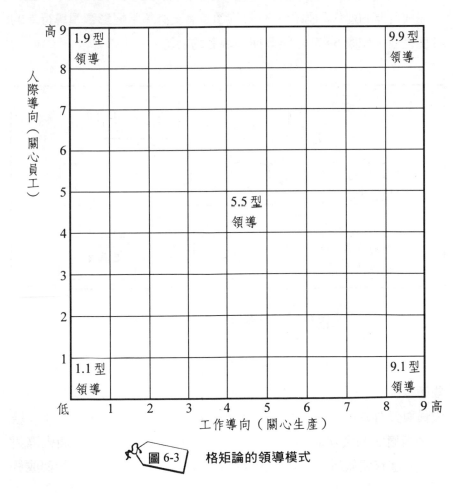

圖 6-3　格矩論的領導模式

人際關係的理論與實務

二、領導的原則

　　領導者在組織目標的追求與團體動力的掌握上，具備了關鍵性的地位。領導者必須適時的催化組織氣候，激發工作動力的運轉。常見的催化技巧，包括：(1)關懷成員；(2)藉由激勵激發成員的參與意願；(3)將成員的經驗、感覺和行為口語化、具體化，並客觀的賦與其意義，以促進當事人覺知自我狀態，進而產生有效的行為反應；(4)將組織視為一個社會體系來處理，並大量運用結構式的團體方案、計畫，以達成目標的運作和強化。有效的領導者更必須掌握影響領導行為的各種變項，如圖6-4，才能發揮領導者的功能。

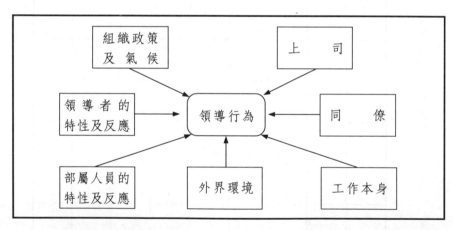

圖 6-4　　**影響領導行為的各種變項**

　　此外，為期發揮領導功能，達成組織的目標，領導者必須注意一些領導原則，包括：(1)具備尊重成員、關心成員的態度；(2)肯定勞心成員與勞力成員的平等價值；(3)建立自我肯定的情緒調適行為；(4)培養清晰適切的表達能力；(5)掌握組織氣候，整合工作衝突與人際糾紛；(6)富有朝氣活力，能凝聚成員的向心力；(7)重視溝通，給與成員

182

充分表達意見的機會；(8)積極的人生觀，並引導成員達成組織目標。是故，領導者雖非完人，但必須不斷的充實自我，平時個人宜加強領導知能的教育訓練，爭取領導和管理的機會，以獲得實際的領導經驗；同時，也可仿效優秀的領導人員，增廣見聞，以掌握成功領導的要訣。

　　總之，領導之於團體，有如大腦之於人體，其重要性不言可喻。領導是一種藝術，而非只是一項技術，「運用之妙，存乎一心」。領導的成敗，端視領導者的用心體會及經驗學習，適時適所的妥善運用與融會貫通。有效的領導能力並非與生俱來的天賦，而是必須不斷的學習、磨練和持之以恆的努力。

三、人事管理

　　今日工商業的發展日新月異，人事工作的對象是員工，企業的主體也是員工，由於員工的心理狀態是變化莫測且有其個別差異性，若憑既定的人事法規與各種科學的標準，雖有助於人事工作的推展，但不足以振奮員工的工作情緒與團隊士氣；反之，若能了解員工心理，並透過人事管理的進一步措施來激勵員工工作意願，激發員工內在潛能，則人事管理將可邁入一個新的境界。人事管理乃因應時代潮流、考量員工心理與行為而設計的一種管理員工的工作規範。本質上，人事管理旨在建立健全的人事環境，使人與事作最適切之配合，以發揮最有效的人力運用，進而提高工作效率，降低營運成本，增加組織效能。因此，人事管理不應成為監督員工工作的「緊箍咒」，以免破壞勞資（僱傭）關係與削弱員工士氣。

(一)人事管理的意義及重要性

　　所謂人事管理，乃為研究如何配合企業組織的目標，有效羅致、運用人力資源的應用科學，其內容包括人才的甄選、訓練、發展、薪

183

資管理、人事調整、人群關係、勞工關係及福利措施等業務的規劃、組織、領導與控制。一般而言，科學化的人事管理，可使人與事協調配合，以收事得其人、人盡其才之利，協助工作的順利推展。至於優良的人事管理制度乃在於促進人和，降低人事流動率，提高工作效率，健全組織結構。

由此觀之，唯有健全的人事管理制度才能安定員工生活，激勵其工作興趣，以使企業順利達成經營目標。換言之，良好的人事管理有助於公平考核，獎優汰劣，訓練培育人才。若欲達成有效的人事管理，可考量下列原則：(1)訂立公平合理的制度與信念；(2)提升員工可獲得的滿足感；(3)灌輸工作就能獲得報償的觀念；(4)考量員工對計畫訂定的反應；(5)重視訓練及發展員工的才智；(6)貫徹始終，切實採取行動；(7)顧及人性的原則。

(二)美式與日式人事管理之比較

基本上，美國與日本因國情不同、民族習性與企業經營理念之差異，因此在人事管理上也有不同的運作模式，如表 6-2（張清滄，民84）。至於我國在人事管理上兼採二者之特點，學習美式對管理人員的保障措施、計量分析、法治與制度之建立，領導人及經理人之培訓；同時，亦學習日式的重視工作道德、終身僱用與訓練、品管圈之創置、研究發展及公平分配利潤、提高技術水準等。未來亟待努力之處甚多，方能迎頭趕上美日二個經濟強國。

表 6-2　　　美式與日式人事管理之比較

項目	美式管理	日式管理
管理方法	重法治：系統化、制度化	重人治：強調情感、輕形式規章
工作取向	注重企業目標之達成,有時也注重個人目標之實現。 高價求才	企業整體利益高於個人利益 尊重人才
人際取向	人際互動公務化、工作化；勞務時間重於聯誼時間	團結共事、互信合作、強調工作情誼
勞資關係	對立、爭鬥 短視、急利、現實	共存共榮,互相容忍 遠視、長利、人本
工作保障	契約制、約滿離職	終身僱用,持續訓練
人性看法	偏「X 理論」：人是被動、好逸惡勞的	近「Y 理論」：人是主動、勤勉積極的
工作特性	獨立、單兵作戰,重視個體	合作、聯合作戰,強調群體
人力資源	充分運用,激發個人潛能	重視群體效能,人盡其才
責任歸屬	分層負責,權責分明	權責分享,共同負責
組織氣候	嚴謹而公正	和諧、親切
決策導向	重視問題解決	強調釐清問題焦點
領導管理	強調單一領導,重視人員管理	重視集體領導,群策群力

第 6 章　領導與管理

185

第三節
組織管理實務

　　日常生活中，許多的家庭主婦抱怨她們的先生，完全不和她們談論家務，也不喜歡她們過問公司的事；丈夫也埋怨太太不幫他們省錢……。同樣地，許多父母也認為孩子不聽話、不幫忙家事。事實上，他們只是命令孩子做這個、做那個而已，並不是真正希望他們參與工作，他們不允許孩子們有任何異議，只是強制要求他們聽從自己的意思及想法。我們都知道，父母不該如此不客氣的命令孩子，而是要教育子女把家裡的問題當做個人問題去考慮，並期待他們提出解決問題的可行方法及構想。為人父母者應給與子女發表意見的機會，並對其意見提議予以適當評價，即使最後的決定和子女的意見完全相反，子女也會心服口服。

　　從家庭組織的互動關係中，也可領悟企業內主管與部屬的互動模式。當部屬提出他們的計畫與構想時，主管應給與適當合理的評價，使部屬知道這份提案的可行性與不理想的地方，如此才能讓部屬感到被尊重且心甘情願的「受命」，從而了解工作的方向並服從主管。因此部屬與主管之間的關係就有賴於良好的溝通、互動，以培養雙方的共識。領導主管理應試著站在員工的立場，設身處地的為對方著想，才能保持與部屬良好的工作關係。

一、主管與員工的類型及其互動關係

　　由於領導主管對於組織的成長發展與工作成效必須負完全的責任，因此，平時對自我的要求與部屬的工作督導特別嚴格。許多主管認為員工重視個人利益遠超過關心組織利益，員工對組織的依賴大於

組織對員工的依賴，所以，領導管理上應給與員工督促、指導，並且透過考核與福利來約束員工的工作行為。對於意見與之相左的員工，有些領導主管會視之為「挑釁」或「離經叛道」，須予以嚴懲。基於上述心態，一般企業內的**領導主管人員**約可分為**四種類型**：⑴**親和型主管**：重視人際互動，忽略工作生產；⑵**事業型主管**：重視工作生產，忽略人際互動；⑶**積極型主管**：既重視人際互動也重視工作效率；⑷**無效型主管**：既不重視工作生產，也不重視人際互動（參考本章第一節所述之領導格矩論和功能論）。

　　不同類型的主管，有不同的領導理念、工作態度與行為反應，同時員工對其評價也不盡相同，每一種類型的領導主管皆有人喜歡，也有人厭惡，只是受擁戴的程度不同而已。相對於領導主管，**員工在組織內的工作表現與行為反應**也可分為**四種類型**，茲分述如下：

1. 積極型員工

　　此類員工真心誠意的關心組織的未來，並且投注全部心力在工作上，希望能夠使組織和自身得到長期的成長和利益。抱持這種心態的員工，他的工作表現會相當傑出。但同樣的會因為對組織的關心，而對組織中存在的弊病提出相當多的批評和建議，更可能在溫和的手段無法改善組織現況時，改採激烈的方式以求達成目標。

2. 野心型員工

　　此類員工加入組織的目的，是希望能以最快的速度爬上組織金字塔的頂端，以使個人獲得最大的權力和利益。抱持這種心態的員工在工作上的表現，初期也會相當良好，並且無論「老闆」的決策對組織是否有利，均會表現出全心擁護的樣子，還會盡可能利用機會來製造在老闆心中的良好印象。但是一旦他達成目的後，便會利用其在組織中的職權來維持其地位及謀取私利，對組織將會造成很大的傷害。

3. 保守型員工

　　此類員工追求穩定的工作、收入和生活。這類員工會完成遵守組織中的規範，一切行為以不被組織淘汰為原則，因此其工作表現大致

187

會維持在組織可接受的程度內，並且盡可能不發表任何意見和承擔任何額外的責任。這群人常使人忽略了他們的存在，但他們的數量卻可能是一個組織內最多的群體。

4.破壞型員工

有些員工對組織的現況非常不滿，但可能因為尚未謀得其他機會或出路，故而勉強留在組織中。這類屬於「騎驢找馬」的員工，對組織中的人、事、物有無盡的抱怨，甚至是惡意的攻訐，並會利用耳語來影響組織內的人心。這類員工的工作表現平平，但可能會在暗中破壞組織。最終不論是自願或被迫的，這些人必定會離開組織。

對於不同類型的員工，企業主管就必須運用不同的領導管理方法。面對積極型的員工，領導主管須多予激勵、關懷，對員工建設性的意見須給與接納肯定，無法接受其建議時，亦須勤於溝通善加說明；對於野心型員工，不妨積極引導，嚴加考核，設法調整個人目標與組織目標，使二者趨於一致，不宜冒然重用或妄加信任，以免使組織高度政治化而淪於權力與利益之爭。

至於面對保守型員工，宜適當變化工作內容，釋出工作誘因，激勵員工士氣，多鼓勵員工參與公司決策，平時領導主管應重視此一「沈默的上班族」而與之溝通；對於破壞型員工，領導人員平時不妨多予關懷、支持，輔導其宣洩內心的不平、不滿，並避免其影響周遭員工的工作士氣，倘一切努力無效時，主管亦須「壯士斷腕」明快處置，避免員工不滿的情緒效應擴大；惟處理此類員工時，宜注意採取溫和手段並顧及其尊嚴，否則極易引發不必要的工作衝突與人事糾紛。

茲舉銀行業與保險業之員工工作行為為例。銀行本身即是一個具有龐大組織的企業體，自有其一定的制度模式，所以員工欲突破傳統或現況有其一定的困難存在；銀行講求效率和威權，故上司都會給與下屬一股無法親近的疏離感。相對地，因它已具有一定的管理模式，所以大多數員工對於主管的指示、工作分配會極力配合，不管是否願意。一般而言，銀行業的員工在工作倫理及工作行為上較趨於保守型。

至於保險的從業人員，其衣食父母即為客戶（個人業績實力），工作上的表現並不十分需要主管來認定，故對於主管的要求、指派，較不似銀行人員般地唯唯諾諾。保險產品的促銷手法又因公司、因客戶而有所不同，其職業性質較活潑、不呆板、有挑戰，所以大多數員工希望其主管也能突破傳統。有時一投保案件需要上司和部屬的力量來共同完成，因此工作上的互動頻繁，部屬對於主管不會有太大的疏離感；此外，部屬在工作上所提的建議，因其位於第一線，實際了解狀況，故主管比較會採納。

人與人之間若是能設身處地站在對方的立場來處理人際紛爭，必能發展和諧愉悅的互動關係。如果領導主管在管理員工時，能多站在員工立場，為員工福利著想；員工在抱怨主管的同時，也能多為其立場著想，多為公司（部門）利益努力，相信雙方的衝突與怨懟會隨之減少，以增加彼此的共識。

二、領導部屬的要領

其實在大部分員工的心目中，都是希望上司除了英明的領導之外，也能有顆體貼員工的心，對部屬能多加溝通了解，並且能多尊重部屬的意見，而不只是一味的希望部屬去完成工作進度、目標，或採取「公司至上、利潤第一」的非人性化管理。其實只要上司能激勵且體諒部屬，部屬自然會有所回饋而工作得更加努力，尤其是領導者如果能讓部屬有被重視的感覺，部屬必然能超越挫折，全力以赴於工作挑戰。

一位有效的領導者必須有適切的領導能力與良好的領導特質，包括積極、負責、主動、同理與溝通能力等。在企業方面，領導主管也必須具備下列基本的領導條件：(1)工作之知識與經驗：須熟悉與自己工作有關之各事項、材料、機械、工具、工程、工作方法等。(2)管理之知識與技術：須對公司或工廠之方針、規則、規定、協約有明確之

第6章 領導與管理

認識，了解有關部門相互之關聯性，認清個人之工作責任，能作有效的計畫、實施及檢討。(3)教導工作之技能：須具有正確的、敏捷的、安全的、公正的分派工作與教育員工之技能。(4)改善工作之技能：須能有效的使用現有人力、機械與材料，提高其效能，以及推展工作之技能。(5)領導部屬之技能：須有振奮所屬員工之勤勞意願，以同心協力達成目標之技能。若能具備上述的領導要件，必能有效的管理員工，使員工心悅誠服的努力工作，接受指揮。當然，領導員工努力工作時，也不要忘了多經營與部屬的互動關係，唯有上司與部屬之間的人際和諧，才能塑造良好的組織氣候與工作動力。

中國儒家思想中的**智、信、仁、勇、嚴**，其實已經蘊含了有效的領導哲學。領導主管在讚美員工時，必須具備讚美要領的智慧（智），從讚美中獲得員工的信賴（信），且必須發自內心的真誠（仁），避免在讚美中失去反省的契機（勇）及過分的恭維讚許（嚴）；同時，領導主管在指責員工或反省自己時，也要學習責備方法的智慧（智），運用確切的責備內容來獲得員工的信服（信），責備是出於愛與真誠（仁），不因畏於員工而巧言令色（勇）及嚴格督考，以具體的指正員工缺失（嚴）。此外，領導者多屬於企業體系中的精英人員，必須以身作則，因此領導主管管理員工時，必須擁有高明的指導智慧（智），「用人不疑，疑人不用」的信任部屬（信），關懷部屬生活且協助員工成長（仁），有堅強的毅力而不畏艱難（勇）及律己甚嚴（嚴）。若能如此，才能獲得員工信任、尊敬、忠誠和合作。

三、有效的領導管理制度

人是組織運作和企業經營成敗的重要關鍵，「用一善則百善至，用一惡則百惡至」。為了有效經營企業，必須羅致優秀的領導人才，提高人力素質，所謂「強將手下無弱兵」，優秀的領導主管必能鼓舞員工工作士氣，提高工作效率。然而，空有理想的領導人才與人員素

質，卻缺乏有效的人事管理、工作紀律與組織制度，恐難發揮領導功能、達成組織目標與完成工作任務。因此，為了促進勞資關係，健全人事管理，提高工作效率，企業體系內必須建立人事諮詢制度、工作建議制度、員工態度調查（研究發展）、研擬個人接觸計畫、鼓勵團體活動、審計人事動態、促進意見交流及啟發員工思考等。其內容或目的詳述如後：

(一)人事諮詢制度

1. 對員工予以積極的輔導和指引。
2. 給與被諮詢者心理上的支持、慰藉和勉勵。
3. 了解並導洩員工內心的不滿情緒。
4. 幫助有困難的員工，給與解決問題的助力。
5. 就個人的特殊情形，予以諮詢輔導。

(二)工作建議制度

1. 工作環境、技術、方法因建議制度而獲得改進，生產效率得以提高。
2. 可增進員工興趣，將員工和組織利益結合，形成堅強的團體意識和合作精神。
3. 怨懟不滿的情緒，經由建議途徑得以宣洩，使心情歸於平靜，有助於組織的和諧與安寧。
4. 經由建議制度，可發現員工的才能，而適當地加以任用，以發揮其能力，免除人才的浪費。

(三)員工態度調查

1. 藉以了解員工的一般工作問題或士氣水準，以為管理決策的依據和參考。
2. 促進意見交流，消除上下之間的問題。

第 6 章 領導與管理

3.可發洩員工不滿情緒，降低緊張關係，消除其怨懟。

4.發現員工的需求，並進行訓練，藉以增進知能。

㈣個人接觸計畫

1.可使長官了解部屬的個性與需要，作為管理上或人力運用上的參考。

2.使部屬感覺受重視，滿足其自尊心，產生精神上激勵作用，鼓舞員工工作士氣。

3.若能增進員工之間的感情，使員工產生向心力，將使組織的任務更容易達成。

4.使管理當局了解員工的問題與不滿情緒，進而加以改善或解決，減少意外事件的發生。

㈤鼓勵團體活動

組織內部流暢運作的核心就是團體意識與共同目標；而團體意識與共同目標，唯有自團體互動中才能建立。因此，組織必須多多舉辦各種性質的團體活動，才能加強員工的團體意識，培養共同的目標。

㈥審計人事動態

人事動態就是組織員工的離職、補實與出勤所產生的各項變動情形。各部門內的人事動態並不是組織的單一現象，而是涉及組織的整體運作。一般而言，員工之所以離職、出缺，主要包括死亡、退休、因病去職，或不滿意現職，或無法與同事相處等。若屬於自然狀態者，就必須做好人力規畫工作；如出於人為因素，則必須注意改善管理與制度。

㈦促進意見交流

意見交流也就是思想溝通，其目的乃在使組織員工對組織目標、

政策規定、計畫及工作，有共同一致的了解，俾能同心協力地達成組織任務。一個組織不僅是權責分配的體系，而且也是全體員工意見溝通、情感交流的心理系統。

(八)啟發員工思考

思想是行動的原動力，因此給與員工啟發教育，足以促進其工作情緒與服務效率。今日，知識與技術的進步可謂「一日千里」，如果員工知識落伍，不但工作效率降低，且將無法勝任工作。是故，必須不斷地施予員工訓練，使之接受新知識與新技術，俾能與時代脈絡並駕齊驅。

總之，組織內的領導主管應透過各種人事管理制度與人際溝通管道，多觀察部屬的人品、能力、言行及業績，了解部屬的優缺點，同時關心員工、指導員工、激勵員工與協助員工自我實現。基本上，領導主管不應只是關心部屬在工作上的表現，也應關懷員工工作以外的生活適應與生涯發展，包括員工的休閒生活、人際生活、情感生活與家庭生活等，目前國內外許多企業大力推展的「員工協助方案」（EAP）正是此一理念的具體實現（徐西森，民91）。

四、管理者行動準則

中華民國管理學會等單位於民國七十六年曾針對「如何成為一位優秀的領導主管」製作一套教學影帶，其中彙整出三十點管理行動準則，供領導主管參考應用。茲摘述如下：

1. 身為主管者，對於工作的目標要有明確的指示。
2. 部屬的工作績效須加以鼓勵、表揚。
3. 對部屬須要求其盡力工作。
4. 對部屬的意見須適當的尊重。
5. 該責備部屬時須適當的予以指責。

第6章　領導與管理

6. 對於方針或計畫的變更須立即傳達予部屬。

7. 新知識與新技術須積極地學習吸收。

8. 對於部屬的過失須用心協助解決。

9. 對於部屬私人的請求須給與適時的協助。

10. 對於公司的一切動態須告知部屬。

11. 對於工作上的浪費或損失，須嚴格審查。

12. 工作上發生問題，須尋找方法積極解決。

13. 對於部屬的工作績效，須嚴格督導查察。

14. 對於部屬的疑惑，須給與解答協助其了解。

15. 對部屬非正式的活動，須積極參與。

16. 工作上必要的情報資料，須正確迅速的傳達予部屬。

17. 對於部屬工作知能不足時，須給與完全的指導。

18. 信任部屬，交付予工作時必須充分授權。

19. 期待突破目標績效時，須激勵部屬全力以赴。

20. 對部屬須要求其朝向高目標的工作，接受挑戰。

21. 在職責上應該發言時，須向上司極力爭取，充分表達。

22. 委任部屬辦理工作時，須要求其定期提出報告。

23. 公司已決定的政策，須要求部屬貫徹執行。

24. 對部屬須經常要求其改善工作狀況。

25. 對部屬的反對意見須適當給與尊重。

26. 對部屬的人際關係須留心觀察。

27. 工作完成後須立即向上司提出工作報告。

28. 對於工作的意見須有個人的主張。

29. 面對工作須以身作則、認真負責。

30. 上司有問題時須給與積極的協助。

　　上述三十項管理行動準則若能確實執行，必能提振員工的工作士氣。唯有優秀的領導人才，輔以有效的管理行動，方能使全體員工同心協力、團結合作，達成組織的目標。

五、企業員工管理範例

　　所謂：「一樣米養百種人」，組織內的成員皆有其個別差異性，愈是龐大的組織團體，其所產生的領導管理問題也愈多。針對不同的問題困擾，唯有「對症下藥」，提出適當的策略和方法，才能創造有利的組織環境，使員工適才適性的發展自我，達成團體的目標。茲將企業員工管理方面的問題和解決策略，舉例說明如下。

㈠**問題**：公司內部少數員工陽奉陰違、表裡不一，善於做作表面功夫，欺瞞主管。

　策略：1.定期考核，明查暗訪，適時了解或面談。

　　　　2.適時舉辦活動，使員工間彼此有進一步了解。

　　　　3.直屬主管予以個別談話，了解其行為。

　　　　4.經過了解後，必要時予以適當的獎懲。

- -

㈡**問題**：受上司寵愛，自我意識強烈，凡事無法妥協的員工。

　策略：1.反映更高層主管，由其告知此上司對所有部屬應抱持同等的對待態度，否則其他的同仁心態會不平衡，影響公司士氣及工作效率。

　　　　2.與此員工多接觸，建立良好人際關係，設法改變他。

　　　　3.尋求社會資源、輔導機構來輔導之或予以企業諮詢。

- -

㈢**問題**：某員工仗著自己的親人是公司高級主管，工作態度懶散，甚至常與高級主管去喝花酒，道聽塗說，到處散播謠言，挑撥同事之間情感。

　策略：1.先和他的親戚（主管）商量，並把他的情況、工作態度告訴該主管，讓主管能以客觀的態度對待所有員工，使其無所恃。

　　　　2.加重他的責任，以獎勵的方式使其貢獻才智。

第
6
章

領導與管理

195

3.適當予其約束與懲處，以激勵員工士氣。

　　4.加強輔導、溝通。若無改善，移送人事單位考核、懲戒。

㈣**問題**：新進人員工作適應不佳。

　策略：1.請資深同事從旁指導協助。

　　　　2.由直屬上司多加輔導以助其獲取經驗。

　　　　3.為其人安排適當的職前訓練、始業輔導，以適應公司的工作與生活。

　　　　4.為員工安排完整的在職訓練。

　　　　5.聘請輔導人員為其做心理方面的諮商輔導。

　　　　6.必要時，對其嚴加考核，給與特定期限之試用期／觀察。

㈤**問題**：在特殊假日時，員工或因私事、或因意願，經常無法配合公司加班工作，影響公司營運。

　策略：1.先了解其請假之事由，在合理的情況下予以准假，工作職位應請人代理。

　　　　2.給與員工人情壓力，使其暫且擱下私事配合公司的加班。

　　　　3.給與事後補假等誘因物。

　　　　4.依規定，請當事人自己找代理人代替。

　　　　5.多加輔導，嚴管考核。

㈥**問題**：某員工在貿易公司上班，經常遲到，上班時間利用公司電話和女朋友聊天，聊天時大聲喧鬧，影響同仁工作情緒，團隊工作效率也隨之降低。上司交代之工作常敷衍了事，事倍功半，遇到老闆便逢迎拍馬屁。

　策略：1.建立公司完整的獎懲制度。

　　　　2.員工績效的考核，每月公布於公布欄，以利互勉之。考核包括：工作態度、出勤率、專業知識、平時表現和人際互動……等。

　　　　3.裝置電話計時器，三分鐘自動斷線。

4.給與一段時間觀察，再決定是否續聘。

　　5.先婉轉告知他的缺點，考慮他的立場。

　　6.建立人事諮詢管道，強化領導管理工作。

　　7.實施個別接觸輔導。

- -

(七)**問題**：員工慫恿同仁批評公司，挑剔老闆與股東之間的感情及信任
　　　　度；自己表面上又非常服從老闆，表裡不一，背地裡批評公
　　　　司，在外勾結別人破壞公司。

　策略：1.分派予其大量之週邊（非重要性）工作，盡可能令其從事
　　　　　非機密性業務。

　　　　2.工作量增加，使其上班時無法和他人話家常，也無法批評
　　　　　與勾結。

　　　　3.團結員工形成團體壓力，以改變他或使其自動辭職。

　　　　4.蒐集證據、資料，呈報上司，使老闆能有所戒心。

　　　　5.多與之接觸，溝通輔導。

　　　　6.建立獎懲制度，適當約束、警告之。

- -

　　眾人皆知，江海之所以能容納無數的溪流，乃因其置身於低處，
所以領導者應放下身段，虛心的接受部屬的意見、想法。平時領導者
應充實個人專業知能與生活常識，以身作則；善用各種領導理論，釐
清個人領導哲學，同時應用行動管理方法來領導部屬；而部屬也應盡
其所能發表自己的看法、意見，增加自信心，同時敬業樂業，謹守個
人本分，負責盡職，以獲得領導主管的支持與重視，發展個人的工作
生活。總之，現代企業人改善人際關係是邁向成功的基本條件，唯有
發展良好的互動關係才能締造企業的奇蹟和組織的效能。

第6章　領導與管理

人際之間

　　人常在生活中遇到困難時，有逃避責任的傾向，這是一種個性，也是一種本能。

　　通常愈是會逃避責任的人，愈不容易找到自己的優點。愈是逃避責任的人，也愈沒有適應環境的能力。愈是逃避責任的人，永遠比別人矮上一截，因為負責往往是一個人成熟的象徵。

　　如果失戀者或失婚的人願意負起責任，面對他的愛人或伴侶，重新檢視他們之間的關係，他會發現即使二人沒有強烈濃厚的愛情基礎，縱然彼此之間有很大差異，無妨；只要他們仍有一份共同的責任感，願意一起面對問題，那麼這層關係、這份感情、這個家庭仍可延續，這個問題仍可圓滿解決。

　　所以人要隨時學習給自己一點責任，舉個例子來說，學生若認為把書讀好是爸媽交付的責任，試想唸書怎麼會不痛苦？超過適婚年齡的人，結婚只是為了要迎合社會的期望，試想婚後怎麼會不痛苦？將來一旦發生婚變，相信這些人也不會認為是自己的責任，因為當初這個婚姻根本不是他所要的。

　　給自己一點責任的結果，愈能培養自己的生命力，愈能承受生活中的不如意，例如當我們遇到最親的人死亡時，有責任的人絕對不會因為親人的死亡而放棄對生命的熱愛，也絕對不會因為他的死亡而讓自己一生深陷在哀傷愁困當中，因為你知道除了對他之外，對你自己、對別人還有許多的責任，因此你會更珍惜眼前的一切。

　　同樣的，婚姻歷程中遇到關卡的人，不論是與對方發生衝

突、誤會，或是對方在外面拈花惹草、紅杏出牆，無妨；當你相信自己必須對這個婚姻、對這個家庭負責時，你就會坦然地面對這些問題並且努力去解決，或與另一半溝通。縱使將來分手，也了無遺憾，畢竟曾經努力過，曾經用心負責過。

任何時候給自己多一點機會、多一點責任，那麼成長最多的人就是你，最大的贏家也是你。以前我在一個鄉鎮學校教書，兼任輔導室主任。記得有一年，校長室正好需要一位秘書，校長屬意的人選大多不願擔任此一工作。後來校長找上我時，我回答說：「目前我從事輔導工作，這是我的專長，也是我的興趣。只要不影響輔導工作的推展，又能幫忙校長，我願意接受挑戰，我願意盡力。」

那一年當中，我個人身兼二職，上午在校長室上班，下午回到輔導室上班，工作雖辛苦，但卻是我人生的重要轉捩點，因為我接受責任，接受挑戰，所以獲得成長的動力最多，包括我寫公文的能力是那時候培養出來的，與別人溝通的耐性是那時候磨練出來的，面對事情做通盤的思考及邏輯性的推理能力，也是那時候訓練出來的。

所以，愈是能面對現實、面對問題、接受挑戰、接受責任的人，將來收穫最大的也是他自己。同理，一位愈能面對現實、面對問題、接受挑戰、接受責任的領導者，愈能獲得部屬的信任與他人的尊重。

7

壓力與情緒

「最近比較煩、比較悶，情緒低潮，總覺得日子過得很有壓力……」。現代人生活在競爭日益激烈的資訊時代，每一天均必須面對各式各樣的壓力，壓力與日俱增，並且影響到個人的情緒狀態。不同的人生發展階段有各自不同的壓力，諸如升學、工作、失業、颱風、地震、失戀、貸款、結婚、離婚與生子等。日常生活中，壓力真是無所不在，有時壓得人喘不過氣來，使人像一顆洩了氣的皮球，往往提不起勁來，甚至陷入情緒低潮。壓力輕者影響個人的感覺，造成情緒上的起伏，漸漸地也會導致許多疾病或意外的發生；更有甚者，它也會影響到一個人的態度、行為、性格、認知及人際互動關係。本章旨在分別探討壓力與情緒的基本概念，包括壓力、情緒的定義和相關理論，進而探討生活中壓力的因應之道，以及個人如何管理情緒，以創造高 EQ 的人際關係。

第一節
壓力與情緒的基本概念

　　許先生是一家網路媒體的負責人，因同業競爭激烈加上經濟不景氣，以至於工作壓力很大，下班回到家裡，經常容易亂發脾氣或悶悶不樂，逐漸影響到家庭氣氛與親子關係。由此觀之，壓力、情緒與人際關係三者關係密切，生活壓力會引發個體的情緒變化；相對的，情緒不穩亦是個體的壓力來源之一。每個人面對壓力時的行為表現與情緒反應不盡相同，個人對壓力情境的情緒反應和因應處置，也決定了其人際關係與生活適應。如何面對壓力，進而去管理壓力；如何控制情緒，進而去調適情緒，成為現代人重要的生活課題。

一、壓力的認識

當我們談論到自己是否健康時，通常會考量到身心全面性的健康，誠如世界衛生組織（World Health Organization，簡稱 W.H.O）對健康所下的定義：「健康是生理、心理以及社會三方面都包含在內的完善舒適狀態，不僅沒有病痛而已。」壓力與情緒化對個人而言，即是一種生理、心理與社會發展方面不舒適的狀態，也是令人不舒服、不健康的因素之一。

有些人對壓力的認識不甚清楚，便掉以輕心，導致葬送了寶貴的健康。下列十項觀念是一般人對壓力的共通看法（Walt, 1992）：(1)所有壓力都是不好的；(2)壓力管理的目標是要排除所有的壓力；(3)優質生活必須是沒有壓力的；(4)壓力愈少愈好；(5)如果一個人極盡所能，總是可以成功地適應困境；(6)有些人注定要承受高壓力；(7)壓力只會造成有害的影響；(8)運動會耗損能量，否則可以用來應付壓力；(9)冥想是迷信的，對抗壓沒有什麼價值；(10)壓力只會對成年人造成影響。前述說法有必要加以釐清，以對壓力做進一步的了解。

(一)壓力的定義

壓力是什麼呢？「壓力」這個專有名詞分別被應用及探討於物理學、心理學以及醫學領域中。在物理學方面，壓力（pressure）是指物體表面每單位面積所受的正向力大小；在心理學和醫學方面，壓力（stress）是指一個人在面對其所處環境中的刺激時，所感受到的一種內在歷程，呈現出內在的生理情緒反應和外在的肢體反應，而這些反應對個人可能會造成正面或負面的影響。前述壓力的定義，主要關注於壓力的三個層面（徐西森，民 87）：(1)壓力是一種刺激：造成壓力的來源為何？即壓力源（stressor）是什麼？(2)壓力是一種反應：面對壓力源所引起的壓力反應組型（stress-response pattern），通常包括生

理和心理反應,而心理反應又有行為、情緒和認知三方面;(3)刺激和反應的交互作用:面對壓力所經歷的一連串過程,包括個人認知壓力源是否具威脅性,或是威脅程度如何而做出適當的反應。

在壓力情境之下,必須運用更多的專注力來因應,以維持身心的平衡健康,如此的體力和精神耗損,常令個人感受到壓迫、不舒服,而這不舒服的程度是具有個別差異的,例如個人健康狀況、所處的文化背景、社會風氣,以及價值觀等皆會影響其感受程度。林先生,三十九歲,擔任某新興網路公司主管,最近公司因為經濟不景氣,為了維持收支平衡,將縮減預算進行裁員,林先生獲知消息後一個星期以來,一直擔心會不會丟了工作,同時又想到房貸、車貸、支付年老雙親的生活費、小孩的褓姆費等,他變得情緒非常低落、失眠、胃痛、食慾降低,多次與太太互動出現爭執,整個人的心情更是跌落谷底。對林先生而言,公司將裁員的消息是一個刺激;擔心是否會被裁員和房貸等經濟上的負擔,是他對刺激所感受到的內在歷程,也可說其認知到裁員對他造成了威脅。情緒低落、失眠、胃痛等身心方面的不適,是他對刺激所做出的反應。結果導致林先生一週來與太太多次爭執和心情受到影響,顯然的,這個壓力事件對他造成了負面的影響。

(二)壓力的理論

有關壓力方面理論基礎的濫觴,是十九世紀研究身心健康的William,他以一位猶太籍商人為對象,探討如何將壓力應用於人們的生活經驗中,並將其研究結果發表於當時的醫學文獻,其中主要論述的概念即是今日 A 型行為的雛形。之後,心理學者 Cannon 開始對人類的壓力與情緒做有系統的研究,而後陸續有更多的專家學者在此一領域投入更多的心力。在壓力理論的建立上,從早期的以動物為實驗對象,將實驗結果推論、應用至人類的研究取向,漸漸地轉而以人類為中心,關注其內在認知、生活型態與全人觀念等,此領域所提出的理論觀點相當多元豐富。茲彙整相關學者的壓力論點於表 7-1(張春興,

民 84；McGuigan & Wesley & Macdonald, 1989；Tony, 1999；Walt, 1992）。

 表 7-1 **壓力的相關理論**

階段／學者／概念或理論
一、早期的壓力概念
1. Yerkes-Dodson 定律
2. Cannon：攻擊或逃離反應（fight-flight reaction）
3. Selye：一般適應症候群（G.A.S. general adaptation syndrome）
二、晚近的壓力理念
1. Holmes 和 Rahe：壓力是一連串生活事件的結果
2. Maddi 和 Kobasa：耐勞性和抗壓性
3. Antonovsky：感覺的一致性和抗壓資源
4. Fridman 和 Rosenman：壓力是 A 型行為造成的結果
5. Lazaruss 和 Folkman：一種機能性的抗壓過程
三、現代的壓力管理
壓力管理強調由全人化（a whole-person）和生活方式著手

（資料來源：張春興，民 84；Tony, 1999；Walt, 1992。）

　　早期的壓力概念注重於探討個人對壓力的反應，尤其是在個體生理方面的反應，以及個人發動生理機制應付壓力的描繪。茲將早期的壓力概念介紹於下：

1. Yerkes-Dodson 定律

　　心理學家 Yerkes 和 Dodson 經過實驗結果歸納出這個定律，可以用來解釋壓力、工作難度和工作績效三者之間的關係。首先因個人的動機產生了壓力，對工作的進行有促進的作用，而這促進的效果，會因為工作的難易度和壓力的高低而有所差異。通常在面對較簡單、能勝任的工作時，較高的壓力將會產生比較佳的工作績效；反之，面對較困難繁重的工作時，較低的壓力將會產生比較佳的工作績效。在心

理學上，這個定律稱為 Yerkes-Dodson 定律。

2. Cannon 的攻擊或逃離反應（fight-flight reaction）

生理學家 Cannon（1932）最早對人類心理壓力做系統的研究，他認為一個人在面對各種壓力時，通常會產生攻擊或是逃避的行為，以作為適應生活方法。當我們面對壓力，在心理層面知覺意識到時，身體自然而然的反應會引發一種備戰的狀態，就像是軍隊接收到敵方的攻擊訊號，會全體總動員準備應戰一般。這種本能性的生理反應，其功用在於可使我們進入應急狀態，以維護自身的生命安全，此反應稱為緊急反應（emergency reaction）。而個人的緊急反應通常有向對象攻擊以及逃離現場兩種情形，即是攻擊或逃離反應。

3. Selye 的一般適應症候群（G.A.S. general adaptation syndrome）

加拿大內分泌學家 Selye 研究發現，個人在面對各種壓力時，會產生一般適應症候群，此症候群包括三個階段：警覺階段、抗拒階段，以及耗竭階段，各階段的特徵敘述如下：(1)警覺階段（alarm syndrome）：個人遇到壓力的初期階段，此期生理上呈現交感神經系統運作相當活絡，腎上腺素分泌增加，處於備戰狀態，準備隨時對壓力做出反應。(2)抗拒階段（resistance syndrome）：承接警覺階段，若是壓力沒有排除，繼續存在，則會進入抗拒階段，此期個體對抗原來的壓力，生理功能呈現高昂狀態。(3)耗竭階段（exhaustion syndrome）：承接抗拒階段，若是壓力繼續存在，個體無法抗拒，則進入耗竭階段，體能消耗殆盡、筋疲力竭，嚴重者會導致生命危險。

晚近的壓力理論方面，更進一步地對於認知層面和造成壓力的互動因子也一併進行深入探討，例如社交因素與壓力、壓力的認知解釋、抗壓資源等，從認知心理學的角度來看，個體對壓力源（stressor）的知覺，可以是造成心理壓力的主要原因。學者 Lazarus 和 Lazarus（1994）將人類心理的壓力歷程分為四個階段：(1)壓力源的出現；(2)個人對壓力的衝擊做初步的評估，若是評估壓力會對自己構成威脅，則進入下一階段；(3)個人對壓力的衝擊做次級的評估，並決定對壓力

源採取因應與管理的措施，如果個體盡全力應付壓力之後，壓力依然持續地存在，則進入下個階段。(4)長期壓力。此階段個體在生理方面，會呈現出自主神經系統亢奮、內分泌增加；情緒方面會出現焦慮、恐懼、憤怒、悲傷、憂鬱、急躁不安等特徵；在行為方面，可能會以問題為中心，試著採取解決之道，或採取非理性方式來因應壓力事件。

當壓力儼然形成一種文明病時，除了認識它還不夠，還得化被動為主動，試著去管理它。現今在壓力管理的策略強調由全人的和生活方式著手，考量到壓力源、人際互動的情形、身體和心理層面的反應、個人的社會支持網絡、調適策略等，是以一種宏觀的思考去面對壓力，採取正面積極的態度去解決問題。因此，個人如何去認識並管理壓力，建立健康的生活模式，以促進身心靈的健康，已經是現代人必備的能力之一。

(三)壓力的種類

在壓力的分類方面，不同分類的依據觀點，促使人們採用多元的思考模式，可以全面性的更加了解壓力的意義。統整學者等提出的壓力分類觀點論述於下（藍采風，民 89）。以壓力產生的效應分類而言，包括劣質（distress）和優質壓力（eustress），劣質壓力是指在長期下會產生負面消極結果的壓力，例如：配偶有外遇、罹患慢性病、失業等；優質壓力是指在長期下會產生正面積極結果的壓力，例如：職務調升、加入讀書會、全國烹飪比賽等。

以個人對壓力負荷程度分類而言，包括過度壓力（overstress）和輕度壓力（understress）。過度壓力是指超過個人所能接受負擔，個人無法做出因應並且造成了嚴重的後果，例如家園毀於九二一地震、老人遇到金光黨被騙了畢生積蓄等。輕度壓力是指個人能夠負擔，可以自行處理解決的，不會有過多負面反應的壓力。在日常生活中的例行工作大多屬輕度壓力，例如料理三餐、到銀行繳款、垃圾分類等。以

個人對壓力反應的程度分類而言，包括輕壓力、中壓力、重壓力。輕壓力是可以激發人們更加警覺、積極和機智的壓力；中壓力指對生活可能會產生分裂效應（disruptive effect），使人對壓力較不敏感，容易暴躁，會傾向依賴某些因應方式；重壓力是指會令個人抑制其行為，可能導致冷漠和僵化（immobility）的壓力，個人在面對極度挫折或困頓時會感到無助。

還有以壓力事件的性質分類，包括正面事件壓力、負面事件壓力，和正負面兼具事件壓力。正面事件壓力是指壓力源是比較美好的事件，會引起個人心理上的緊迫感，但還在能掌握的範圍，像是一些令人感到較正面的經驗，例如精心準備的燭光晚餐、適婚男子參加「非常男女」節目錄影、過農曆新年，或是總統的就職演說等，在這一類的壓力之下，個人的知覺會適度的提高，思考也會提升清晰度，因此會有比平時更好的表現。負面事件的壓力，所指的則是壓力源是比較不好的、可能會造成個人傷害的、令人感到不愉快的壓力，例如捷運停擺、離婚、股票被套牢等，在這一類的壓力之下，個人的知覺會感到焦慮、害怕、擔心，甚至會危害心靈。正負面兼具事件壓力則是包括正負面情境的壓力源，例如家中有新生兒誕生、學習外國語言、移民遷居到異地等。

總之，壓力是指引發個人身心失去恆定狀態的一種刺激、反應或歷程。一個人從搖籃到墳墓（from cradle to grave），自嬰兒期開始，歷經幼兒期、兒童期、青少年期、成年期，乃至老年期，隨著生命的成長，發展任務也隨之改變，個人必須持續地面對和應付各類的壓力。在日常生活當中，從張羅食衣住行的生活所需，應付周遭環境人事物的變化，以迄面臨生老病死的衝擊，預料之中和無法預期的壓力皆不斷地發生。一言以蔽之，壓力是無所不在的，它存在於人生的各個不同階段，亟待正視並管理之。

二、情緒的認識

情緒深深影響著你我的生活與工作。好的情緒，不僅帶動了整個生活環境氣氛，更能使自己活在一個充滿希望的環境中，同時活化了個人本身的人際關係，進而增加自己與他人之間溝通合作的機會，使每個人在和諧的氣氛中，生活得快樂成功。俗云：「人有七情六慾」，又云：「人是感情的動物」，情緒如同人類的其他慾望，是為我們生命中的一部分，情緒之於人，有如影之隨形。正因人類擁有高低起伏的情緒變化，因而豐富了我們人生的色彩，使生活不至於日復一日的在單調旋律中滑落。

(一)情緒的定義

所謂「情緒」，乃是指個體受到刺激後所產生的一種激動狀態，此種激動狀態雖為個體所自覺，但不易加以控制，因此對個體的行為具有干擾或促動作用，並導致其生理上與行為上的變化（張春興，民78）。人類的情緒變化是極其複雜的，但也有其一定的運作歷程。一般而言，人類的情緒反應包括三個歷程：(1)知覺的歷程：了解刺激情境的意義與性質；(2)生理的歷程：人類的呼吸、循環、肌肉、腺體等活動會隨情緒狀態而變化；(3)反應的歷程：主觀的情緒反應，諸如是恐懼、是悲傷、是愉快等。

人類的情緒之所以產生，乃是受到個體內外環境的刺激所引發，絕非不明所以的出現，但有時情緒的刺激誘因卻是當事人所無法察覺的。此外，人的情緒雖有平靜的時候，但大部分的時間情緒則呈現一種動態的變化，任何情緒的改變，人體基本上是可以感受到的，但因受限於生理作用與心理成熟度，個人不太容易加以控制，故必須不斷努力學習調適，即所謂的情緒管理，否則對個體的生理、心理、人際、工作效能、學習效率與自我價值感等各方面的發展皆會產生重大

的影響。

(二)情緒的理論

　　所謂情緒理論，廣義言之固然在探求對人類情緒行為作原則性或系統性的解釋，但狹義言之，在於針對前述三種歷程之間的關係加以說明。長期以來，心理學界的專家學者對情緒方面的研究甚感興趣，也發展出各種不同的觀點，國內外的心理學及其相關學科，甚至將情緒獨立而出，以專章或專書來討論。目前已發展出百種以上大大小小的情緒理論。茲舉其要者說明如下：

1. 詹郎二氏情緒論（James-Lange Theory of Emotion）

　　美國心理學的先驅 James 在一八八四年最早對情緒的歷程提出系統解釋。James 認為先有引起個體反應的刺激，該刺激引起個體生理反應後，再由於生理反應而產生情緒經驗。丹麥的生理學家 Lange 也持類似的觀點，亦即人是先有生理反應才有心理作用。

2. 康巴二氏情緒論（Cannon-Bard Theory of Emotion）

　　美國生理學家 Cannon 以為控制情緒者乃中樞神經，而非周圍神經系統。Cannon 認為外界刺激引起的神經衝動先傳送至腦部的視丘與下視丘，由該二處同時發出神經衝動，一方面上達大腦，另一方面下達交感神經，情緒經驗的產生即由於這二方面神經活動交互作用的結果。Cannon 的情緒理論約於一九二七年提出，後經 Bard, P. 支持並極力推廣，故以後即稱為「康巴二氏情緒論」。

3. 情緒歸因論（Attribution Theory of Emotion）

　　情緒歸因論係由 Schachter 和 Singer 等人於一九六二年所提出，主張個人對自己情緒狀態的認知解釋是構成情緒的主要因素。換句話說，決定個人情緒經驗者是心理因素大於生理因素，例如醫生有時給失眠者服用維他命片劑以代替安眠藥片，只要失眠者相信醫生，而又相信安眠藥確能幫助他睡眠時，維他命對他也將發生同樣的安眠作用。不過，情緒歸因論並不完全否認生理的變化是形成情緒的原因之

一，只是強調個人最後的情緒經驗，決定於認知心理因素。因此情緒歸因論又稱之為情緒二因論（two-factor attribution theory of emotion）。

　　人類情緒的發展既受成熟的影響，也受學習的影響。此外，情緒型態隨著年齡的增長而逐漸分化，情緒行為的對象也隨著年齡的增長而變化。例如小孩子害怕的對象隨著年齡增長在改變；嬰兒時期，引起害怕和刺激的情境為大的聲音、動物、暗處、高處、突然的移動、一個人獨處、痛、陌生的人、生疏的地方等等，不過對這些刺激和情緒的恐懼、害怕會隨著年齡的增長而逐漸改變。總之，情緒是天生的，但情緒的表達與管理則是後天學習而來的。

(三)情緒的重要性

　　在我們的日常生活中，情緒究竟扮演何種角色？許多生活的常識教導我們：快樂等「正向情緒」有益身心發展，俗云「笑口常開，延年益壽，養顏美容」；反之，焦慮等「負向情緒」則有礙身心發展，有道是「痛徹心肺」、「鬱鬱以終」、「哀莫大於心死」。誠然，短暫的負向情緒未必全然有害，諸如「生於憂患，死於安樂」，但是長期不良的情緒壓力（緊張、恐懼、悲傷），對個人健康的影響與個人人格的塑造有著密切的關係，因為此種情緒若無法得到宣洩疏導，長久停留在個體內，將易導致生理與心理的失調現象。

　　從醫學觀點來看，某些疾病雖確有生理上的癥候，但其病因有時卻來自於心理因素，臨床醫學也已證實：潰瘍、哮喘、偏頭痛、皮膚病及高血壓等疾病都和長期情緒緊張有密切的關係。此類本屬心理上的病因，後轉化成身體方面的疾病，經常容易傷害個人的身心健康，也容易使個人與他人發生衝突，破壞和諧的人際關係，進而影響個人人格的健全發展。因此，情緒不僅影響個體的身心健康，也會影響其自我概念與人際關係。

生活中的壓力管理

　　一個人若想管理自己的壓力，以便快樂的生活、成功的工作，則必須先了解情緒的來源，方能正本清源。經常聽到有人抱怨自己壓力太大了，但卻難以了解對其壓力最大的事件為何，也有人面對同樣的生活事件，卻絲毫未曾感受到壓力。本節將分別探討壓力的來源、壓力的測量與壓力的管理。

一、壓力源的探討

　　關於壓力源（stressor）的研究相當豐富，William 和 Ian（1994）提出在探討壓力源時，應考量到三個面向：(1)宏觀或是微觀（以分析壓力源的單位大小區分）；(2)生命課題的面向，意指焦點在於壓力源發生的時機（timing）和人生發展階段所引發的壓力源；(3)壓力源的歸因。詳如圖 7-1 所示。在宏觀與微觀的面向，可以了解生活中的壓力是無所不在的，從芝麻綠豆小事，大至天災人禍，對個人而言都可能是壓力源，例如出門踩到狗屎、風災、震災等。在生命課題的面向方面，人生不同發展階段所引發的壓力源，彼此之間可能具有某種程度的相關，例如童年不好的經驗，這壓力累積至成年後爆發成難以收拾的創傷。在壓力源的歸因面向，則是可依實際狀況做適當的歸因，包括主觀和客觀的觀點，例如壓力源是心理因素、家庭因素、工作因素，或是來自重大事件等。統整專家學者的觀點，在壓力的分類上，以外在環境的微觀到宏觀層面，以及個人身心的發展層面來探討壓力源。

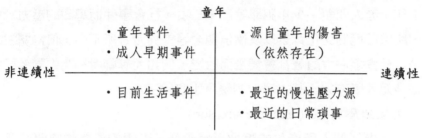

 圖 7-1　　壓力源的交叉分類（William & Lan, 1994, p.94）

(一)生活情境層面──微觀到宏觀

1. 生活瑣事（daily hassles）

　　是指個人在日常生活當中，經常遇到且無法避免的瑣事。其特質是偏向長期性和經常性的小事情。這些瑣事日復一日，充滿在個人的生活情境裡，漸漸形成許多壓力。而成為壓力的瑣碎事件可歸納為六類（張春興，民 84），包括：(1)家庭支出；(2)工作職業；(3)身心健康；(4)時間分配；(5)生活環境；(6)生活保障。

2. 生活事件改變（life event change）

　　是指個人在日常生活中的事件發生改變，不同於以往的情形，而這個「改變」對個人形成了壓力。依學者 Holmes 和 Rahe（1967）編

第 7 章 壓力與情緒

制的「社會再適應評定量表」，下列長期累積的生活事件會引發個人壓力，包括：(1)與重要他人關係的改變；(2)工作職業生涯的改變；(3)身心健康的改變；(4)生活情境的改變；(5)財物經濟的改變；(6)生活習慣的改變；(7)自然環境的改變；(8)快速的時代變遷。

3.社會事件（social events）

我們所處環境中的特有風土民情或是社會狀況，也會導致壓力源的差異，國內學者藍采風（民89）曾統整其多次在研習會中所蒐集的台灣社會中特殊的壓力資訊，包括大專聯考、家庭與婚姻破裂、夫妻不和、老人問題、少年犯罪等三十三項。社會事件而導致的壓力，會因所處環境的文化背景以及價值觀念等差異而有所不同，值得關注的是，社會事件會隨著社會變遷而改變，例如大專聯考和高中聯考已經被多元入學方案、基本學力測驗等所取代了。

4.極端壓力源（extreme stressor）

是指對個人所產生的壓力反應激烈，影響的層面和時間廣泛長久，會引發創傷後壓力症（post-traumatic stress disorder），可能出現急性的心理、生理症狀反應，當人們一時無法調適時，甚至在極短的時間內會造成猝死。這在災變事件中最常見，例如空難、九二一震災、美國九一一恐怖事件等。其他常見的極端壓力源包括失業、離婚、分居、死別、自然和人為的大災難、戰爭和威脅個人的攻擊等。

(二)個人身心層面——任務發展到生命課題

個人身心層面涵蓋個人的人格特質、發展任務、心理狀態及自我因素等。一般而言，A型性格的人容易給自己很大的壓力，也較易罹患冠狀動脈心臟血管疾病。除了個人本身的身體健康與個人性格之外，隨著人生的發展階段任務而來的壓力，通常也是一種持續性壓力源（ongoing stress），從嬰兒期到老年期有其不同的壓力源所在，例如角色扮演、家庭、工作、人際關係、學業、伴侶、兒女、婚姻、朋友、老化等壓力源。此外，挫折（frustration）和衝突（conflict）也會

帶給個人壓力。挫折是指個人因外在情境阻礙或拖延達到目的，所引起的不舒服感受，有時候我們會用「挫折感」來表達自己這些複雜的負面感受。Morris指出引起挫折的原因有：延遲（delays）、缺乏資源（lack of resourse）、遺失（losses）、失敗（failure）和差別待遇（discrmination），這幾類狀況在日常生活當中常會出現（羅惠筠、陳秀珍譯，民81）。

除此之外，有些時候因個人的主觀，甚至是非理性的思考，也會給自己造成許多壓力，此類壓力不似前述壓力般的客觀具體或是可以觀察到的。心理學家Ellis將會引起人們心理、情緒和行為困擾的想法觀點，稱為非理性信念（irrational belief），認為很多人因為對自己或別人存有非理性的信念，而承受了不必要的壓力。他曾提出十二項一般人常出現的非理性想法，包括：人們對於自己身為一個人會有一個綜合的整體評價、個人必須隨時獲得他人的愛與讚許、對於自己所做的事情一定要具備絕不會失敗的能力且要做得十全十美、當事情沒有依照希望的方式進行時是非常嚴重恐怖的大災難、人們的過去具有完全的重要性、因為某些事一旦強烈影響到你的生活時就會繼續決定你今天的感受與行為、快樂無需主動追求就可以獲致快樂等等。上述非理性的想法皆會直接或間接給自己或他人帶來壓力。

二、壓力源的測量

壓力的意涵和來源非常多元且具差異性，不同的人面對相同的壓力源，其對壓力的感受和反應是不盡相同的。因此，在壓力的測量上有其侷限之處，但相關的研究單位和工作者，依然持續設計相關的測量壓力量表，以供個人探討自己身心健康的狀況，並且進而積極的去管理壓力，以建立健康的優質生活。茲介紹人格特質測量法（Personality approach）、生活事件法（Life-events approach）和心理身體緊張鬆弛測試表（Psychol-Somatic-Tension-Relaxation Inventory，簡稱PSTRI）等

壓力測量方法於下：

(一)人格特質測量法

美國心臟病學者 Fridman 和 Rosenmany 在一九七五年曾長期研究三千位健康男性的身心狀況，結果發現，人格因素與壓力感覺、罹患心臟疾病息息相關，並將人的性格分為 A 型性格（type A personality）和 B 型性格（type B personality），其中一九八一年美國心臟醫學會曾將 A 型性格列為罹患心臟病的危險因素之一，且 A 型行為易造成壓力（Friedman, 1996）。A 型性格的主要特徵為：長期對時間有緊迫感、傾向承受許多事務、期望在很短時間做很多事、忽視工作以外的生活、說話傾向於快速、對生活中的事件具有廣泛而充分合理化的敵意，以及內心深處的不安全感。

學者 Nervid 等（1994）曾提出一份判斷 A 型性格或是 B 型性格的問卷，內容包括：你說話時會加重關鍵字的語氣嗎？你吃飯和走路都很急促嗎？你認為孩子自幼就該養成與人競爭的習慣嗎？等二十五個問題，結果若是半數題目填答「是」，則表示個人具有 A 型性格，反之則是具有 B 型性格。若是具有 A 型性格，則需要改變習慣，生活的步調放慢一點，避免讓自己承受過多的壓力，以維持身心健康。值得關注的是，具有此性格的人容易給自己很大的壓力，也較易罹患冠狀動脈心臟血管疾病。

(二)生活事件法

學者 Holmes 和 Rahe（1967）研究發現，個人在日常生活中的事件發生改變，會對健康有所影響，也會對個人形成壓力。進而條列出其認為生活中比較容易發生的四十三項事件，要求受試者把「結婚」當成 50，讓受試者假設事件發生對其生活的重要性，評價其他事件的相對分數，進而編制成「社會生活調適評量表」（Social readjust men-traying scale），包含家庭、個人、職業和財務四方面，並建立各個可

能發生之社會事件的對應分數，以做為指標，並將每個生活事件所造成的壓力量化，單位是「生活改變值」（Life Change Unit, LCU），意即是遇到此事件時，需要花多少精力來調適。

　　生活改變事項包括配偶死亡、夫妻離婚、分居等四十三項。例如離婚就相當於七十三個生活改變值。運用時得將過去半年到一年內所發生的事件量表值累計後，即為個人在一定時間內所承受的壓力值，也就是生活改變值。評量結果若是生活改變值（LCU）高於 300 以上，是重度生活壓力者，具最高的健康危機；生活改變值（LCU）介於 150 到 300，是中度生活壓力者，在兩年內有百分之五十的機會發生嚴重的健康變化。生活改變值（LCU）低於 150，是輕度生活壓力者，大約有三分之一的機會發生嚴重的健康變化。

(三)心理身體緊張鬆弛測試表

　　學者 Wallace 致力於研究如何減輕壓力，並根據許多研究論文進行編製，進而發展出心理身體緊張鬆弛測試表，包含心理、身體、社會各方面的健康。在測試表中，每一個項目是指一種一般的健康狀態，或是某種行為型態。內容包括我受背痛之苦、我的睡眠不定且睡不安穩、我有頭痛、我顎部疼痛、若須等候我會不安等五十個項目。計分為總是如此 4 分、經常如此 3 分、有時如此 2 分、很少如此 1 分、從未如此 0 分。以測驗等級來了解自己所承受的壓力，並尋求如何減輕壓力（翁文彬、陳淑娟譯，民 82）。

　　此測量結果分數是在 43 到 65 之間，那麼壓力是適中的，不需改變生活型態。如果分數低於 43 或高於 65，則表示可能須調整生活型態；低分者需要更多刺激，高分者則需要更好的壓力管理。若是 96 分以上，表示你正以極度壓力反應在傷害健康，需要專業醫療師給與忠告，有助削減個人對於壓力的知覺，並幫助改良生活的品質。個人可按實際測量結果，依自己所需做適當的壓力調適，或降壓以舒緩緊繃的身心，或多安排活動以增加生命力。

第 7 章　壓力與情緒

217

三、壓力的反應與管理

曹操《短歌行》：「何以解憂，唯有杜康。」面臨壓力時，你將如何處理？瘋狂採購、暴飲暴食、看電視、飆車、抽煙、喝酒、嗑藥等，這些方式時有耳聞，也大有人在嘗試，但若只為尋求片刻刺激，短暫的忘記壓力，因而產生了後遺症，甚至釀成社會新聞，造成更多重的壓力，還是別輕易嘗試。況且借酒澆愁，愁更愁！現代人要克服壓力的有效處方，首先要務就是了解自己，培養正面的思考模式，學習抗壓的技巧，運用相關資源，有效的管理壓力，進而營造積極優質的生活。

(一)個人對壓力的反應

當個人在接受壓力源的刺激訊息後，在內心覺察意識到壓力時，身體自然而然會引發備戰反應或是逃避反應，掌控壓力或是被壓力俘虜。以下茲就生理層面、心理層面，以及社會層面進行探討個人對壓力的反應。

1. 在生理層面的反應

個人在面對壓力時，在生理上會因壓力的情境不同，從緊急性壓力、一般壓力到長期性壓力，而有不同程度的反應出現。此部分將探討個人在面對不同類型壓力時的**緊急反應、一般反應，以及相關的疾病**。面對壓力時生理的緊急反應，Cannon提出對壓力反應的攻擊或逃離反應，這種本能性的生理反應，其功用在於可使我們進入應急狀態，以維護自身的生命安全。在生理上，壓力反應的管制中樞即是在大腦中素有壓力中心（stress center）之稱的下視丘（hypothalamus），因為在緊急壓力下，其會發揮控制自主神經系統（autonomic nervous system）的運作和促進腦下腺（pituitary gland）分泌激素來因應壓力。

在自主神經系統的運作上，控制身體中的非自主功能，其中的交

感神經是掌管消耗能量的活動，激發出高於平常的表現，在遭遇壓力時，交感神經被下視丘所活化，產生下列反應：(1)心跳加速；(2)增加心臟收縮的力量；(3)冠狀動脈擴張；(4)腹部血管收縮；(5)瞳孔擴張；(6)支氣管擴張；(7)骨骼強度增加；(8)從肝臟中釋出葡萄糖；(9)心智活動增加；(10)皮膚和肌肉中的血管擴張；(11)大量增加基本代謝率。副交感神經則是掌管保存能量的活動，使人進入放鬆狀態，兩者的生理作用相對，相互配合因應壓力。

在內分泌系統方面，接受到壓力源時，腦下腺接收到下視丘的訊息後，分泌的甲狀腺激素會產生和促進腎上腺皮質激素，其兩者會產生下列反應：(1)心跳加速；(2)心臟壓縮血液的力量增加；(3)擴張冠狀動脈；(4)支氣管擴張；(5)基本代謝率增加，身體活動加速，消耗更多的能量；(6)四肢的表皮和肌肉中的血管收縮；(7)氧的消耗量增加；(8)胃腸的蠕動增加；(9)呼吸的速率和深度增加；(10)血壓升高；(11)焦慮增加；(12)疲倦感降低。上述自主神經和內分泌系統進行的一系列的反應，能使個人更醞釀充分的能力來因應緊急的壓力。

面對壓力時，生理的一般調適反應，除了在自主神經和內分泌系統的反應外，還有(1)心臟血管系統：壓力會影響循環系統，當下視丘對壓力因子做反應時，會造成血管收縮、血液量增加。心臟會增加收縮的力量，使送出的血液量增加。而膽固醇和脂肪酸也會增加，這會使供給心臟養分的血管增加阻塞的可能性，使得血壓升高。(2)消化系統：壓力對消化系統的影響，減少唾液的量，造成食道肌肉的收縮，感到吞嚥困難。使胃液分泌量增加，可能會造成潰瘍。改變大小腸的蠕動節奏，可能造成腹瀉或便祕；便祕常伴隨憂鬱，腹瀉則常伴隨緊張。(3)肌肉系統：壓力會造成肌肉緊縮，似乎處在備戰狀態，這種繃緊的肌肉會造成不同程度的不健康，例如：頭痛、下背痛等。(4)皮膚系統：當有壓力時，四肢皮膚的血管收縮，使皮膚表面的溫度下降，所以手指和腳趾會有點冰涼，皮膚也會變得蒼白。

長期壓力會引發各種的身心反應，如果壓力沒被適當的處理，或

第 7 章 壓力與情緒

者是身心因應不過來，將漸漸地損害身體健康，各系統出現明顯的症狀，進而導致罹患疾病。一般與壓力相關的疾病包括：(1)神經系統：偏頭痛、風溼性關節炎、緊張性頭痛、背痛、焦慮症、憂鬱症；(2)內分泌系統：月經不規律；(3)消化系統：潰瘍、腸道發炎；(4)呼吸系統：氣喘病、花粉熱；(5)心臟血管：高血壓、中風、冠狀動脈心臟病；(6)生殖系統：性無能、性交疼痛；(7)免疫系統：癌症、溼疹、蕁麻疹、乾癬、過敏症。這些疾病與壓力有著密切的關係，若能適當管理壓力，將可降低這些疾病的產生。

2.在心理層面的反應

個人在面對壓力時，在心理上會因壓力的情境不同，從緊急性壓力、一般壓力到長期性壓力，而有不同程度的反應出現。此部分將探討個人在面對不同類型壓力時，心理上引發的**認知反應、情緒反應，以及行為反應**。在認知方面的反應，個人對壓力源（stressor）的知覺，可以是造成心理壓力的主要原因。Lazarus 和 Lazarus（1994）將人類心理的壓力歷程分為四個階段（請參閱本章第一節），由其中可推估個人的認知能力，將決定其會承受何種程度的壓力，可能是順利的控制住壓力，或是進入長期的心理與壓力作戰，心理會出現選擇性的知覺和注意，將注意力放在壓力源和個人的負面情緒上，對生活中事物的關注和短期記憶能力會降低，較難集中精力，整個知覺的範圍相對縮小。如此，再伴隨一些負面情緒的產生，將陷入壓力的深淵，對批評過度敏感而顯得固執，比較難有創意靈活的反應。

在情緒方面的反應包含了正面和負面的情緒，但多數是令人感到不舒服的，例如：害怕、緊張、焦慮、憂鬱、悲傷、疲勞、崩潰、挫折、孤獨感、罪惡感、羞愧感、喜怒無常，悶悶不樂等。除了這些情緒反應外，還有防衛的反應，即是運用防衛機轉（defense mechanism），防衛機轉包括合理化作用、否定作用、轉移作用與投射作用等。過度使用心理防衛機轉有時會阻礙個體的身心健康、人際關係與生活適應。

(二)壓力的管理

　　面對壓力，首先必須有「預防重於治療」的觀念，平時宜注重個人的心理衛生保健工作，吸收新知，充實自我，拓展和諧的人際關係，做好個人的心靈管理、時間管理、財物管理、情緒管理及生涯規畫。若能如此，即使在不得不然的情況下壓力臨身，個人也可應付自如，坦然面對，使壓力減低或獲得紓解。

　　基本上，調適壓力要懂得運用正確的方法，尋找適當的對象，掌握要點訣竅，才能發揮立竿見影的效果；否則徒增個人心神、體力、金錢及時間的耗損，憑添更多的生活壓力。綜合歸納專家學者的意見，提出管理壓力的建設性策略如下（徐西森，民 89）：

1. 目標策略：確立生活目標

　　為自己擬訂短、中、長程目標，但應視自己能力狀況來訂定適切目標。目標愈具體詳實愈易達成，切忌好高騖遠、眼高手低。例如當前春節假期何處去，先規畫一項春之花旅遊，接著為即將來臨的期中考擬一份得高分辦法，較遠的目標訂在實習或畢業後找尋好的工作，只要按部就班、全力以赴，必然能夠水到渠成。

2. 解決策略：嘗試面對問題解決問題，不要逃避問題

　　壓力有如一棘手問題，要有隨時準備應戰之決心，亦即要面對問題、找出問題癥結何在，然後尋得方法解決之。千萬不可逃避問題，以為問題是不存在的，此種駝鳥心態會讓壓力潛藏在內心，隨時有爆發的可能，不可不提防。

3. 資源策略：尋找溝通或社會支持管道

　　個人的壓力若由自己獨自擔當會覺得很沈重，甚至不勝負荷，連活命的希望都斷絕了，因此必須找尋溝通的管道，尋找可讓自己傾訴心事的知心對象來協助自己，如可獲得同事或同學的社會支持，壓力可望紓解。

第 7 章　壓力與情緒

221

4.轉移策略：帶給個人短暫非壓力情境的身心愉悅

　　不要一直對造成壓力之情景耿耿於懷，此時可暫時轉移注意力，讓心情鬆弛一下，以便累積實力來管理壓力。若是工作難題暫時無法解決，不妨先擱置或求教於有經驗者，例如學生若無法專心背誦英文單字，不妨暫時停止學習，先轉移注意力作作筆記或閱讀其他科目等，以免「困坐愁城」，無計可施，屆時壓力更重。

5.回饋策略：接受生理回饋訓練

　　生理回饋訓練乃是利用電子儀器測量並放大那些在細微的、正常的情況下覺察不到的內在活動。一旦覺察這些活動，就設法加以調節。諮商與心理治療學派中「完形治療法」之覺察訓練亦是一種不錯的回饋活動。

6.激勵策略：適當地自我對話與自我激勵

　　面對壓力時，個人若是內在產生愈多的負向想法，愈是無法自信地處理壓力，以至於「愈怕愈有壓力」、「自己嚇自己」；因此，壓力來臨時不妨適時的採取下列方式或語句來自我對話，以激勵自己：

　　(1)想想我能做些什麼，這樣總比瞎操心好。

　　(2)避免作負面的自我陳述；宜作理性的思考。

　　(3)我很棒，一切都會過去的。

7.效能策略：加強身體效能訓練

　　強化身體的效能可保護自我免於承受過度壓力所帶來的後遺症。面對壓力時，個人會激發交感神經系統；放鬆時則會抑制交感神經系統。個人處於緊張狀態時，瞳孔會放大、聽力過於敏感、呼吸急促、血液循環改變、臉色蒼白。因此，個人平時宜多學習身體放鬆技巧，如此較不會焦慮，而且樂觀、自信、有活力、有生產力。身體效能訓練包括：(1)超覺靜坐；(2)自律訓練；(3)深呼吸法；(4)肌肉放鬆法；(5)冥想等。

8.認知策略：改變認知思考

　　人生發展有成功有失敗，人必須學習從失敗中站起來。失敗並不

可恥，每個人都會碰到壓力，即便是處理不當，使個人受到很大打擊，但「天無絕人之路」，此路不通，總有別路可通，何必堅持非走此路不可！例如從兩性壓力敗下來的失戀者、婚變者，可自找出路，其實「天涯何處無芳草」、「何必單戀一支花」，給自己一點機會，也給對方一些空間。

　　總之，人生難免會有壓力、挫折，人與人之間也難免會有誤會、衝突；同樣的，長期處在工作壓力或生活壓力下，人也會有倦怠疲憊的感覺，如果我們能學習適時的停下腳步，駐足省思，必能找到壓力來源；適時卸下壓力包袱，便能讓自己快樂的生活、成功的工作，進而讓整個社會組織自然的運作發展。

第三節　EQ 與情緒管理

　　所有的組織團體內都有各式各樣的人，人與人之間的個別差異性極大，有的人很聰明但人緣不佳，也有人不太聰明但人緣很好，或是不太聰明而且人緣也不佳，當然有些人則是很聰明而且人際關係又好。因此，相對應於前述狀況，組織內的成員約略可區分為四種人：高 IQ 低 EQ、低 IQ 高 EQ、低 IQ 低 EQ 及高 IQ 高 EQ 等。升學主義導向的國家或開發中的國家，可能重視個體的智能教育，追求高成就高學業的目標，然而高等知識份子在學術上的成就並不意味著其人的人際關係良好、生活品質較高，有些人儘管賺大錢做大事，但婚姻破裂、親子決裂，同時信用不佳，行事作風令人生厭。是故，人際管理與情緒教育是現代生活的重要課題。

第 7 章　壓力與情緒

一、情緒智商（EQ）

Clarkson（1999）在其所著的《*Gestalt Counseling in Action*》一書中曾提及一些「不適切的覺察和當事人的困擾」。Clarkson 認為，在我們的文化背景中，習慣於去教導子女如何刷牙、如何維持身體健康，以及如何與他人發展關係；但往往忽略了教導子女如何因應挫敗，或是如何處理自己那些憤怒、害怕及傷心等情緒，亦即只重視生活教育而忽視了情緒教育（emotional education）。父母或師長誤以為前者是需要學習的，而後者因應情緒的能力則是天生的。

Clarkson進一步指出，我們習慣於去表揚那些諸如定期檢查牙齒、定期健康檢查的人，但那些能夠宣洩自己情緒、照顧自己情緒需求，或是尋找情緒教育資源的人，卻往往被視為懦弱的女人或是娘娘腔的男人，這實在是一件令人納悶的事。此外，人與人之間相處，表現那些快樂的正向情緒是值得鼓勵的；反之，宣洩個人悲傷的負向情緒則是不應該的。如此一來，導致人際之間慣於「壓抑痛苦、分享快樂」，無法表裡如一，深深影響個人的身心健康。

EQ 的原意是指 Emotional Intelligence Quotient，代表的是個人處理情緒的能力標準，又稱為「情緒智商」或「情緒商數」。Goleman 認為這個新名詞涵蓋了個人的自制力、熱忱、毅力、自我驅策力等（張美惠譯，民 85）。情緒無論在人際關係上、工作中或生活裡，都有舉足輕重的影響力，一如前述，所以如何管理自身的情緒，就必須進入 EQ 的領域中探索。EQ 是情緒智商，它是一種綜合性的概念，意指個人在情緒方面整體的管理能力。現今社會中，有許多人之所以無法在工作和社交上有良好的表現，肇因於他不擅長了解別人的情緒狀態，不知在什麼情況下該說什麼樣的話。所以要增進人際關係，先要學會洞察別人的情緒，所謂「知己知彼」之後，才能「出奇致勝」，進而推展到己身的工作層面上。EQ 不僅反映在工作層面與人際層面上的

表現，而且也反映出兩性在 IQ 與 EQ 方面的個別差異。

　　一位情緒低落的員工，無論是記憶力、注意力、學習力及決策的能力都減退。EQ 不僅可幫助我們掌握自己、同事或客戶的情緒，發生爭議時也能妥善處理，避免惡化，工作時較容易投入。此外，談到個人事業的管理或規畫，最重要的是認清自己對目前工作的真正感受，以及如何讓自己對工作更滿意，因為職場上個人 EQ 的低落影響的是企業的實質盈虧，嚴重時甚至會影響到企業的存續問題。高 EQ 的人善於人力的組織協調，能領導眾人建立共識，化不滿為建設性的批評，能參考別人的觀點且具說服力，創造多元合作而不衝突的工作環境，進而提高工作效率。

　　《EQ》一書作者Goleman指出，職場上許多情緒管理、處理失當的問題，常會造成企業生產力降低、工作進度落後或員工流失等不良的後果。Goleman 認為負向的情緒與習慣，對個人身心健康的危害絕不亞於抽菸致癌。現代兒童的情緒問題較之於上一代更為嚴重，此外，這一代的青少年也較孤單、抑鬱、易怒、不馴，而且容易緊張、衝動、好鬥。Goleman強調，高EQ的人，必須要能克制個人的慾望、衝動、惰性、焦慮、憂鬱、失望、好奇及分心。要學習基本的社交技巧，學習自我情感的表達，學習自我掌握與同理心。同時，生活中要盡量避免產生不利於個人健康的三種情緒：憤怒、焦急、沮喪，此類的情緒最容易傷害我們的身心健康。

二、情緒管理

　　日常生活中，每一個人都會有喜怒哀樂等情緒變化，情緒本身並不可怕，令人擔心的是，當情緒波動劇烈的時候，或是一位情緒化的人，應該如何來掌握自己、管理自己，使自己不至於成為情緒的奴隸。每個人調適情緒的方法都有不同的考量，「趨利避凶」乃是基本的原則，亦即人類都喜歡生活在快樂、怡然愉悅的時光裡，同時想遠

第 7 章　壓力與情緒

離痛苦的、令人不舒服的情緒或情境。Goleman 鼓勵人們接受並重視情緒教育，有的人認為「信仰可以產生力量」，宗教信仰具有穩定心性的作用。以下是一般人常用的情緒管理法：

(一)接納自我的情緒狀態

情緒既是生命中的一部分，唯有面對並接受它的存在，才是調適情緒的第一步。逃避或否定其存在，徒然增加我們解決問題、調適情緒的另一層「負荷」，特別是在與他人交往時，適切的接受並理性的反映自我的情緒狀態，將有助於彼此了解與溝通，減少不必要的傷害（對自己或他人皆然）。

(二)遠離情緒的刺激情境

情緒是由刺激所引起，故負向情緒呈現時，個人宜遠離其刺激情境，以冷卻能衍生的爆發性情緒，經常聽人說：「生氣或罵人的話不要當真」，正是此理。因此，若引發情緒波動的刺激是當時所處的環境（含人、事、物），則當事人不妨暫時離開該處，避免觸景生「情」。

(三)建立有效的社會支援系統

任何人處於情緒低潮時，能有個傾訴對象，對當事人絕對有益，但是必須注意這個支援系統是否「有效」。高 EQ 的人，在感性當下仍然會保有理性的判斷能力。換句話說，個人的支援系統在精不在多。一般而言，當你對親友吐露低潮情緒的原由後，不但可紓解壓抑在心理的負向感受，也可由他們的建議或反應，獲得解決問題的良方。

(四)運用認知調整歸因

有時候個人情緒低潮是來自於認知角度的偏差，諸如多愁善感、鑽牛角尖、神經敏感，此時宜重新調整對事件的歸因，以改善自我的

不平衡情緒。平時我們應避免太快把任何事件都歸諸於運氣或難度，如此才能減少不愉快情緒的發生，化被動為主動，以獲得更多學習的機會。

(五)塑造堅毅忍耐的性格

低潮的情緒既不可免，就要學習忍耐，從中體會而適應成長。人在生命的任何階段裡都必須培養、調整自己的性格。透過家人、師長、朋友或專業輔導人員的協助，重新學習解決問題的有效方式，學習去面對問題，察覺自己的弱點，以及培養重新整頓現有情境的能力。每次的情境危機正是塑造健全人格的契機，愈是經歷多重人生際遇、挫折的人，必是一位善於調適控制情緒者。

(六)運動及身體效能訓練

適度的運動可以調解內在自我運作系統，達成情緒昇華之目的。當然，運動的方式很多，必須以能夠獲得情緒的發洩與身心平衡的效果為目的，避免造成運動傷害，例如靜坐、太極拳、土風舞、韻律操皆可。此外，「身心鬆弛法」、身體效能訓練也是屬於一種調適情緒的活動。

(七)轉移注意力

心理學上所強調的「心理防衛轉機」：轉移作用、昇華作用、補償作用等，只要運用適當而不過度，未嘗不是一種理想的情緒調適方法。此外，情緒低潮時，以寫日記、唱歌、聽音樂、泡熱水浴、演奏樂器、打枕頭等來移轉注意力以發洩情緒也可以嘗試，只要不是損人害己的轉移情緒（例如攻擊別人、酗酒吸毒等），皆可運用。

總之，人類情緒的發展與其他行為的發展一樣，受個體生長成熟程度與環境中學習訓練條件等兩個因素的影響。個體的情緒調適是可以經過學習的歷程而臻於成熟的。隨時省察自我，了解個人與環境的

第7章 壓力與情緒

互動關係，再根據個別差異以擬定中長程的成長計畫，必能有助於個人的情緒管理，提升自我的 EQ，促進身心健康，增進工作效率與人際關係，進而獲得幸福愉悅的人生。

有一次，接到一位朋友的來電，言談中流露了很多的無奈，心情既哀傷又沮喪。她表示自己的生活非常枯燥，乏味呆板，她想換工作，可是不知如何是好。當她發洩一連串的牢騷時，我一直專心地傾聽，給與她充分的支持。

等她訴說完在那家機構上班是多麼厭煩、多麼不滿後，我問她：「既然你對現在的工作環境有那麼多的失望和不如意，那為什麼還不換工作？」

她說：「因為這份工作名聲滿好的……，丈夫也喜歡我的職業……，兩個孩子也都以媽媽的工作為榮……，而且收入穩定……，交通方便，也有不少聊得來的同事……」

談到這裡，我笑著問她：「有那麼多不換工作的理由，你發現了沒有？」

她楞了一下，似乎有所領悟。聊了一會兒，她還是認為自己對這份工作有嚴重的倦怠感、不快樂。

我依然給與她充分的支持與關懷，並且對於她是否更換職業的決定表示尊重。接著我再進一步澄清：「一天八小時的上班時間是否分秒皆不快樂？」

她答道：「大概有五、六個小時較有壓力不快樂……」

我說：「換句話說，那上班中仍有二、三個小時的時間感覺較輕鬆，是嗎？」

她輕笑一聲的答說：「對啦！在翹班買菜時、在下班前、在休息時以及在工作量較少時，都覺得還不錯。」

於是我又問她：「一天二十四小時，你不快樂的六小時占了一天的幾分之幾？」

話筒一端沈默了幾秒鐘，突然間傳來爽朗喜悅的笑聲，她恍然大悟的說：「哦！我知道你的意思了，我懂了。謝謝！非常謝謝你！」

我補充道：「那很好，千萬不要讓四分之一不快樂的時間來影響我們原本可以快樂的四分之三生命。」

人習慣於將一丁點不快樂的情緒發酵擴散，影響到整個快樂的人生。人往往只看到自己的不足，卻少見到自己的擁有。人若能多一點思緒頓悟，將會少很多的情緒泛濫與自我傷害。

兩性關係

3

兩性關係是指兩性在現實生活當中，經由彼此的互動和溝通，而產生的價值觀和行為型態。兩性關係是人際關係中頗令人著迷的一環，兩性之間的奧妙互動關係，除了在人生發展階段上是個重要的任務外，在現實生活中也一直是人們關心注意的焦點。例如：最近的公眾人物激情光碟事件、緋聞事件、名嘴傳婚變等，登上報紙政治和社會版面的頭條新聞，如連續劇般的情節高潮迭起，成為人們茶餘飯後的話題，而狗仔隊也處心積慮的鎖定名人情感跟監炒作新聞。

　　男女互動的關係即是兩性關係，可從宏觀的性別角色分工建構社會體系，乃至微觀的男女之間一般情感和親密關係的建立，這些相關的議題一直很吸引人。學者專家在人際關係中的兩性關係部分的研究範圍（柯淑敏，民90），主要包括兩性之間的交往相處、婚姻關係以及兩性平權。兩性之間的交往相處，包含交友、約會、戀愛、擇偶、性別角色、性發展、性態度、性行為、性侵犯等議題。婚姻關係包含家庭角色、夫妻關係、親職準備、家庭計畫等議題。兩性平權包含家務分工、資源分配與擁有、工作生涯發展等議題。本章旨在探討兩性關係中有關愛情的基本概念、性與親密關係以及分手的調適等。

第一節
友情與愛情

　　兩性之間的奧妙互動關係，可以從互不相識的陌生人、點頭之交、紅粉知己、青衫至交、心有靈犀一點通，乃至「問世間情是何物，直教生死相許」的境界。也可能從陌生到熟悉，乃至彼此產生情愫，經過戀愛過程，而後走進婚姻，共同組織建立家庭。可見兩性關係具有不同的種類，其發展是漸進式的。造物者在紅塵世間創造了男人和女人，因為兩性之間的互動，衝撞出火花，使得平凡的單程人生旅途中充滿了樂趣。本節旨在探討友情與愛情、愛情的理論基礎，以

及兩性情感的發展等。

一、友情與愛情的內涵

自古以來，歌頌愛情的詩文篇章相當豐富，濃情蜜意的字句縈繞心頭，感人肺腑。在友情方面的讚揚，自稱是在哭聲中長大且命運多舛的詩人楊喚，在給摯友歸人的信中曾如此描繪友情：「友誼是手杖，是燈，是我所享有過的溫情中最高貴的溫情。我是綿綿而落的雨，你是輕輕滾動的風，風和雨交織起來，是我們生命中的美術，是我們完美的工程。」如此的讚嘆人間的友情溫馨情操，令人低徊不已。交情好的男女，有時不禁要問：「我倆到底算不算是一對戀人？」兩性之間的「友情」與「愛情」，在某些情境下令人分辨不清，可能會因曖昧不明而表錯情，需要做進一步的了解和釐清。茲將兩性之間的友情與愛情的區別探討於下。

(一)友情與愛情的區別

就發展心理學和社會學的觀點而言，友情和愛情在個人的身心發展上是相當重要的人際關係。學者Berscheid和Walster（1978）曾區分喜歡（liking）、友伴的愛（companionate love）和熱情的愛（passionate love）如下：(1)喜歡是我們對一般認識的人所感受到的情感。(2)友伴的愛是我們對那些與自己生活上有緊密聯繫的人所感受到的情感。(3)熱情的愛是一種較強烈的感覺與情感狀態，牽涉到極度的溫柔、興高采烈、焦慮，以及性渴望等感受。(4)友伴的愛和喜歡是由彼此實際付出發展而來；熱情的愛則是建立在想像的滿足與幻想。(5)熱情的愛的發展會隨著時間而減弱；友伴的愛的發展則是會隨著時間傾向較深入和堅固。(6)熱情的愛是建立在新奇經驗和不可預測；友伴的愛則是建立在熟悉性和可預測性。(7)友伴的愛大多是感受到正面的情緒；愛情則是感受到正面和負面的情緒；當我們戀愛時，可能會同時感受到愉

第8章 兩性關係

233

悅、興奮、嫉妒和焦慮等正負面情緒。

　　以發展心理學的觀點而言，個人在友伴關係的發展從幼兒到成人，歷經了無性期、同性群友期、同性密友期、異性群友期、異性密友期的階段（黃惠惠，民87）。大約在成人二十歲之後，兩性間若有相互吸引者，可能會結為異性密友進入戀愛階段，若是一般交情者則成為普通朋友。綜合前述，我們可以理解「友伴的愛」和「熱情的愛」（即是友情和愛情），或是「喜歡」和「愛」是可以辨別的，了解兩者之間的區分後，對於在成年期發展愛情與維持友情有實質的助益。一般而論，友情最大考量在彼此情感維持的連續性，是一種沒有伴隨強烈慾望的感情；而愛情則是考量個人內心的感受和彼此情感投入的程度，是一種伴隨強烈慾望的感情。個人在友情和愛情，或是喜歡和愛當中的情感付出，在「量」與「質」的表現皆不盡相同。

(二)愛與喜歡的測量

　　世上有測量愛情的度量衡嗎？在明白友情和愛情、喜歡和愛的區分後，不禁想運用客觀的方法去釐清愛與喜歡之間的差異。我倆到底算不算是一對戀人？我是愛他還是喜歡他？這樣的問題，時常讓青年男女陷入曖昧不清的迷團中。一般而言，我們對異性所表達的「愛」或「喜歡」的情感，大多是主觀的感嘆句或敘述句，例如：煞到你（台語）、對你的思念像是無止盡的時空隧道、你是我活下去的理由、你是我的巧克力、上了你的癮……等，而這些充滿濃情蜜意的宣言，卻難以分別出到底有多麼愛他？或是到底有多麼喜歡他？目前，在坊間有許多測量兩性之間愛和喜歡的問卷，傳播媒體中探討愛情的call in 節目也相當熱門，從傳統的命理八字、星座、血型，乃至人格特質等不同向度，去推測愛情發生的可能性和速配性。而社會心理學家Rubin認為：描寫愛情最具啟發性的作品是來自小說家和戲劇創作，並非出自心理學和社會學家之手。

　　Rubin 根據進入約會階段的情侶們的陳述，發展出一種愛情量表

與喜歡量表，在愛情量表中包含：依附（attachment）、關懷（caring）和親密（intimacy）三個成分；在喜歡量表中則包含：有利的評價（admiration）、尊重（respect）和相屬性（affection）三個成分（Rubin, 1973）。調查結果發現，若雙方在愛情量表上得分較高，較常有眼神上的接觸，較能公開彼此的關係，六個月後追蹤結果，發現比較有可能繼續在一起，並對彼此承諾婚約。Rubin 也發現兩性在陳述對彼此愛情以及友情的種種並沒有很大的不同，但兩性相較之下，女性會傾向於愛對方來得多。在友情方面，女性同樣也比男性對友人會付出較多的愛。在成人兩性關係中，男性較注重性愛方面的關係；反之，女性則是注重依附、關懷和較低的親密關係（Rubin, 1973; Brannon, 1996; Franzoi, 2000）。個人可藉由愛與喜歡的測量，釐清對對方的情感是何種型態，讓彼此互動舉止行為更適當合宜，不至於造成表錯情的尷尬場面，更有助於學習經營圓融的兩性關係。

(三)紅粉知己和青衫至交

　　雖然我們藉由學者專家們研究提出來的觀點，來釐清友情和愛情的差異所在，但在現實生活當中，常常有人因為疑惑，不禁還是要問：男女之間到底有沒有純友誼？美國學者 Basow（1992）認為造成異性之間純友誼的障礙有性別期待、刻板化性格特質、行為及意識型態等，例如：在許多研究結果發現，在異性友誼中，男性傾向比女性有較多「性」的認知，而女性的善意常被異性誤認是有性趣的。而常見的異性友誼，是因為在結束親密關係後，或是一方明確地表達不可能成為男女朋友之後所形成的。在一般社會的價值之下，異性之間的純友誼發展，在一方或是雙方各有婚約時日益困難。

　　賣座電影「當哈利碰上莎莉」（When Harry Met Sally）裡的經典名句：「男女之間沒有真正的友誼，因為當一個男人遇到一個女人時，他心裡想的就只有那回事。」反觀樂壇上，互為知己的阿根廷女鋼琴家 Martha Argerich 與俄羅斯大提琴家 Maisky Mischa，十年以來的

235

音樂合作經驗，兩人在對話式的二重奏中，呈現出襯托與對比的完美組合，令人驚嘆不已！中國自古以來，男性就有紅粉知己的情形，例如：宋朝大文豪蘇東坡有朝雲和暮雲兩個紅粉知己；女性的青衫至交則是較少見，這與我國傳統的價值觀和文化背景有關。而一般人對異性之間的純友誼的觀點，會傾向於進一步發展為戀愛關係的推測。

男女之間到底有沒有純友誼？這是個見仁見智的觀點，別具差異性。而紅粉知己和青衫至交的界線，以狹義的觀點而言，即是沒有發生性行為和親密的舉動，以及兩人的互動交往情形是可以開誠布公的，尤其是已有婚約配偶者，更是得步步為營，避免陷入曖昧不清的境地，引發情感上的糾葛和紛爭。而其間分寸的拿捏，在當今道德觀念日漸式微，且沒有法律明文約束之下，則有賴個人發揮智慧予以適當的掌握和經營。如此，以誠心善意為出發點，尊重異性為前提，方能擁有異性的愛情與友情，讓兩性關係更臻圓融。

二、愛情的理論基礎

儘管有人說愛情是沒有什麼道理的，是難以解釋清楚的現象。而世間愛情的歷史與人類的歷史一樣悠久，但在學術領域中開始探討愛情則是近一百年的事，學者專家們總是藉由愛情的種種現象，試圖建立其理論觀點，以描繪出愛情的本質。關於愛情的理論基礎，早期的學說大多屬於臨床心理的範疇，而晚近一些的理論則多出自於社會人格心理學的領域。除了上一段探討的研究愛情的先鋒者 Rubin 提出的喜歡與愛的模式、Berschied 和 Walster（1978）區隔熱情之愛和友伴之愛，Freud 也曾提出闡述愛是對自我理想的挑戰。此外，也可援用人際關係的相關理論在兩性的愛情（請參見本書第二章）。茲介紹愛情相關理論 Sternberg 愛的三角形理論（triangle of love）、Lee 愛的六種類型（six styles of loving）以及 Hazan 和 Shaver 的愛情依附類型理論（attachment styles of love）於下。

(一) Sternberg 愛的三角形理論

美國耶魯大學心理學教授Sternberg（1986, 1998）一生研究的兩大範疇為腦和性。他在前半生研究智力，提出了智力三元論（triarchic theory of intelligence）。之後則致力於研究性，參酌 Rubin 的「愛與喜歡量表」和Levinger 制訂的「人際參與量表」來研究愛情，進而發展出「愛的三角形理論」，認為可藉由建立三角形的三頂點而被理解。三頂點各代表愛的三種成分，包括：親密感（initimacy）、激情（passion）和承諾（decision / commitment），根據不同成分的結合，而產生七種愛情關係，愛情的三元素均等，構成了完美的愛；若是親密、激情、承諾的元素愈多，三角型愈大，表示愛情愈多。

Sternberg 認為愛情是由三元素所構成：

1. 親密感

是屬於心理情感向度，彼此分享、相知相惜、心靈交流等。是指在愛情關係中親密、連結、結合的感覺，也包括本質上對愛感到溫暖，具有十個特點：(1)凡事為心愛的人著想；(2)和心愛的人體驗到幸福；(3)高度尊重心愛的人；(4)在需要的時候可以依賴心愛的人；(5)與對方互相了解；(6)分享自我和所擁有的；(7)接受心愛的人情感上的支持；(8)給與情感上的支持；(9)親密的對話；(10)在生命中珍視心愛的人。

2. 激情

是屬於生理動機向度，著重軀體上的吸引、性渴望、愛的感覺。是指在愛情關係中浪漫、肉體的吸引、性的達成和一些相關現象，包括動機的來源及其他形式的激發狀態，與他人結合的慾望，性的需要都會支配這個經驗，還有自我重視、援助、培育、友好關係、優越感、服從及自我實現等也會促成激情的經驗。

3. 承諾

是屬於社會認知向度，包括短期內決定愛上一個人，以及長期的承諾去維持彼此愛的關係。這兩個點並不一定要一起出現，一個人可

第
8
章
兩
性
關
係

以決定愛一個人，但是沒有承諾長久的愛；也可以承諾但是不清楚在
這關係中是否愛另一個人。愛情三元素如圖 8-1 所示。

親密

激情　　　　　　　　　承諾

圖 8-1　　　Sternberg 愛的三角形理論（Sternberg, 1986）

　　這三個成分會互相影響，例如：較強的親密會引導出較強的激情
和承諾。一般而言，三成分是分開但是互動的，都是愛的關係中重要
的成分，重要性隨著三者間的相互關係有所不同，三成分構成了七種
可能的情況，但是沒有一種關係只會被限制在其中一種當中，也沒有
哪一種愛是完全沒有這三成分的。一個人感受到的愛的「總和」，取
決於這三成分的絕對強度；而一個人感受到的愛的「種類」，則取決
於這三成分間彼此的強度關聯。Sternberg 的愛情理論區分出愛情的向
度和元素，在分析上較能兼顧質與量，堪稱是目前愛情研究領域中較
完整的理論。而這三元素和三向度發展成愛的三角形理論，可以說明
愛情的不同面貌，若是改變三角形任何一邊的愛情元素和向度，則會
造成形狀不同的三角形或是不同類型的愛。在各種愛情的關係中，親
密是核心元素，而三個元素的相對強弱，可組合成七種類型的愛情。
茲將 Sternberg 愛情的七種類型說明於下：

　　在 Sternberg 愛情理論中，無愛（nonlove）是談不上有愛情發生。
三元素所組成的七種類型為：(1)喜歡（liking）：感受到真摯深厚的友
誼，有親近和溫暖的感受，但沒有激情和長期承諾。(2)迷戀（infatua-

tion)：將對象當作是夢寐以求的偶像化理想伴侶，典型的一見鍾情，著重在肉體之愛。(3)空洞之愛（empty love）：出現在長期僵化的關係中，熱情逐漸褪去，感情是建立在習慣和害怕改變，像是傳統的老夫老妻。(4)浪漫之愛（romantic love）：愛情建立在身體和情感上的吸引，宛如羅密歐和茱麗葉式的戀曲，熱情伴隨心靈進行交流。(5)友伴之愛（companionate love）：建立在長期相處的友誼中，或是一段婚姻中，身體吸引褪去之後，依然會如此。(6)荒唐之愛（fatuous love）：因為一時的激情而輕許承諾，是閃電式的愛情，但是會因沒有時間發展親密關係而草草結束。(7)完美之愛（consummate love）：三種元素皆俱全，是一種圓滿的愛，也是人們所追求的理想愛情。

表 8-1　Sternberg 愛情理論的七種類型（Sternberg, 1998）

愛情類型　　元素	親密感	激情	決定／承諾
無愛 Nonlove	－	－	－
喜歡 Liking	＋	－	－
迷戀 Infatuated love	－	＋	－
空洞之愛 Empty love	－	－	＋
浪漫之愛 Romantic love	＋	＋	－
友伴之愛 Companionate love	＋	－	＋
荒唐之愛 Fatuous love	－	＋	＋
完美之愛 Consummate love	＋	＋	＋

註：＋表示含有此元素，－表示缺少此元素。每一種愛情類型所含的元素呈現程度不盡相同，並非全有或全無。

(二) Lee 愛的六種類型

加拿大社會學家 Lee（1973）以美國、加拿大和英國的成人為調查的對象，發展出愛情理論，歸納出六種愛情的類型來，並定義出三

第 8 章　兩性關係

239

種主要愛情的類型，包括浪漫之愛（eros, romantic, passionate love）、遊戲之愛（ludus, game-playing love）、友伴之愛（storge, friendship love），以及三種次要愛情的類型，包括占有之愛（mania, possessive, dependent love）、現實之愛（pragma, logical, shopping list love）、無私之愛（agape, all-giving, selfless love）。其觀點是將愛情譬喻為色彩，浪漫之愛、遊戲之愛和友伴之愛三種愛情的基礎類型，如同顏料中的三原色，可調配成許多不同類型愛的特質，就像調配出不同的色彩一般。而次要愛情的類型是由兩種主要類型所組成的，占有之愛是由浪漫之愛和遊戲之愛所組成的，現實之愛是由遊戲之愛和友伴之愛所組成，無私之愛是由浪漫之愛和友伴之愛所組成。合成後的愛情類型又和本來的主要類型不一樣。

茲將 Lee 的六種類型和特質介紹於下：(1)浪漫之愛：是一種飛蛾撲火、義無反顧的情感經驗，用外表去吸引人。(2)友伴之愛：是一種逐漸發展和彼此分享的愛情，隨著漸增的自我坦露有著舒適的親密感。(3)遊戲之愛：是一種建立在樂趣和挑戰的愛情，抱著遊戲人間的心態，並且避免情感信念的投入。(4)占有之愛：是一種滿足自己需求的愛情，以焦慮、嫉妒等來表達自己的情感，會當心自己被對方遺棄；為浪漫之愛加上遊戲之愛。(5)現實之愛：是一種有條件的愛情，在乎年齡、宗教、個性和背景等，以現實需求為愛情發展的考量要點；為友伴之愛加上遊戲之愛。(6)無私之愛：是一種無條件關懷、付出和寬恕的愛情，自我犧牲，不求回報；為浪漫之愛加上友伴之愛。

(三) Hazan 和 Shaver 的愛情依附類型理論

依附（attachment）是指人對人的親近傾向，個體對其所欲親近之對象得以親近時，將會感到安全與滿足。社會心理學家 Hazan 與 Shaver（1987）突破性地根據學者 Bowlby 提出的應用在兒童期親子關係的「依附理論」，以及 Ainsworth 等人的三種嬰幼兒傾向，提出愛情關係的三種愛情依附類型理論，用來詮釋成人的親密關係，其將愛情分

為三類型，包括：安全依附型（secure attachment）、不安全依附型—焦慮與矛盾型（insecure attachment-anxious and ambivalent；簡稱矛盾型），以及不安全依附型—焦慮與逃避型（insecure attachment-anxious and avoidence；簡稱逃避型）。

　　早期的依附關係會在孩子腦中形成運作模式，孩子帶著這運作模式長大，並進而影響他與人際互動情形。愛情的三類依附類型：(1)安全型依附型：幼年是安全型依附者，傾向會與伴侶建立相似的關係，彼此互信且相互扶持，當情人離去時雖然會引發難過，但當兩人相聚時，又會快樂地彼此相待。(2)矛盾型依附型：在上述的情況下，則容易引發嚴重的困擾，不太能忍受分離，常有極端的情緒反應，善於嫉妒，並且期待雙方的付出與回饋是互惠的。當情人回來時，即使心中想要親近對方，但行為卻表現出排斥與抗拒，造成緊張矛盾的關係。(3)逃避型依附型：甚少表露情緒，當與情人分離時不會表現出不悅，當相聚時則出現冷淡與逃避，有極端的情緒反應與嫉妒，但也害怕與逃避和伴侶間的親密關係，這種舉動常讓對方不知所措。所以個人當明白自己的依附風格，並覺察自己的依附風格目前在愛情上是如何運作，如此方能針對缺失之處了以改善。

三、兩性情感的發展

　　愛情是怎麼發生的？兩性之間的愛情，常常有人歸因為是上天注定的、是上輩子相欠的，以及是愛神安排的，道出了心中的期待與無奈。「麻雀變鳳凰」、「電子情書」以及「秋天的童話」，這些浪漫喜劇戀情總是發生在電影場景中，在真實世界裡，藍色悲劇戀情也不斷地上演，愛情的發展總是那麼順利甜蜜或坎坷傷神嗎？你準備要談一場戀愛了嗎？先了解兩性情感發展的相關議題吧！茲將兩性相互吸引的條件、兩性感情的發展階段，以及兩性交往的步驟探討於下。

(一)兩性相互吸引的條件

在愛情的國度裡，常有人說：愛情是不分男女老少和貧賤富貴的，年齡不是問題，身高不是距離，體重更不是壓力。我們也會在現實生活中看到老少配、高矮配、互補型、相似型等，無論是緣份天注定或是自己的精挑細選，「情人眼裡出西施」，每個人都可能成為戀人心目中的「白馬王子」或是「白雪公主」，個人對戀人條件的品味需求也不盡相同，茲將兩性相互吸引的條件探討於下。

1. 外表吸引力（physical attraction）

出色的外表比一封介紹信更具推薦效果。人際關係的形成通常由於吸引感覺或喜愛對方而引發，為陌生人所吸引強烈地受到外貌吸引力之知覺的影響，對外貌之吸引力又受到文化及個體差異的影響（Smith & Mackie, 2001）。因此，個人對異性外表美醜的知覺是具差異性的，即是所謂的環肥燕瘦各有所愛，而且也會隨著流行風潮而改變。人們常說「不要以貌取人！」但俊男美女是大部分的人都喜歡看的。為何外表吸引力如此重要呢？以心理學觀點來看，最明顯的理由是好看的外型會自然引發人們的愉悅感，進而產生月暈效應（halo effect），認為外表出色的人會比外表平庸的人較具有美好的人格特質。例如：在電視節目「非常男女」婚友活動中，剛開始帥哥美女常常是引人注目、人氣最旺的。還有出色的外表具有逸散效應（radiating effect），即是和具吸引力的人交往或做朋友，可以促進自己的公眾形象甚至能獲得好名聲（陳麗欣，民 89）。例如：和才華洋溢的人交往或做朋友，可以顯示自己的眼光和品味不俗。

2. 時空的接近程度（proximity）

兩性因時空的接近有了「近水樓台先得月」和「日久生情」的情形，時空距離會影響兩性情感的建立，是因為對彼此較熟悉，自然接觸互動機率高，不需大費周章安排見面時間和機會，如果可以接受的人經常出現在眼前，能增加對其喜歡的程度，這稱之為曝光效應（mere exposure effect），但若在開始出現時就感到不喜歡，則曝光效應將無從產生。國內林宜旻和陳皎眉（民84）曾以七十二位大學生為調查對象，結果發現他們認識異性交往的途徑，以班上和系上的同學為最多（53.33%），其次是社團的團員（31.66%），再其次則是在其他遊樂場合中所認識的（10%）。可見時空的接近，有助於接觸的機會和情感的發展。Feeney（1999）曾以七十二對進入約會階段的情侶為研究對象，結果發現親近距離（closeness-distance）是重要的，意即距離的遠近與兩人相處品質成正比。在日常生活中也可見因時空接近而產生的戀情，例如：在職場中發生的辦公室戀情、在校園中發生的班對。反觀在台灣地區因實施兵役制度，所以年輕情侶之間有男性入伍後，因為時空阻隔的因素而產生「兵變」的情形；或是一方出國留學，戀情也隨之無疾而終。

3.兩人的相似性（similarity）

在人際關係中容易與特質相近的人結交為朋友，正是所謂的「物以類聚」和「氣味相投」，在兩性情感發展方面，兩人的相似性大致上包括年齡、個性、興趣、家庭背景、教育程度、社會地位、聰明才智、對感情的看法、價值觀等。相似性常常反應在態度方面的相近，在態度與價值觀上的相似是吸引彼此發展親密關係的重要因素，心理學家Newcomb（1989）曾提出研究結果，發現態度相似的人傾向會成為朋友，而在重要事件上持相同觀點的人，要比在些微小事上有相同意見者更能互相吸引對方。易言之，個體在態度上的認知、情感和行為愈相近，彼此的接納程度就愈高，這也是建立親密關係的重要因素之一。Fink和Wild（1995）研究發現，相似性是支持個人在選擇朋友時所考慮的一個重要因素，而且個性相似的人互結為朋友的機率也較高，彼此在溝通方面也較能順暢，有一種巧遇知音的感受。例如：有些適婚男女在擇偶時，會選擇工作性質相近者，認為如此雙方比較好溝通。

第8章 兩性關係

4. 彼此需求互補（complementarity）

　　兩性情感的發展，相對於態度上相似性的吸引，若是在人格特質上互補者也會彼此吸引，例如：依賴性強的男性可能會吸引母性較強的女性；恬靜的女性可能會吸引外向的男性。Yaughn 和 Nowicki（1999）以英國大學生為調查對象，發現兩性在異性相處可以接受互補型對象，但在同性間的親近關係中，女性則是比男性較能接受互補型的友人，這與 Orford's 在一九八六年的研究一致。但關於這方面的觀點莫衷一是，也有持反對的觀點，認為相識初始階段，兩性彼此人格特質上的相異互補性可能會引起對方的好奇，進而吸引其注意，若是以長期關係而言，彼此的相異性可能會造成關係衝突，甚至導致分手的理由之一。但值得關注的是，「互補性」是否吸引對方，得視對方對此差異性的需求如何。例如：一位外表纖細嬌小的女性，不一定喜歡猛男型的男性；一位外表雄壯威武的男性，也不一定喜歡小鳥依人型的女性。

5. 人格特質（personality）

　　個人有許多人格特質，在社會化歷程中，漸漸地會成為個人的一種形象和代表符號，這是經過經驗的累積學習而來的。無論性別，通常擁有正面特質者的確會使個人更具吸引力，例如：溫柔的、體貼的、有安全感、有耐心的、可信賴的、獨立的，以及幽默感等。而在兩性關係中，國內學者李美枝（民 81）曾以大學生為對象，調查其認為適合男性和女性的人格特質為何，研究結果發現，男性人格特質項目與傳統對男性期待的「陽剛」特質符合，女性人格特質項目也與傳統對女性期待的「陰柔」特質符合。

　　之後，柯淑敏（民 90）在民國八十四年至八十八年間曾以大學生為對象，調查其認為吸引人的男性和女性的特質。結果吸引人的男性特質為：溫柔體貼、穩重、聰敏的、負責努力的、幽默風趣的、具領導力的、帥帥的、整潔的、會做家事的、不大男人主義的、有生活情趣的、孝順的、健康的、誠實的。吸引人的女性特質為：溫柔體貼、

善解人意的、聰敏的、有思想的、活潑可愛的、積極的、美麗的、獨立的、會做家事的、不大女人主義的、有生活情趣的、孝順的、健康的、純樸的。

　　由調查結果發現，溫柔體貼的男性受歡迎，具獨立積極等陽剛特質的女性也受男性青睞。而有多項特質同時出現在受歡迎的男性和女性身上，例如：溫柔體貼、會做家事的、不大男人或不大女人主義等，所以受歡迎的男性或是女性可能同時具有陽剛特質和陰柔特質。而這些特質形容詞的使用，也反應出現代社會的現況，以及年輕人對兩性角色的思考和價值觀，與傳統觀念相較，已漸漸有了轉變與彈性。

(二)兩性感情的發展階段

　　有人談起戀愛如電光火石、稍縱即逝，有的卻能天長地久、海枯石爛，進入「死生契闊，與子成說；執子之手，與子偕老」的互許承諾境界。愛情的擁有並非一蹴可幾，縱然時下流行速食愛情風潮，但愛情需要醞釀而後循序漸進發展，過程中需要彼此的呵護照料，方能逐漸發芽茁壯，形成有根基的穩固愛情。茲將兩性感情的發展階段探討於下：

1. 認識準備期

　　男女雙方可經由各種活動或由他人介紹，先知道對方的名字與基本的背景資料，產生對彼此的印象與感覺，此時所感受的是屬於表面的。如果此時對彼此沒有好感，不能接受甚至有厭惡感，則不會繼續發展。此期可做些準備事項，多製造見面機會，外在維持整潔，多表現內在的涵養，以及鮮明正面的人格特質、個性，藉以彼此相互吸引。若是對方沒注意到或是拒絕，不要氣餒，可以誠意邀約，或是有風度的離開。

2. 觀察發展期

　　在經過初步認識，雙方彼此有好感後，其中任何一方——通常是男性較多，會主動表示要進一步交往的想法，如果對方可以接受的

話,則雙方會有默契地增加會面、互通電話、互通書信或接觸的機會。此期雙方的互相了解會以最美好的一面呈現給對方,透過約會、噓寒問暖、互送禮物,借以提升對方對自己的好感,情感開始投入時,在甜言蜜語的籠罩之下,更要維持理性,靜下心來觀察對方的言行舉止,去了解對方真實的面貌,若感情進展順利,雙方會產生朝思暮想的情愫,彼此的關係會日漸穩固。

3. 激情甜蜜期

彼此的關係日漸穩固後,產生心屬對方的感覺,身體的接觸日漸頻繁,例如:擁抱、接吻、愛撫,甚至發展到做愛。雙方籠罩在濃情蜜意的氣氛中,沈醉在兩人世界,在天願作比翼鳥,在地願為連理枝,身體與心靈的交會,產生愉悅舒適的感受。有些人甚至會耽溺於性活動,每次約會都希望能有實際的身體接觸,尤其是目前的網路世代更是常見。由於雙方均對此感到激情與新鮮,所以此階段彼此身體的吸引力最大。值得關注是,過度的肉體接觸探索,會影響個人當初對愛情的憧憬,由於對彼此的神秘感已褪去,之後的互動對待方式也將有所改變。

4. 質疑衝突期

當雙方較了解彼此的人格特質之後,要謹慎考量彼此的優缺點和適配性如何,試問自己可以接受對方的缺點嗎?勿心存愛情可以克服一切的夢幻想法,兩性感情的經營是長期關係,並非一朝一夕,採取理性溝通的方式,探討彼此修正包容的可能性。因為一旦進入熟悉狀況之後,如果雙方不懂得包容與體諒,容易因為對方的缺點或是生活瑣碎產生衝突,而有激烈言語、負面情緒,甚至肢體的互動衝突。此刻需要靜下來,聽聽自己內在的聲音,再理性的處理問題。

5. 適應接受期

當彼此願意接受對方的人格特質、個性、優缺點,也有心經營這份感情之後,可以抱持學習的心,一起共同學習成長,此期若是出現摩擦,要誠心的調整彼此的觀點行為,雙方會逐漸熟悉處理衝突的方

式與技巧，甚至會發展出一套適合彼此的問題處理模式，讓彼此的感情日益穩固，因此有些情侶會進入平淡的狀況，或是採取同居方式互動。反觀，若是此期遇到衝突時，仍然無找出癥結點加以修正處理，則要慎重地檢討感情是否要繼續進行。

6. 許下承諾期

當彼此感情上軌道，可以適應接受對方，也建立了屬於彼此的一套溝通和處理問題的模式後，會進而彼此許下承諾，用真摯的心邀請對方加入自己的生命之旅，將彼此加入自己的生涯規畫中，共同分享彼此的計畫，例如：進修、工作、個人的困境、人生大夢等。並進而策畫共同的目標，例如：共組家庭、與對方的家人建立關係、經濟上的準備，甚至是生育、購屋、買車等細節，決心攜手共創未來。

(三)兩性交往的步驟

情侶進入交往狀態中，會花較多的時間相處，藉著大量的交談，以語言表達愛意，對對方的正向感覺增加，相互產生更深層的自我揭露，並以物質和非物質來為愛情做見證，關心對方的福祉，漸而有一種休戚與共的感受（苗廷威譯，民 85）。兩性的交往是要循序漸進的，急不得也拖不得，需要步步為營，用心去規畫執行。茲將兩性交往的適當步驟說明如下：

1. 自我評估

先了解本身的人格特質和所具有的條件，評估自己對愛情的觀點和需求，以及自己所期待的對象為何？並且學習如何與他人相處，建立圓融的人際關係，尊重兩性之間的差異，以及兩性平權之正確觀念。如此，在情感方面才能尋求適當可行的滿足途徑。

2. 結交異性

透過多元正當的管道結交異性，例如：職場、社團、活動參與、透過他人介紹、婚友社、網路等管道，起心動念應以誠意為出發點，以培養建立友誼的基礎。唯目前社會事件中，電話和網路交友所衍生

的危險問題，在參與之初需要謹慎的考量和面對。

3.約會活動

兩性的約會通常在培養友誼基礎後，可能循序漸進的透過團體活動和團體約會，之後進行單獨約會，藉由增加對彼此的認識和了解，促進心靈層面和思考價值觀等互動。目前社會風氣開放且有晚婚的趨勢，有認識後直接進行單獨約會的情形。

4.固定對象

雙方對彼此有相當程度的了解，可接受對方的人格特質，以及包容對方的缺點。藉由兩人的獨處，深入認知彼此的身體、心理、社會各層面，擴大對雙方家庭和人際網絡的了解。此期除了沉浸在兩人甜蜜世界中，也會漸漸發展出共同的朋友，和從事共同的社交活動。

5.婚姻承諾

雙方在建立了情感的基礎後，若是計畫共度今生和共組家庭，彼此在認知心態上要學習適當調整，以適應未來的共同家庭生活。接著舉行相互承諾的公開儀式，經過公開訂婚和結婚儀式結為正式夫妻。在結婚之前的準備事項也不可疏忽，例如：婚前健康檢查、經濟規畫，和家事分擔等。

個人在友伴關係的發展過程中，到成年後進入異性密友階段，在尋找生命的伙伴，得歷經種種學習和考驗，方能建立共識一起經營、規畫人生，完成彼此生命階段的任務。然而時代在換軌，在資訊科技世紀中，兩性的交往節奏變得很快，網路交友、雜交、一夜情、閃電結婚、閃電離婚等社會事件時有所聞，在交往過程中的步驟和順序不太一致，但發自善意的起心動念不可或缺。兩個來自不同成長背景且沒有血緣的男女，要攜手共度一生，如果沒有深厚的感情做為基礎，的確像是一場大冒險，往往會落得兩敗俱傷，彼此的相互尊重、包容和用心經營，有助於兩性關係的和諧成長。

性與親密關係

　　一直以來，在我國的文化思想中，「性」常常是個禁忌的話題，被蒙上一層神秘的面紗，雖然隨著時代演變，社會風氣開放，依然停留在「只能做，不便說」的奇妙氛圍中。一般而言，在雌雄異體的動物界裡，個體和族群的繁衍，必須經過性的行為方能達成。而性行為對人類而言，對每個人身心健康的影響和意義相當深遠，從事性行為可以帶來身心靈的歡愉，已不再單純只是為了傳宗接代，它還有其他心理與社會層面的意義。本節旨在探討性的基礎概念、性態度和性行為、性慾與自慰、性的反應週期，以及安全性行為的策略等。

一、性的概念

　　「飲食男女，人之大慾存焉」。性在人類發展過程中常被討論，性活動可帶來愉悅性和破壞性。性活動是一種極度隱私的人際活動，只和最親密的人進行分享，它同時具有正面和負面的意涵，可以用來維持與他人的關係，相對的也可以當作一種人際手段以滿足私慾。男歡女愛若合乎一般社會風情禮俗，乃是天經地義的事，可以用健康的態度面對，不需投以異樣眼光。茲分別探討性的意義、性態度與性行為，以及兩性性慾與自慰議題於下：

(一)性的意義：掀開性的神秘面紗

　　以心理學的觀點而言，一個人在成長過程中，皆有該階段的發展任務，而學習如何和異性相處互動，發展健全的兩性關係，以及建立家庭，乃是青少年階段至青年階段的發展任務，可說是人生中的大

事。一般而論，性是人類的基本需求之一，在坊間可見許多助性的情趣用品，在傳媒也有許多壯陽補陰的藥品廣告，之前，威而剛和威而柔的問世，形成趨之若鶩的景象。這些現象所隱含的問題，值得吾人正視和關注。在我國現行的教育制度中，在國中階段開始安排了初步的性教育課程，但有些人到了成人後，縱然有了性行為的經驗，對性依然是懵懵懂懂，一知半解，似懂非懂。

許多人對於性仍持有似是而非的概念，例如：大部分超過六十五歲的男性或是女性的性慾會降低或沒有性慾；若是性伴侶有較大的陰莖，則女性較容易達到高潮；酒精可以提高性動機；自慰會造成不好的後果；成熟的女性多半達到陰道高潮，而不成熟的女性多半達到陰蒂高潮；在一個成功及成熟的性關係中，雙方通常可以同時達到高潮、不需要與性伴侶討論性，因為性是自然發生的等錯誤的觀念（羅惠筠、陳秀珍譯，民 81）。如果你也持有類似的錯誤概念，不必太擔心，抱持著健康的心態來看待「性」這件事，會發現性不再是神秘的，性甚至是需要終生學習的重要議題。

以種族性觀點而言，性在文明中扮有重要的角色。精神分析大師 Freud 更認為人類文明的創作和性有關，因為性在人類生活扮演的角色，除生殖繁衍後代外，還有歡愉或更深一層的文明使命（Belliotti, 1993）。性在兩性之間具有個別的意義，男性常會將性視為一種成就、優勢、掌控，以及權力的表徵，或者純粹只是生理上的發洩；女性則通常將性與感情及親密感做聯結。隨著年齡的增長，大多數的男性發生性行為的主要動機，會由生理的愉悅轉為被愛與親密感所取代；相對的，女性到了中年之後，生理快感會變得更加重要，而男性比女性更會區分性與愛之間的差異（Basow, 1992）。

(二)性態度和性行為的探討

綜觀全球性態度和性行為的演變，一九六〇年代和一九七〇年代之前，性交被視為「成為夫妻」的象徵；在一九八〇年代早期，因為

梅毒、淋病，AIDS 等危險性病的影響，性態度和性行為趨向保守，之後有愈來愈開放的趨勢；到了一九九○年代，在美國全國調查發現，可以接受異性初見面因喜愛而發生性行為的觀念（男 66%，女 38%）；到了二○○○年代，因為資訊科技的發達，人們的性態度和性行為隨之更加開放（趙居蓮譯，民 84；Basow, 1992; Christopher & Sprecher, 2000）。個人對性態度和性行為的觀點不盡相同，因為性別和個別差異，有的人縱然沒有承諾的關係，也可以將性視為一件享樂的事；有人則視為對伴侶親密和承諾的一種表達。因此，性活動在兩性關係中可以是加強關係的潤滑劑，也可能是產生衝突的來源（Smith & Mackie, 2001）。傳統上，所有的性行為都被假定是在婚姻中才能發生的，但是婚姻之外所發生的性行為在近年來已大量增加。對男人而言，是由性導致愛；對女人而言，則是由愛導致性（苗廷威，民 85）。

國內學者晏涵文（民 87）自民國六十八年起，每隔十年調查國內青少年約會現況及婚前性行為，在民國八十七年完成調查並與過去資料比對，提出評比報告指出，青少年婚前性行為比率統計二十年來大幅增加。依民國六十八年、七十七年和八十七年調查結果的評比，男女整體婚前性行為是 12.9%、20.6%、30.14%；男性婚前性行為 20.7%、35.2%、37.5%；女性婚前性行為 4%、6.9%、26.7%。值得關注的是，女性性態度開放速度較男性快速，相當於現代女性每四人之中，至少一人有過婚前性行為，且有腰部以下的重度愛撫行為比例達 42.4%，較十年前增加近四倍。因重度愛撫與性交行為有一定程度的關聯，可預料未來女性婚前性行為的比例仍會再上升。隨著社會風氣的逐漸開放，兩性之間的交往，在感情的表達上也由含蓄轉為開放，再加上網路資訊發達的推波助瀾，婚前性行為、性愛派對、一夜情、網路援交等情形時有所聞，而建立健康正確的性態度、性行為是刻不容緩的。

兩性之間的親密互動，除了性器官結合的性行為之外，還會以愛撫表達自己的情感，廣義而言，愛撫是指用雙手或以身體器官與異性接觸的性活動方式。兩性交往持續一段時間後，漸漸會以愛撫表達對

對方的愛慕之意。愛撫的動作包括接吻、擁抱、以手刺激身體及器官，以及口交等。愛撫對已婚夫妻而言，通常是做愛或性交的一部分，但未婚男女的愛撫並不是一定伴隨著性交。有人認為愛撫可以使情侶對性刺激作適當的反應，也可以在沒有懷孕的壓力下，進行相互的分享快樂、放鬆緊張，或是紓減焦慮，但生理衝動若沒適當節制，將衍生許多問題，例如：感情糾紛、意外懷孕、性傳染病、性騷擾、性侵害等。

(三)兩性性慾與自慰的探討

性慾（sexual desire）是指在異性刺激的作用下，對性行為產生的一種慾望。然而，由於每個人的個性、體質、生活背景等各有所不同，或者因為每對伴侶之間的感情及相處方式有所差異，所以性慾的強弱對每個人而言也會有很大的不同。如眾所周知，性行為是大自然賦與人類的一種本能，可做為性生理活動重要環節之一的性慾，也就是一種天然的生物功能，並非是淫褻、羞恥或是不能言狀的事。現代醫學認為性器官的成熟、性心理的驅動、性腺分泌物的刺激、性生活的經驗等會引發個人的性慾。

所以性慾的引發往往是多方面因素導致的結果，尤其是人類具有高級的神經活動，不但思維、意識、情感與環境等因素與性慾息息相關，而且連語言、文字、聲音、圖畫等也會為性慾帶來舉足輕重的影響。不管性慾是從何而來，最重要的是如何將性慾引導到適當的管道，以尋求合理的宣洩與紓解。避免濫用藥物和酒精，減少閱讀色情的書刊、報章及三級電影，將慾念昇華、有限度的發洩。性慾本身是正常的，要考量是否以適當為社會所接受的途徑發洩性慾，以及是否對個人的情緒、工作、社交、自尊等造成負面影響。

自慰（masturbation）又稱手淫，或是自瀆，是指自我刺激性器官，以獲得滿足的性活動。自慰不只是在青少年時期才會發生，兒童在年紀較小的時候，就會撫摸自己的性器官，但通常父母會嚴厲的制

止，導致兒童只能在暗地裡進行手淫，成年以後即使有性伴侶，手淫仍是滿足性慾的一種方法，只是頻率多寡具差異性。不過隨著社會觀念愈能容許手淫的發生，相對的個人也愈少引發罪惡感。

基本上，今日手淫已不再被視為性變態了。手淫可以讓個人熟悉自己的性器官，並知道自己性器官的部位與引起性興奮的方法，有利於婚後的性生活，而且可以自我檢查性器官，以便及早預防性疾病的產生。但凡事過猶不及，太多的手淫行為容易造成身心疲倦，妨害個人擴展生活的層面，以及積極參與戶外活動的精力。目前性行為研究上，都同意手淫是無害生理健康的性活動，但過度的手淫可能是生活不適應的主因，同樣的也可以藉由轉移注意力等適當的方式來改善。

二、性反應週期探討

性反應是指一般人從完全沒有性慾到發揮性功能的狀態。對大多數的人而言，性是一件美好愉悅的事，也是許多人所樂此不疲的生活泉源。Masters和Johnson（1966）在實驗室中，以312位男性和382位女性為研究對象，研究結果修正了早期認為性反應具有性別差異的謬思，而將人類性反應週期（a sexual response cycle）區分為四個階段：興奮期（excitement phase）、高原期（plateau phase）、高潮期（orgasmic phase），以及消退期（resolution phase），茲分別探討說明如下（江漢生，民85；Masters & Johnson, 1966）：

(一)興奮期

興奮期（excitement phase）是性反應週期的第一個階段，此期喚起性的生理徵兆明顯變化。是從接觸到性刺激開始，例如：幻想、情境、聲音、氣味、愛撫、擁抱等，在大腦及身體開始運作產生「性」趣，使血管產生充血現象，此期男性有陰莖勃起現象，女性有陰道潤滑、陰唇和陰蒂腫脹的現象。還有兩性乳頭會挺立、肌肉緊張、心跳

和血壓增加，男女最先在胸前會出現一種類似紅疹的緊張性潮紅（sex tension flush），且女性比男性出現的多。此時若是繼續刺激能促使進入下一期。

(二)高原期

高原期（plateau phase）是性反應週期的第二個階段，或稱停滯期，此期興奮期的改變持續地增強。是從興奮期之後，隨著性刺激的持續而在生理及心理上逐漸加溫，生理上的變化與興奮期相似，但是較強烈，男性的陰莖及龜頭直徑會增大，睪丸體積會增大並上提到陰囊的頂部；女性有陰道緊縮，陰道的外三分之一部分會充血，是達到高原期的特徵。兩性的緊張性潮紅會漸漸擴散到胸部、肩膀、背部，這些現象會一直持續到高潮前的反應期。

(三)高潮期

高潮期（orgasmic phase）是性反應週期的第三個階段，此期經驗到性愉悅的高峰。累積的性緊張在極度愉悅的狀態下釋放出來，身體和精神都處於最興奮的階段，但是在時間上卻是非常短暫的。此期男性會伴隨射精（ejaculation），將精子從陰莖中射出體外，隨即進入不反應期（refractory period），逐漸失去性慾和再衝動的慾望，一直到下次再興奮之前；女性的肌肉節奏性收縮則是持續較久，部分女性可以很快經由持續性刺激而再達到高潮期，這種情況對男性而言則是較少見。

(四)消退期

消退期（resolution phase）是性反應週期的完成階段，此時性興奮生理上的徵兆會迅速消失。從高潮期後往下走的階段，生理的回復與產生興奮的速度成正比，即興奮狀態出現愈慢，生理回復也就愈慢，反之亦然。男性的生理消退先在數分鐘內勃起降低約一半，其餘勃起

則是慢慢消退，且會經驗到倦怠期，暫時對性刺激失去反應；女性的
生理則是快速回復，比較沒有倦怠的經驗產生。

　　男性和女性雖然在性的反應上都會經歷以上的四個階段，但是其
中的差異卻是很大的。最明顯的差別就是在時間上，一般男性無論是
興奮期、高原期、高潮期或是消退期都可以在幾分鐘或幾十秒鐘內完
成，但是在女性方面卻是需要較長的時間醞釀。此外，女性在各個階
段所感受與體驗到的情況也有許多不同的變化。基本上，性的這四個
反應週期是連貫而持續的，有時候也很難清楚地劃分出其間的分野，
區分為這四個階段，是為了讓我們能辨識與了解整個性行為過程的差
異。如果我們能夠認識性生理反應的各種節奏與變化，進而慢慢地去
感受了解，仔細去體會其中的意境，將有助於自我控制與自信。同
時，了解性反應的知識也可以知己知彼，互相配合，相輔相成，以藉
由圓滿的性關係促進彼此的情感。

三、安全性行為的策略

　　十八世紀初，英王查埋二世的御醫 Condom，使用小羊的盲腸製
成最早的保險套；保險套的問世，使人類在避孕方面的努力，終於有
了一個很大的突破。隨著醫學的進步，避孕方法也有多種的選擇，如
今保險套有男用和女用的，有因不同需要而做各種形狀的改變，也有
各種藥物或味道的。口服避孕藥也有長效的注射劑型。輸精管或輸卵
管的結紮，也為許多人所選擇。人類在性文明的演化，從以生育為目
的，經過純綷為享受沒有懷孕之慮的性歡愉，到男女各自能對性有自
主權，因而學習到對彼此性需求的認知和肯定，也發展出對彼此的尊
重。茲將探討有效的避孕方法和婚前性行為於下：

(一)一般的避孕方法

　　在人們享受性行為所帶來愉悅之外，也要極力避免非預期的受孕

可能，以及感染病菌的可能，因此安全措施是免不了的，如此可確保性活動的順利進行，以及避免不慎懷孕所引發的困擾。茲將一般的避孕方法（contraception）說明如下：

1. 性交中斷法

男性使用的避孕方式。即是體外射精法，當雙方沒有計畫懷孕時，男性在高潮射精前緊急抽回陰莖，將精液射在陰道外，雖不需任何準備，卻是不太負責任的避孕方式，因為難以用意志力掌控性活動，失敗率高達百分之七十以上。

2. 沖洗陰道法

女性使用的避孕方式。在事後沖洗陰道，這是一種平日時有所聞的錯誤觀念，陰道洗淨法不具避孕效果，精子從陰道到達子宮頸的時間只需九十秒鐘，射入陰道的沖洗液體，反而會促使精子活動得更快。

3. 安全期推算法

女性使用的避孕方式。但是不一定安全，女性排卵期為下次月經來臨的前十四天左右。因此，下次月經來前的十一天至十九天左右，是容易懷孕的時期，其他時間則較安全。但是女性排卵易受到情緒起伏或是服用藥物等影響，尤其是生理週期不穩定的人，推算的準確度會降低。

4. 基礎體溫法

女性使用的避孕方式。必須持之以恆，每天測量記錄早晨醒來尚未活動前的體溫，了解排卵的日期。每天早晨醒來時先不下床、不坐起、不伸懶腰或發出聲音，將女性用體溫計放於舌頭下，靜等五分鐘後，詳細記錄體溫。當女性前一天晚上遲睡、喝了酒，都可能使體溫發生變化，所以適合生活極有規律且有恆心之人使用。

5. 保險套

男性使用的避孕方式。若使用得當且全程使用，避孕效果達百分之九十，另外百分之十為使用方法不當，或偶爾沒有使用保險套。值得注意的是，選購時要注意有效日期和品質的優劣，以避免影響避孕

效果。

6. 口服避孕丸

女性使用的避孕方式。避孕效果高,利用假孕的生理變化抑制排卵。由於口服避孕丸可能造成種種身體的不適,再加上副作用迄今未明,因此必須請醫生處方後再服用較為安全,並定期看診檢查,而未成年者最好不要服用。

7. 其　他

未婚者較不適用之避孕法。包括海綿塞、女用避孕套、殺精子劑、子宮帽、手臂植入諾普蘭藥劑(Norplant)、輸精管結紮、輸卵管結紮、子宮內避孕器(樂普、銅 T、母體樂等)。還有人工流產,即是俗稱的墮胎,是通過醫藥手段終止懷孕的一種方法,人工流產手術必須在合格的醫院或診所由醫生操作,一般在懷孕的頭三個月進行較為適當。

(二)婚前性行為的探討

陷入愛情迷惘中的男女容易有性方面的衝動與誘惑,除了社會風氣的開放外,生理的自然因素,還有心理上認為性是愛情的最大肯定,將性做為愛情相互歸屬的重要證據,甚至當作是對心儀的人的奉獻,尤其是部分女性存著以奉獻貞操來表達對這份愛情的認可。而社會中對於婚前性行為的雙重標準(double standard)——即是允許男性有婚前性行為,而不容許女性有的雙重標準觀點也逐漸改變。但值得關注的是,女性在發生性關係後,無論在生理或心理上,付出的成本總比男性高。近來,在台灣結婚年齡往後延長、避孕方式的多樣化與便利性,甚至是醫學上處女膜重整術的發達,這些更是助長了婚前性行為的風氣。

婚前性行為會影響往後的婚姻嗎?各家的觀點莫衷一是,相關的研究發現,婚前有性行為的夫妻或同居者的結婚率與沒有婚前性行為者相同,且婚姻成功與否與兩人過去性行為的歷史無關;在差異方面

257

則是，有婚前同居經驗者性經驗較豐富，以及在家事分工上，較少呈現性別角色刻板印象（Baron & Byrne, 1997）。而婚前的性行為也有不利處，列舉如下（簡春安，民85）：(1)婚前性行為會降低戀愛品質：婚前發生性行為後，做愛的時間會比談情說愛的時間多，精神心靈上的溝通減少，且會快速對彼此失去神秘感。(2)婚前性行為對於女性較不利：在我們的社會文化中，對女性仍存有較高道德標準的要求，因此，大部分輿論對女性傷害較大。(3)婚前性行為沒懷孕卻因故分手：婚前性行為沒懷孕卻因故分手，在內心會蒙上一層陰影，或多或少會影響往後的戀情和婚姻。

在全世界性態度和性行為日趨開放之際，對婚前性行為的接受增加了個人選擇的權利，因此人人都必須培養適當且健康的性態度，學習相關健康的性資訊，以及面對不同情感狀況時，在性行為方面能做出理性負責的決定。每一個成人皆是獨立的個體，對自己的身體有絕對的自主權，可以決定是否要進行婚前性行為，但必須尊重他人的價值觀、身體和決定，在健康安全的前提下進行性行為活動。同時要先考量彼此對感情的規畫、對性的態度、承擔事後引發問題的能力等，如此方能降低自己和社會的問題。

第三節
情感失落的調適

江淹《別賦》：「黯然銷魂者，唯別而已矣！」道盡了分離事件對一個人的折磨，竟然可以到銷魂的地步！面對重聚渺茫的離別，想必是令人心碎絕望和痛苦難當。因為世上難有事物可以取代人與人之間的情與愛。王子與公主從此過著快樂的日子，這種圓滿結局在童話故事中總是被鋪陳著，但世間男女卻常為愛情受了苦，在社會新聞中，常見男女情感破裂，採取自殘至形銷骨立的模樣，或是玉石俱焚

的激烈處理方式，皆令人不寒而慄。相愛得靠遇上機會，分手得靠個人智慧，理性的分手方式是需要學習的。本節旨在探討分手的相關理論、分手原因，以及分手的策略和調適。

一、分手的相關理論

Fromm：「幾乎沒有任何一種活動、任何一個企業，有如愛情這般。開始時，充滿無限希望與期許；結束時，卻又毫無例外的落空。」在這生活節奏快速的資訊世紀，兩性之間的愛情也隨之充滿變異性，縱然「分離」事件對一個人的折磨，可以到銷魂的地步，但是它並非是毫無道理可循的。在分手的相關理論方面，可以援用人際需求論、社會交換論、公平理論、社會角色理論來詮釋親密關係疏離的意義（請參見本書第二章）。此外，本章第一節所探討的Sternberg愛的三角形理論、Lee 愛的六種類型，以及 Hazan 和 Shaver 的愛情依附類型理論，可以援用來推論親密關係惡化的原由。在此，茲將分手的相關理論、關係破裂模式（model of relationship dissoultion）和對關係不滿的反應模式（model of responses to relationship）介紹於下。

(一)關係破裂模式

關係破裂模式是由Duck（1992）所提出來的，他認為親密關係破裂並非只是單一事件，而是歷經系統化醞釀的一個過程，並且循序漸進的發生改變，一直達到每一階段的臨界點而爆破。關係破裂歷經的五個階段如下：

1. 分裂階段（breakdown phase）

在此階段，雙方至少有一人對彼此的關係感到不滿意，或是認為彼此之間有問題存在。如果當事者認為這些麻煩是戀愛過程中自然會發生的，便不會說出來，也不會進入到下一個階段。反之，如果當事者認為事態嚴重，再也無法忍受伴侶而開始產生分裂，此時，在內心

會開始掙扎，接著會進入下一個階段。

2.內心階段（intrapsychic phase）

當事者跨過「我再也無法忍受了」的思考界線之後，便進入此階段。關注的焦點在於問題或是伴侶的情緒上，也是內心感到孤寂的開始，對彼此關係感到不滿，而且已忍受了一段時間，但卻將不滿放在心裡，或只向親近的友人傾訴，但不會對伴侶說出自己內心的想法，而伴侶也可能沒察覺到問題的存在。當事者可能會決定向對方攤牌，接著進入下一個階段。

3.談判階段（dyadic phase）

當事者產生了「我離開是無罪的」、「我離開是對的」等念頭，便進入此階段。關注的焦點在彼此的關係上，開始與對方談判。關係若不是很正式者，會採較含蓄的處理方式，例如：向對方說保持聯絡、我會與你聯絡、我再打電話給你、有緣再見面等。若是牽涉到婚姻或是同居關係，則應當面說明，以便可以進一步討論，決定試圖修復或結束關係。若是決定結束關係則進入下一個階段。

4.社交階段（social phase）

當事者思考並說出：「告訴你，我是玩真的」、「警告你，我是認真的」等，便進入此階段。當談判溝通依然沒改善時，雙方其中一人會提醒對方即將分手的事實，若關係破裂則進入公諸於世的狀況，各自尋求後援支持，向外界吐露自己的心聲，試圖合理化自己的過去所為，認為錯不在自己。此階段藉由與人際支持系統互動，經過和事佬的協助，仍有重修舊好的機會，相對的，也有助於恢復單身的緩衝。

5.善後階段（grave-dressing phase）

當事者出現「怎麼做都無濟於事了」、「無論如何都無法挽回」的想法後，便進入此階段。開始收拾殘局處理善後，關注焦點在於彼此如何結束關係，卻不至於損傷到自己的聲譽。當一段關係結束後，盡量不責怪自己，持有一種「留一點給別人打聽」的想法，以確保自己的社交信用沒受損，也為自己下一次的戀情留後路。

上述關係破裂模式對於關係惡化時的修復有實質上的助益，可提供關係可挽回時，所要發展出新的互動方式的一些策略，也說明了兩性結束親密關係的五個階段。但是個人分手的實際經驗不盡相同，所歷經階段的時間長短也不同，誰先提出分手、親密關係程度，以及社會支持資源也會影響分手過程。

(二)對關係不滿的反應模式

對關係不滿的反應模式是由 Rusbult 和 Zemborodt（1983）所提出來的，此模式的設計是用在區分一段關係轉變為令人不滿意時，人們所做出的各種不同的反應。包括四種主要的反應，並隨著主動／被動，以及建設性或破壞性兩個主軸變化。四種主要的反應介紹於下：

1. 聲音（voice）

一種主動和建設性的反應。為了想要改善彼此的關係，大聲的表達自己的心聲，使用的策略包括建議妥協、尋求協助、改變自己和伴侶，或是改變彼此雙方。

2. 忠誠（loyalty）

一種被動和建設性的反應。抱著正向支持的心態，雖然是被動，卻也樂觀期待事情有所改善，表現出「我會再給一些時間」、「我會試著原諒與忘記」的態度。

3. 忽略（neglect）

一種被動和破壞性的反應。拒絕去處理親密關係中出現的問題，任問題持續地惡化，可能拒絕討論問題，花比以往少的時間與伴侶相處，並常在背後批評伴侶。

4. 退出（exit）

一種主動和破壞性的反應。想退出彼此的親密關係，完全地脫離關係，反應包括搬離一起成立的家庭，並且提出離婚的訴求。

主動：採取行動

退出：離開此段關係 ｜ 聲音：討論問題

破壞性：　　　　　　　　　　　　　　　　　　建設性：
削弱或結束關係　　　　　　　　　　　　　　試圖修復／維持關係

忽略：從關係中抽離 ｜ 忠誠：等待關係改善

被動：沒採取直接行動

 圖 8-2 　對關係不滿足的四種反應（Rusbult & Zembrodt, 1983）

在上述對於關係不滿的反應模式的運用方面，女性、教育程度較高者傾向於較會使用聲音，教育程度一般者傾向於使用忠誠或忽略的態度來回應。當事者若有其他替代方案，則比較會採主動反應。若是此段親密關係已投注相當多心力，則比較會採建設性的反應；反之則是採退出的反應。當彼此關係曾投注許多心力，又沒其他適合的替代方案，最可能採忠誠的反應（Dwyer, 2000）。

二、分手原因的探討

在後現代主義思潮衝擊下，人們的情感價值觀呈現多元化，而情感失落的原因也有很多種，可說是家家有本難唸的經，小至芝麻綠豆瑣事，大至雙方價值觀不同等原因。茲將探討國內外對於分手原因的相關調查研究，再進而探討分手的原因於下：

(一)國內分手原因的調查研究

《張老師月刊》分別於民國七十四年和民國八十七年對國內青年朋友進行有關分手的調查（鄭淑麗，民 87）發現，分手的前幾名主因，在民國七十四年依序為：個性和價值觀的差異、無法溝通、對方不符合自己的期待、有第三者、有時空距離、父母或家人反對。在民

國八十七年依序為：個性、生活方式和價值觀不同、出國和當兵等時空距離、失去愛的感覺、對方的愛使我有壓迫感、家人親友反對。

在台灣本土兩次近十三年之間的調查，可歸納出分手原因排行榜的第一名「個性、生活方式和價值觀不同」一直沒有改變，「時空距離」、「父母或家人反對」依然居排行榜的前五名，民國七十四年分手原因前五名中，第一、二名與個人因素有關，第四、五、六名則與外在因素有關；民國八十七年則有三項和個人因素有關，外在影響因素比例則降低至二項。這可能是因為在後現代主義思潮衝擊之下，社會快速變遷，人們的價值觀隨之改變；目前的年輕人在談戀愛時，「個人因素」成為較被重視的價值觀。而「父母或家人反對」，這個原因可能和我國的傳統文化背景有關，像是門當戶對的傳統想法等。

(二)國外分手原因的調查研究

國外 Mark 和 Anita（1996）做了情侶分手原因的調查，結果為：對關係感到無聊（男 76.7%，女 76.7%）、雙方興趣不同（男 61.6%，女 72.8%）、女性渴望獨立（男 73.3%，女 50.0%）、男性渴望獨立（男 61.1%，女 46.8%）、雙方背景不同（男 46.8%，女 44.2%）、對性態度有衝突（男 42.9%，女 48.1%）、對婚姻觀念有衝突（男 28.9%，女 43.4%）、女性移情別戀（男 31.2%，女 40.3%）、住的距離太遠（男 41.0%，女 28.2%）、男性移情別戀（男 28.6%，女 18.2%）、來自女方雙親的壓力（男 13.0%，女 18.2%）、雙方才情不同（男 10.4%，女 19.5%），以及來自男方雙親的壓力（男 9.1%，女 10.4%）。

在國外調查部分，歸納統計出結束約會的原因，「個人因素」在男性與女性皆是占比率較高的原因，像是「對關係感到無聊」、「雙方興趣不同」等；在「外在因素」占的比率則較低，像是「來自男女方雙親的壓力」。探究其原因，可能與西方國家的文化背景有關，其個人意識較東方國家濃厚。除了上述的調查結果外，還有一個在一九七九年的研究，是以 730 對已婚夫妻為對象，調查其關係決裂的原因，

歸納之後發現包含的原因有（Mark & Anita, 1996）：(1)溝通破裂；(2)減少分享彼此的理想和興趣；(3)性活動不協調；(4)信仰；(5)婚姻已失去興奮和樂趣；(6)金錢；(7)因小孩而衝突；(8)酗酒或藥物濫用；(9)女性獨立宣言；(10)姻親。歸納近幾年的研究發現，「溝通不良」是分手的主要肇因，因為彼此不願傾訴，無法解決問題而導致步上分手一途。

(三)兩性分手原因探討

愛上一個人可能說不出個所以然，但不喜歡一個人卻可道出千百種理由。當愛情隨風而逝，怦然心動的感覺消失後，便不得不道再見。分手是一種宿命，還是有種種原因呢？綜合上述國內外兩性分手原因的調查研究結果（鄭淑麗，民 87；Mark & Anita, 1996）以及相關文獻，茲歸納兩性分手原因如下：

1. 個人因素

較常見的有雙方個性和價值觀上的差異、不符合自己的期待、沒有或失去愛的感覺、對方的愛使我有壓迫感。在個人外在條件方面，有雙方的身高、體重、教育程度、健康狀況等；在個人內在條件方面，有雙方的興趣、嗜好、能力、價值觀、脾氣、宗教、依附風格等；在物質條件方面，有是否擁有房子、汽車、基金、投資、股票等；還有在社會條件方面，有職業性質或是個人特質在社會上的評價如何等。

2. 戀愛過程中的問題

戀情一開始的狀況，有想愛卻不敢愛、單戀、暗戀、老少配、女追男、異國戀情等。在互動上發現相處困難、彼此個性調適不良、對愛情期待不同調、互動技巧欠佳，或是見異思遷等；在發展任務進行狀況不同，雙方在自己的人生發展任務上的進行狀況落差太大，或多或少會影響對彼此的看法和感受；在處理問題的態度極不一致，雙方在戀愛過程中，面對問題時的處理態度和方法極不相同，且也難以接受對方的方式。

3.環境因素的影響

隨著社會風氣的開放，常可見在戀愛過程中，遇見更有吸引力的第三者，或是出現具競爭力的情敵介入等，而發生移情別戀導致分手的事件。雙方時空距離的影響，像是當兵、出國留學、南北部相隔、一方到外地從商等；以國內的文化背景而言，來自雙方原生家庭父母或家人的反對，甚至是親戚朋友的反對都可能導致分手。此外，重大事件造成影響，一方發生意外，像是空難、風災、嚴重車禍、死亡、殘障等。

在當今社會風氣驟變下，到處充斥著速食式的戀情，情侶分手事件更是司空見慣，在親密關係中若一方移情別戀，將迫使專情的一方體會扮演意料之外的角色，在心理上是一種打擊。相關文獻指出，一般社會大眾會持負面觀點看待在親密關係中的違背事件。伴侶的違背會讓大多數人普遍地處於不安的狀態感增加，而移情別戀者則與個人情感價值觀息息相關。因此，兩性在情感世界中，不得已得分手時，應持寬厚心胸並理性以對。

三、分手的策略和調適

鄭愁予：「這次我離開你，是風，是雨，是夜晚；你笑了笑，我擺一擺手，一條寂寞的路便展向兩頭了。」你能像詩人般如此瀟灑的道別離嗎？還是一籌莫展地黯然神傷，關閉心扉獨自徘徊在愛情的屋簷下。秉持著一顆寬容的心，採取理性的分手方式，失戀分手事件在兩性關係中是重要的議題，是需要個人用心學習的。茲將探討分手的策略和調適的方式敘述於下：

(一)分手的策略

面對情侶之間親密關係的惡化，當雙方決定要分手，一般會採疏遠（de-escalation）──即是減低關係中的親密關係，或是終止（termination）——即是完全地結束關係的方式。情侶在面對分手事件時，需要靜下來溝通彼此的想法、感覺等，試圖用理性的方式處理，以期讓雙方的傷害降到最低。茲介紹探討學者 Baxter 提出的分手策略及相關調查研究於下：

學者 Baxter 在一九八五年曾將人們的分手策略分為直接策略和間接策略（陳皎眉，民 86）。直接策略（direct strategies）是將分手的意圖直接表達出來，讓對方知道，共分為四種：⑴既成事實（fait accompli）：將要分手的想法告訴對方，並表明心意堅定，覆水難收。⑵討論目前的關係（state-of-relationship talk）：將要分手的想法告訴對方，仍有商量迂迴的空間，會試著接受挽回，如無改善還是會結束彼此的關係。⑶歸因衝突（attributional conflict）：上述兩項為單方面提出，歸因衝突是雙方皆有意分手而採用的策略，即雙方公開要分手，並認為有嚴重衝突存在。⑷好聚好散（negotiated farewell）：雙方皆有分手的意願，在經過討論後，決定分手，沒有任何敵意或衝突，認為分手對兩人而言都是好的。

間接策略（indirect strategies）是將分手的意圖，透過一些行為方式，「暗示」自己的分手意願，讓對方察覺，進而達到分手目的，其步驟包括：⑴退縮迴避（withdraw）：找藉口減少見面的機會、避免親密的行為等，或是迴避與伴侶的親暱動作。⑵逐步淡化（pseudo de-escalation）：單方面想分手者重新界定彼此關係，像是「我覺得我們還是作普通朋友比較好」。⑶增加難度（cost escalation）：單方面想分手者做出一些令伴侶討厭的行為舉止，讓伴侶對自己產生負面的評價。⑷漸行漸遠（fading away）：雙方面都想分手，明白彼此關係難以再維持下去，讓情感逐漸淡去，最後做結束，並不再來往。

國內《張老師月刊》對青年朋友進行有關分手方式的調查發現（鄭淑麗，民 87），兩性分手的方式依序是「一方決定，另一方無奈接受」、「自然疏遠，沒談清楚」、「心情平和」，和「協議分手，非常痛苦」。在決定結束戀情者，以在三個月內結束戀情最多，分手

時有人說斷就斷，馬上不往來，相對的有人則會牽扯糾纏一段時間後再分手。通常感覺「捨不得」是難分難捨的主要原因，這種感受沒有性別差異。其次，在女性方面會因「對方不願分手」而無法分手，有時女性會因對方糾纏不清、暴力相向，或是使出令人生畏的非理性手段，所以不敢斷然分手，這些狀況在社會新聞中時有所聞，例如：以自殺威脅、公布舊情人隱私等。在男性方面則是考慮到「有情感上的道義責任」而覺得分手很難，尤其是雙方已經發生過性行為；但是道義問題並不侷限在性關係，還包含對方對感情的全心投入等，分手後的愧疚感是男性最難處理和面對的部分。

(二)分手的心理歷程

失戀時靈魂好似被掏空，陷入「長思不能寢，坐望天河移」的境地，怎一個「苦」字了得。情路這條路該如何走呢？學者Harvey等在一九九二年提出，在親密關係惡化瓦解時，個人因應時的一種「製造理由的模式」，可謂是一種分手的心理歷程，焦點集中在當事者個人的需求、溝通和心理建設方面。茲將「製造理由的模式」的歷程探討於下（Canary, Cody & Manusov, 2000）：

1. 創傷事件（traumatic event）

此階段面對戀情惡化破裂的狀況，或是伴侶提出分手的要求，會感到震驚、麻木、困窘等負面的感受。

2. 抗議階段（outcry）

此階段接收到分手的訊息後，出現驚慌失措、自暴自棄、精疲力竭，受到創傷的情緒開始釋放出來。

3. 否認階段（denial）

此時希望避開外在紛擾獨處，開始思考戀情結束的原因，日常作息趨於混亂，陷入一人思考境界，對於自己的沮喪極需一個完整的解釋，以便對自己有所交代。同時也逃避事件，不表達意見或不與他人交談事件的原由。

4.侵犯階段（intrusion）

此階段無法思考分手以外的事情，縱然日子還是照樣過，但當事者時常會回憶往日戀情，憶及與舊情人過去曾共度的美好時光，有時生活中的情節，像是一首情歌或一部電影都會勾起昔日的點點滴滴。

5.克服階段（working through）

此階段當事者會試圖對分手事件提出完整的解釋，但也可能是片面之詞，將自己塑造成是個無辜的受害者。也會與親朋好友談論關於分手事件的觀點，同時也從他們回饋的觀點省思，接受現實的詢問。當事者表達分手的理由可以增強自我肯定，有助於釐清疑慮。

6.完成階段（complete）

此階段接受分手的理由，同時也發展出因應的技巧，從自己的表達過程中，思考自己應修正之處。如果當事者繼續抱持負面的情緒、延長焦慮悲傷的時間，以及無法學習適應現實的要求，則無法達到完成階段。

7.認同改變階段（identity change）

此階段是對於分手事件的事實了然於胸，態度和行為皆有合情合理的表現。

上述分手的心理歷程，其時間的長短和情傷的嚴重程度具個別差異，唯有歷經失戀的人方能體會箇中滋味，分手是愛情國度中無法承受的傷，一提及就會觸動許多敏感脆弱的心，憂鬱、沮喪、昏天暗地的種種負面情緒溢滿懷。甚至有人因此而一蹶不振，久久無法走出情傷的陰影，換個角度思考，若是能從分手的心路歷程中有所體悟，又何嘗不是一種意外的收穫。

(三)分手後的調適

「相愛容易相處難，而分手更難！」結束一段曾經投入深厚情感的戀情是相當痛苦的，根據調查結果發現（Hill & Peplau, 1976），交往一年到二年之間分手的最多，其次是二年到五年，第三是半年左

右。失戀恢復期則依交往時間長短、情感深度、投入深度、人際支持網絡多寡等而有所差異,平均失戀恢復期是三到六個月,女性比男性可能先提出分手,且先提出分手者較不會感到沮喪,親密關係程度愈高和關係維持愈長,分手痛苦指數愈高。此外,擁有較多社會支持資源者較能處理分手危機。茲將分手後的調適探討於下:

1. 在心理方面的調適

與戀人分手後,情感遭遇莫大挫折,在心理方面會產生許多痛苦難堪的感受,呈現出複雜的負面情緒,例如:憂傷、哭泣、自責、怨恨,甚至是自我評價降低等。因此,一旦面對情感挫折,得用積極態度,試圖去解決問題,做理性的歸因,認清並接受事實,採取有效、理性的策略,當事者共同面對,試圖強化心理建設,以期讓傷害減至最低。

2. 在身體方面的調適

與戀人分手後,在強大心理壓力負荷下,會影響到生理狀況,例如:失眠、食慾降低、疲倦、精神恍惚、頭痛、胃痛等。因此,一旦面對情感挫折療傷期,可從調整正常作息時間開始,生活方面要盡量的規律化,正常進食、適度運動、參與戶外活動、加入團體活動等。做有建設性的活動,不放縱、不頹廢,也不自暴自棄。

3. 運用相關社會資源

與戀人分手後,除了在身心療養之外,可以運用相關社會資源,來幫助自己安然度過情感挫折療傷期,不要一直自怨自艾,試圖打開心扉,可尋求人際支持網絡,像是家人好友的支持與陪伴。必要時需要尋求心理諮商機構的心理諮詢,試著理性客觀的深入探索自己的情愛態度,以健康勇敢的態度求助,有助於分手後的情緒調適,也能讓自己跨過愛情的考驗。

總之,「分離」、「分手」表示兩個人的人際互動關係暫停或是結束,這對當事者而言,在情感上或多或少會造成不同程度的難過、傷心、情緒低落等感受,即是所謂的失落感。在行為上可能會出現傷

害他人、去攻擊情感失落的肇事者，像是情感背叛者、介入情感的第三者等；或是做出傷害自己的舉動，像是不吃不喝、自虐，甚至是自殺等。身處在換軌的年代裡，面對情感上的失落、不順利、傷害，我們應該學習以較積極、正面的態度勇敢去面對，在身心上做調適、自我療傷，或是藉助相關的機構，來協助自己度過情關。

「聽聽山的聲音，學學山的胸襟」，這是我相當欣賞的一句廣告詞。生活中，經常看到許多人不快樂，很多人與人之間的誤解，都是來自於無力善待自己，也無法寬恕別人。

我們的社會常常出現兩種極端的人：一種是把所有的錯誤推到別人身上，另一種是把所有的錯誤歸疚在自己身上，這兩種人都活得不快樂。

有時聽到一些婦女朋友向我抱怨：當她知道自己的先生有外遇時、當她發現先生要與她離婚時、當她意識到先生將背叛他們共同經營多年的家庭時，她幾乎感到世界要毀滅了。而後，這些婦女朋友通常會出現兩種反應：一種是抱怨她先生的種種不是，另一種則是自責自己不是一位好妻子。陷在這二種情緒中的人，當然不會快樂。我們為什麼不換個角度去看事情，當你跳脫出來不再鑽牛角尖後，自己會變得快樂些，生活的空間也會大一些。

曾經有一位婦女朋友痛苦地向我傾訴她的不幸、灰心，以及先生的外遇、無情，她不知道自己是否要離婚，煩惱得快死掉了。我問她：「離婚，你快樂嗎？」她答：「不快樂。」我再問：「不離婚，你快樂嗎？」她又答：「不快樂。」於是我告訴她：「離不離婚，你都不快樂，幹嘛想這個問題？現在最重要的是把自己和子女照顧好，活出自己的人生，走出自己的路。當你與子女可以亮麗光

采的生活時，那麼先生在不在身邊，是否回頭，都已經不重要了……」她聽了之後頗有同感地笑了。

人如果把自己限制在仇恨中，永遠不會快樂。如果你不能讓自己從仇恨中跳出來，那麼別期望他人能將你從仇恨中拉出來。最後，你會發現自己一走入仇恨、憤怒的框框中，就會很容易「自閉」。所以我們要學會包容別人，寬恕自己，要相信事情的發展不完全是錯在自己，縱然自己做得不夠好，但是你已經努力了而且知道錯在哪裡，並且你堅信不讓錯誤再一次發生，那麼在你挫敗的生命歷程中，其實你是真正有所「得」而不是有所「失」，因為你真正看到了下一刻會比這一刻更好。

人也要學會包容別人，因為如果你相信自己不是十全十美，那你也必須相信別人也不可能是那麼完美，所以當有人對你做出錯誤的言行舉動時，為什麼你不試著去接受他的缺點並原諒他曾帶給你的傷痛。其實寬恕別人時，最大的受益者是你自己，因為你終於跳開了悲情與仇恨的枷鎖。

寬恕，基本上是一種最「自利」的行為，因為它對別人不見得有影響，卻能讓自己獲得心靈的平靜，所以寬恕基本上是在增強愛的動力，稀釋仇恨的殺傷力。

9

家庭中的
人際關係

在我們的成長過程中，家庭對於個人的影響是密切且深遠的。生於斯，長於斯，家庭是第一個學習的場所，從懵懂無知的幼兒發展到獨立自主的成人，都不可能脫離家庭而生存。我們是家庭的一份子，而家庭也是我們生活的一部分。一般人在探討家庭議題時，往往把焦點放在夫妻關係和親子溝通，其實在兒童的發展過程中，除了受父母的影響之外，還受到朝夕相處之手足的薰陶，特別是小家庭，父母皆外出工作，家庭人口數減少的情況之下，手足間的互動與依賴更形密切，甚至塑造成個人的獨特風格。

從家庭系統論的觀點來看，每個家庭都包含了三個次系統──夫妻、親子與手足關係。因此，當我們去輔導一個學生時，往往發現問題不在學生本身，而是他的父親或母親，甚至整個家庭；有時則是家裡出現一個問題小孩，不僅父母受到極大的衝擊，連手足等其他家庭成員，都會產生或多或少的影響，是故家庭諮詢服務與家族治療漸漸受到重視。本章探討家庭中的人際關係，乃針對三個次系統──夫妻、親子與手足關係加以著墨。

第一節
夫妻的互動關係

我國傳統的家庭制度是以大家庭為主，即整個家族住在一起，非常強調家族主義、倫理主義和生命延續的觀點。在那個時代裡，家庭扮演著傳宗接代的角色，較少提供情緒方面的支持。隨著社會的變遷，家庭制度有了重大的變革，目前的家庭結構以核心家庭為主，包含直系血親祖孫三代。「家是避風港」已成為家庭功能的最佳寫照，家庭所提供社會及情緒方面的支持角色逐漸增加，有助於家庭成員有更多能力處理複雜的人際關係。

夫妻關係是家庭關係的主軸，在家庭的發展過程中，也是持續最

久且最重要的次系統；從兩人共築愛巢，到以育兒為中心，最後又是老夫老妻守空巢。因此，夫妻雙方用心去維繫一個良好的婚姻品質，才能確保自己與家人的幸福。倘若夫妻之間關係不好，不僅會影響夫妻二人的生活滿意度，更有可能影響到孩子對婚姻的看法，所以夫妻之間的婚姻關係，是維繫整個家庭的基礎。以下我們先說明婚姻的本質，其次探討婚姻的發展與品質，最後探討婚姻的衝突與溝通。

一、婚姻的本質

　　婚姻是兩個人經由合法的公開儀式而給與對方一種誓約的共同生活。沒有結婚的男女對婚姻充滿了憧憬，幻想著新郎與新娘一同布置愛的小窩，從此公主與王子過著幸福美滿的生活。而結過婚的太太則是抱怨婚姻使自己變成一個斤斤計較、不太花錢的下女，一個漸漸粗俗的黃臉婆，還要隨時注意自己的先生是否拈花惹草等各種問題。或許在文藝小說、報章雜誌、電影裡的愛情故事都是那樣的纏綿悱惻，很多新婚夫妻受了故事情節的影響，對愛和婚姻產生了不少憧憬和嚮往，認為愛是一種「激情」，可以和戀愛時羅曼蒂克一樣，是穩定不變的關係。但事實上，當他們結婚時，他們就失望了，因為激情是禁不起時間和空間的考驗，畢竟我們沒辦法逃避婚姻生活中的變動。從踏上紅地毯那一端開始，夫妻就不再是自己一個人生活，不能想怎樣就怎樣，需要考慮到兩個人彼此的需要；也不再是夢幻的童話世界，而是實實在在的生活。在這個婚姻過程中，夫妻雙方都需要成長，需要更多的關懷與注意。你需要怎樣的婚姻生活，就得去灌溉與經營。唯有雙方不斷的自我成長與溝通，才能創造出美滿的婚姻。

　　基於此，婚姻可以被視為一種兩人共同維持關係的歷程。這種關係，會因人的背景、互動等不同的情況，而呈現不同的面貌。雖然，婚姻的意義隨著時代文化的變遷而有些許的不同，不過其基本的精神仍然存在。婚姻關係大致包含了三層意義（曾端貞，民82）：(1)夫妻

第9章　家庭中的人際關係

雙方因結婚而形成新的角色關係。在結婚之前，夫妻雙方與其原生家庭所具有的角色關係緊密，一直到結婚之後，角色未調整可能會妨礙夫妻之間的關係。(2)夫妻在婚姻關係中仍然擁有獨立性與自我價值。雖然結婚了，夫妻雙方有其自己應盡的責任與義務，但仍應該保留自己的自主性，才不會在婚姻關係中失去自我，更不應該強迫對方去順從，如此一來，婚姻才會美滿幸福。(3)結婚的對象雖然是另一個人，但也包括了雙方原有的生活經驗、生活型態與價值觀等。婚姻是人生大事，也是現實社會中的一個重大問題。夫妻之間是否幸福美滿，不僅關係到夫妻個人本身，更關係到家中的其他成員。雖然婚姻是人生重大的課題，不過，仍有許多夫妻在結婚之前並未做好結婚準備，加上沒有因應現實生活的能力，一旦婚姻生活遇上阻礙，就不知所措，選擇消極應對或離婚收場。

　　婚姻對夫妻雙方而言，代表著人生另一個階段的起步，相互之間有新的權利與義務。若從個人的動機而言，經濟的互助、子女的教養，以及愛情的需要等都是促使人們結婚的理由。換句話說，透過結婚，人們建立了較持續性的資源交換活動以及愛情歸屬。總之，婚姻是為了滿足人們這些需求的基本結構。所以，婚姻具備了以下幾項特質和功能（周麗端等，民88）：(1)保障特定男女之間關係的權利與義務。透過結婚的程序，不論是「自由選擇」或是「婚姻安排」的男女雙方，其權力的關係包括夫妻之間的性關係、同居以及財產分享等，將獲得社會的正式承認與保障。比起戀愛或訂婚時期的關係，結婚的關係更為穩固。(2)改變自己的社會地位。結了婚的夫妻早已被視為一體，彼此分享有形與無形資源，包括社會地位都會因結婚而發生改變。例如一位餐廳小妹嫁給了一個董事長之後，就成了董事長夫人，這些關係的改變都可能因為結婚的關係而擁有新的社會地位。換句話說，婚姻提供了夫妻雙方一個家庭歸屬感、認同感，相對地也給與對方新的角色。(3)擴大社會人際網路，有助個人成長。結婚除了是男女雙方的事，也是兩個人家庭關係與資源的結合，使原本不相干的兩家

人，因為婚姻關係而成為親屬，擴大了原有的社會人際網路與豐富了個人生命。這些都有助於夫妻雙方人格的養成、社會化與情緒調適等發展。

綜合上述觀點，在所有的社會制度中，婚姻與家庭是最基本、最早、最親密、影響最深遠的社會團體，是其他團體沒辦法取代的。「不孝有三，無後為大」的傳統家庭功能雖然隨著整個社會變遷而逐漸削弱中，取而代之的是教育與支持功能。但不管家庭功能如何改變，婚姻與家庭制度仍然是滿足人類需求不可或缺的機構。很多夫妻都會抱怨：「我愈來愈不了解我先生／太太了，他／她以前不是這個樣子的，我沒辦法與他／她溝通。以前他／她很愛我，現在變的好像我是空氣般視而不見。」這樣的對話，不時出現在夫妻的生活中，難道金錢、子女、工作等問題讓大家變了質嗎？也許在婚姻生活中，這些實際的生活是無法避免的，那得看夫妻如何來面對。有些夫妻會將它視為一種挑戰，兩人共同去承擔、了解與支持，停止不必要的指責與自怨，或許老夫老妻時將會是最美好的回憶。

二、婚姻的發展

對於多數人而言，結婚是有情人終成眷屬的最佳寫照，但結婚也使來自於不同的家庭，擁有不同的生活習慣、價值觀的兩個人結合在一起。因此，結婚是人生另一個里程碑，所要面臨的是無數的問題，包括生活家計的處理、新的人際關係建立、新的角色與調適，以及夫妻感情的經營等，都需要夫妻雙方去面對。而在孩子出生後，因教養子女又要面對更複雜的系統，夫妻的關係可能面臨新的挑戰。在這樣的過程中，許多因素都會影響夫妻關係的發展。一般而言，婚姻發展的階段區分如下：

(一)新婚時期的夫妻關係

結婚不是單純的兩個人在一起而已,而是兩個不同家庭的人,帶進一個全新的組合,不僅需要在生活上學習與配偶親密相處,也需要調整新的角色以及新的人際關係。對許多人來講,結婚是讓雙方學會如何與另一人親密的相處。當初只有一個人的時候,自己想怎麼樣就怎麼樣,不需要去調整。但是結婚之後,那可就不一樣,需要新婚的夫妻共同努力、共同去調整。在這個階段,兩人的角色由男女朋友改變為夫妻的角色,家事的分工與金錢的使用上都需要兩人共同討論,否則就會造成夫妻衝突。另外一個大轉變是人際關係的複雜化,夫妻雙方各自擁有朋友,如何保持原有的關係以及建立新的朋友關係也是一個重要的課題。尤其在中國的社會,姻親關係特別的複雜,結婚不是兩個人的事情,而是兩個家族的事,如何與公婆或岳父母互動相處是一大學問。然而,儘管有這些問題,在這個時期,因為是新婚燕爾,愛是熱情的、浪漫的,仍然維持戀愛時期的熱度,彼此夫妻關係的品質大致上是良好的。

(二)養育子女時期的夫妻關係

隨著第一個孩子的出生,夫妻生活起了重大的變化,重心慢慢地從兩人的身上轉移到孩子的身上,夫妻感受到有種新的責任,必須保護與養育另外一個全然無助的生命,直要到孩子長大以後,才又重回到兩人重心的世界。在這個階段,因為孩子的出生,夫妻對於管教子女的問題常會出現歧見,導致婚姻出現危機或破裂。或許是孩子出現,需要育兒費與教育費,家中的經濟較為緊縮,造成夫妻多重角色的壓力,需要滿足家裡的開銷,又要忙著照顧小孩,加上夫妻之間情感的依賴被小孩剝奪,夫妻相處的時間減少,這所有的一切都有可能影響夫妻之間的婚姻關係走下坡。相反地,也有的夫妻覺得小孩使他們的關係更加親近,小孩似乎是一個催化劑,夫妻之間共同有一個養

育子女的目標使然。總之，孩子的出生改變了夫妻原有的家庭生活，夫妻需要學習新的父母角色，同時，怎麼樣與子女玩在一起，甚至參與子女學校的各類活動，都得重新調整。當這些做父母的責任與要求改變婚姻的關係時，倘若能溝通化解，將使得彼此的婚姻品質更提升，否則可能走上分手離婚之路。

(三)空巢時期的夫妻關係

夫妻隨著子女的獨立或結婚，這個家庭重回到只有兩個人的生活世界。對於大多數的夫妻而言，這又成為一個相當愉悅的夫妻關係。隨著子女的離家，夫妻有更多的時間相處，以往常會為了孩子而忽略彼此的需求和感受，可以藉著這個機會讓夫妻雙方能多一點互動，再一次認識對方及了解對方的需求和期待。大部分的夫妻在子女長大離家後，婚姻的滿意度升高，夫妻進入一種新的自由時間，不需要再為經濟責任與子女有關的事情煩惱，他們可以自由自在做他們想做的事。或許也因為年紀大了，開始關心彼此的身心健康，讓夫妻之間增加了許多的休閒與樂趣，少了許多的責任與壓力。

顯然，大多數的夫妻在一種羅曼蒂克的情境下結婚，很少人會在結婚之前就考慮到生活在一起的問題與解決策略。當他們結婚之後才發現，很多事情都需要夫妻共同去學習。髒襪子要洗、浴室馬桶要刷洗，以及個人生活習慣等都要去面對。因此，夫妻在婚姻生活中是彼此互相拉鋸，為了彼此個別與共同的需要得做局部的讓步或協商，並隨著時間而改變。婚姻的愛情應不止於性愛，它包含了「墜入情網」的美妙境界，體驗日復一日、午復一年的愛情，也就是我們所說的「牽手」，伴隨著夫妻如膠似漆的溫情與歸屬感。除此之外，更重要的是婚姻現實面，也就是家庭生活中衣食住行與教養子女的問題。這些隨著婚姻發展呈現的問題，幾乎每對夫妻都會遭遇到，並不是美滿的婚姻就不會發生。一見鍾情的愛情或許有可能，但是若想要維繫良好的婚姻，那就得靠兩人同心協力共同維持。

三、婚姻的品質

　　何謂良好品質的婚姻？此一問題是相當不易下定論的。因此，研究婚姻關係的學者，依據自己對婚姻的理解，提出一些不同觀念組成的概念，來做為評估婚姻品質（marital quality）的標準。其中較常見的有以下幾種（陳志賢，民87）：快樂感（marital happiness）、婚姻滿意（marital satisfaction）、婚姻調適（marital adjustment）、婚姻穩定（marital stability）、幸福感（well-being）、婚姻成功（marital success）等。而且因為概念的不同，所發展出來的內容也有相當大的差異。

　　快樂感強調的是個人對於自己婚姻所感覺到的愉快程度，無論如何，愉快感是一個難以捉摸的概念，但是很多人還是很在意婚姻中的「感受」。婚姻穩定強調婚姻關係的穩定，無關婚姻品質是否好壞，重點是必須維繫婚姻關係。婚姻滿意度是個人對整個婚姻狀態的主觀評估；也可以說婚姻滿意度是個人對於婚姻的需求，期望在婚姻生活中達成的程度。婚姻調適是包含婚姻整體感覺的一個概念，它不只涉及個人對婚姻的主觀觀點，而且也包含個體如何看待他與配偶之間的關係。一般而言，婚姻調適包含了婚姻滿意度，但指涉的內容較婚姻滿意度更多。目前此一概念在婚姻的研究上應用的也相當廣泛。婚姻成功是指某一個時間的婚姻狀況，能夠讓夫妻雙方都感到滿意的婚姻。相反地，若是有一方對婚姻不滿意，那就是失敗的婚姻。

　　因此，婚姻的品質涵蓋面很廣，包括在婚姻關係中，夫妻關係在生物、經濟、社會、心理、哲學等五層面的需求能夠得到滿足的程度。這五種層面也就是婚姻生活中的五種重要需求（曹中瑋，民74）：⑴生物層面。兩性的相互吸引，性需求的滿足，傳宗接代目的達成，是婚姻生活最原始的需求。⑵經濟層面。經濟基礎是一個家庭長久生存的基本考量，包括經濟生產力、收支的分配與應用、財產的多寡、衣食住行的滿足等。⑶社會層面。婚姻生活中需要社會性的滿足，以

維持家庭的社會地位、個人顏面與自尊。這個層面包含家庭背景相似、共同的宗教信仰與活動、教育程度的適配、職業地位的滿足、親朋的交往、社交活動等。(4)心理層面。心理的相互滿足是婚姻的情感基礎，彼此相愛可能是因志趣相投、態度相悅或條件相似所造成。婚姻可以滿足情緒的支持、互相關懷與尊重。(5)哲學層面。乃指夫妻倆人是否有共同的人生觀、價值觀及個人的自我實現。在相愛的基礎上，共同追尋精神目標，在人生哲理上達到密切結合的感受。

由上可知，婚姻滿意度是夫妻對整個婚姻狀態的主觀評估，也就是夫妻雙方對於婚姻的需求、期望能否在實際生活中達成。因此，若要達到幸福的婚姻，必須同時具備五個層面的滿足。早期夫妻的婚姻，都是在追求生物與經濟層面的滿足，少涉及社會和心理因素的追求。至於第五層面的追求，應該要夫妻共同不斷的去經營與成長，因為很多婚姻的衝突或破裂，都是來自於堅持各自的價值觀而不能妥協所造成。所以，要有好的婚姻品質，必須夫妻雙方共同經營與創造。

四、婚姻的衝突

「我不知告訴你多少次了，牙膏要從後面往前擠，為什麼你老是要亂擠一通，害我很難處理。」「結婚這麼多年了，就算我不說，你也應該明白！」「這麼晚了，還看什麼書。有燈光，我沒辦法睡覺。」這些婚姻中的摩擦對話，對夫妻來說是不滿情緒的發揮，那是不可避免的。因為不同背景的人在一起，彼此的需求不一樣，相對地，摩擦亦是不斷的。不過，一個美滿的婚姻應該像是翹翹板一樣，能維持個人需求與夫妻共同需求的心理平衡。換句話說，也就是不僅需要顧及自己的需要，也需要顧及對方的需要。否則，各自期待對方為我們而改，不肯為共同生活的需要讓步，將會引發婚姻衝突（marital conflict）。倘若存在著無法有效處理衝突的問題，自然會走上離婚收場。

中國人向來強調「家和萬事興」。此項傳統家庭觀念，乃是希望

夫妻之間能夠和睦相處，即使有問題狀況，也能心平氣和的討論，避免無必要的爭吵與暴力。但事實上，真實的婚姻裡存在著許多適應上的問題，若這些問題無法解決，就會有許多的衝突出現，甚至以離婚做結束。因此，如何有效協助夫妻們維持幸福的婚姻生活，以克服婚姻關係的衝突是值得重視的問題。一般而言，引起婚姻衝突的原因很多，在傳統的社會結構下過於強調家的重要性，而現代社會則是強調個人的自主性，個人的情感需求、家庭分工是否平衡等都是引發婚姻衝突的原因。

由此可見，婚姻衝突是十分自然而且無可避免的，也反映出個人對婚姻關係及經驗世界的獨特看法。因此，若要了解婚姻關係是否良好，不在於夫妻之間發生衝突的頻率，而在於夫妻雙方以何種態度或方式來處理衝突。事實上，大家心目中對於婚姻都有其理想的模式、有所期待。當兩個不同的心理世界碰在一起，就會有很多的誤會和差異存在。心理學家在解釋夫妻之間的衝突，大致上可以從三個角度來分析與處理（王沂釗，民89）：

(一)精神分析的觀點

精神分析的觀點認為，個人在滿足心理需求的過程中受到阻礙，以至於需求未獲滿足，進而造成個人內在的心理需求。若夫妻一方幼時心理需求未滿足，導致較自我中心與衝動易怒，則無法覺察配偶的需要，難以進一步建立親密關係。因此，在處理婚姻衝突的夫妻，應該真誠與配偶分享自己早期的生命經驗與內心感受，進一步深入覺察和了解自己與配偶的需要，不要再因為化不開的情緒糾結了夫妻兩人的親密關係，將心思擺在如何改善婚姻關係，進而豐富人生。

(二)人際互動的觀點

從人際互動的觀點來看，婚姻衝突來自於雙方對一件事沒有共識，彼此用自己的興趣、習慣、情緒感受和想法來溝通，造成訊息的

理解不同。再加上兩人結婚，彼此的依賴與互動的頻率增加，意見相左與爭論的機會相對提高。因此，若要有效改善夫妻衝突模式，必須先去接納配偶的想法和情緒感受，並且互相支持與合作，彈性的運用各項資源解決所面臨的生活與工作上的問題。

(三)社會建構的觀點

　　婚姻的衝突可能是來自於彼此對婚姻的期待與現實的生活有很大落差所造成，從社會建構的觀點來看，我們理解的現實社會是我們所建構出來的，這是一個主觀的世界，而非客觀應然的世界。因此，夫妻衝突是來自於不同生活背景的兩個人，此時此刻生活在同一個變化的時空環境裡，由於雙方不夠了解，也未能接受配偶的生活經驗，導致對事情沒有契合觀點而形成婚姻困擾，嚴重者即所謂「因了解而分開」。因此，想要解決夫妻之間的衝突，必須是一種相互了解的解構過程，重新建構出屬於兩人共同的默契，這麼一來，相信將有助於婚姻關係的改善。

　　由上觀之，「嫁雞隨雞」、「命中注定」、「女人就是油麻菜仔命」等讓婦女認命的觀念，已經不足應付目前的婚姻生活。當婚姻衝突能夠有效解決，對於日後婚姻的改善有很大的助益，倘若一味以冷戰或逃避的方式應對，其實無法有效解決婚姻的問題。來自於不同家庭背景的夫妻，觀念與習慣有許多的不一致，少許的衝突在所難免，俗語說「床頭吵床尾和」，許多問題必須夫妻二人共同敞開心胸、一起來解決，從爭吵當中學習成長；不要忌諱爭吵或衝突，否則可能積少成多，一發不可收拾。但也要注意到溝通的藝術，否則大吵大鬧，新仇加上舊恨，終致夫妻關係破裂，造成人生大遺憾。

五、婚姻的溝通

　　「女子無才便是德」，形容早期封建社會守舊的時代，夫妻之間

第9章　家庭中的人際關係

的地位是不平等的,在當時重男輕女的觀念和制度下,認為女人不應
該而且不必要有才能,只要服從先生即可。「三從四德」,規定女子
未嫁從父、既嫁從夫、夫死從子,強調婦德、婦言、婦容、婦功。但
這些話若是用在現在,就要被詬罵而遭人指責,也會造成夫妻衝突。
當然若是有些婦女在幼時受家庭環境的影響,過分堅持「在家從父,
出嫁從夫」、「夫妻就是相欠債」的信念,認為自己是先生的附屬
品,對於先生的惡言一直採取忍耐的態度,相對地會造成先生的惡
行。基於此,為了打破不良的溝通模式,夫妻之間,應該是平等相互
尊重,而不是一方說、一方聽,需要雙方敞開心胸溝通協調,互取所
需與平等互惠。

溝通是一種交換訊息的過程,婚姻溝通(marital communication)
乃是指夫妻之間藉由口語或肢體的表達,傳遞思想、情感、意見等訊
息,以增進彼此的了解。良好的溝通、知心的交談會使得婚姻有保持
熱戀的感覺。夫妻溝通在婚姻生活中占了重要的部分,能夠融洽相
處,大多來自於每日的良性溝通。因此,除了溝通技巧之外,還有溝
通時雙方的情緒、認知、解讀等,都會影響到溝通的良窳(黃鈴喬,
民87)。以下就夫妻溝通的內涵加以說明:

(一)溝通技巧

夫妻溝通時雙方採取的溝通方式,若是愈能聚焦於問題的要點,
那麼問題解決的可能性會愈提升。使用一些正向的溝通技巧,譬如能
摘要對方與自己的表達內容,給與回饋,微笑與正向身體接觸的非口
語行為等,較能夠使溝通結果令雙方都滿意。倘若採取負向的溝通方
式,譬如貶低對方、未聚焦問題本身、使用破壞性的批評、攻擊或責
備對方等,都將會使溝通的情形更糟。所以,夫妻在進行溝通時,應
該注意到自己的溝通技巧,否則會導致反效果。

(二)解讀的正確性

在夫妻溝通時，很重要的一件事是如何正確的解讀對方所欲傳達的訊息，以及對方的意圖何在。換句話說，就是要能理解配偶所說的話、他的用意和目的何在，否則將會誤解另一半的意思，給與錯誤的回應，甚至產生衝突。因此「正確性」在夫妻溝通當中是一個重要的內涵，能夠有效理解對方的訊息，以及給對方正確的回應，將是增進婚姻關係的不二法門。

(三)情感因素

除了溝通技巧、解讀正確性的溝通內涵之外，雙方的情緒氣氛也是影響溝通結果的重要因素之一。因此，在夫妻溝通時應該多多注意情境的因素，懂得察言觀色。例如：做母親的因為收到孩子不漂亮的成績單而憂慮，千萬不要挑老公心情不好的時候共商對策；倘若先生恰巧在辦公室裡被主管責備，敗興沮喪得只想窩在家裡靜一靜，此時若拿孩子的事煩他，即便是非常重要，也難免負面的情緒一觸即發，影響到溝通的品質，甚至產生口角。

(四)認知因素

夫妻在進行問題討論或是衝突解決時，除了以對方的訊息來判斷，或既有的印象來溝通之外，個人的歸因方式也是導致夫妻溝通是否良好的重要因素。歸因可以解釋配偶行為的背景因素，有助於婚姻關係的改善。不過，一般的配偶會把家庭問題的成因歸罪於對方，進而責備對方，使夫妻雙方的溝通導向惡性的循環。因此，夫妻在溝通時，應該就事論事，把焦點擺在困擾的事情上，不要把這些行為都類化到對方的生活習性或人格特質上，認定反正就是對方的錯。

顯然，造成婚姻衝突的原因大多來自不良的溝通。在面對問題時，夫妻之間總是「你講你的，我講我的。我才是對的，你根本錯

了。」兩個人習慣把耳朵關起來，不但互不相讓，更相互攻擊。一般而言，溝通應該是「你的意思是什麼，我的意思是什麼」，夫妻不但要把耳朵豎起來聽，更應將心比心，共同面對問題。如果能保持良好的溝通，就算解決不了問題，也不至於造成激烈的衝突（賴瑞馨、王桂花，民74）。

雖然溝通並非人際關係的萬靈丹，但是負面的溝通常常會阻礙雙方的了解。夫妻間常見的負面溝通形式，包括：(1)責難。將溝通的焦點擺在夫妻一方的錯誤身上，藉由批評對方而達到掩飾自己缺失的目的。(2)心不在焉。對於對方的問題答非所問、改變話題或不立即回應，讓婚姻狀況日趨冷漠。(3)理智化。夫妻之間的談話過於理性、抽象，沒有感情的投入，讓對方感受到挫折，而不想再深入的表白（葉肅科，民89）。那麼，怎樣才是有效的溝通呢？主要是能夠有效表達自己的感受與面對真正的問題，不逃避，即使是有歧見，也可以共同面對。並且有耐心的聽完對方的言語，用第三隻耳朵——也就是「心」聆聽，不要誤解對方的意思，如此一來，將是夫妻有效溝通的開始。

第二節
親子的互動關係

親子關係是一個大家耳熟能詳的名詞，如空氣之於人一般，它在家庭中是再自然不過了。只要家庭中有孩子的出生，親子關係就自然形成，不需要刻意的選擇，也不能放棄這樣的選擇。過去有關問題青少年對家庭成員的影響，最早期僅著重於青少年個人的特質與需求上，很少將觸角放在親子關係的心理適應上。大部分有關的研究都是擺在親子互動的型態、親子的教養方式或親子的溝通，當我們將親子關係分割成一些片段來看，將難以窺探親子關係在整個家庭的情境脈絡。所以，親子關係並非只發生於親子間的溝通或互動，而是存在於

家庭生活的整體經驗中。

　　基於此，近年來的家庭問題研究，開始注意到父母親或孩子的需要，不僅著手於父母對家庭影響層面，也積極尋求一些介入策略（例如對整個家庭進行諮商、諮詢服務；成立成長團體，分享彼此的情緒感受與經驗）。這樣的嘗試，可以讓親子有較深入的互動，增進父母解決孩子問題的能力，改善其親子關係。因此，本節先說明親子關係的本質，接著分析親子關係在家庭中的發展，並探討常見的四種父母教養方式對於孩子的影響，最後提出一些親子關係經營的態度或方法，以作為參考。

一、親子關係的本質

　　親子關係乃指父母與子女的關係，它是人一生當中最早經驗到的關係，也是人際關係最重要的一環。假如這一層關係能良好建立與發展，將可以成為其他人際關係的基礎；反之，親子之間如果常常衝突或冷戰，則對以後人際關係的發展，可能會有不良的影響或阻礙。父母是兒女的第一個導師，良好的親子關係，可以幫助幼兒語言的發展，養成健全的人格，且對於人際互動的能力有顯著的提升。

　　「龍生龍，鳳生鳳，老鼠生兒會打洞」，無可否認，父母對於兒女的影響相當大，親子關係會影響個人的風格。在一般的家庭，每一個新生兒在父母的期待與興奮中誕生，新生兒的加入，引起整個家庭動力的改變，但是對於一個非預期的孩子的出現，卻不是每一個家庭所願意面對的。所以當家中出現問題兒童時，對整個家庭的功能和家中的每一個成員都有很深遠的影響。加上社會急劇變遷，青少年問題日益嚴重，父母在苦無對策之下會尋求學校輔導人員協助。因此，如何協助強化家庭功能、增進父母解決孩子問題的能力是迫不及待的工作。

　　父母與子女的親子關係，常會因社會文化的背景不同而有所差

異。有些家庭中，要求子女要絕對的服從，不能有意見；傳統的中國俗諺：「小孩子有耳無嘴」、「我走過的橋比你走過的路還要多」、「我吃過的鹽比你吃過的飯還要多」等，都是以父母為主的親子關係最佳寫照。不過，隨著時代的變遷，現在的民主社會傾向於親子間平等尊重的相處，仍有許多的家庭無法適應這樣的變遷，親子之間有許多格格不入的看法和態度而產生許多的親子問題。

在西方的國家，養兒育女是天經地義的事，一旦子女長大了，就該獨立生活，自尋個人的發展，彼此的關聯較不緊密，父母對子女也比較沒有期待，一旦分家可能就很少往來。當然並非每個家庭都是這個樣子，仍然不少人與上一代的感情很好，不過這些都是出自於內心的真感情，而不是一種承擔義務或者是在社會觀眾的面前表現「孝道」。反觀中國人，因為傳統的觀念「養兒防老」，父母費心養大孩子，期待的是子女長大奉養雙親。因此，在職業上或婚姻上也多少加以干涉，導致親子衝突與抗爭。是故，親子關係的維繫是一種藝術、動態的過程，父母會直接、間接地影響孩子，而孩子也同樣會影響父母。唯有適切的期待與付出，才能建立良好的親子關係。

不僅如此，中、西方在教育方法上也有很大的不同：中國的父母習慣讓未成年的小孩與自己一起睡，百般的呵護；西方的父母從小就訓練子女獨自睡，以便培養獨立自主的精神。而且在親子的關係上，中國人習慣於將自己的子女「兒童化」，不管子女早已是另外一個家庭的父母，在他們的眼中永遠是長不大的小孩，希望子女依他們的想法來做，這才是所謂的「孝」。因此，在傳統的社會裡，強調的是「光宗耀祖」，或者是「為子孫打算」，完全忽略掉「自我的這一代」。不過，目前青少年早已受西化的影響，強調的是平等的看待，每個子女注重的是自我的利益，那親子的關係將會起何種變化？當「傳統的父母」遇上「現代的小孩」那又將會起什麼風暴？有待我們進一步的思考。

二、親子關係的發展

　　親子關係也隨著子女年紀的增長而有所變化（曾文星、徐靜，民84）。孩子出生以後，要依賴父母親來養育，其親子關係大概是上下縱向的關係。隨著子女成長，孩子慢慢有自主權，想表現自己的才能，父母所扮演的角色只是從旁協助，其親子關係轉變為左右橫向的關係。是故，親子關係並非一成不變，可能會因不同的時空背景與成熟度而有所不同。以下就嬰幼兒期、兒童期、青少年期來說明該時期的親子關係：

(一)嬰幼兒期的親子關係

　　從生理上的分析，母親受孕之時就是為人母的開始。然而為什麼同樣的生理條件，卻造就成不同的親子關係？其主要的原因來自於父母的心理狀態以及教養方式。嬰兒不能自己解除饑渴的需求，必須仰賴父母的供給，於是嬰兒與父母產生交互作用，這些早期的接觸是個人重要人際關係的基礎（蔡春美、翁麗芳、洪福財，民90）。假如母親在餵奶的過程中，保持愉快的心情，那麼嬰兒會把這種快樂的經驗與母親連結在一起。母親的出現，意味著緊張的消除與快樂的來臨；相反地，倘若在餵奶時，讓嬰兒感受到不愉快，它會消極的回應母親。也就是說，嬰兒很依賴父母親的照顧和保護，在心理上非常依賴父母。由此嬰兒可以從父母得到安全與信賴，而父母也可藉由嬰兒獲得身為父母的滿足感。到了幼兒時期，父母除了扶養之外，開始要教導一些基本生活上所需的知識和技巧，讓幼兒逐漸獲得管理與控制自己慾望和衝動的能力。因此，親子之間所建立的依附關係，不但有助於嬰幼兒的生存與成長，同時孩子會將母親視為安全堡壘，從中獲得安全感。安全的依附關係有助於孩子情感及各方面的發展。基於親子安全的依附關係，孩子才勇於嘗試、探索周遭的環境，發展自己的信

第9章　家庭中的人際關係

心與價值感。

(二)兒童期的親子關係

在嬰幼兒期所依賴的大部分是父母——尤其是母親，因此，很渴望得到母親的讚美，害怕被母親拒絕。到了兒童期，由於生活空間擴大，開始接觸社會環境與學校環境，親子關係有了些許的改變，父母親雖然仍給與關心和照顧，也開始鼓勵兒童能與外界的社會接觸，從生活經驗裡學習自動自發的行為。父母親鼓勵兒童適當地向父母表示意見，參與家庭中的討論，溝通的方式慢慢地由單向的供給變成雙向的互動。在這個過程中，不僅父母親影響了孩子，反過來孩子也會影響父母親的教養方式。譬如一個鹵莽衝動的兒童，不太願意聽從命令，也許會迫使母親採用懲罰性的高壓手段來維持紀律，結果反而造成兒童個性更加桀驁不馴。惱怒的母親察覺到事態嚴重性，可能會抱怨父親不聞不問，緊接著就引起夫妻關係的衝突。所以，家庭中每個成員及每一份關係都會與其他成員及其他關係相互影響。

(三)青少年期的親子關係

青少年所面臨最重要的發展任務是如何建立自主性，其中包括了情緒自主性（emotional autonomy）與行為自主性（behavioral autonomy）。換句話說，在這個階段的青少年希望可以控制自己的情緒和照顧自己，不想父母來督促他們或提醒他們應盡的責任和義務。當孩子由兒童期慢慢成長到青少年期，家庭系統會起什麼變化？倘若父母親仍想透過道德或社會傳統觀點來監督並規範子女的行為，就時常會有類似擦槍走火的情形出現。因為，這時期的青少年一味追求自主性，認為喋喋不休的雙親是侵犯個人的人權，干涉自己的選擇，為求獨立遂與父母起衝突。因此，青少年期親子關係逐漸起變化，由父母居主宰地位轉變到父母與青少年處於平等的地位。衝突及權力鬥爭是青少年追求自主性的過程中不可避免的現象。大多數的青少年及父母

在協調彼此間的關係時，若更趨於平等地位，多半能消除歧見，並維繫正常的關係（Shaffer, 1999）。否則，親子關係一直處於衝突的狀態，將會影響孩子的發展，成為高危險群的青少年。

　　總之，個人在成長期間，會接受到家庭及其他重要關係人的照顧，並從中獲得態度的學習、行為的模仿與情緒的滿足，且因為生活在家庭裡的時間比在任何其他場所都來得長久，與家人所建立的情緒接觸也最持久，所以，個體莫不深深受到家庭的影響。因此，個人可經由家庭獲得並組織經驗、培育理想態度或養成行為方式。而這些在家中經由父母的教養而養成的人格、習慣、知識、態度、行為與價值觀等，都是日後影響其社會適應的主要因素（張麗梅，民82）。

　　家庭是一個人最先涵容社會關係的地方，也是個人社會化的第一個單位，因此，家庭的結構、家庭氣氛的塑造、成員互動的良窳及父母的管教態度，對兒童的自我認同、人格健全及良好行為的培養，都會產生重大影響力。個體經由家庭社會化的過程中，會慢慢建立起親子間的依附鍵（attachment bond），但是如果在培養親子間依附鍵的過程中，依附鍵不夠強固時，則青少年會很容易忽視父母的期望與意見，從事偏差行為和犯罪行為的可能性也會愈高。相反的，親子鍵若非常的強固，子女的生活適應則愈好，自我觀念發展、自我統整、自尊發展會愈好，且也有助於青少年達到該階段的發展任務，順利從青少年時期過渡到成人階段。

　　個人在人生中獲得最大的快樂、最深的滿足、最強烈的進取心及內心深處的寧靜感，莫不來自充滿愛的家庭。因此，我們亦可發現，親子關係對於孩子的發展歷程產生了莫大的影響力。許多錯誤的父母教養行為模式與家庭互動常是形成高危險群青少年問題行為的重要因素。例如：父母管教態度不一、過於溺愛或嚴厲、自己有不良行為等均造成小孩無法與他人建立適當的人際關係。因此，若要有效防止青少年危險行為出現，必須提供父母有效諮詢，加強親職教育，並利用家族治療，在諮商歷程中，改變其家族成員彼此間的互動關係，間接

改善青少年不良的行為（連廷嘉，民 88）。

三、教養子女的四種類型

　　父母在親子關係中，除了照顧小孩的生活起居外，更重要的是教養子女的態度和溝通的方法。很多親子摩擦與衝突是來自不當的管教。一般來說，教養子女有兩個主要向度尤其重要，包括父母接受度／反應性（parental acceptance／responsiveness）以及父母苛求／控制程度（parental demandingness／control）等兩個向度。接受度／反應性是指父母對孩子所表現出的關心或支持的程度。接受度和反應性高的父母經常以微笑與鼓勵來對待自己的小孩，一旦孩子們行為不端時，他們也會變得嚴格。相反地，接受度及反應性低之父母，動不動就批判、貶抑、處罰或忽略小孩，很少和小孩溝通（Shaffer, 1999）。苛求／控制是指父母對子女管束或監督的程度。苛求／控制型的父母對子女有諸多要求，並採緊迫盯人方式，隨時檢視孩子的行為，以確定孩子們遵守他們所制定的規則，因此孩子們無法自由表達他們的需求。不控制／不苛求的父母，採取比較開明的態度，他們的規定較少，並允許孩子們有相當程度的自由去追求他們的興趣，決定自己的活動。

　　究竟父母該採高壓政策，抑或減少管束，並賦與孩子們相當程度的自主權呢？為解答這個問題，我們必須探討父母教養方式與兒童或青少年的社會、情感及心智的發展有何關聯？一般的研究結果認為父母教養子女的類型大致上可以分為四種類型，分述如下（蘇建文，民89；Shaffer, 1999）：

(一)獨斷專權型（authoritarian parenting）

　　父母以相當嚴厲的教養方式來對待兒童，制定相當多規定，希望孩子絕對服從，父母有絕對的權威。這類型的父母，強調自己是至高無上，要求子女遵從，卻很少向孩子們解釋為何需要遵守這些規定，

並經常利用體罰、激烈的手段以獲得孩子服從。換句話說，這類型的父母無視於孩子們不同觀點的存在，只希望孩子將他們的話奉為聖旨，尊重他們的權威，忽略孩子的感受和心理需求。獨斷權威型的父母教養下的孩童較情緒化，時常顯得悶悶不樂，容易被激怒、表現敵意、不友善、漫無目標，通常較不好相處。

(二)民主權威型 （authoritative parenting）

這一類型的父母會以適度管束但有彈性的教養方式來對待子女，父母對於子女的要求都是相當合理的。父母會審慎地向孩子們解釋為何要制定這些規矩和標準，以確保孩子們確實遵守。與獨斷專權型父母相較之下，這類型的父母較能接納孩子們不同的觀點，並作出適當回應，此外，他們還會讓孩童們參與家庭的決策過程。總之，這種教養方式著重以理性、民主的方式來考量並尊重孩子們的觀點，給孩子合理的約束，親子關係較為親密。民主權威型父母教養下的孩童，發展得相當優秀。他們表現得相當快樂，重視社會責任、自我肯定，以成就導向為主，並能與成人及同儕互助合作。

(三)寬容溺愛型 （permissive parenting）

這一類型的父母會以包容性高但鬆散的教養方式對待子女，父母對於孩子的規定相對較少，允許自己的孩子自由表現感情及衝動，很少管束孩子們的行動，或控制其行為舉止，相信人性本善，給孩子自由成長的空間。寬容溺愛型的父母教養下的孩童，經常會非常衝動、富攻擊性，且這類型孩童在性格上易有跋扈、自我中心的傾向，缺乏自制力、獨立性，成就感也相當低。

(四)袖手旁觀型 （uninvolved parenting）

這種教養方式下的父母，表現相當鬆散、毫不在乎，不是與孩子相當疏離，就是由於本身的壓力及問題過於沉重，沒有精力或時間去

管教小孩。近年來發現,成效最差的教養方式可能就是所謂的袖手旁觀型,在這種教養方式下的兒童,在三歲左右,就相當具有攻擊性以及外向性問題行為,如:動不動即大發脾氣。在兒童階段後期,他們在班上的表現相當差,並逐漸發展為富敵意、自私及叛逆性的青少年,缺乏長遠目標,易於犯下反社會及犯罪行為,如:酗酒、嗑藥、異常行為、逃學曠課,以及一連串犯罪行為。

綜上所述,民主權威型父母富於耐心與接納性,表現出關愛的態度,孩子較願意配合他們的指示行事,而由冷漠或過分要求的父母教養出來的孩子就欠缺這種精神。同樣地,民主權威型父母以理性的方式來控制,並審慎地說明自己的看法,也將孩子的觀點納入考量,所以他們較有揮灑的空間。否則像獨斷專權型父母,制定的標準或規則僵化、不具彈性,且任意支配自己的小孩,讓他們連自由表達的空間都沒有,那麼親子關係會僵化是可想而知。為何民主型的方式較易建立良好關係?可能是民主權威型的父母以一種理性的方式管教小孩,仔細的解釋他們的觀點給小孩子聽,同時也會考量小孩的觀點。這類型的父母能以溫和、包容的方式,提出似乎是公平又合理的要求,而不是採用專制、威權的方式,往往可以讓孩子心悅誠服,而非換來抱怨或違抗(Shaffer, 1999)。

或許,兒童需要愛和紀律,一套可以幫忙他們建構並評估自己行為的法則是非常重要的。沒有這套行為的準則,他們也許無法學會自我控制,可能變得相當自私、無法無天,缺乏明確的成就目標。特別是當他們的父母表現得冷漠、不聞不問時,更是如此。然而,如果他們接到太多指示以及太多僵化的限制,會造成他們難得有機會去發展自我信賴感,對於自己的決策能力也缺乏信心。因此,要維持良好的親子關係,首先需要檢視自己教養子女的態度,究竟有沒有去注意到孩子的需求,還是只是一味要求孩子按照我們的規定行事,那麼要有好的親子關係是不可能的。唯有讓自己的教養態度朝向民主權威型的態度,孩子才能有健全的發展。

四、親子關係經營

　　大部分的孩子都在父母的期盼與等待中誕生，燦爛的笑容、稚氣的童言童語、時常需要父母呵護的眼神，糾結父母的心一輩子。父母無怨無私的奉獻犧牲，也讓父母以為孩子是永遠的私人財產。「孩子，我要你比我強！」「不要讓孩子輸在起跑點上」。這種望子成龍、望女成鳳的傳統心態，使得「新手上路」的父母，從手忙腳亂的處理新生兒的吃喝拉撒睡，到勾勒孩子璀璨的未來，親子之間，真是可大可久、值得經營的一椿美事。子女是上帝賞賜給父母的美好產業，父母有經營權，沒有擁有權，孩子是自己的主人，如同紀伯侖描述的：「孩子是弦上的箭，父母的責任在把弓拉滿，盡力射出，卻無法決定箭的方向。」

　　小時候，父母是孩子的天空，是孩子心目中的巨人，父母精心規畫了孩子的每個階段，孩子亦步亦趨地抓緊父母的手。長大後，父母落伍了，跟不上孩子的想法，親子間出現了代溝，父母責怪孩子愈大愈不聽話，孩子則抱怨父母嘮叨。與其高唱「其實你不懂我的心」，不如用心經營親子關係，畢竟這是最值得投資的事業。在這跨越新世紀的重要時刻，身為「二十一世紀」的子女及「二十世紀」的父母，彼此的想法與價值觀有很大的落差，要如何營造一個溫馨和諧的家庭呢？以下就提出一些增進親子關係的做法，供大家參考：

㈠親子相互了解接納

　　當小嬰兒還沒有學會「人」的語言之時，伊伊呀呀地努力表達，大人也熱切的試圖了解孩子的心意。好不容易學會講話了，親子之間終於能夠溝通無障礙，但是，隨著孩子年齡的成長或是父母事業的忙碌，有的父母沒辦法跟上孩子的世界，會覺得一手帶大的孩子為何變得如此彆扭；有的孩子忙於處理他的學業與人際問題，無暇顧及忙於

生計的父母；有些則因為個性的緣故，總是把事情往肚裡吞，沒有人知道他在想什麼，導致親子生疏；甚至在多元化的社會裡，血濃於水的親情竟然也受到功利的影響而變了調。小心，不要被孩子開除了！時代不同，父母當然不能拿「想當年」的那一套去約束孩子。在這迅速變遷的社會，父母要貼近孩子的心，才能知道孩子在想什麼。做孩子的朋友，比從父母的角色更容易了解孩子。孩子也不妨從同理的角度去看待父母，畢竟我們都是父母的心肝寶貝。父母放下身段，孩子除去心中那道牆，親子相互了解是建立關係的開始。如果，折翼天使都還能擁有某方面的關懷，那麼父母就沒有理由不接納自己的孩子，或許他不完美、脾氣不好、好吃懶做、不愛唸書，但每個孩子都是獨一無二的，父母願意接納這特別的一位，是奠定親子關係的基礎。

很多的親子關係都是因為彼此不了解，而導致很多誤會與衝突。如果雙方都設身處地去了解彼此的感受，以同理心對待，父母站在孩子的立場考慮孩子的想法，同樣地孩子也能體諒父母的苦心，一切無謂的爭端，自然能化解於無形。所以，父母可以帶領子女一起來探索自我，花一些時間想一想自己對子女有怎樣的期望？而這些期望合理嗎？有沒有超過子女的能力？是不是子女自己想要的？還是父母自己不當的期待？希望孩子去實現自己以前沒有的願望？這些困擾都會影響親子之間的關係。尤其是青少年期的子女，介於大人、小孩的分界點，在依賴與獨立之間游走，許多矛盾不通情理的想法時常出現，當父母無法了解這樣的孩子，言語舉動上就容易產生糾紛。「做父母難，做現代父母更難」，這是父母經常的感嘆，也就是所謂的「代溝」。由於時代變遷，很多價值觀念也跟著改變，假若父母仍然沿襲上一代養育子女的方式，將會造成家庭衝突，若是能夠相互了解，彼此接納對方，因時、因地、因事制宜，巧妙運用，相信對避免親子衝突會有所改善。

(二)培養積極傾聽能力

　　不論要溝通的對象是子女或是父母，傾聽都是非常重要的原則。倘若你應用成人說話的方式對待子女，那你就可能成為「成人的沙文主義者」，會認為孩子小沒有經驗、不成熟，他們的話沒有什麼價值可言。自然而然的產生「認為自己很了解他們」的感覺，因為不管怎麼說，他永遠只是個小孩，父母應該很清楚他們在想什麼（陽婉譯，民 86）。也因如此，對於這樣的父母，會造成一些親子間的衝突。「如果你不繼續讀書，你認為你還能做什麼？」「好女孩不可以這樣跟大人講話。」「如果你今天晚上不乖，你這個月就沒有零用錢。」這樣的對話重複出現在父母自我的想法當中，導致親子之間的距離愈來愈遠。表面上，孩子雖然是一個小孩，但他們仍然是一個獨立的個體。專心聽孩子說話並不一定可以解決問題，但是只要父母親表現出關心，問題交給孩子自行解決，或許親子關係就不會那樣的僵硬，問題也就容易解決。

　　我們很少注意聽，但卻很注意子女講話時的不良習慣。父母都很心急地想把最寶貝的東西告訴孩子，急著把錯誤點出來，急著將正確的答案告訴他，卻忽略了親子互動與溝通最重要的是從「聆聽」開始（鄭石岩，民 89）。青少年最厭煩的是父母的嘮叨，許多孩子時常抱怨父母：「我媽很喜歡管我，這也不對、那也不行，好煩、好囉唆哦！」「他們總說不知道我們到底在想什麼？」「他們根本就不了解我，我也懶得再理他們了！」……等，這些都是親子溝通出現問題的徵兆。

　　當父母對子女的關心變成限制、嘮叨，反而只會將孩子推離身邊，使父母與子女之間的關係日益疏遠。「囝仔有耳無嘴」的傳統觀念，只會桎梏孩子的表達能力，父母不要只是一心想操控兒女，而是要鼓勵、給與孩子對自己負責的機會。一旦父母持開放的態度，孩子才能在自由的氛圍中成為自己的主人，勇於傳達自我的想法。積極聆

第 9 章　家庭中的人際關係

聽是真誠專注的與人交談，不僅接收到子女表面傳遞的訊息，而且進一步透過肢體語言和自我的覺察，抓住語言背後所要透露的訊息。有時則發現問題的癥結在於情緒，處理情緒就成了當務之急。關係良好比較能夠掌握語言的真實意義，反之，父母發出無效的指令，只會突然增加親子的距離。

(三)充分陳述意見感受

親子的衝突，很多是來自於親子沒有表達意見與感受所致。當父母覺得孩子打擾時，就應該明白的告訴他，而不是用模稜兩可的話語或責備的語氣對待，否則孩子將無所適從，不知道自己究竟做錯了什麼事，惹父母生氣。父母在表達情緒時應該針對孩子的行為給與立即的反應，否則時間拖得愈久，對孩子的衝擊也就愈大。常常有些父母一開始試著做好人，他們不斷隱藏內心負面的感覺，當累積到無法負荷時，可能會假借一件小事爆發成大事情，讓孩子弄不清楚自己被責怪的真正原因（陽婉譯，民86）。

「愛之深、責之切」是父母常有的態度，但如何將愛意盡情表達，進而鼓勵激發孩子的意志，則需要父母運用智慧，例如將心比心，站在孩子立場體會其心情，也就是運用「同理心」來捕捉你對孩子的了解，並表達出你自己的情緒和想法。無論父母或子女，盡量運用「我訊息」的方式交談，意即試著把「我」的感覺表達出來，倘若不對，也能很快修正，避免互相猜謎，浪費了許多時間，結果還是會錯意，形成無效的溝通。把真正要表達的東西說清楚、講明白，自然就不會產生誤會了。

在大多數的家庭當中，表達意見只是單行道，父母親對於孩子的想法有決定權。幾乎知道孩子所有的事情。但是孩子常常對父母親的想法一無所知。也許試著讓孩子了解你的想法和感受，會更容易要求他們遵從你原先的設定（陽婉譯，民86）。譬如「你怎麼玩到現在才回來，不曉得到哪裡去混。」這樣的對話會讓子女感受到不舒服，違

背原來父母親擔心子女的心意。在跟子女溝通時，盡量不要拐彎抹角，讓孩子知道你心裡面強烈的感覺。因為除了生氣、失望以外，你還有擔心、關懷的感覺，且務必一定要對孩子表現出來：「我好擔心，到了一點多你還沒有回來，我怕會有什麼不好的事發生。現在看到你安然回來，才放心。想到你讓我那麼的擔心，我心裡面感覺非常的生氣，希望下一次有這樣的情況時，請事先打電話告知。盡可能早一點回家。」或許這樣的反應對孩子與父母而言，是雙贏的策略。不但雙方可以充分表現自己的想法，也可以針對事情解決。除此之外，在表達想法和感受時，應該配合表情和聲調，否則無法確實表達你的感受。當孩子面對這些模糊不清的意見時，常會產生疑惑和不安的感覺，導致無所適從。

四 平等尊重互相對待

　　兩代之間若站在各自立場，堅持己見，常使親子關係陷入僵局。「教不嚴，師之惰；養不教，父之過」的觀念，支持了親子間的上下關係，一方面賦與父母管教子女的責任，一方面也使得父母的威權無限上綱，形成親權的濫用，無怪乎受虐兒的家長總是振振有詞地辯解自己是在教訓孩子，外人無須插手。對許多父母而言，要與子女平等地一起生活是一個很難接受的觀念，因為他們認為父母和子女是不平等的，父母要負起家庭維生的經濟責任與顧養子女，如何論其平等？「把電視關掉！要考試了還不進房去看書？」「等一下啦！看完這一段嘛！」「哎！叫你關掉就關掉，不要囉唆。」「媽，拜託啦，只要一下子就好。」「我才不相信，你再囉唆我就去關！」「喔，你很奇怪耶……」（碰！用力關上房門）諸如此類不勝枚舉。父母常說：「我明明為了孩子好，孩子怎麼不領情？」類似的情況常發生在許多家庭中，像這樣的對話我們並不陌生，這就是父母企圖支配子女的表現。子女表面雖然順從了父母的命令，但私底下卻充滿憤怒，消極對抗。

倘若父母能以平等的角度去看待孩子，尊重他是一個完整的人，不是附屬品，那麼就可以看到孩子的需求，從孩子的角度去考量什麼是對他最有利的，比較不會去規定或限制孩子的發展。同樣的，孩子也要平等尊重父母，不是教孩子沒大沒小，而是讓他看到父母養家糊口的辛勞，驚覺父母日漸衰老的體態，在平等而非威權的基礎下，才能建立和諧穩固的親子關係。要想縮短親子之間的距離，必須彼此信任和尊重，相信孩子有處理問題及分析判斷的能力，父母只要從旁協助，而不是「取而代之」，如此一來孩子才有機會學習獨立自主及為自己的決定負責。在充滿安全感的家庭氣氛中，彼此真心誠意地去傾聽對方的心聲，不需要支配與控制，共創雙贏平等與尊重的親子關係。

(五)適度釋權培養獨立

到底要什麼時候才能放手讓孩子獨立？二十歲為成年人那是法律上的解釋。在父母的心目中，孩子永遠讓父母牽掛，永遠是孩子，這種心理可以理解。但在實際做法上，孩子終究是要長大的，不可能一輩子受到保護，溫室裡的花朵怎禁得起考驗？所以，在孩子的成長過程中，父母要學會狠下心來，適度的釋權讓孩子獨立。孩子第一次過馬路誠然不讓人放心，但是父母不可能永遠陪他上學，所以就要教他「先看左邊再看右邊，然後再看左邊，確定沒有車子才過馬路」。訓練孩子該有的技能，把原則講清楚，培養他的挫折容忍力，隨時成為孩子的支持，事先該做的都做了之後，就大膽的放手吧！相信孩子是有潛力的，也有高度的可塑性。因此，孩子的獨立能力需要從小開始培養，讓他從處理自己的食衣住行開始，到可以幫忙作家事，如洗碗、掃地等，透過練習，都可逐步提升孩子的獨立能力。

「我知道父親非常關心我，不過當我有問題時，我需要的是支持而非猜疑，我想找人討論，但不要他的建議，因為我長大了，我需要自己做決定。」對許多父母來說，很難接受子女羽翼漸豐而想獨立生活的觀念，然而事實上，當人們生、心理逐漸成熟時，獨立自主的需

求與表現是必然的現象。所以當父母發現子女希望能為自己做決定時，那都是心理健康的青少年特徵，他們會學習如何做決定和安排自己的生活，而非不再需要或重視父母。因此，只有教導父母與青少年共同負擔一些責任，讓青少年得以親自體驗和接受責任，青少年最後才能擁有對自己生活負責的責任心。當子女成長邁入青春期時，父母應該減少對子女做選擇的控制，同時要增加青少年為自己行為表現的責任（姚秀瑛，民90）。一旦親子之間發展出信任的關係，只要子女願意擔負自己做決定所造成的結果，父母可以允許子女開始作一些屬於自己範圍的決定，從旁加以協助即可。

(六)善用溝通共謀解決

「小新，乖孩子你過來！」「不要！」「你竟敢不聽話！」（啪！）這樣的景況也許不見得是發生在你們家，卻是街頭常見的現象。大多數的現代父母在剛做父母的時候，都下定決心──不要體罰責罵，要用愛的教育。只是隨著孩子愈長大愈難溝通，最後講也講不聽，你根本就不知道怎麼控制自己的脾氣，乾脆還是用老方法抓起來打。溝通是破解親子關係距離的開端，但是，究竟該如何才能將父母跟子女之間的距離拉近呢？親子溝通不是單方面的事，需要雙方適切的表達自己的需求，善用溝通技巧去解決問題，才有皆大歡喜的結局。溝通時應注意不挑戰對方的「決定權」，父母不要動不動就橫眉豎眼、粗聲粗氣的口氣說：「不！」而子女也能改變自己的立場，設身處地的替父母著想，並耐心地協助父母接受相左的意見，一起調整思考的角度，共同解決親子問題。

既然要以平等的態度尊重孩子是一個獨立的個體，當親子之間有所衝突時，父母就不能倚老賣老的認為孩子非得聽父母的話不可，也不能搬出父母的經驗遊說子女「聽我的準沒錯」。此時應該平心靜氣的善用溝通技巧：多親近、多讚美、多感謝，少批評、少吹牛、少抱怨，表達彼此的立場，找出最好的解決問題之道。溝通必須有效，要

第 9 章　家庭中的人際關係

以包容的心思考對方不同的意見，拋開自己的成見，試著從不同的角度思考問題，或是各自修正自己的立場，所謂「退一步海闊天空」，尋找共同可以接受的答案，把事情做完美的解決。把問題的處理當作是親子需共同面對的，任何一方都不想逃避，也不會要求對方屈從，在這樣的前提之下，談溝通才有可能，才能謀求最佳的解決之道。

(七)尋找專家諮詢協助

任何家庭都可能會出現摩擦，在工作或社會上大家盡可能表現自己的優點，但在家庭生活裡由於朝夕相處很難掩飾缺點，因此就容易出現摩擦。家庭中的摩擦就像人生病一樣。生病只是一種訊息，告訴你「哪兒不對勁」，讓你及早發現，早日就醫根治。因此，親子關係一旦生病，就得坦然面對、接受，共同尋找解決問題的藥方，而不是任由傷口蔓延潰爛，以至於無藥可救。是故，親子若是出現了問題，可以找人協助。倘若任意找朋友或家人出餿主意，有時反而會愈幫愈忙，所以親子有了問題，應該尋求親子專家的協助。

不管是已經為人父母的成年人，或準備做父母的年輕人，甚至是兒女已長大成年的老年人，如何維繫良好的親子關係是一個很重要的課題。我們談到親子的衝突與管教態度有關，也希望能夠朝向民主型的方式進行。但是，並非事事都能如願，可能會有偏差的青少年出現，造成惡化的親子關係。不過沒關係，有很多的社輔機構可以尋求協助，相信這些機構的功能發揮，更能有效增進親子關係。以下就常見的介入策略分別說明如下：

1. 參加親職教育（parent education）

親職教育實施最大的障礙便是傳統父母認定的「能生就能養，子女好壞靠天命養大，父母有時也無能為力」的舊觀念。成為一位父親或母親並不像擔任專業工作需要測驗或證照，但父母職責既繁且重，影響既深且廣，要善盡親職，非一朝一夕能竟功。親職教育是把父母親當作一種職業，父母必須接受完整的養成教育才能做個稱職的家

長。尤其在現代快速變遷的社會中，青少年身心變化急遽、育兒及親子溝通技巧需要學習，父母角色面臨許多挑戰，親職教育愈來愈受重視。有效能的親職教養不是偶然發生的，現代父母必須先有「作父母需要不斷自我學習」的態度，學習各種稱職父母所需的知識、技能、方法或策略，以便使子女健全成長，充分開發潛能。

2.尋求家長諮詢（parent consultation）

人的行為是個體與周遭環境互動的結果，在處理孩子問題時，必須考量他的周遭環境生態系統，進而才能改善其行為問題。家長諮詢即是結合孩子所處的生態環境中給與孩子關愛、構成孩子成長環境的成人，一起致力於提供孩子最適性的協助。一般來說，家長諮詢乃是輔導人員和家長之間的互動歷程，由輔導人員提供家長教養孩子問題解決的方法，增進父母解決孩子的能力，藉此協助孩子解決問題（連廷嘉，民87）。因此，對於以青少年為中心的學校輔導工作而言，與家長合作更是成功輔導的要件。家長諮詢的目標是在增加家長的教養技巧，並確定存在於家庭之中與學生的不良適應有關的問題，幫助家長增加對孩子問題的了解，進而解決問題。

3.接受家族治療（family therapy）

所謂「雙重束縛」是指個人在不同的層次或系統中，受到自己無法評斷的、矛盾的重要資訊影響，引發內在的心理衝突。例如夫妻不合並在子女面前數落對方的不是；或父母管教態度不一致，導致子女無所適從。此種雙重束縛的現象存在於許多人的人際互動中，導致人與人之間衝突不斷，人類一再持續此種惡性循環。Corsini 與 Wedding（1995）提出家族治療並不只是去發掘個人內在的心理問題，同時也在引導整個家庭功能的改變。家族治療的治療目標主要有改變家庭結構、促使當事人及家庭成員行為改變、重新詮釋經驗與改變當事人及家庭成員的認知結構。家族治療不僅能解決個人困擾、婚姻問題、兩代之間的互動問題，進而可運用來處理焦慮症、藥物濫用、子女管教方面有關權力與控制衝突等問題。

第9章 家庭中的人際關係

人際關係的理論與實務

　　總而言之，每個父母都想克盡職責，做個好父母，提供孩子快樂的成長環境。但天總是不從人願，家庭還是會發生一些不愉快的事情，子女頂撞父母、嫌父母嘮叨，孩子在家裡經常爭吵不休，為了愛子心切，父母常做出他們不能做的事，說了他們不想說的話，結果適得其反，真是父母難為。可見父母管教子女只有愛心是不夠的，還需要講求方法，才能處理親子間的衝突與不快，建立親子之間的和諧關係。例如，孩子在廚房玩耍，把碗盤打破好多個，媽媽擔心孩子受傷，心裡的焦急一下子就化成憤怒。

　　其實，如果我們已經練習過很多次傾聽自己心裡的聲音，就知道現在的情緒是什麼原因，而不會只是一味地怪責孩子。一個很客觀、理性的作法是，簡單扼要地說：「廚房不是給你玩的地方，請你到你房間裡去玩，還有下次要拿盤子一定要媽媽在旁邊。」用正面的語氣告訴孩子他應該怎麼做。稍後一會，情緒稍微平復、釐清頭緒之後，再告訴孩子，「我很擔心你玩盤子會割傷自己的手，而且打破盤子，讓媽媽心裡很煩惱。」如果當時已經生氣打過孩子，還是要這樣跟他解釋一遍。千萬不要固執認為「爸媽怎麼可以跟孩子認錯道歉！」別忘了你是愛孩子的，孩子的心受傷害，跟你的顏面比起來，豈不是嚴重得多嗎？

　　親子關係是非常需要花心思去經營的。青少年子女一方面不再那麼依賴父母的照顧與保護，另方面又強烈需要建立獨立的自我認同。因此，若能夠以真誠的、坦白的態度面對孩子，比起在孩子面前假裝自己，更能贏得孩子的信賴和尊重。青少年與父母的關係有親密度減低，衝突增加的傾向，當親子關係面臨衝突時，究竟應該遷就子女的意見，抑或子女順從父母的看法？這沒有絕對的答案，遷就哪一方都不是最佳的解決對策。唯有雙方彼此了解與接納對方的感受，學會「積極聆聽」和平等尊重的態度，以及忠實的傳達自己感受的技巧，當親子間發生衝突時，父母能夠不以權威的態度，心平氣和的與孩子一起討論，以找出一個能為雙方共同接受的解決辦法。如此既不需要

304

犧牲任何一方，更不需要使用權威去強制執行，完全由雙方坦誠相處、共同決定，如此不但可以發展孩子思考能力，也易於發覺真正的問題所在。

　　此外，因孩子參與作決定，也會自願的實施雙方所決定的解決方法，孕育孩子自律、自制的個性。誠然親子可以善用溝通的技巧，來改善彼此間或親子間的關係，但是仍需以愛為出發點；無論父母或子女，只要心存對彼此的愛，則凡事將抱持一種彈性和可諒解的態度，則親子間的衝突、障礙將消弭於無形。許多父母常犯的毛病，就是還沒有深思孩子的要求是否合理時，就一口加以否決，這樣抹殺孩子的需求並不能讓孩子心服口服；反之，若孩子是對的，父母則要虛心接受。倘若親子關係仍亮起紅燈或苦無對策，可尋求專家的協助，共同創造美滿的家庭生活。

第三節　手足的互動關係

　　近年來社會變遷快速，傳統大家庭的制度逐漸減少，台灣的家庭漸漸地以小家庭為主，早期三代同住或是整個大家族住在一起的機會漸漸減少，不過，大多數的家庭中仍是與至少一位兄弟或姊妹一起成長的居多。有兄弟或姊妹一起長大的小孩，不但可以獲得精神上的慰藉，對於夫妻都是外出工作的雙薪家庭而言，手足常常充當照顧者、教導者、玩伴和密友。不過，手足間的競爭是一種司空見慣的事，孩子之間常為了一些瑣碎的事情而爭吵，讓許多父母不知該讓它自行解決或出面阻止。因此，有必要去思索兄弟姊妹在兒童的生活中所扮演的角色？手足關係的重要性與功能？幼兒期的手足關係？兒童與青少年期的手足關係？手足之間怎樣相互影響？手足有哪些互動類型？出生序與手足之間的關係為何？手足如何競爭與合作？這一切的問題都

有待進一步的探討。

一、手足關係的重要性與功能

手足關係是人一生當中，除了父母之外，關係最持久、豐富的一種情感性聯結。有時與兄弟姊妹相處的時間，多過與父母相處的時間；也許是因為大家的年紀接近，反而比父母親容易接近，也比較沒有距離感之故。一般來說，手足關係不僅只是在兒童時期相處，更延續至整個生命的歷程。雖然原生家庭手足已經另組新家庭，但手足間的互動仍屬頻繁，手足之情並未稍減。尤其，在傳統的中國大家庭制度中，大多數的孩子是與手足共同成長的，甚至早期農業社會裡，父母親都得到田裡工作，老大與老么年紀相差甚多，孩子由自己的手足帶大，所謂長兄如父、長姐如母到處可見。

由於手足經常在一起玩耍或互動，因此對手足個人社會認知及個人適應的發展產生極大的影響，不僅影響個人生活型態的形成，甚至影響日後與同儕、成人間的人際關係。可見手足在手足個人社會認知及個人適應的發展上扮演重要的角色。以下針對個人發展與他人適應方面加以說明如下：

(一)個人發展的層面

手足關係與親子關係最大的差別，在於二者的權力大小不同。在傳統的親子互動中，成人是利益的分配者，掌控一切的權益，兒童是弱勢的族群；相反地，在手足的關係中，雙方的權力約略相等，特別是兩人年齡與能力接近時，由於彼此的權力相當、需求相似，使得手足之間常有爭吵與衝突的情況出現，相對地也有解決衝突的機會。所以，兒童藉由與手足爭吵的協調中，學到了如何與人分享、競爭、對抗和承諾。換句話說，也就是歷經社會化的過程。

由於手足在相同的規則下共同成長，他們明白彼此的感受，也懂

得如何使對方表現出自己想要的行為。為了達到個人的目的，手足之間常常有衝突的情形出現，甚至在手足間發生口語或肢體上的衝突，可能多過同儕的衝突。不過，手足關係中除了有敵意與生氣的情感外，也兼具正向愛意與保護的情感。除了友誼與分享的課題外，手足有時還得扮演父母的角色，學會照顧弱小的手足，對手足提供情感上的支持與生理的需求。這種經驗在年長的手足特別常見（Dunn, 1985）。因此，手足本身即是一個獨特的支持系統，除了是一個玩伴外，他們還是信心的提供者和情緒的紓解者，會彼此運作一直持續至老死為止。

(二)與他人建立關係的層面

手足關係究竟扮演了什麼樣的正面角色？兄弟姊妹最重要的功能之一即是提供情感上的支持。在艱困的時期手足彼此交心，相互保護安慰。尤其是，若年長的兒童與母親有安全的依附關係，並且發展出角色扮演替代母職的角色，能體會他們的弟弟或妹妹因何傷心，都有安慰傷心的幼兒或學步兒的傾向。倘若手足關係緊密相連，相互照顧，有助於避免兒童在學校中遭受同儕忽視或排斥時所表現出來的焦慮和調適問題。因此，兄弟姊妹間頻繁且密切的互動，似乎意味著這些接觸可能有助於培養許多其他的能力，手足對我們如何與他人建立關係的能力，也有很大的影響力。

手足不僅會影響我們與父母的親子關係，而且也會影響我們與他人的友誼關係。兒童的手足關係是社會化的重要基礎，兄弟姊妹間嬉戲式的互動，有助於兒童養成有效率的溝通技巧，及開啟他們的心智。兄弟姊妹在溝通他們的慾求、需要，以及對於衝突的情緒反應時毫不保留，因此，所提供的訊息有助於彼此發展觀點替代的技巧，了解情感、談判與妥協的能力，還有更成熟的道德性推理方式。是故，手足關係對兒童期乃至青少年期在人格的形成和社會性的發展有很重要的影響。手足之間從小時候，在日常生活中拌嘴、競爭、爭奪、欺負、冷嘲熱諷、惡言惡語，甚至動粗，經和解、言歸於好等經驗中，

第9章 家庭中的人際關係

學會揣摩對方的心意，學會考量對方的立場，和如何與對方溝通的技巧。這些經驗乃是學習如何與他人建立良好關係的基礎課程。

二、手足關係的發展

在家庭的生活裡，除了父母之外，與我們的關係最密切的，莫過於相同血脈的手足。過去心理學家一直重視家庭中的親子關係和學校中的同儕關係，卻忽略了手足關係。手足關係同時具備親子關係與同儕關係的特性，在我們的一生當中占了很大的分量，不僅是生活中親密的伙伴，亦是情感支持的重要力量。伴隨著個人的成長，在人生的每一個階段，手足關係都直接或間接的影響到個人的發展。因此，在了解手足之間的互動行為類型之前，先說明新生兒的出生對家庭中的系統或手足造成何種影響，接著討論兒童期與青少年期的手足互動關係。

(一)幼兒期的手足關係

在新生兒降臨後，父母親通常會把焦點擺在新生兒的照顧上，而忽略了年紀較長的孩子。而這些較少被關懷與注意的孩子，會立刻明白他們與父母親之間的關係已經被嬰兒的誕生給破壞了。父母親不再屬於個人獨有的，必須要與弟妹共同分享，因此，年長的手足會感受到他們失去了母親的注意力，並對弟妹心懷敵意。他們刻意的調皮搗蛋，為的就是要引起父母親的注意。因此，手足競爭（sibling rivalry）特別容易開始於年幼的弟妹出生時，當她們感受到自己不受關注，就會對新生的弟妹表現出競爭嫉妒或怨恨的態度。換句話說，手足競爭即是兄弟姊妹之間表現出來的競爭、嫉妒或怨恨的態度與敵意。大部分的家庭在新生的弟妹出現時，老大通常會有情緒上的不穩定與困擾，一方面想要奪回母親的寵愛，一方面又不知道如何做到，因此常常有尿床等退化行為的出現，容易發脾氣。那要怎麼樣消除這樣的情

形出現或是降低它出現的頻率？通常的做法是在弟妹出生後，父母親仍繼續對他們較年長的孩子付出關愛，保持緊密的連繫，這樣，年長的孩子在家庭中較容易適應，而且不會出現不合作、攻擊或退縮的行為。為何要這樣做？因為，手足之間的競爭與合作是正常的人際關係模式，倘若年長的手足在內心的需求得到滿足，較容易表現出協助照顧弟妹行為（Dunn & Kendrick, 1982）。但是，這時候的父母常會陷於兩難的境地，常常會認為新生的弟妹需要照顧，而給與較多的關懷，卻忽略了較年長的孩子，導致年長的孩子出現競爭的行為。

(二)兒童期的手足關係

　　對於擁有新來的弟妹，大多數的兄姊很快就能調適過來，變得比較不焦慮，也比較不會出現他們早先所顯示出來的問題行為。不過，隨著弟妹年齡的增長，手足之間的競爭與衝突，在兒童時期相當普遍與正常，一直持續不斷的上演著。手足關係有時真是矛盾的，既是親密又是衝突。兄姊經常會表現出幫助弟妹的行為，為了得到父母的讚許，表現自己的成熟，但也會為了一點小事有更多的摩擦和衝突。而在這些衝突當中，兄姊往往是支配性強的一方，弟妹卻是順從的一方；也因為這樣，兄姊往往遭受到父母的責難，對弟妹表現出更多敵意。這種手足競爭的情形，特別在年齡愈接近的時候，愈容易發生。

　　父母親的態度顯然會對手足關係產生重大的影響。如果父母親之間能夠和睦相處，較少有婚姻衝突，手足之間通常也較容易和睦相處。通常手足之間對於父母親的公平待遇與否相當敏感，假若發現父母較偏愛兄長或弟妹，他們通常會以負面的方式來回應，向父母親表示抗議。雖然兄長年紀較大，但他們也需要關注，不要以大人的想法來看待，畢竟他們還是小孩子，要他們去體諒禮讓仍有困難。所以，適當地處理手足競爭，有助於增進家庭和諧及日後孩子情緒與生活適應的發展。

(三)青少年期的手足關係

　　正如同親子關係，青少年時期的手足關係也會更趨於平等。到了這個階段，兄弟姊妹比較不常吵架，但同時他們之間的關係卻變得較不密切，或許因為青少年和兄弟姊妹相處的時間較少，他們希望脫離家人的束縛，發展出一些自主權，開始去尋找自己的同儕夥伴或是愛情關係。不過，青少年仍將他們的兄弟姊妹視為重要且親近的伙伴，是他們可以尋求支持和陪伴的人。雖然，兄弟姊妹間的競爭和衝突是家庭生活中十分正常的一部分，但是，兄弟姊妹常常會為彼此做些貼心的事，這些友愛的行為比起仇恨或競爭的行為來得普遍又頻繁。

(四)成年期的手足關係

　　成年期的手足關係，或許因為婚姻的關係，大家關心的焦點開始轉向自己的家庭，比較沒有關心到自己的原生家庭，因此，手足關係會較幼兒期或青年期稍微疏遠。在傳統的中國社會裡，這種情形較為少見。俗語說：「長兄如父」，可見在傳統的大家庭社會裡，大家比較注重的是家族觀念，兄弟姊妹雖然結婚了，但仍然是居住在一起，手足之間相互照顧，也相互照顧對方的小孩。「母舅坐大位」亦是手足關係的最佳寫照，在古老的結婚習俗裡，兒女結婚時都不忘要請自己的兄弟來主持，可見對手足之看重。不過，也因為居住的環境在一起，彼此的衝突也較多，因此有很多妯娌問題，有待手足去協調，否則會造成家庭的不和諧。當然，這些關係也跟原有的手足關係建立有關，倘若在幼兒或青少年期建立良好的手足關係，日後要調整就可能比較容易；倘若在兒童期未建立親密的手足關係，手足之間僅注意到自己的家庭，那就更難建立親密關係。

　　大家在這階段所面臨的一個課題是照顧病弱的父母，因為大家都有工作，加上有自己的家庭照顧，在雙重的壓力之下，會影響其手足關係，彼此抱怨自己付出的較多，別人付出的較少，導致衝突不斷，

甚至翻臉相對。這樣的情形也有可能出現在分財產時，有時會為了錢財，兄弟之間彼此惡言相對，俗語說：「親兄弟明算帳」，是最佳的寫照。不過，在奉養父母上，古代只有男生擔負起重任，而現代的女生也常負擔起照顧父母的責任。等到年紀更大一點，甚至父母親死亡後，手足之間的兒女也各自成家，只剩下年邁的手足彼此還可以照應，倘若有良好的手足關係或居住在附近，可能會互相聯繫話當年，重溫兒時的回憶。可見，手足關係可以說是和親子關係一樣，不是說斷就斷，從幼兒到成年，甚至到終老，都沒辦法脫離。

　　總之，在兒童時期很多社會行為的發展是和手足的互動有關。手足雖然可以提供彼此在情感上的支持與協助，他們也可能鼓勵反社會行為（antisocial behavior）或失功能的行為。手足之間衝突或和諧的程度，有相當高的影響是來自於父母的壓力或家庭的滿意度。手足關係是目前很活躍的研究領域（Dunn & McGuire, 1992），而且參與者不斷地強調手足關係的重要性。手足關係特別強調兩個重要的議題：手足競爭或衝突；手足遊戲和協助。社會認知技巧（social cognition skills）能夠提高人際互動的行為，年幼的小孩比較沒有發展出社會認知的能力，但可以藉由手足關係，有足夠的時間讓他們發展此行為。

　　雖然很多證據證實，在學齡前或者是兒童中期仍然缺乏良好的社會了解或發展，但是他們仍然占了很重要的地位（Dunn & Munn, 1987）。兒童繼續發展他們的社會認知能力，一直到青少年整個階段。顯然，手足在當他們未發展社會能力時，扮演著重要發展的角色。這些認知發展能力的增進是發生在手足的互動上。學齡前的兒童觀點替代技巧（perspective taking skill）是來自於他們的手足。年長的手足在這個時候也仍然缺乏溝通技巧，需要獲得他人的注意與了解。這些年長的手足常會當母親短暫不在時扮演著照顧年幼的手足責任。

　　手足關係既像同儕平等關係，又像成人與小孩不平等關係。舉例來說，倘若成為一個遊戲的伙伴，在遊戲當中，手足任何一方可能會獲得更多或更少的權力與特權。當父親經常鼓勵他們的孩子要如同朋

311

友之間的關係時,他們也會期待年長的孩子在團體活動中擔負起更大的責任。父母也經常鼓勵年幼的孩子遵從年長手足,這樣的權威一服從關係,清楚地納入手足之間的互補角色關係。不幸的是,年長的手足權威可能發展為一個極權主義者,變成很獨斷、很專制,不考慮到弟妹的想法;年幼的手足由於太過順從,從來沒有自己的看法與主張,事事都依賴他人,無法獨立自主,缺乏自信。因此,父母應該適度地去協調手足之間的互動模式,不要固著於某一人際模式,讓孩子學會視實際狀況表現出適切的因應行為。

年紀慢慢大了,手足關係面臨一個重大的考驗是照顧父母(Matthews & Rosner, 1988)。以往在中國人的社會,養兒防老是一個正常的家族觀念,不過這在現今的社會中卻面臨挑戰,常常是在分財產之後,就相互推來推去,讓我們重新去思考手足與親子關係的定位;手足開始重新注意他們的原生家庭。誰要去照顧父母?這一個問題經常是無解的題目。俗語說:「久病無孝子。」可見照顧父母需要兄弟之間彼此照應,否則會引發更多的問題出來。照顧病弱的父母真的總是會導致關係緊張嗎?或許照顧雙親的壓力可能會衝破原本薄弱的手足關係,但也不是每個家庭都如此,也有很多手足輪流照顧病弱的父母親,反而把因成家後彼此注意到自己的家庭而忽略原生家庭的手足或親子關係,藉這個機會讓手足之間的關係更為緊密,彼此相互支持與照應。

三、手足關係的互動行為類型

「這個東西是我的。」「弟弟又搶我的玩具玩。」「你讓一下弟弟又會怎麼樣?」「你年紀大較懂事,弟弟不懂事,給他玩一下而已,又不會死。」「不要!我就是不要!每次都這樣。只要弟弟一吵,東西就是他的,這一次我偏不讓,看他怎麼樣?」這幾乎是每一個家庭常扮演的連續劇,哥哥的下場通常不是被痛罵一頓就是被毒打

一頓，其結果還是繼續下去。

　　父母通常會賦與重要的責任給年長的手足，由他們扮演年幼孩童的玩伴。學齡前的手足，通常是自己在家獨自玩，等到年紀稍大，約在四歲左右，才跟年紀較大的玩。年紀較長的孩子學會去統整自己的遊戲角色，選擇自己的玩伴，他們比較希望一些合作性的遊戲，因此很自然的邀請弟妹一起跟他們玩。在學齡前結束之後，手足比較能夠承擔合作的遊戲，手足提供了同儕遊戲的替代品。

　　由上述手足關係的發展得知，在嬰幼兒時期，個人與他人接觸最多時間的是母親，到了幼兒期，與手足接觸的時間漸漸超過與母親接觸的時間，兒童時期可能與兄弟姊妹住在同一個房間，一起上學、一起玩耍，其影響力大於母親的影響。手足之間的互動行為，大致應包含有模仿、攻擊和利社會等行為，分述如下：

(一)模仿 （imitation）

　　在手足的互動過程中，彼此會仿照對方的行為表現，這些行為包括說話、跑步、玩玩具等。在這個互動過程中，就連嬰兒都相當留意哥哥、姊姊的舉動，常心甘情願地模仿他們的行為或接收他們丟棄的玩具。幼童有崇拜兄姊的傾向，兄姊是幼兒在整個童年期間重要的榜樣，因為年長的手足年紀較大，比較會扮演教導的角色，而年幼的手足則因年紀小，有很多行為方式有待學習，比較容易會模仿年長的手足。不過在國內外的一些研究或實際的觀察得知，同性別之間的模仿行為較多，不同性別手足間的模仿行為反而較少。

(二)攻擊 （aggression）

　　攻擊是指直接指向他人、傷害手足的行為；包括身體上的攻擊、物品的爭奪、對抗、競爭、欺騙、敵意、拒絕協助或分享；同時也包括口語的行為，例如：侮辱、反對、恐嚇、爭吵等行為。一般而言，年長者有較多的攻擊行為；手足間年齡差距愈小，攻擊行為愈多；男

第9章　家庭中的人際關係

生比女生有較多的攻擊行為出現；同性別間攻擊行為較多。手足衝突不僅是普遍的現象，它也是手足間互動的一種型態。Dunn 和 Munn（1987）指出手足之間的衝突有助於年幼孩子的發展，其手足衝突不僅提供孩子如何擊敗另一個人的經驗，並且也對自己的所作所為做反省與回饋。這種手足之間與父母對衝突的反應，有助於孩子學習如何了解自己與其他人的感受與反應。這些孩童激烈的情緒反應可能促使孩子運用他們的認知去了解為何導致這個樣子，有助於認知的發展（Dunn & Munn, 1987）。

(三)利社會行為（prosocial behaviors）

在手足互動的過程中，彼此都會表現出許多符合社會規範的利社會行為。這些對手足表現出正向的行為，包括協助、分享、安撫、稱讚、情感、友善的接近、親密、友伴、合作式學習、照顧等行為。一般而言，當手足之中有遭受挫折或不愉快時，彼此會流露出關懷與安慰。手足之間的利社會行為表現上，以女孩子有較多的利社會行為，而且年齡差距愈大，利社會行為愈多。尤其在手足眾多的家庭中，父母親工作繁重，照顧年幼的手足重擔往往落在年長的手足身上。這時年長的手足常常扮演著代替父母職工作，需要照顧年幼手足的生活起居以及功課學習。

顯然，手足之間的互動行為類型包羅萬象，年紀小的弟妹不但可以模仿學習生活的能力，也可以在兄姐的呵護之下探索陌生的環境。相對地，年長的兄姐也可以學會照顧弟妹，表現出利社會的行為。不過，手足之間的攻擊行為仍是無可避免的。很多父母面對手足之間的爭吵，常束手無策或是懲罰年紀較長的兄姐，如此一來，會造成手足間的惡性循環鬥爭。手足爭吵較好的處理方式，是應該藉這個機會，讓手足雙方學會如何面對衝突以及解決問題，而非一昧的制止，那是於事無補的。

社會比較（social comparison）在手足之間是無法避免的。手足是

一個唾手可得的目標，很多父母都會拿手足相互比較，譬如「為什麼同樣是我生的小孩，一個成績都考第一名，一個老是讓我操心」的對話常出現在家庭之中。所以，成績較差的手足，經常遭受父母不當的比較與責備，形成較差的自我概念，甚至會對較佳成績的手足有敵對的行為出現。因為，這樣的社會比較過程一直持續進行著，手足關係有助於自我界定能力的成長。當然，這樣的社會比較也發生在同儕之間，但是它沒有手足之間的顯著。因此，父母親有效引導手足之間的比較，可以增進孩子對自我概念有正向的看法，以及知道自己有哪些不足。每個人都有不足處，如何學習手足的優點才是良策。

四、出生序與手足關係

手足對其他手足的自我認定和人格發展也同樣地重要。不僅自己或他人常用手足間共通或相異的特質來形容，甚至連父母也常有意或無意中拿手足來互做比較。手足本身的家庭星座，也會影響其父母和手足及個人人格的發展。由於出生序的不同，可能使孩童的行為表現有所不同。父母也會因孩子的出生序對他們有不同的對待。父母通常對長子給與較多的注意（Dunn & Kendrick, 1982），母親也較傾向對長子賦與較多期待，與其談話接觸也較多；但對么子則有較多生理上的撫育與縱容，導致么子壓力較少而影響其獨立性。

此外，第一個孩子在口語上有較多攻擊與操控的字眼，但么子則是傾向於肢體上的攻擊或向父母求救，他們通常也較可能用懇求與取悅的方式來贏得爭吵。父母在不明原因的情況，有三倍的比率較偏袒年幼的手足（Dunn, 1985）。以下分別以排行老大、排行中間、排行老么與獨生子來說明手足關係（蘇建文，民89）：

(一)排行老大

家中排行老大的小孩，大多是在父母殷切的期盼中出生，獲得較

多的關懷與注意，不但在生活上陪他玩耍，也鼓勵孩子認真學習。因此，在語言、課業成績上都具較大的優勢。而在性格上，因為是父母注意的焦點，也較容易養成支配與獨斷性，喜歡別人注意和具領導特質，自尊心也較強。父母常會賦與老大管教弟妹的權利，做父母的代理人，導致老大較早熟、有責任感，較容易照顧他人。

(二)排行中間

家中的老二、老三或其他居於中間的小孩，不像老大那樣受歡迎，再加上父母早已有照顧老大的經驗，對於排行中間的小孩的期待較為實際。不過，因為居於中間的小孩，不像老大那樣成熟穩重，又不能與弟妹爭寵，造成排行中間的小孩需要學習如何調適自我，以適應和能力較強的兄姊相處，且能和能力較弱的弟妹相處。所以，排行中間的小孩，較能夠在家中發展出適當的人際關係，能夠認清自己的周遭環境，找出適切的人際溝通模式。

(三)排行老么

排行老么和排行老大，在手足當中，同樣享有特殊的地位。因為，老么是家中最小的小孩，深得父母的寵愛，遂造成老么依賴性，喜歡找藉口，缺乏解決問題的能力，容易養成好逸惡勞的習慣。與其他的手足比較起來，老么比較容易覺得自己不如別人，又常受兄姊的使喚，較容易產生依賴與沒有自信心。

(四)獨生子女

獨生子女是家中唯一的小孩，由於沒有手足與他分享父母的愛，通常是父母生活的中心，因此，容易養成自我中心、不願與人分享及獨立自主的個性。傳統上，沒有兄弟姊妹伴同成長的獨生子，經常被認定為被寵壞、自私、過度縱溺、寂寞、不合群的小孩，因為他們沒有機會從手足那兒學習施與受的經驗，對於日後的同儕相處或人際關

係會有不當的影響。不過，近來發現獨生子也有其有利的條件，因為獨生子享受獨佔的親子關係，比起有兄弟姊妹的兒童，他們可以從成人身上得到更多優質的時間以及更直接的成就訓練，這或許可說明為什麼他們會比較友善、有教養以及專業能力強的傾向。不僅如此，這些獨生子沒有弟妹可受他們支配，他們很快就學到如果想和同儕玩伴成功地打成一片，就必須溝通及改變自己去遷就他們，因為大多數玩伴的能力都和自己不相上下。可見獨生子絕不會因為沒有兄弟姊妹而吃虧，而是父母親能否提供適當的學習機會，讓獨生子女與伙伴接觸，則一樣可以透過友誼與同儕之間的結盟，獲得因家中沒有兄弟姊妹而可能錯失與人分享、尊重他人的特質。

綜合上述，可以清楚的知道手足關係的重要性。家庭星座（sibling constellation）可能會影響孩子的人際互動行為。孩子的性別也可能帶來權力角色或社會期待。這些手足地位包括責任、能力或成就都可能與性別有關。對於小嬰兒來說，哥哥或姐姐是他們除了父母之外，最主要的依附對象。手足之間有一種共享的認同感，他們在小時候玩在一起，共用一個臥房，擁有許許多多的共同回憶。當然，手足之間也會有一些摩擦，嫉妒弟妹與自己爭寵，相互計較彼此的成就。出生序的重要性不只出現在手足之間的互動關係，更重要的也會出現在他們各自的社會關係。一般而言，老大較有責任感，排行中間的人緣較好，老么較撒嬌。但這些不能「放諸四海皆準」，應該考慮到個別差異，針對不同的個體給與最適切的協助。

雖然，同儕團體經驗也可提供重要的社交訓練（Dunn & McGuire, 1992；Maccoby, 1990），不過，手足更能提供相互影響的效果。如同前節所講的親子關係一樣，對年幼的孩子而言，除了父母之外，手足關係是第一個且重要的社交關係經驗。雖然手足涵蓋了孩子第一個同儕團體和社交互動技巧訓練，不過同儕團體仍然與手足關係是不同的，有待下一章學校中的同儕關係再討論。

手足和父母一樣是沒辦法選擇的，也沒辦法終止他們的關係。手

足每天都得在一起，除非他們長大成人足以獨立生活或另組家庭。這樣互動的型態（interaction patterns）一直持續著，倘若有許多的不滿意，也沒辦法脫離手足關係，僅能面對手足學習如何調適的人際互動技巧，這些手足之間的互動技巧，可能也是日後因應職場或工作伙伴的社會能力。可以這麼說，朋友是我們選擇且志願和他們在一起，我們隨時可以選擇終止和我們不喜歡的朋友在一起，但手足關係卻沒辦法實質上切斷，尤其在兒童與青少年期，雖然我們會與手足爭吵，但由於有血緣關係，大致上都還能維持手足關係。或許各自獨立成一個家庭，手足關係會較為冷漠或熱情，但那就得看成年期的手足如何互動。也有人會為了爭奪財產或意見不同，導致手足之間互不相往來，那也只是手足沒有互動，他們仍然是手足關係。

總而言之，家庭對於兒童和青少年的重要性不容忽視，若是家庭不能發揮它的重要效能，情況會變得多糟！從一個被忽視的嬰兒開始，他不僅無法健康地生長，也無法體驗到任何類似家庭的溫暖、敏感和有互動性的照料（Shaffer, 1999）。這樣的兒童如何能發展出穩固的依附關係，來作為日後社交能力的基礎？假若父母親對他充滿敵意，用嚴厲的規則來管束控制，一犯錯便處罰，這種情況下，這個兒童如何學會關心別人、學會適當地獨立自主以及融入社會？雖然隨著年齡的增長，我們的家庭會改變，但是，我們終其一生都得受家人所影響，而我們也同樣影響著他們。家庭中的人際關係，當然不只夫妻關係、親子關係與手足關係，還包括了婆媳關係、妯娌關係、姻親關係等各種複雜人際互動。然因篇幅有限，本章只針對較重要的夫妻、親子與手足關係詳加討論，至於其他家庭人際關係的課題只好忍痛割捨。

談到傳統的社會，就會想到巨大的四合院、累世同居的生活、複雜而微妙的親戚關係等，就如同紅樓夢裡所描寫的賈府一般。結婚是兩個家族的結合，夫妻得同時去適應雙方家族中所有的成員。或許家庭結構改變，但傳統社會「天下無不是之父母」的絕對父權，仍處處

可見，也造就了許多家庭的破裂與紛爭。雖然核心家庭沒有過去傳統的包袱，改變了中國家庭由來已久的風貌，不過，起而代之的是同居、離婚、外遇、節育、再婚、老人照顧、同性戀、雙薪、單親、受虐兒、鑰匙兒、暴力家庭等問題。不管是傳統或現代的家庭，「家家有本難唸的經」隨處可見，如何在糾纏複雜的家庭中互動，才是目前家庭所需面對的重要課題。

　　在家庭中的人際關係，不僅在新婚時，夫妻需要調適彼此的生活習慣，等到孩子出生後，夫妻還得彼此調適管教態度，而更重要的是親子關係的經營；而在第二個孩子出生後，父母更需要去協調手足的競爭與衝突等。可見，人的一生不能脫離家庭而活，家就好像是一個「避風港」，任何苦難都可以回家哭訴獲得情感支持。伴隨著小孩子的成長，孩子還得面對家庭以外的人際關係，例如校園中的人際關係（本書第十章）與職場中的人際關係（本書第十一章），這一切的人際互動，都得從小由家庭中的人際互動學習而來。良好的家庭關係的技巧培養，除了可以應用於夫妻、親子與手足的互動外，更可以廣為在學校、工作職場、社區或組織中運作。

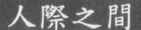

　　婚前「擇你所愛」，婚後「愛你所擇」，成熟的人，其特徵就在於能為自己的行為負責。同樣的，健全婚姻的基礎則在於男女雙方的信任與責任。相信自己的選擇，也相信對方的一切。

　　生活中，有許多人抱怨：他（她）的另一半婚前婚後的表現完全不一樣，婚後愈變愈好的，少之又少；許多人婚後不再體貼、不再浪漫。婚姻生活一成不變，早知道寧可選擇不婚，永遠戀愛。

　　其實，「婚姻不是戀愛的墳墓」，而是戀愛的溫床，有了婚姻生活的經驗，使情愛與男女雙方變得更為真實，不再虛幻；當然，前提是夫妻雙方必須「有心」、必須「用心」。試想：婚前看對方一眼是甜蜜滿懷，婚後若不再情深款款的看對方一眼或「另眼看待」，怎能令人相信婚姻是情愛的溫床。相同的，婚前買花送賀卡，大生日小節慶無時不聚，婚後怎能以一句「老夫老妻，肉麻當有趣」來合理化自己的轉變；如此，難免令另一半懷疑自己是否「變心」。

　　現實生活中，夫妻之間要彼此體諒，婚姻是男女雙方基於情愛與理想，願意共同發展一輩子的事業，因此二人之間應相互支援，視自己為對方的後盾。當另一半「用心」經營事業，自己倒也不必太斤斤計較於是否能享受到對方婚前的一切浪漫行為。

在夫妻互信、互諒、互敬、互愛的生活中，不妨多給與對方一點自由的空間，也給與自己更多獨立的機會，尤其是女性，避免在「三從四德」下失去了自我。傳統上「以夫為頭家，母以子為貴」的時代已過去，女性最大的支柱，不必然是「丈夫子女」，而是自己的「實力」，有了自我、有了實力，才能成長自己，進而照顧別人。許許多多的天下男女，在戀愛中迷失方向，在婚姻中失去自我，愈愛愈痛苦，愈愛愈猜疑。

所以「愛你所擇」的第一步就是「行動」，用具體的行動來實踐你的愛，實踐你的抉擇，實踐你的承諾。如此在尊重、真誠的前提下，才能發展和諧愉悅的兩性關係。此外，「戒急用忍」也是兩性情愛與性愛關係經營的不二法則，特別是婚姻生活的經營。我們可以用更開放的角度來看待兩性關係，縱然無愛也不應有恨。

現代人，不妨婚前擇你所愛，婚後愛你所擇吧！

人際關係的理論與實務

10

校園中的
人際關係

學校是一個學習的場所，在這個環境中會產生許多不同的人際關係，本章節旨在探討校園裡的師生關係、親師關係及同儕關係。師生關係是影響學生學習成效的關鍵，過去師徒制的教育下，老師與學生互動較為緊密；而現在的教育體制則採分科分班教學，使得老師與學生之間的互動相處產生了變化，進而導致師生關係變得較為疏離。至於親師關係，一般而言，學校的老師若能與家庭的父母建立良好的聯繫，較能充分了解學生的行為，家庭與學校的教育功能也較能順利發揮。此外，從人類行為的發展觀點來看，同儕關係深深影響個體的心理感受與行為反應，特別是在兒童發展階段和青少年時期，是故，本章最後一節也將探討同儕互動問題及弱勢學生的學校生活。

第一節
師生的互動關係

　　師生關係是影響學生學習行為的重要因素，然而現代的師生關係卻是充滿了「不親近、不愉快、不和諧」的氣氛（陳奎憙等，民85），老師對學生的行為有許多的不滿，學生對老師也有許多的意見。若要改善師生的關係，或許老師要對自己的不滿做些省思，學生也要對自己的影響力多些認識，透過雙方的努力，師生的關係才有可能改善、成長。以下將分別探討師生關係、教師的不愉快因素，及學生的影響力，希望對了解師生的互動能有所幫助。

一、傳統與現代的師生關係

　　教是由內往外的；學是由外往內的，連結彼此的橋樑就是互動關係，也就是所謂的師生關係，良好的師生關係正是教學成效的主要關鍵所在。社會變遷的步伐也可從傳統到現代的師生關係脈絡中一窺之。

(一)傳統的師徒關係

傳統的教育是師徒制，通常是一位老師只教幾位學生。學習是出於學生的自願，當學生對某位老師所能教導的知識感興趣，而老師也認為此位學生值得付出他的時間和知識，老師就受僱於學生，開始協助學生學習，所以，師生關係的形成是相互選擇。老師不僅指導學生的課業，還像個尊長，教導為人處事的道理；學生對老師也極為敬重，聽從老師的教導與指正。所以，傳統的師生關係有下列數項特性：

1.長期性

學生對老師的知識極為尊崇，當學生發現從老師身上得到的不只是知識，還有生活智慧，學生會主動地向老師請益，老師也樂於教導，即使學習結束，師生的關係還是會延續下去。

2.多元性

在學習中，教師不只是重視知識的傳授，還注意到學生人格的養成，所以對於學生的生活及為人處事也都非常重視。

3.親密的

學習既然是出自學生自願，老師也願意投入時間在學生身上，除了了解學生的學習狀況，還關切學生的日常生活，學生也因敬重老師，視老師為生活導師，事事請益，所以彼此的關係是極為親密的。

由此看來，傳統的師徒教育，每位老師所教的學生人數較少，且與學生的生活緊密，有較多的機會可接觸學生，更重要的是，學生對老師很尊崇，事事願意向老師請益，所以教育不限於知識的傳遞，還可包括生活教育。

(二)現代的師生關係

現代的教育則是由一龐大的教育體制制定好教育方針，再由老師對一個班級的學生進行教學，老師要獨自面對四、五十位學生。學習是被安排的，學生一到入學年齡，就必須進到龐大的教育體制系統接

受教育，教師雖仍是受僱於學生，但彼此都無法互相選擇。這樣的教育制度讓師生關係產生了一些變化，茲說明如下：

1. 師生關係愈趨於短暫

當教育採取分工制度，學生的學習要透過不同的課程及老師來完成，所以許多的師生關係就只限於課堂上的接觸，隨著下課鐘聲響、課程結束、學校學習結束，如果沒有再接觸，師生關係也就結束。

2. 師生關係愈趨於單純

教育強調學生專長的養成，所以教師課室的教導只是某種知識及技能的傳授，對於學生生活常規的建立、人格的養成較不注重，使師生關係變成是一種知識交易的行為。所以，除非教師本身的知識、人品能讓學生認同，否則學生不會主動的想效仿老師。

3. 師生關係愈趨於疏離

教師不再是以個人的主觀判斷來評估學生的學習成效，現代教育制度有一套客觀評鑑學生的標準，如此一來，教師往往會不自覺地跟學生保持適當的距離，讓個人的情感不要涉入太多，以維持超然的態度。此外，由於教學工作的繁重，教師無暇接觸學生；學生也忙於社團及同儕的互動，除非必要，不然不會主動接近老師。雙方忙碌更造成師生關係的疏離。

所以，現代的班級師生關係不像傳統的師徒關係那麼緊密，今日的學校教育，老師對學生只是做知識、技術的教導，對學生的人格教養不太關切；學生對老師也不太了解，彼此又沒有充分的時間作互動，因此，在這種關係疏離又功利主義、自我意識盛行的社會風氣下，師生之間在教學者與學習者的角色、立場互異下，就很容易發生不愉快的人際衝突，導致校園倫理與社會價值觀受到衝擊。

二、教師的工作壓力

在教師休息室裡常聽到老師在說：「學生上課喜歡與同學講話、

看其他的書，不然就是睡覺，來學校不知道要幹嘛？」「學生上課態度太差，叫他把其他科目的課本收起來，一張臉變得好難看……」「學生的作業又遲交了，補交過來時又看不懂他在寫什麼？」「告訴他好幾遍了，他還是老是遲到……」「學生太不受教了，當你問他上課為什麼不帶教科書，他竟然說：『今天要帶的教科書太多了，太重了。』……」「學生染髮又被記警告，搞不懂學校規定學生不能染髮，他還是要去挑戰學校的規定？……」，從這些話看來，老師似乎對學生有很多的不滿，不難想像在課室裡，老師不是按捺不住的發脾氣，就是壓抑著內心的不滿在上課。教師對教學工作與學生表現不滿而心生不快，可從下列角度來探討之：

(一)教師對學生行為的知覺

老師教授課程內容，學生專心的聽，針對疑問處舉手發問，這種學習行為會讓老師覺得很高興，覺得自己的努力有被肯定與尊重。但當學生在課室裡，與旁邊的同學傳紙條、聊天或是睡覺，這些學習行為會讓老師感到不舒服，覺得自己的教學沒有受到重視與尊重。前者會使老師愈教愈愉快；後者會使老師愈教愈挫敗，甚至怒氣油然而生。可見學生的上課行為對老師似乎滿有影響的。

學生的行為對老師會不會有影響，Gordon（甌申談譯，民82）認為，老師所持的知覺視框才是關鍵。老師的知覺就如一個窗框，老師透過它來看學生的所有行為。如果將老師的知覺視框畫出來，我們會發現：有些學生的行為是「可接受的」；有些是「不可接受的」，若用一條線來區隔「可接受的」與「不可接受的」，老師的知覺視框可能出現如圖10-1和圖10-2的現象。

圖10-1顯示的是一位較能接受學生行為的教師知覺視框，他發現學生可接受的行為比不可接受的多，這可能是因為他較具有彈性、較不輕易下判斷。圖10-2顯示的可能是一位較執著於對錯的老師，所以他看到學生的行為是不可接受的比可接受的多。持有哪種知覺視框的

老師與學生互動會較好呢？當然是前者。此外，要注意的是，知覺視框裡的分隔線是變動的，影響的原因有三：(1)老師本身。例如：老師心情的好與不好，看學生的行為就會有所不同，心情好的時候，分隔線會下移；心情不好的時候，分隔線會上移。(2)學生。例如：老師已規勸過某位學生上課不能遲到，他仍然遲到，這時這學生的行為就很容易被歸入「不可接受」。(3)行為發生的場合情況。如果發生在不合宜的時間或地點，行為可能會變成是不可接受的，例如：在操場上推鬧是可接受的，在樓梯口互推玩鬧則是不可接受的。

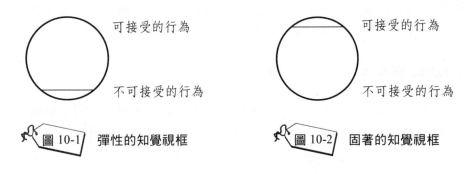

圖 10-1　彈性的知覺視框　　　　　　圖 10-2　固著的知覺視框

(二)教師本身自尊的高低

學生於課室呈現小組報告，老師對內容很不滿意，覺得內容貧乏且組織架構鬆散，便認為學生不夠努力。同學聽到老師的評斷後，覺得很難過，因為辛苦的努力不僅沒被注意，而且全部被否定，覺得老師不應該只是批評而沒有任何正向的鼓勵。對學生的抱怨，老師的反應是什麼呢？「學生該自我反省一下……」「我是否要求太嚴苛了呢？不然學生怎麼會那麼難過呢？……」中、低自尊的人通常比較無法忍受別人與自己持有不同的觀點，因此當學生表達出與自己不同的意見或行為時，一個自尊較低的教師，就很容易將之視為是批評，認為是針對教師本人，而非學生個人化的問題。所以，與學生互動時，常會出現防衛式的反應（曾端真等譯，民 89）。

老師可能會對學生的行為做出投射（projection）反應，企圖以學

生的行為來建立自己的價值感，把自身不滿歸到學生身上。例如，老師把學生的學習表現視為自己的成就來源，他努力的準備教材，認真的教課，然後就期待學生要用功、要考好成績。當學生成績不合他的標準時，他就認為是學生上課不夠認真、不夠用功，就會生氣的指責學生。他不會認為這可能是自己所教的內容學生無法吸收，或是考試題目太難，更不會去欣賞學生既有的一些努力。

另外，老師也可能會有內射（introjection）的反應，將原本是學生的責任，視為老師自己的過錯。例如：老師客觀的指正學生報告上的一些錯誤，結果學生在授課回饋單上，寫著「老師太自以為是、標準太高」，老師看了很難過，覺得是自己的錯，不該對學生要求太多，不該指正學生的錯誤，也可能會覺得自己不能勝任教師的工作。

(三)教師執著於權力

學生上課看小說，被老師叫起來回答問題，回答不出來時就被老師責罵；學生上課常常遲到，老師覺得學生上課態度太差，要求學生改進，否則要學生重修；學生考試時未即時將書本收起來，被老師責以零分的處罰。這些行為，從老師的角度來看，是為「管教」；但從學生的角度來看，是為「處罰」、「威脅」。社會學者認為師生衝突是因為「支配─從屬」的對立關係所造成的，老師認為自己是屬於權位較高的支配者，學生應聽命於他。

在傳統的社會，老師因「教師角色」享有「職位權力」，社會認定老師有教化學生的能力（法定權）、可評定學習成績（酬賞權）、可行使適當的處罰（強制權）。又因具備某領域的知識或技能、擁有吸引人的特質，而能被尊重或喜愛，老師往往被當成認同的對象（參考權）。所以，老師對學生的行為具有相當大的干涉權力。

隨著社會變遷，教師權力已有所改變：學校不再是唯一可提供知識、資訊的地方，教師也就不再是唯一可傳遞知識的人（法定權）；評定人材的方式也趨向多元，成績已不是唯一的取材標準（酬賞權）；

第10章 校園中的人際關係

近幾年來，校園傳出老師不當體罰或處罰學生，引起外界質疑老師是否管教不當（強制權）；隨著資訊取得管道的多元化，教師不見得懂得比學生多（參考權）。這些改變對老師在對學生行為做出干涉時，常會遭到學生的挑戰與質疑，進而引發師生的衝突。

(四)教師的同理能力

教師休息室裡，有位老師在責罵一個學生，認為學生不尊重他，當時休息室裡還有其他的老師在，只見學生頭低低的，最後學生道歉離開。學生離開後對同學說：「老師一直在說我不尊重他，我看他也不懂得尊重別人，當那麼多老師的面大聲責罵我，害我在所有的老師面前出醜，一點也沒注意到我的感受。」他的同學說：「算了啦！老師就是在氣頭上，所以才沒注意到你的感受，老師都嘛這樣，罵學生時都不會體會學生的感受。」

當老師處在情緒高點，表現同理就會發生困難，往往要學生來為他們的情緒負責，所以老師會指責學生。所謂的同理是指能切換成對方的角色，從對方的立場來理解對方的行為反應。佐藤俊明（民80）提到日本有一禪師坐轎下山，轎子在途中漏底，禪師因而差點跌落山谷，轎夫非常惶恐，禪師則平靜的說：「舊轎漏底，死亡，不知何處，不能擇時。」這就是一種同理，當自己遭受生命極大的威脅時，仍能暫且把自身的驚嚇放在一邊，察看事情何以會發生，了解轎夫的感受，並設法讓轎夫安心。不要求別人為自己的情緒負責、積極了解情況的發生經過、考量到別人的感受、運用智慧及幽默來化解，這就是同理的原則。

所以，從以上幾點來看，老師看學生的行為，如果感到不滿意，不妨先行檢閱一下自己的知覺視框，看看自己看學生行為時是否有偏誤；也看看是否是自己的自尊心遭挑戰而引發的自我防衛；或是太執著於權力，總覺得學生一定要表現順從；或是情緒失控導致自己無法切換立場去了解學生。

三、學生行為的影響力

師生互動過程中，老師的行為會影響到學生，學生的行為也會影響到老師。學生表現出哪些行為會對老師造成影響？學生可如何發揮正向的影響力？以下分別就這兩個問題來探討。

(一)學生的行為

學生行為表現符合老師的期許時，會使老師教學有成就感；反之，則會讓老師感到失望。以下的學生行為會對老師形成負面影響：

1. 學生的專注力

學生有時因為心理或生理需求太強烈，以至於無法專注於課室活動。例如，當天有重要考試或當天晚上有演唱會，學生上課就比較不專心、沒有回應；第一堂課或午餐前後的課，學生常顯得沒精神、沒反應、打瞌睡。這些行為對學生而言是個別行為，但卻很容易打擊到老師的上課士氣，老師常會覺得學生是不想上課才會這樣。

2. 學生的學習習慣

課室的學習方式，至今普遍還是一本教科書，由老師解說學生聽，學生已經很習慣此種上課的模式。當老師鼓勵學生於課室提出疑問或表達意見時，學生還是不太習慣面對著老師及一群同學開口表達自己的觀點。有些可能是過去有不愉快的師生互動經驗；有些可能是基於同儕的壓力，怕自己過於認真表達會遭同學嫉妒而無法獲得同儕的認可；或擔心自己的問題太淺薄而導致同學及老師對自己形成不好的印象；有些可能是個人無法克服說話的焦慮。學生不願意回應老師的問話，會讓老師感到挫折，覺得上課是老師自己在唱獨角戲。

3. 學生的態度

學生對學習的期待是：遇到教學技巧良好、和藹可親、愛心耐心、公平民主、熱誠開朗、富幽默感的老師（陳奎熹等，民85）；同

331

學相處和諧；課室是輕鬆的；學習是輕鬆、沒困難的。當期待落空時，學生難免會有失望、難過、自暴自棄或有報復的行為，如，上課睡覺、不帶課本、翹課或上網罵老師等等都是對學習不滿的消極反應，這些只是會激怒老師，並無法協助老師改變。

4.學生對老師的感覺

老師常抱怨：「學生真奇怪，不說話就是不說話，根本無從了解他的腦袋瓜裡在想些什麼？」一旦學生認為老師是不好溝通時，他們就不想再與老師互動。「不好溝通」的老師在聽學生說話時，會出現以下的行為：「表情嚴肅、繃著臉、看起來不高興似的」，讓學生覺得老師好像不可親近；「一直批評、挑剔」，學生會覺得老師太固執己見，不能接受意見；「沒耐心聽或不太願意回答」，學生會覺得老師的態度差；「高高在上的架勢」，學生看了就覺得不想與他說話；「不聽解釋」，學生覺得犯錯好像是不被容許的（陳奎熹等，民85）。

學生不喜歡找老師溝通，還有個原因是「怕被罵」。我國傳統的老師似乎責備多於稱讚，老師總認為學生認真唸書是應該的，這是學生的基本本份，不需稱讚，但當學生有錯，如作業沒交、作業未按規定的寫法，教師總會勃然大怒。除了當場把作業退回去之外，還會加上「這個作業不知道在寫些什麼？簡直是不堪入目！」「拜託！大學生耶，也要寫個像樣點的報告啊！簡直連小學生都不如。」

另外，學生不敢跟老師說話，不熟悉也是原因之一。學生與老師的接觸大多僅限於課室，一星期見面一次，而課室的互動大多是偏重課程內容，屬知識認知層面的，彼此並無較深刻的了解。如果老師在課室給學生的印象是「嚴肅的」，學生可能會因此而不敢表達意見、不敢接近老師。

總之，當學生對老師的感覺是不好時，並不會讓老師知道，他們只會逃避與老師接觸，結果造成老師無法接近學生，即使接觸到學生，也無從了解學生，這會讓老師從接觸失敗中退卻下來，導致師生的疏離，而令老師不滿意的學生行為，又不斷的在影響老師，使師生

的關係趨向緊張、惡化。

(二)如何提升師生互動關係

學生進到學校，會接觸到許多的老師，他們希望跟老師形成什麼樣的關係呢？「像朋友一樣」、「可在學業上提供協助」、「也可分享一些人生經驗」、「在必要時，要用一些『狠話』罵醒你」、「不要像父母一樣的嘮叨個不停」、「就是要亦師亦友」。系統觀點對改變的看法是：一方改變，會引發另一方的改變，進而造成關係的改變。所以，要讓師生的關係變得較能符合學生的期許，學生或許可嘗試發揮自己對老師的影響力。下列方式有助於師生關係的經營，為人學子者不妨自己做些小小的改變，或許可帶動老師改變，進而改善師生的互動關係。

1. 多讓老師認識你

學生想要接近老師，讓老師認識是滿重要的。如果學生能協助老師記住他的名字，那與老師的距離就會拉近了一些。有位學生是這麼讓老師記住他的：「嗨！老師，這張照片送給你，這是我最近照的，希望你記得我。照片後面有我的名字。」老師看看照片的背面，上面寫著學生的名字，還有 些感激的話。之後，老師在校園裡遇到此學生，彼此都會稍停下腳步，做短暫的交談。

2. 建立積極的學習態度

學生首先要同意學習是重要課題，並有努力做好它的想法，然後用行動去完成，也就是下定決心做好它的學習態度。有了這樣的決心，上課自然會專心，想理解上課內容，較能發現疑惑所在而主動發問以澄清疑惑（這就是為自己的疑惑負責），並於課後複習。

這樣做之後，老師或許會認為學生只是做到基本的學習工夫而已，所以如果沒獲得老師的肯定，請別失望，原諒老師。因為這些老師在成長中也未曾因為這樣而被他們的老師肯定，所以老師不知道讚賞學生是非常重要的。學生若很需要老師的讚賞，可告訴老師：「我

第10章 校園中的人際關係

上課……，課後……，我覺得我很努力，我很希望從老師口中聽到一些話，讓我能確認老師知道我的努力，這樣會增加我的學習能量。」

3.主動、積極的探究問題

不管是在課業或生活上有疑惑，主動找老師商討，這樣才有機會讓老師提供服務。學生常會覺得老師很忙、不好找，其實要找老師，可以養成一個習慣，拿著你的行事曆在課後馬上跟老師約時間，這絕對會讓你找得到老師的。一定要事先約時間，不然你三顧四顧老師的辦公室，還是會怨「怎麼又不在啊！」

另外，積極（也就是行動力）是很重要的，對老師給與的建議，學生如果認為可行，就應該立刻執行，然後再將行動後的結果讓老師知道，這就是所謂的積極。藉由學生的行動，才能驗證老師所提供的建議是不是對學生有幫助；如果學生沒有行動，那問題不僅會繼續存在，老師也會覺得學生不夠重視自己的問題，而不願意再提供意見。

4.多聆聽老師的感受

有個學生進老師的辦公室未敲門，被老師要求出去重新敲門再進來，事後學生板著一張臉向其他同學說：「老師太古板了……」過了一陣子，該學生回來跟老師道謝並分享其經驗：為了不再被罵，她開始注意這些小禮節，結果獲得別人很好的回饋。現在她了解了，且覺得當時老師的指正是必要的。

藍三印（民80）認為青年學生正值「自我的覺醒」。「我」是很重要的，希望自己能被重視，並獲得成人式的看待、尊重與信任。所以，當老師在指正學生的錯處時，學生覺得自己又被當成小孩看待，把老師的言語當成是指責、批評、囉唆。這時候，學生只能覺察到當下自己的不愉快，對於老師不愉快的原因根本無暇去了解，甚至對老師的情緒相當不諒解。當學生對老師所說的話感到不舒服時，不妨試著想想：老師說了什麼讓你感到不舒服？老師說話時有什麼情緒？這個情緒是因為什麼事引發的？當你有答案時，就用傾聽技巧來傾聽老師的感覺。「老師現在似乎對這份報告感到很失望，不知道這份報告

還有哪些沒有達到您的期待？可不可以告訴我。」

　　由上觀之，學生的行為顯然對老師是有影響的，會讓老師覺得不愉快，這是負向的影響。那麼當學生的行為開始做些正向的改變，當然也會影響到老師。學生主動積極的親近老師，學習去傾聽老師的感覺，這就是學生的正向影響力。要讓師生關係改善，學生的正向影響力是不容忽略的。

第二節
親師的互動關係

　　在社會分工的情況下，學校似乎承擔了教育的重責大任，但是家庭的教育功能仍是不可被忽視的，家長應相信自己也負有教育子女的責任，願意與學校保持聯繫；學校的老師更應主動地邀請家長一起來關切他們的子女。以下將探討父母的教育功能及親師互動情形，然後提供一親師會談的互動方式供參考。

一、父母是孩子的老師

　　孩子在五、六歲之前，父母（也可能是單親父母或祖父母）透過親子互動及管教，讓孩子了解一些基本生活常識、重要價值觀念，建立起基本的行為模式及人際互動方式，形成其人格發展的基礎，所以，父母是孩子的主要教育者。當孩子進入學校後，父母的教育責任並不能被學校取代，教育基本法也明確的指出父母的教育權責：父母得為子女選擇教育的內容及方式，並參與校務，要與學校負起教育下一代的責任。因此，父母要時時提醒自己是孩子的老師。

　　學者認為現代人要擁有競爭力，除了要具有專業知識及技能外，還需要有與人接觸、溝通及關懷的能力，因此，父母在教養子女時需

第10章　校園中的人際關係

注意到孩子的多元學習與發展，而不要只是注意到孩子的課業成績，對於孩子興趣的培養、與人的相處、溝通表達、情緒管理等方面也需留意。

(一)課業

在孩子上學後，面對學習很容易遭遇到挫折，學者認為，擁有高學歷的文憑才有前途的觀念，仍左右著當今某些父母的教養方式。父母為子女安排好升學之路，他們期待孩子只要好好唸書、有好成績，其他與成績無關的活動都不重要。當孩子的成績不理想時，他們會送小孩參加課外補習，或是督促孩子唸書，因為他們認為是孩子花太多時間在做讀書以外的事，所以沒時間唸書，如果孩子的成績仍未見改善，他們也只會一昧地要求孩子要更努力，並未注意到孩子的興趣及能力限制的問題。這樣的教養方式往往導致親子關係惡化。

學者認為父母親應了解子女的學習情況，給與不同的引導，對於學習表現很不錯的學生，父母要提醒孩子除了重視學業外，人際關係及個人興趣的培養亦不能忽視，以免成為只會唸書考試的學習機器；對於因為能力限制而導致學習表現不好的學生，父母要努力的發掘孩子的優點來肯定孩子，例如有些孩子很有審美觀，常會藉著雜誌的資訊來妝扮自己，父母可以給與肯定，引導孩子朝向這方面的能力來發展，協助孩子找尋教育體制內的學校或體制外的訓練機構，好讓孩子有適性發展的機會。至於，對唸書沒多大興趣的孩子，父母也不要過度苛責或太快放棄孩子，孩子可能是因為尚未找到自己的方向而無法全心投入，父母應該讓孩子了解，他們關心的不是成績，而是孩子自己想要的是什麼，然後耐心的陪孩子一起思考探索，直到孩子找到自己的方向。

(二) EQ

父母也應重視孩子的 EQ 養成教育。孩子在成長過程中，如果能

學會適當的情緒處理方式，往後遇到挫折壓力可能比較能坦然面對。父母可試著從鼓勵孩子表達感覺，教導孩子如何體驗別人的感覺，教導孩子看事情的方式等方面來做。例如：一個五歲的小朋友說：「我好討厭爸爸！」父母的反應如果是「怎麼可以討厭爸爸呢？你不可以這樣喔！」這是在否決孩子的感受；父母的反應如果是「你對爸爸有些不高興是不是？」或「爸爸做了什麼讓你不高興呢？」就可鼓勵孩子表達感受。

　　父母的情緒處理方式也會對子女有影響，如果父母能做好情緒管理，無形中就給子女很好的示範。此外，父母與子女發生衝突時，如果父母本身情緒管理很好，就比較能傾聽、同理子女的感受，這不僅可化解親子衝突，也讓子女有機會學習如何處理人際衝突。

(三)興趣

　　每個孩子都是獨特的個體，父母應鼓勵孩子建立健康的生活方式；興趣嗜好的培養是很重要的。帶孩子做戶外活動、參加藝文活動，或鼓勵子女參加社團活動等等，都可讓孩子有機會接觸到一些可能令他們感興趣的主題。此外，隨著社會的變遷，許多與電腦資訊有關的活動，如電玩、網路，可能會吸引著青少年朋友，有些對電腦資訊不熟悉的父母，常因擔心子女沉迷其中而直接的反對子女接觸這些新資訊的活動，結果造成反效果。父母親如果能熟悉這些新興的活動，或許較能了解它的魅力所在，也較能給與孩子適切的引導。

　　總之，家庭教育是不能被學校教育替代的，因此，父母應時時提醒自己的教育者的角色，對子女的學習能有適性發展的引導，注意孩子的情緒管理及興趣的養成，讓孩子能成為一個有競爭力的現代人。

二、親師關係的經營

　　家庭與學校是學習成長中的孩子最常接觸到的兩個社會場域，孩

子分別在這兩個場域經驗到不同的事、出現一些行為；孩子本人可以得知自己的行為，但這兩個場域裡的人，只能了解到孩子在該場域所發生的行為，卻無法得知孩子在另一場域所發生的行為。所以，唯有家庭與學校保有良好的互動，孩子的行為才能全然的被了解。

有一位女學生告訴父母要去同學家寫作業，其實是跑去參加校外聯誼活動。直到有男性學生打電話到家裡時，父母才發現女兒瞞著他們偷偷地與異性朋友交往，女兒與父母為此事情發生了爭執。女學生隔天沒到學校上課，打電話告訴老師說她身體不舒服所以不能到學校上課。女學生請假的第二天，老師接到家長的電話，得知女學生昨夜沒回家，老師這才了解女學生的請假是因為與父母有爭執而非生病。這顯然是在家中發生的事影響到學生在校的行為，但如果家長未主動聯絡學校老師，學校老師大概會認為只是單純的生病請假，就不會特別去注意。

當然，學生在學校發生的事情也會影響到他在家的反應。例如學生在學校考試，被老師認為有作弊行為的嫌疑，回到家裡，可能不敢告訴家人，獨自待在房間裡面煩惱。學校若未主動告知學生的家人，家人如果忽略而沒去了解，可能就無法協助孩子處理問題，孩子就要獨自去面對學校的老師及學校的處置。

既然家庭與學校的聯繫有助於對孩子行為的了解與掌控，那麼親師之間的互動究竟如何？學者研究指出，親師的互動並不理想，有53.7%的受訪者認為彼此的關係「疏淡」（陳奎熹，民84）。阻礙彼此聯繫的原因可能是：教師與家長背景不同、觀念不同；學校安排不足或太形式化；或是雙方工作太忙，無暇接觸。一般親師溝通的管道大概有以下幾種方式：

(一)電話聯絡

這是最簡便，也是最容易做的方式。許多的導師會在開學的時候，請班級學生填寫一些基本資料，上面也會包括家長的聯絡電話。

從這部分來看，老師很容易從學生身上獲取一些家庭的資料；相對的，如果家長主動問其子女，是不是也可獲得關於學校及老師的一些基本資料呢？有些老師的做法是，透過書信的方式，在學期開始時寫封信給學生家長，讓家長知道這學期學生的課表、班導師是誰、有事情如何聯絡等等事項。這種主動接觸家長的作法，或許可協助家長快速的取得與學校聯絡的方式。

(二)見面會談

見面好說話大概就是最大的好處。一般而言，從幼稚園到中等學校，學校都會設計或安排一些活動，製造親師見面的機會，如：選定某幾天為「家長參觀教學日」，邀請學生家長至校參觀。這種情況的會面，彼此都會覺得比較沒壓力，但是，有些時候的親師會面可能就會有壓力，那就是學生的行為出現問題時，這也是大專校院親師會面的主要原因。

會面的地點選在學校，這對不熟識校園的家長來說會覺得有壓力，且面對的是陌生的學校老師。有些家長一踏進校園，過去對老師的不愉快記憶也被喚起，無形中增加了心中的焦慮感。有些老師會用親切的態度來緩和家長的焦慮感；也有老師會將會面的地點選在學生家裡。對學校老師而言，做家訪要花掉較多的時間，但這卻可減低家長的焦慮，對談話可能較有幫助。

(三)書信聯絡

這是一種利用文字的聯絡方式，在國小階段最常用的就是聯絡簿，各級學校也會利用這種方式來告知家長有關學生的請假情形、成績、註冊繳費及一些學校的活動邀約。這種方式通常只能做到告知家長，如果家長不重視或誤用，學校的心意可能無法發揮效用。就曾有國小學生家長因為每天簽聯絡簿很麻煩，所以就一口氣把聯絡簿簽完的例子。

(四)親職教育課程

利用一天或半天,當作「媽媽、爸爸教室」時間,請學生的家長來學校教學生一些東西或做場演說。這樣可讓家長們彼此有機會互動並參與生活教育課程設計,對親師的合作會有幫助。台北市教育局規畫出所謂的「學校日」,即在開學前後一二週內,家長受邀到學校,了解教師所提出的教學及班級經營計畫,並與老師們討論,期待能加強家長參與教學活動。

由此看來,親師確實有合作的必要。當家長及老師都忙碌的情況下,彼此可選擇合適的聯絡方式,親師雙方若都能積極、主動的與對方聯繫,那麼,對孩子的教育應是可以發揮加分的效果。

三、促進親師互動的談話方式

家長及老師是決定親師互動品質的要素。有學者認為,與家長互動時,老師可扮演一個良好的角色模範:一個敏感的聆聽者,仔細聆聽家長的描述;一個好的情緒管理者,能處理自己的情緒,也能適當的處理家長的情緒;必要時也要扮演資訊的提供者,提供資訊供家長參考(桂冠前瞻教育叢書編議組譯,民88)。

身為老師,單憑自己本身的認知及熱忱,要與家長談及學生的問題,對老師而言可能會覺得有壓力。老師在與家長會談時,不需要認為自己要全然挑起所有的責任,要相信家長有能力、也有責任一起處理學生的問題。或許「焦點解決的談話模式」(許維素等,民87)可當作一個談話的主要流程。

(一)聯繫家長

要邀請家長來學校或至學生家裡家訪,這件事情因為涉及學生,所以一定需事先聽聽學生的意見,取得學生的同意,並希望學生到時

候能在場。邀請家長來談，有時也可先請學生了解一下家長的意願，然後再由老師主動做邀約。雙方家長是否都邀請，可視情況而定。

(二)場面構成

如果方便，可使用學校輔導室的晤談室或找一小間會議室，請家長稍作休息，熟悉一下環境後，再開始談話。「今天辛苦你（們）撥空來到學校，我想你（們）一定很關心孩子。」儘量安排談話環境、稍作寒喧，以「正向觀點」來傾聽。

(三)切入主題

教師說明邀請家長來校的原因、期望，然後再聽聽家長的陳述。「希望今天的談話能幫助我們對孩子的行為能有更多的了解，好讓我們可以思考，對孩子的行為，接下來我們還可以做些什麼？」「所以，聽完我剛才所說的，可不可以請你（們）談談在家裡所觀察到的是什麼？你（們）有什麼看法？」對某些議題，家長沒有清楚的概念，所以常會以問題的方式來回應，這是家長本身的焦慮，這時，應先聽聽家長的焦慮。例如涉及同性戀議題，家長常會擔心的問：是不是病？為什麼會這樣？能不能被治癒？會不會影響到未來的工作及人生？老師或許可以先了解家長的認知，「你（們）似乎對同性戀存有許多的好奇與擔心，你（們）對同性戀的了解大概是什麼？請說說好嗎？」然後再提供正確的資訊給家長（事先可準備一些簡單的書面資料，或請專家協助說明），或許可降低家長本身的焦慮。

(四)解決問題

對於同性戀議題，家長的問題通常是不知如何與孩子相處。老師可先了解家長的問題所在，「對於女兒是同性戀，你（們）身為父母，有什麼話想對她說？」若家長說，希望女兒以後有事要找他們商量，他們願意試著接受她是同性戀。「如果你（們）真的試著要接受

女兒是同性戀，那麼你（們）怎麼知道你（們）正朝著接受她的方向在做了呢？或你（們）會看到自己在做些什麼或說些什麼，那是代表著你（們）是接受女兒的？」然後從家長的回話內容，協助找出行動方法。給家長一些讚許，鼓勵他們去進行，並隨時保持連繫。

對其他的特殊議題，如精神疾病、自我傷害行為、偷竊，老師大概都會從專家身上獲得些許的建議，所以，當發現家長對學生的行為不知如何是好或不正確時，不妨提供專家意見讓家長參考，再由家長來做決定。老師可以問家長，「針對這件事情目前有沒有什麼樣的想法？」「對於要如何協助孩子，有沒有什麼困難？可試著說出來。」例如，有位家長對於孩子的精神異常行為，他認為是學生課業的壓力太大所造成，所以，他覺得讓學生請假回家休息就好。家長的處理顯然對學生的行為不會有多大幫助，這時，老師需提供專家建議或請諮詢中心的諮商師提供專家建議來協助家長再思索。

㈤保持聯繫

為了讓家長與老師更能充分了解學生行為，隨時保持聯繫是有必要的。所以可約定往後多久會再聯絡，以便對學生行為能作更有效的協助。例如：有位家長在學生去精神科診療後，會定期地讓老師知道學生目前的狀況；有家長在了解女兒有遭親人性侵害的威脅後，家長變得很關心女兒，常會主動與老師保持聯繫。當然，也有些家長從不聯繫，這時，老師可能要主動與家長聯絡，才能掌握學生的行為發展情況。

以上是教師如何與家長會談的一個模式，教師雖扮演的是一個主動的角色，但在處理問題過程，與家長的責任是相同的。教師毋須以專家自居，以免給自己增加沒必要的壓力，必要時可請其他專家協助處理一些較特殊的議題。

學校裡的學生也是一個小型的社會，不同的學生會聚在一起，他們的行為相互影響著；他們可以是好朋友，但有時候也會發生衝突，衝突的原因不外是缺乏社交技巧，或思考不夠成熟。另外需要注意的是校園裡較被忽視的弱勢學生。以下將就同儕的影響、互動問題及弱勢學生的遭遇來了解校園同儕的互動。

一、同儕及其影響力

在不同的學習階段，都會有一群與自己年齡差不多的友群、同儕（peers），與我們一起學習、考試、分享喜樂與憂愁、參加社團活動或從事休閒娛樂，渡過漫長的學習路。離開校園，到了工作場合，也有一群工作伙伴、同事（colleagues），與我們一起工作、分擔壓力、從事休閒娛樂。不同的是，這群關係密切的伙伴不一定是與自己的年齡相仿。

在兒童期，大部分都是遊戲群體，彼此年齡相近，所以很快就能玩在一起。進入青春期，由於身體快速成長發育，心理也產生一些變化，使這些外表看起來像大人的青少年，不願意再與兒童玩在一起；但因為心智的成熟跟不上身體的成長速度，造成他們的行為舉止常遭大人的批評指責，讓他們覺得無法跟大人相處。所以，當他們遇到同年齡的青少年時，因為境遇相同，讓他們覺得終於找到了人生的避風港似的，很快地就聚集在一起成為友群。

青少年階段，每個班級都會出現有幾位同學——大約是三至六個，彼此常聚在一起，成為緊密的小圈圈，也就是所謂的「私黨」

343

（clique）。他們大多是對某些事物有共同的興趣與看法，例如：音樂、髮型、服飾、運動、影歌星、知識。所以不難想像，當有一群人忙著為穿著打扮費盡心思的同時，有一群人覺得拿起球拍在太陽底下揮拍才是一種樂趣，也有一群人覺得討論新知才是重要的。雖然每個私黨的特色有所不同，但彼此都會同意「他們只要不妨礙到我就好了」。對於青春期同儕的聚合，Dunphy（1990）將它畫分為五個階段：

階段一：三至六個同性別的人常在一起，形成私黨。
階段二：不同性別的私黨開始互動。
階段三：在兩性混合的團體裡，開始有人做個別的異性交往。
階段四：兩性混合的小團體互動頻繁，兩性密切交往。
階段五：成雙成對的男女固定出現了，團體也消散了。

當青少年對異性產生好奇，開始熱中異性的追求，對原先的小圈圈難免會造成影響，如果彼此也都同時間進行異性交往，異性會成為小圈圈的新話題，小圈圈仍會維繫著；如果有人速度較快，且成功的進入成雙成對，可能會慢慢脫離原來的小圈圈，這對留在小圈圈裡的同儕而言，會覺得有些失落，常用「重色輕友」來表達內心失落感。

專家認為同儕團體對青少年是有些功能存在的。青少年的團體裡，彼此是平等的，且容許犯錯，無形中提供給青少年一個學習獨立自主的試驗場所。在群體裡，他們可以暢所欲言，可突發奇想，可嘗試做任何事，不用擔心會遭到嘲笑或遭嚴厲批評。彼此相互諒解與支持，無形中就成一股保護力量。這股力量可以使個體導向正向，也可導向負向。當個體被團體影響而去做些不好的事情，如：吸毒，它就是負向功能；當某個體與母親發生爭執而離家，團體成員聆聽他的委曲，收留他幾天，等他冷靜後再送他回家，這就是它的正向功能。

事實上，同儕影響力是存在各個年齡層的，它有時會對個體構成壓力，這就是所謂的同儕壓力（peer pressure）。例如：小孩子哭著回家，問媽媽：「為什麼我沒有爸爸？」；小學生一臉不高興的回家，

告訴媽媽：「你要給我買皮卡丘，班上的同學都有，只有我沒有。」；
中學生告訴媽媽：「給我錢，我要買 Game，又出新的了！同學都在
玩。」；高中生跟媽媽說：「別再叫我去剪頭髮了，我這樣子已經夠
短了。」；大學生獨自想著：「同學都在準備繼續唸研究所，我
呢？」；一個成年人與朋友在外面聊天，起身要回家時，朋友說：
「幹嘛急著走，回家當『孝子』喔！」

　　在青春期，同儕對個體的影響力往往比父母親還大，當同儕所持
的觀點與父母的看法相對立時，個體如果認為同儕的觀點較具參考
性，那麼個體的行為就會受同儕所影響，導致與父母產生衝突。一般
而言，與升學、道德有關的問題，青少年與父母親的看法相近；但對
於髮型、服飾、交友等問題，則與同儕較相近（王伯壽，民 73；曹國
雄，民 70）。在個體進入大學就讀後，同儕的影響力就會逐漸減緩。

　　綜上所述，友群的形成，不管是兒童期的玩伴團體，或是青少年
期的同病相憐，友群在個體成長過程中是滿重要的。他們伴著個體體
驗冒險、學習獨立，他們彼此建立深厚的友誼，但也會隨著兩性的互
動而影響友誼的延續，個體就在這獲得與失落中學習成長。

二、校園同儕互動的問題

　　校園裡，學生們除了一起學習外，也會一起參與活動、從事休閒
娛樂，彼此並沒有什麼利益衝突，但是學生的互動，還是會出現同儕
爭執、不愉快，甚至是被孤立的情況，其重要原因是：

(一)社交技巧的不足

　　有位五專學生表示，國小時還好，有些朋友，到中學時，並沒交
到什麼朋友，反正忙著考試唸書，也沒太在意。到了五專，常需與同
學寫分組報告，他總是找不到歸屬的小組。班上同學也不是排擠他，
而是大家已習慣跟某些人一起做報告了。後來他加入了某一小組，但

在討論過程中,他覺得自己一直無法參與討論,在團體中好像是被忽略的,有沒有他都無所謂。

　　害羞、和朋友交談不知道要說什麼、在社交場合會不自在、沒領導力、想遠離自己不喜歡的人(王瑞仁,民73),這是國中階段學生與同儕互動時常有的困擾。這位五專學生的問題,顯然在國中階段就存在了,但他並沒有去改善。到了五專,自己才感到友群的重要,但也發現要加入友群似乎是有困難的。

(二)忽略「友情的轉換」

　　「一年級的時候,我們簡直就是死黨,二年級時,她開始熱中聯誼,沒多久就有了男朋友,每次要找她一起去玩,她都說沒空,所以我就只好另求發展了。後來我也找到了幾個滿不錯的同學,我們常聚在一起,我發現跟他們滿談得來的,他們也覺得我很不錯,我們就常相約去做一些活動。漸漸的,我將她忘了,有一天她跑來找我,說她與男朋友吵架了,有一兩個星期,她常來找我,談的都是她男朋友與她之間的事,我努力的安慰她。之後,她又從我眼前消失了,我打電話去問她怎麼了,她只說,沒什麼,她與她男友和好了,就這樣。我只好恭喜她了,但我心裡卻很不是滋味,有種是備胎的感覺。」

　　當友情並不是很穩固時,一些誤會或第三者的介入,就會使友情遭遇到影響。Yager(林稚心譯,民90)認為友情有時可能會隨著個人生活上的改變而發生變化,這就是「友情的轉換」(friend shifts)。她認為,人可能會因各種原因而逐漸遠離老朋友,如:興趣改變、搬家、有配偶、換工作,這時候你可能會覺得朋友疏遠你了,為了填補心中的不適感,你可能會開始結交新的朋友。

(三)挑戰友誼的本質

　　有兩位女生非常的要好,有一天甲女告訴乙女,她很喜歡某一男生,她要乙女去探探男生的意思,結果,沒想到消息尚未回報,就已

鬧得眾所皆知，甲女就認定是乙女將消息走漏，將她視為「叛徒」。後來雖知道是一場誤會，但是兩人卻有近半年的時間是處於關係緊張的狀態。

另一案例是，乙女告訴甲女，她很欣賞某男生，請甲女教她如何去接近他，甲女聽了之後，心裡滿為難的，因為好友所欣賞的人正是自己目前在交往的對象，甲女也不忍心說出來，只告訴乙女她不知道要怎麼接近男生，請乙女去請教別人好了。之後，有一天，乙女很生氣的對甲女說：「你怎麼可以這樣對我，我是那麼信任你，可是你卻如此對我。為什麼你不告訴我，他正在與你交往，你存心看我丟臉是不是？我不會再相信你了。」因異性交往而影響到友情，較常發生於國中學生。國中學生的友情還不是很穩固，有時一些小誤會或第三者介入，都很容易影響到友誼。Yager（林稚心譯，民90）認為擁有「共通點」，能彼此「信任」、「坦白」、「誠實」，並信守「承諾」，是朋友間滿重要的特質。

所以，基於信任，朋友間能分享困擾、快樂，不用擔心秘密會被洩露或被輕視。當你把別人告訴你的心事、困擾告訴別人時，這就是傷害到彼此之間的信任，會被視為是背叛。基於坦白與誠實，朋友向你透露心事，當然也希望獲得真實的回應。所以當你沒有把某些事實告訴對方時，這就是不誠實、不坦白，很容易被對方視為背叛。

(四)缺乏忍讓的個性

甲與乙原本是好朋友，甲的個性比較直，乙的個性比較和善，丙比較安靜，不是很喜歡說話。甲覺得無法忍受內的一些生活習性，衣服亂丟、床鋪不整理，因此，甲就經常提醒丙要配合維持寢室的室容，但丙依然不改，所以甲常為此而生氣，乙就勸甲不要太在意。甲與丙根本就不說話，乙跟丙還有話可說，但甲看了會覺得不舒服，他覺得何必跟丙說話，但乙覺得，同一寢室都不說話，丙太可憐了。也就因此，甲與乙的關係也有了些改變。一學期後，三個人都各自找其

347

他的室友，在班上見面時，甲與乙也不再像以前那麼好了。

我們從小在家裡學習如何與父母及手足相處，而這些方法正是我們用來交朋友的藍本。所以，當你對某些朋友的行為感到失望時，不妨看看你自己是如何與自己的家人互動，也看看你的朋友是如何與他的家人互動，或許這樣能找出修護的方式。

Satir 認為人為了求生存，會發展出四種對應姿態：「指責」、「討好」、「超理智」與「打岔」。所以，看看自己最常見到的對應姿態是哪一種，與家人配對時，你們彼此的對應姿態又是怎樣呢？上面的案例，甲說在家裡與母親發生衝突時，彼此都是「指責」，而母親總是挑剔他未能保持房間的整齊，據他觀察，自己在與人發生衝突時，自己的對應姿態常是「指責」，甲需要學習情緒管理來改善。

有個女生，與母親發生衝突時，母親總是「指責」，而她總是「討好」；她總認為母親因為心情不好才罵她，雖然她發現母親並不會罵哥哥，但她總覺得應該要忍受，所以，不管她有沒有錯，她都會求母親原諒。當她與同儕互動時，常被某些人欺侮，但她總是忍氣吞聲的，仍然是「討好」的，所以有些同儕都提醒她，不要太懦弱，不然永遠都會被看貶的。她可能要學習如何說「不」。

㈤ 自我中心

「你要借我的衣服穿，為什麼不事先跟我說呢？」「我要跟你借的時候你又不在，要我怎麼告訴你？」「那你也不可以沒經過我的同意就拿去穿啊！」「借穿一下又不會怎樣，幹嘛生那麼大的氣！」「你說我怎能不生氣，你看你把衣服撐成這個樣子，叫我怎麼穿？」「那你說嘛，你要我怎麼樣？」……

如果這樣的事情發生在你身上，你將如何面對呢？Elkind 認為個體的認知會出現「自我中心」現象，也就是個體沒辦法區隔自己和別人的想法，總以自己為中心，認為自己所想的也就是別人所想的。這種現象往往會讓個體缺乏角色替換的能力，也就是無法站在他人的立

場來考量事情。所以借衣服的人就沒辦法了解對方為什麼要為這件事情生那麼大的氣。當借衣服的人無法從對方的立場來經驗感受時，就會認定對方的感受是不對的，這樣一來，他對自己的批評就不覺得有什麼不對了。

我們會因為能力的限制或經驗的不足而犯下一些錯誤，當錯誤發生時，我們會期待別人能了解我們「並非故意」，進而原諒我們。但是，反過來如果是別人犯錯，在我們生氣的當頭，是不是也會先想到別人也期待我們去「了解」他的錯並非故意的，而去了解出錯的原因。能時時切換成別人的角色來思考，就不會出現自我中心的現象。

綜上所述，校園同儕的互動，可能會因缺乏社交技巧、個性缺乏彈性、認知上的自我中心等等因素而使學生被孤立，或與同儕發生不愉快。要因應這些問題，學生可能要學習社交技巧、設法去除自我中心的認知、願意適度的忍讓。

三、校園裡的弱勢學生

誰是校園裡的弱勢學生？「女學生」、「同志」、「殘障學生」、「娘娘腔的男學生」、「護理系的男學生」、「身材不好的學生」……從這些答案來看，校園裡的弱勢學生大概分屬兩種：一種是所謂的身體、外貌有殘缺或影響到美感，如聽視障礙的學生、顏面燒傷的學生、過度肥胖的學生；另一種就是與性別有關的性別弱勢，如：理工科裡的女學生、護理系的男學生、女性化的男學生、男性化的女學生、同志……等等。

這些學生之所以會形成弱勢，主要是因為成員少；其次就是他們不同於「較多數人」的特徵。因為未被這「多數人」了解，以至於他們會遇到一些非故意的反應，而這些非故意反應通常是不太友善的。

第10章　校園中的人際關係

349

(一)肢體儀表殘障的弱勢

　　肢體有殘缺或是聽障、視障的學生是很容易可辨認出來,但癲癇、早發性糖尿病的學生,雖然也有身體上的缺憾,但因外觀看起來像是個身體功能正常的個體,所以,如果同學不知道其病發時的狀況,可能會對他做出一些不當的反應。例如,有一癲癇症的學生在圖書館看書的時候突然病發,發出一些怪聲,在旁讀書的同學只聽到聲音沒看到人,就說了一聲:「同學,請你自行克制一下,這是圖書館。」沒多久,聽到摔倒的聲音,只見癲癇學生倒在地上,身體抽動著。這時,在旁讀書的同學出來察看,這才發現他剛才責怪的同學是因為癲癇發作的緣故,便趕快為他做緊急處理,並一直對他說:「對不起,我還以為你是故意發出怪聲的,對不起。」事後問他:「你為什麼不告訴我你有這種病呢?」他說:「我不想被別人以異樣眼光來看待……」

　　有些體重過重的學生對自己的外貌很在意,同學有時會拿他的身體開玩笑,雖然他不會當場生氣,但是他的心裡卻受到傷害。顏面燒傷的學生對自己的外貌也很在意,他們很不喜歡看到鏡中的自己,對別人看到他們的反應很敏感。有些學生看到他們的外貌覺得可怕而把眼光移開時,對他們是一個滿大的傷害,因為那正與他們所擔心的是一樣的,這就是一種「自我應驗預言」。

(二)性別的弱勢

　　當談到性別,其代表了兩種意義:生理性別(sex)及社會性別(gender)。每個人出生時的性別是由基因所決定的,這是生理性別;之後男性表現陽剛,女性顯得陰柔,這是社會性別,是社會文化對男、女性的行為期許。個體接受自己生理性別,並表現符合社會所期待的性別行為,這就是性別認同(sex identity)。

　　每個社會文化對理想中的男人與女人的看法不一,「長久以來,

我們的文化都主張陽剛陰柔，男人應該具備獨立、勇敢、主動、競爭性、攻擊性等特質；而女人則被認為應該具備友善、溫柔、體貼、有愛心等特質」（劉惠琴，民80）。當一個女人表現男人的特質，未見女性的溫柔特質，我們就會說這個女人不像個女人，是個「男人婆」；在一個男人身上只看到女性的特質，不見男性的陽剛，我們就會說這個男人不像男人，是個「娘娘腔」。

在我們的社會裡，男性化的女人適應較沒問題，因為她擁有男人的陽剛；但女性化的男人可就較有適應上的困難，常會被嘲笑欺侮。例如，有一男學生的動作比較女性化，從小就常被嘲笑，他一直都笑笑的忍過來。因為他的個性溫和、不具攻擊性，許多女生並不排斥他，有些男生也習慣了他。某次他與某位男生在一起，兩個人談得很愉快，班上有個男生走過去，就說：「你幹嘛常跟他在一起，你是不是喜歡他？我看你會不會是同性戀？」一向對別人和善但敏感的他，聽了深受打擊，雖然同學看他那麼難過，有向他道歉，但是對他的傷害卻已造成了。

(三)「同志」的弱勢

另一種校園的性別弱勢大概就是同志。「同志」即同性戀者；同志與一般人沒什麼兩樣，只是性慾望對象是同性別而已。在成長的過程中，社會並未為他們提供足夠的角色典範，所以一切都得靠自己來摸索，這種孤寂大概不是異性戀同儕可全然了解的，這包括三個向度的孤寂：(1)社會孤寂，找不到可信賴的人交談，在社交的情境下覺得孤寂，這種孤寂是來自害怕被發現而刻意隱瞞所造成的。(2)情感孤寂是指沒有情感依附的對象，怕對同性友伴表露親密的友誼關係，擔心會被對方誤會，也擔心對方發現後會喪失友誼。(3)認知上的孤寂是指缺乏同性戀角色典範，所以無法獲得別人的調適經驗。

社會、校園成立的同志團體及同志網站，可提供同志有較多的資訊及交友管道，這對同志的調適應會有所幫助。但是，校園裡的同志

常會對別人在背後談論他們的性取向（sexuality）感到不舒服，覺得自己沒被尊重。另外，交友也常會帶給他們一些傷害，如：有位男同志，與一位學長相處得很不錯，他常找學長談一些個人問題，學長也很樂於協助他。後來，學長不知從哪裡得知學弟可能是位同志後，就開始疏遠學弟。儘管這位學弟向學長表明，他視學長如兄長，並無愛戀之情，希望學長也能像個兄長對待他，但學長還是覺得不要常在一起，以免他遭人誤認也是位同志。就這樣，他也就沒有再去找學長了。我們需要了解的是，當一個同志接近一個同性同儕，他可能只想交個朋友，而不一定是對同性同儕有愛戀之意，這種現象就如異性戀者不會對每一個異性同儕都產生愛戀之情一樣，所以不用因為害怕而拒絕一個同性戀同儕。本書第十二章將再深入探討同性戀議題。

總之，對於校園裡的弱勢學生，別人的反應都偏敏感，與他們相處時，了解、尊重是滿重要的原則。如果想要與他們做朋友，多了解他們之後，你或許會發現他們也是滿和善、很好相處的；如果你不打算與他們交往，至少可以表現出較友善的反應，你的友善就是對他們的尊重。人與人之間的相處，多一分尊重就會多一分和諧，期待今後校園中的人際關係能夠更加融洽、和諧，進而創造更理想的教學情境與學習環境。

人際之間

有一年的教師節，接到一位學生的賀卡，我已忘了與他相處的點點滴滴，但卡片上的詞句，勾起了我的回憶……

「當我還是一位內向的孩子，當我還是一位孤獨的孩子，當我內心充滿悲傷、挫敗時，是您、是老師您，主動的走到我身旁，主動付出您的關心，主動分享您的人生，主動給了我所需要的愛……於是乎，您也自然的走進我的生命裡。

小學時，我曾受到一個老師的傷害，毫無自尊；您，讓我充分感受到，原來老師可以是每位學生『生命中的貴人，而非生命裡的罪人』。……

從您的身上，我學到二樣最重要的東西：主動與關懷。而今，我也擁有它們，同時擁有了更多的快樂與自信。謝謝您！」

是的，人際互動重在積極主動、付出關懷。

人出生後習慣於被動地接受別人的安排，可是卻又不滿意如此的安排，一直在埋怨為何別人要如此這般地對待我。這是一個很殘酷的人際縮影，孤獨的人被動地等著別人來施捨，等人家來付出友誼。友誼是不會從天下掉下來的，要擁有它，你本身就要多一份主動。

當你願意主動時，你的生命權、財產權、智慧權、一

第10章 校園中的人際關係

切權利就由你自己掌握。就以男女交往來說，主動的一方絕不會有什麼「愛在心裡口難開」的問題，當然主動還是要適度，否則就是蠢動。基本上，主動是人際關係的第一要素。同時，你也要相信自己有能力擁有很多友誼，當你相信自己的人際能力時，友誼就會源源不絕而來。

其實我們有很多機會可以和別人建立很好的人際關係，但是自己卻認為做不到，進而退縮了、自閉了。人總是自我設限地把自己囚住，囚在自設的障礙、挑戰及限制的框框裡。框框總是會有缺口的，如果每個人都能從缺口跳出來，互相接近、分享，就能成為知心朋友。

你要相信自己絕對有交友的能力，甚至有能力影響別人，只要多一些主動關懷，多一點積極進取。

11

職場中的
人際關係

人生事業的成功是個人生涯發展的重要任務。一個人的成功事業不僅來自於個人健康的心理特質、腳踏實地的努力、社會資源的運用與有利時機的掌握，同時，個人的專業知能（IQ，智力，做事才能）與人際關係（EQ，情緒智商，做人能力）更是重要的條件。一個人若想事業成功，就必須在工作場合中與上司、同事及部屬保持良好的人際關係，唯有如此，才能獲得上司的欣賞、同事的配合與部屬的支持。辦公室的人際關係，因具有機動性、競爭性、合作性、功利性與多元性等特徵，故與一般社會性的人際關係有所不同。

　　社會上的人，就像「人」字所表示的字義，每一個人都要相互扶持才能站立，不論從事什麼工作，主力還是在於人本身，因此能否樂在工作中，關鍵在於其人際關係。若人緣很好，能為同事所喜愛，每天上班即是件愉快的事；相反的，假如身邊有討厭的人存在，而且連見面都無法交談時，則與之共事工作就會感到了無趣味。若能將所認識的人都當成知心朋友，未來這些人也一定會支持你的；假如視所有共事的人都是陌生人，也許以後他們會趁機扯後腿，那就苦不堪言了。

　　通常，談到職場中的人際關係，對象不外乎上司、同事、部屬及客戶等層面，為了使人際關係圓融，對於不同職位的「同仁」，要有不同的應對方式。與主管相處時應以「理智」為根基，畢竟逢迎拍馬屁或是事事順從，往往造成裡外不是人、晉升無望的結局，甚或成為代罪羔羊、慘烈犧牲。至於同僚之間的關係，往往因為競爭因素更顯棘手，最好的原則性作法是「互助」，寧願左右逢源也不要刻意突出自己，免得不知名的「手」在背後操弄你，招致求助無門、百口莫辯。

　　至於與部屬之間的關係應以「親善」為要，對於該教導的專業知識應知無不言、言無不盡。此外，帶人必須帶心，如此方能帶領部屬朝向組織目標努力前進；當然，若有榮譽成就，應與部門內同仁分享。不要當個高處不勝寒的主管，畢竟部屬的成功，在「教學相長」之下，可刺激自己更上一層樓。守住過往成就、權勢不放的人，充其量僅是個「帶兵不帶將」的主管，結果是固守了既有的園地，卻喪失

發展的空間。

本章將探討「辦公室的人際關係」、「勞資關係的經營」及「消費關係的經營」等人際互動關係。至於與部屬的人際互動則參閱本書第六章領導與管理的內容。

辦公室的人際關係

一般而言，人際互動不良是造成職場壓力的因素之一，其中包括上司的不支持、太多上司發令、上司不體貼、申訴不受理、同事間或上司與下屬間缺乏合作或互相猜忌，以及性別歧視等，凡此都是工作中人際壓力的來源。在辦公室內與人交往，說話不可造次傷人；說話不慎重，往往會無心傷及別人，所以無論為自己或為他人，都須慎重地選擇適當言辭。若言辭使用得當，不僅可以成長自己，也會使人際關係更和諧。

兩個人在一起工作，雙方多少會有些競爭，而辦公室內正是集合了許許多多的競爭者，彼此之間的個別差異性極大，卻又必須日日相處共事，因此有人戲稱辦公室如同一個「戰場」。伴隨公司組織的不同特性：營利與非營利、大集團與中小企業、工業與商業等，其所衍生的人際競爭型態、「戰爭型態」也各有不同。

一、人際互動準則

今日工商企業界有必要重視辦公室人際關係的經營，其原因乃在於過度強調競爭的工商業社會中，政治化、競爭化的一些手段已逐漸化明為暗，身處現代叢林中的上班族，往往一個不小心立刻會被「明槍暗箭」所傷。面對冷酷的現實，一味的逃避不是辦法，換句話說，

第11章 職場中的人際關係

今天辦公室的鬥爭行為與技巧已不再是高階人士偏好的遊戲，而是成為每個人的基本生存工具，我們幾乎可以確定，沒有一個人能夠完全置身事外，所以如果只知照章行事而不知掌握人際互動訊息的人，注定要成為辦公室內的失敗者。因此，欲經營有效的辦公室人際關係，必須考量下列原則：

(一)熟悉職場環境

辦公室是現代上班族養家活口的場所，也是人際鬥爭、成就競爭的戰場。之所以稱為「戰場」，乃因無論企業組織、公司規模的大小，任何辦公室的人際互動是密切相關的，少數人的「政治鬥爭」可以迫使所有「戰區」的成員捲入「戰事」，因此，每個人有必要採取迅速果斷的行動，以免受傷或成為受害者。究竟「戰事」何處、何時發生？何人挑起「戰端」？誰是受害者？此等問題恐怕無法準確預測答案，但若能學習分辨、分析「戰況」，了解辦公室內每一個人的個性風格、工作特質、利害關係，同時知所進退，認清個人職責角色與能力，必能有助於自己全盤掌握「戰局」，不至於被迫在不利情況下「參戰」，必要時可運用智慧、策略，「全身而退」。

(二)培養職場競爭力

「先求自保，再圖進擊」乃是基本的教戰守則。自保之道重在認識環境、充實自我，也就是「知彼」、「強身」。平時多留意辦公室內的社會文化、組織氣候、人際互動與角色規範；此外，多塑造自己的形象，與他人建立良好的人際關係，拓展人脈與人力資源；多訓練個人的表達能力與社交技巧，多強化「戰備」，學習「戰技」，培養自我的挫折容忍力，磨練自己的心性，以準備接受工作挑戰與人事考驗。

(三)全心全力投入職場

現代上班族在「戰場」上，除非曾受過人際傷害，否則少有人會注意個人的「戰術技能」。其實「備戰」不一定要「求戰」、「作戰」，唯有充分準備，方能立於不敗之地。沒有人願意發動或捲入辦公室的「戰爭」，然而，當情勢一發不可收拾時，每個人也要有「不厭戰」、「不畏戰」的心理準備。沒有人喜歡辦公室變得像戰場，也沒有人喜歡辦公室的同事具有攻擊性，但是，既然「世界大同」很難一朝實現，那麼個人也要有「全力參戰」的心態與技能，包括：(1)正確的「蒐集情報」資料；(2)隨時機動應變；(3)儲備戰力財源（至少儲存個人收入的百分之十）；(4)學習他人專長（至少具備二種專長、二種語言能力）；(5)保持良好的戰果（工作績效要名列前百分之十）；(6)拓展戰力、盟友（擁有良好的人際關係）等。

唯有如此，才能使自己在「參戰」時，擁有更多「制敵機先」的條件，全面掌握情況、高度自信並且擁有財務保障及人力資源等「戰力」，以奠定個人在辦公室的地位與威望。茲舉三個辦公室人際互動的「戰況」及其因應策略為例：

〈戰況一〉

　　公司內同事搞小圈圈、分派系，相互排擠，經常有耳語中傷他人的現象。

〈因應策略〉

　　公司舉辦活動盡量以團體為主，增加員工之間的聯繫與互動，並且定期工作輪調，讓同事有機會相互了解，以避免不必要的惡意中傷及摩擦，如此，無形中也可以減少產生派系的機會。

〈戰況二〉

　　所謂「能者多勞」。有些員工能力很強，效率也很高，手邊常有忙不完的事情要做；相對的，一些能力平平、效率不高的員工往往空閒在那邊，造成勞役不平衡的情形發生。

〈因應策略〉

　　公司應隨時舉辦在職進修，使員工的能力不會相差太多。對於那些空閒的員工要試著找出癥結原因，不應任其抱著不負責的工作態度，使得工作分配情況不公平。適當的運用獎懲原則與諮商輔導也有必要。

〈戰況三〉

　　無論在大公司、小公司中，一定會見到上司與下屬發生爭執，爭執的原由有可能是因公司的利益，也有可能是因個人的利益，這種爭執應該如何化減到最低呢？

〈因應策略〉

　　一般而言，以客觀的立場找出對方的對或錯，仔細想想自己是不是也曾或是也有可能犯同樣的錯。在發現對方錯時，盡量不要公開苛責對方的過失，特別是在還沒有給對方說明、解釋的機會前；如果發現錯在自己，則要誠心的承認錯誤，並記住教訓。

　　在辦公室內，最重要的是先把自己工作場所的人際關係做好。辦公場所具有團體性，每個人不但要自守崗位，更要互助合作、互補長短。如果工作場所的向心力很強，每位員工就會願意為工作夥伴努力，同甘共苦。假如小團體中的每個成員都有深厚的情感交流，那麼溫馨的人際關係就可形成。

　　公司的人際關係就是以這種小團體的人際關係為基點，逐漸擴大，就像張開的網一樣。同時藉由與公司的伙伴、上司、同事、部屬

……等人互相交往的過程中，也可以蒐集到一些商業情報或充實自我知能。有效的人際關係不是一朝一夕可以建立起來的，一個人在某一公司工作愈久，對其人際關係可能愈有利；其他公司即使薪水、地位等條件都很好，但剛上班時還是要重新建立與適應新的人際關係，想要在新公司中嶄露頭角更需要再經過一番努力。因為如此，大部分的企業人即使對目前的工作稍有不滿，還是不會輕易更換工作，主要原因即在於人際適應與環境適應的考量。

　　基本上，任何大組織或小單位，任何高階主管或基層員工都有其重要的功能與價值。辦公室內的人際互動是環環相扣、緊密相關的，公司如同一部機器，每位員工如同一顆螺絲釘或不同的零件，皆有其重要性，每位員工孤立疏離，各自微不足道，發揮的力量有限；但是組合起來的運作效能是驚人的，千萬不要讓不愉快的人際互動耗損過多的人力心力，降低了工作效能。公司內有法規制度，人際間有人倫道德，只要人際互動時，考量人際的平衡點——兼顧「法、理、情」，相信辦公室內的戰爭可以減少，工作中的人際互動可以多一份和諧、和平。

二、與上司的互動關係

　　任何人到公司上班的第一天，都會盼望能被主管肯定，唯有上司欣賞，個人才能獲得更多成功的機會。尤其是當同事之間彼此因同一職位升遷而產生競爭關係時，更是期盼上司的提拔、賞賜。因此，平時在工作場合中，不能忽視與主管之間人際關係的經營，通常領導主管擁有較大的考核權，也擁有最直接的人際影響力，例如影響單位部門的工作氣氛、影響與其他單位部門的連繫、影響公司人力資源的開發、影響工作考核與報酬的分配等。若是與主管產生不良的互動關係，不但對個人的工作毫無幫助，甚至使自己成為組織內各種衝突與問題的「亂源」。

相對的，若能與上司保持良好的互動關係，平時不但能夠獲得較理想的工作環境與人力資源，以發揮個人理想抱負；即使遭逢工作難題時，也可以減少對個人困境的衝擊，進而獲得更多更好的資源來發展自我的前程事業。有些人因職務較低，或是自認不擅交際，或是畏於權威，難免在與上司的人際關係開展上處於被動地位；其實，只要了解上司與部屬人際互動的特性，謹守倫理分際，知所進退，便可以與上司發展良好的人際關係。一般而言，上司與部屬之人際關係有下列四個特性：

1. **互助性**：主管與部屬的背景與壓力雖不同，卻一定要彼此互助合作。二者若無法配合，則不能有效執行工作；上情無法下達，反之亦然。

2. **互依性**：主管與部屬間關係並非父子關係，公司的損失不能由主管完全承擔，因主管與一般人無異，智慧和成熟度未必會超越他們的部屬。

3. **互補性**：建立一種適合主管與部屬兩者的需求和型態的關係，以滿足雙方當前所需。

4. **互惠性**：維持良好的工作關係，應與主管保持連繫並對其忠誠，踏實地工作，並選擇性地使用主管的時間和其他資源。

若欲與上司建立良好的關係，首先就必須從做好個人分內的工作開始。好的工作表現並非把工作做完而已，而是要有強烈的工作動機要把工作做好，甚且主動負責，主動發現問題，為公司分憂解勞，而非事事請示，遇到困難即拋給上司處理。其次是支持你的上司；支持上司的型態通常分為二類：一是與你的職務直接有關，使你得以發揮功能的事情；另一類則是支援上司，支持與你職務並無直接關聯的事。支援上司，包括為上司準備報告、舉辦會議、上司不在時代為處理電話信件，或其他上司要求你去做的事情。如果你不支持上司，那就不必指望上司會支援你。你尚須提供上司最緊要的訊息、資料和工具，不論這些東西是用在組織內業績目標的會議上，或是上司對其他

單位主管的簡報上。此外，與上司的互動關係尚須注意下列原則：

(一)澄清上司的期望

　　所謂「知己知彼，百戰百勝」。剛開始上班或上司剛交代任務時，即應了解上司的期待與規定，以免因認知理解有誤，造成工作無法完成或完成後不符合上司的要求。看過「上班女郎」（Working Girl）影片的人，對於劇中女主角米蘭妮葛瑞菲上班第一天即向上司雪歌妮薇佛詢問其工作內容與主管期待的畫面，一定印象深刻。因此，隨時澄清上司的期望是一件相當重要的工作，包括：

1. 從上司那兒接到新任務時，即要問清楚完成日期及工作須知（內容與程度），工作進行時的重點要一字不漏地記下來。
2. 在工作進行中，只要碰到疑問，就要適時地請教上司。
3. 做工作進度的「期中報告」時，不可三言兩語的就把進行狀況交代完畢，要提示工作上的實物給上司看，一邊操作並具體說明。
4. 自覺一個人工作，還不如向上司請教，借用上司之力（智慧）較能獲得成效時，應委婉地向上司提出請求。

(二)欣賞上司的優點

　　人際吸引力就在於互相欣賞，彼此有好感。日常生活經驗顯示：當一個人討厭另一人時，後者可能也不喜歡前者。理論上，上司在工作上的表現或經驗會比部屬優越，然而，也有不少例外。有時候部屬會做得比上司好，想得比上司多，甚至處事比上司周延，這時候，一個有智慧的部屬必須體認上司能夠當上一個領導者必有他的長處，所以在工作環境中要能夠懂得欣賞上司的長處──知識、才能、熱誠、經驗、處世態度……等，抱著學習心態，方能有所收穫並自學習過程中成長，平時宜避免輕視、批評上司。

第11章　職場中的人際關係

(三)多與上司建立互信的關係

　　獲得他人的信任需要長時間持續的優異表現，獲得上司的信任更是如此。除了前述之良好的工作表現、澄清上司的期望、欣賞上司的優點之外，個人也要培養四種特性，好讓上司能夠信任你：(1)親和性：一個可親的部屬，是接受和傳達意見都很真誠且自然的人。(2)適時性：可被信任的部屬，必須是個細心觀察上司，並且能適時給與上司實質上、心理上及情緒上支持的人。(3)可預性：一個能被信賴的部屬，應該是一個能在期限內完成工作的人，如此上司才能放心地把工作交給他辦。(4)忠誠性：人都喜歡對自己忠誠的人。一個部屬要表現對上司的忠誠，最好的方式就是適當的尊重、支持上司的意見。

(四)多與上司溝通

　　領導主管有很多不同的類型（參閱本書第六章第一節領導的型態），若部屬只會埋怨、期待上司改變自己來配合你，必然無法獲得主管的欣賞，也無法與之建立良好的人際關係。除了一般性的人際溝通知能之外（參閱本書第四章），欲使上司成為自己的支援者，其溝通要訣包括：

1. 了解上司評價部屬的標準（負責、有耐性、不遲到、回答俐落、積極的思考、行動力等），並配合此標準來努力表現。
2. 在工作上遇到疑問時，要先統整好自己的看法之後，才去詢問上司。積極地參加上司的公開活動，盡可能多把握與上司正式接觸的機會。
3. 想要擁有與上司的接觸點，但卻無法如願時，可從上司的公開發言裡或日常業務中，探知上司比較滿意的部屬是誰，然後「見賢思齊」，向那些人的行為表現看齊。
4. 做工作報告時，請求上司給與你建議。
5. 主動使上司經常對你的工作寄予關心，並協助之。

(五)給與上司情感支持

　　人的情緒隨時在變，平時可注意上司的情緒變化，隨機應變，將上司視為朋友般看待，共同分享他的喜怒哀樂且適時的給與意見。例如上司今日談成一筆生意，興高采烈地與你分享時，你除了認同上司的能力外，亦可藉此機會談及上司的缺失，適時點醒他平常未注意到的小細節，相信此時的他一定很樂於接受建言。當上司遇有苦惱、不滿或憂鬱時，也會想對外發洩，但他又不能隨便逢人傾訴，此時部屬最好能夠心細地去體會上司的感覺與需要，接受其「精神排洩物」，並且適當地回應，讓自己除了當主管身邊的左右手外，亦是知心的好友。當然，別忘了配合前述的「欣賞上司的優點」，唯有欣賞上司的優點，才會真誠關懷他，方能為他分憂解勞。員工幫助上司處世圓融也可藉機成長自我，如此必能獲得上司的器重，對自己的工作自然是一種保障。

(六)先求付出，再談收穫

　　所謂「一分耕耘，一分收穫」。在工作情境中，講求的是個人的實力及工作表現，依照 Kelley 的人際交換論（參閱本書第一章、第二章），公司付出報酬予員工，同樣的在評估其成效（亦即員工工作的成果，給與公司的報酬）。是故，唯有努力耕耘、腳踏實地的部屬，才能獲得上司的肯定與支持，進而擁有良好的互動關係。茲舉「加薪」為例，員工若想向（公司）主管要求加薪，不妨考量下列要點與步驟：

1. 自己要夠資格。首先要有資格拿目前的薪水，如果連這一點都做不到，下面的步驟就不必努力了。
2. 仔細監督自己的表現，特別是上司和其他人所監督的部分。
3. 讓別人承認你的價值，偶爾來點社交活動，讓你的上司或指導者了解最新的情況。

4.學習了解有關公司的薪資結構和一般行政規定。

5.了解你的職位在其他公司的薪資水平,即了解「市場行情」。

6.會見上司請求加薪前,先考慮你的選擇。你對自己應該獲得的酬勞與付出的對比必須有所察覺,究竟你有多大的機率可以要求加薪。

若已具備上述的要點,確定要爭取加薪時,再以委婉的方式、堅定的態度與上司會談;當然,個人也要有要求加薪成功與否的心理準備:「做最好的規畫,做最壞的打算」。

㈦協助上司成功

每個人都可能是不完美的,人各有其優點和專長,但也具備若干缺點及弱點。上司絕非全知全能,俗語說:「山愈高,谷愈深。」當一個人某些方面特別優越時,很可能在其他方面有很大的缺失。要讓上司了解你的缺點,如此才能讓上司或其他員工相互「截長補短」,讓工作更順利;同時也要善用自己的長處,以獲得上司、同事的信任與好感。相對的,上司了解部屬的缺點加以指正,部屬也要了解上司的缺點,彼此以自我的智慧和才能來互補,將工作的缺失減到最低程度,努力使自己成為上司最得力的助手。唯有先幫助上司成功,上司才會幫助你成功,否則失敗的上司是「自顧不暇的泥菩薩」,如何能為部屬保障或爭取權益、福利。

㈧冷靜處事,謹慎互動

一位傑出的工作者、上班族,應隨時保持理智,特別是在壓力情境下。經常容易情緒化的員工,很難獲得上司的欣賞。有時與上司互動時,更應注意個人的角色言行,並遵守公司規定,不可違法,萬一遇到「上樑不正」、操守不佳的上司,個人更應小心與之應對進退,避免自己成為「下樑歪」。此外,與上司不同性別的部屬,也宜避免與之發展工作以外的私人關係。換句話說,謹慎處理與上司的私人社

交是有其必要性的。

其實要成為一位好部屬，最主要的工作就是建立主管對你的信心。若想獲得主管的信任，首先必須**了解個人的工作目標，努力充實自己，設法準時完成工作**。此外，勇於接受新工作的挑戰，了解工作的優先順序也是必備的條件。萬一在工作中遭受上司指責時，個人該如何自處？成功的人相信「愈受指責就愈進步、愈能幹」。當受到上司指責時，不妨往好的方向想：有人指責自己時，就當做是受到上司的重視，因為一個毫無希望的人，是不會有人肯花精神去理他的。所以平時要能自我反省，並且誠懇的接受別人的批評。

除了前述把上司當朋友看待，真誠的去關心他的家人之外，也可以多培養一些與上司共同的嗜好，讓自己與上司除了是工作的伙伴，亦是志同道合的朋友，或許有些人會覺得為何要委屈自己與上司有共同的興趣，其實只要稍微改變觀念，認為培養新的興趣可以拓展自己的人際關係時，就不覺得有何不妥。況且與上司間的話題愈多，愈容易了解上司的為人，對彼此間的互動相處豈不是更順暢自然、更容易掌握上司的作風、對自己的工作也會更喜歡。不過在與上司擁有良好的友誼及默契時，仍應注意到辦公室的職場倫理，對於主管應有的尊敬也不能免之。

三、與同事的互動關係

凡是在辦公室工作的人，都可以感受到與同事和諧相處的重要性。在以人為中心的工作環境裡，辦事能力固然重要，做人能力也是不可或缺的條件。善於與人相處且有親和力而能獲得同事好感者，做起事來必定能夠得心應手，獲得更多的人力資源，工作既有效率又有效果；反之，為人特立獨行、自我意識強又經常會與同事發生衝突的人，必然工作得孤單、孤立，即使工作有成果，也很難獲得他人的欣賞與認同。依此類推，一個有人情味的環境，必能營造出溫馨、融洽

又有團隊動力的氣氛。

　　人有個別差異，因此辦公室內的同事也有各自不同的個性風格：工作狂、低效率者、挑撥離間者、「開心果」、和事佬、老大哥（姊）、混水摸魚者、馬屁精、萬人迷等。如何與不同類型的人、不同做事風格的人相處，是需要高度智慧的。究竟如何才能增進與同事的互動關係，下列原則可供參考：

(一) 多多「溫故知新」，增進「舊雨新知」的人際關係

　　不論是公司內外、同一單位或不同部門的人際交往，都必須加以經營，以拓展自己的人脈，增廣個人的所見所聞。若只侷限於與自己同一辦公室的人交往相處，容易限制個人身心知能及其他方面的發展，也極易狹隘了個人的視野，陷入自我本位的圈圈中。若遇公司人事調動而須更換工作時，必然容易使個人陷入困頓，增加工作調適上的困難。是故，個人不僅要與過去及現在的同事（舊雨）經常保持連絡，也應該多結交新朋友（新知）：

1. 至其他部門洽公時，別忘了適時「自我推銷」與他人互動。
2. 把與其他部門的接觸，視為自己工作上「擴展自我的挑戰」。
3. 到總公司（或原服務單位）出差時，要一一拜訪曾相處過的同事。
4. 利用餐敘聯誼時，與其他同事多接觸、多交流成長。
5. 因公司人事調動而調到其他部門時，不要斷了與以前所屬部門的關係。
6. 珍惜在公司內外研習會上認識的朋友。
7. 積極參與公司內外的活動。

(二) 要適時分享成功經驗，但避免炫耀自己

　　每個人因專長、興趣與經驗不同，難免工作的成果、效率也有差異。新進員工與資深人員工作表現上的差異，即在於前者是：(1)拼命地工作，嘗試摸索心得；(2)經常期待他人的建議；(3)經常需要與人合

作共同完成工作；(4)工作敬業熱忱。至於後者則有下列工作特徵：(1)已有工作要領；(2)相信自己的獨立判斷；(3)渴望他人的尊重信任；(4)需要誘因以激發其工作動機。因此平時與同事討論工作時要能做到：事先完成成功事例與不成功事例的「比較對照表」；發言時要謹慎（雖然要有自信，但千萬不要自大）；採納上司、同事和「前輩」的意見，要比以前積極且謙虛地傾聽。

(三)自信而非自大，不要傷及同事的自尊心

「自尊」是人類基本的心理需求，人人皆有之。同一辦公室內難免因每個人的年資、經驗、職位與專業能力等差異而有不同的工作表現，同事之間彼此同儕督導或檢討建議時，要隨時心存「同理」（設身處地站在他人的立場，為他著想），考量對方的自尊心；當同事工作表現不佳或遭受上司指責時，不妨多給與關心、安慰。若能如此，相信有朝一日，自己心情不好時，也必能獲得同事的支持、回饋。現代上班族必須有自信，但卻勿自大；自信與自大最主要的差別在於：自大的人「眼中沒有他人的存在」，而自信的人則是「眼中還有他人的存在」。

(四)適當的拒絕同事不合理、不合法的請求

辦公室內，如何學習拒絕同事（乃至於上司）不當的言行，以保護自己，也是人際關係的重要課題。一般人都不忍心拒絕別人，擔心別人會批評自己不合作、不敬業，但假若一個人處處討好別人，最後可能會喪失自我。在一個團體之中「討好」心態是可以理解的，既可完成對他人的承諾，又可以藉對方的肯定來提升自我價值；但是萬一承諾的範圍超過自己的能力負荷時，那絕對是吃力不討好的事，過度依賴別人的期望就等於活在別人的價值觀裡。雖然說，每一位上司都喜歡全力打拼型的員工，但是一個人真正該盡的責任是：對自己的工作負責，而不是對別人的期待負責。事實上，勇敢地說「不」，未必

會替你帶來麻煩，反而可以減輕個人壓力。當然，拒絕時要注意溝通
的技巧與態度。

(五)多用理智，少用情感來解決同事間的人際衝突

所謂「人際衝突」乃是指人與人之間因個別差異而產生一種不和
諧的互動狀態。工作中人際衝突的原因包括：(1)個性（人格特質）的
差異；(2)價值觀的不同；(3)角色的曖昧與衝突；(4)勞役不均或分工不
明確；(5)目標不同；(6)職位權責的不同；(7)彼此競爭或依賴；(8)其他
原因，諸如誤會或偶發事件等。一般而言，常見**人際衝突的類型約有
四種：認知性衝突、情感性衝突、意向性衝突與利益性衝突**。工作中
與同事最容易發生認知性衝突（個人看法、工作態度、價值觀的不
同）、意向性衝突（做事方式、生活習慣、行為表現的不同）及利益
性衝突（工作上直接利益與間接利益的分配不均，例如：升遷不公、
加班費減扣、勞役不均、同工不同酬等）。因此，當個人與同事發生
人際衝突時，宜運用理性思考，了解衝突原因，對症下藥；必要時，
適當求助他人或忍讓一步，均有助於化解工作衝突，切勿情感用事、
情緒泛濫，以免衝突加重、擴大（參閱本書第五章）。

(六)善用人際交往的一般定律與工作定律

人際互動要能彼此和諧乃在於「異中求同」，而人際交往要能相
互成長就在於「同中求異」。基本上，許許多多的人際交往定律皆適
用於經營辦公室內的人際關係；此外，針對個人工作性質、組織氣
候，適當地運用工作定律，也能增進與同事的良好人際關係。

1. 一般定律
　　(1)別人隱私權要尊重。
　　(2)用心傾聽且眼神專注。
　　(3)切勿發生不可告人的關係。
　　(4)揚善於公堂，規過於私室。

(5)欠債須還，有恩必報，有怨則化。

(6)隨時關懷他人。

(7)其他（參閱本書第一章之人際「十五多」原則）。

2. 工作定律

(1)接受工作分配。

(2)切勿推諉塞責及占人便宜。

(3)互助合作與各司其職並重。

(4)稱呼同事，或用名字（勿連姓帶名），或冠姓加職稱（例如張科員）。前者較後者親切，可私下用之。公開的正式場合視情況用之。

(5)非關公事之私人生活，勿好奇、勿渲染。

(6)遵守工作規定，尊重他人業務職掌。

(7)虛心求教，樂於分享工作經驗。

(8)善用小動作（諸如記住同事的生日、問候其生活狀況等）以贏得大友誼。

此外，平時在辦公室內宜多向博學專才者請教，也不要看輕知識水平比自己差的同事；公私宜分明，勿濫用私人交情損及工作關係；勿做「情報通」，到處傳播第三手（或無關個人工作）的消息、「小道消息」，經常對你說「這些話只在這裡講」、「我只告訴你，這些話請不要跟其他人提起」、「我們關係不同，所以我沒有告訴別人」、「聽完就算了」之類話語的同事，宜謹言慎行與之互動。當然，若是有些同事經常告訴你：「放心，我不會說出去」、「快說，我是你可以放心的人」、「什麼什麼，我保證不會告訴他人」之類的話，你也應該謹言慎行，以免引發不必要的人際困擾與衝突。茲舉下列二個辦公室內同事相處的「戰況」及其因應策略為例說明之：

〈戰況一〉

如何與「不投緣」的人共事？

〈因應策略〉

辦公室內，難免會遇到看不順眼的同事。不投緣的原因很多，可能是自己無法接受對方的個性、態度、為人處事、穿著儀表、生活習慣等。遇此情況，絕非一句「合則聚，不合則散」、「我又不看他吃飯、領他薪水」或「一樣米養百種人，管他」之類的話可以應對、可以解決。事業成功的人，即使遇到「合不來」的同事，也要思考「如何與之共事相處」。

有時當上司知道你與某人不合時，他也隨時在觀察你如何面對問題、解決問題，若你採取消極態度（例如「保持距離」）與不投緣的同事互動，上司可能懷疑你的人際能力，甚至懷疑你的工作能力。反之，若你能以下列積極方式突破人際困境，必能獲得上司的肯定與重用，更能贏得同事的友誼與支持：

1. 試著想想，自己的日常言行有無讓對方不愉快的經驗。

2. 找出對方的長處，並學習其長處。

3. 積極地由你自己去接觸對方。接觸的機會愈多，就能了解得愈深、愈透徹。

4. 無論如何都沒有辦法改善時，就以這是「工作的一環」來看開些。縱然不能「甘若醴」，也可「淡如水」。

5. 不要有「自己的想法、行為都是對的，問題在對方，不在我」的觀念。

6. 不要避開對方，盡量製造與對方談話的機會。

7. 捨棄以前對對方的不好印象，重新開展人際關係。

〈戰況二〉

　　如何與「難纏」的人共事？

〈因應策略〉

　　辦公室內難纏的同事包括：攻擊者、沉默者、自閉者、金頭腦者、馬屁精、抱怨者、猶豫者等等。難纏或行為欠佳的人，有時與表現差的小孩一樣，是為了要引起別人的注意，藉著給與認可與關懷，他們那些惱人的行為有時就會消失。不過若是同事煩人的行為由來已久，那麼在給與其認可與關懷之外，還應採取其他的方法，包括同理、解釋、引導、澄清、面質及立即性反應等。面質是針對當事人言行不一致或矛盾、爭議之處加以澄清、質詢，使當事人之扭曲、誤解、矛盾等不當行為能夠改善。面對難纏的同事在面質時須注意下列原則：

1. 在面質過程中宜態度溫和、自然，因為如此可以減低彼此之間因面質而呈現的緊張關係。

2. 很快地導入主題，不要浪費時間，因為與他人談敏感主題之前，若談些無關緊要的事，只會浪費時間，所以開場白不要扯太多。

3. 與人面對面談話時，不要以一種卑微或防衛的姿態來哀求別人。

4. 不要以敵意的態度面質對方，應帶著情感，否則就很容易讓人誤以為攻擊，於事無補。因此面質時要盡量表示誠懇的態度。

5. 將對方的行為與工作聯結在一起，因為與別人有效面對面解決問題的方法，就是要盡可能就事論事，令人信服。

6. 表現你的關心。在面質時，你可以用誠摯的語調及友善的態度來表達你對兩人間所存在問題的關心，例如你可以說：「我會提出這問題是因為我相當重視和關心我們的工作關係，因此我希望我們之間這一點的不協調能化解開……」如此一來，相信有助於當事人覺察自己不當的言行與難纏之處，而加以改善。

四、敬業樂群的上班族

在邁入資訊化時代的開放社會裡，一個人想要離群索居是絕對不可能的，每個人都應有所自覺：人與人之間存在著極密切的關聯性。今日，上班族每天面對繁重的工作，必須與人見面交往，人際關係的好壞往往在瞬間的見面中就已形成，每一次在與主管、同事及客戶或來訪的客人見面時，個人的表現都可能在不知不覺中被記錄，而這些印象記錄會影響個人在公司中的升遷機會、人際評價與工作效率等。

現代人想要在公司裡建立、維持良好的人際關係，必須重視**自我形象的塑造**。在行銷的時代裡，不但產品需要經由完美的包裝推銷出去，即使是個人也需要講究包裝；藉著良好的人際關係，將自己適度的展現在眾人面前，進而掌握成功契機。此外，現代上班族必須培養**敬業樂群的特質**：(1)以微笑使他人對你產生友好態度；(2)處事要言行一致，不可食言；(3)說話時抓住重點，內容表達清楚；(4)在相處時要保持適度禮貌，給人親切的感覺；(5)以認真、專心、嚴謹的態度處理每一件事情；(6)工作上不可因對象身分的不同而改變態度；(7)自然、平實地表現自己，不要太過做作。

敬業樂群的上班族若能建立良好的工作關係，確實掌握資訊的變化，擴展自我知識的領域，對於個人的前途發展自是裨益良多，因為傳統職場文化中的保守被動、埋頭苦幹的形象已不符合新時代的潮流。現代的上班族，必須重新調整自我、徹底檢視自己。

為了成為一位敬業樂業的現代人，為了使人對你的工作表現留下美好的深刻印象，現代上班族應時時擁有一顆感恩的心，培養專業的才能，建立個人的人際資料庫及多多參與公司的活動，如此必能贏得友誼、贏得信任、獲得成功、獲得成就。千萬不要有莫名其妙的嫉妒心，不要有「想當老大」、「不願為他人作嫁（抬轎）」的心態，不要自以為是，不要忽略他人的需要與感覺，不要製造人際紛擾，不要

自虐，也不要虐待他人，不要「只會批評、做秀，而不做事」等等。

(一) 感恩心

一個人若能常存對公司、同仁的感恩之心，就會回饋以投入工作、隱惡揚善的作為。對於各方給自己的建議、批評更應妥善處理，抱持著有則改之、無則嘉勉的胸懷。如此一來，即可化戾氣為祥和，對於他人的用心及付出更是感激於心、形於外表，不要吝於付出自己的讚美和激勵。

(二) 專業性

知識爆炸的年代，需要有豐富的專業作後盾，專業知能的盈虛決定你是組織棟樑或只是個隨時可被人取而代之的角色，因此，職場中用心做人之際，別忘了自己的本分是做事，頭腦冷靜、思慮清晰，加上能夠運籌帷幄，才是上班族的本錢。此外，規畫時間、講求效率、條理分明等更是輔助「專業性」的個人優勢條件。

(三) 資料庫

「禮多人不怪」，除了日常禮貌，別忘了舉凡同事間個人好惡、興趣、專長及生日等資料須詳加記錄，這些資料可幫助個人在公、私兩方面皆有人際進退的遵循方向。

(四) 參與感

多參與組織內外各類非正式聚會，個人會有意想不到的收穫，能夠建立跨越正式組織的「非正式」關係，例如對於公司福利委員會舉辦的活動，不但要熱誠出席，在籌備階段亦可主動投入，貢獻自己不為人知的才華。

今日是一個「行銷掛帥」的時代，每一公司均須對外部消費群眾推銷產品及企業形象，是故，聰明的上班族除了維繫組織內部關係

外，更須向外推銷自己。首先，不妨從舊有關係（同學、同事、朋友及親戚）耕耘起，別忘了，機會是留待給用心、辛勤而主動的人。因此，主動地維繫、關心舊有的人際是不費吹灰之力的。其次，別忽略了每天或多或少參與對外的聯繫，像傳真、電話、信件往來及來客接待等。如何運用這些既有管道，巧妙地建立起自己在他人心目中的美好印象，更是值得費心的事。最重要的，敞開心靈多交朋友，而且在各種場合中要主動、積極且適切地展現自我（包括穿著裝飾、應對禮儀等），這也是向外推銷自己的最佳方法，有助於個人形象的塑造及人際關係的開拓。

第二節
勞資關係的經營

　　有人認為勞資關係就像夫妻關係一樣，要「互敬、互愛、互諒、互助」；也有人認為勞資雙方本質上是相互對立的，因此沒有「永久的和諧」，只有「暫時的和平」；凡此似乎說明了勞資互動關係的複雜性質。當然，隨著國內產業結構的改變、人權意識的覺醒，今日勞資互動的模式已與往昔大不相同。

　　我國過去勞資關係互動所依循的是民國三十年代所制定的「團體協約法」及「工會法」，而今所憑藉的是民國七十三年所實施的「勞動基準法」（簡稱「勞基法」）。過去保障勞工權益的法令極其有限，即使有相關法令，卻也窒礙難行或執行不力。舉例而言，民國二十年通過的「團體協約法」雖給與工會與僱主，或工會與僱主團體從事集體協商的權力，政府雖也曾極力鼓吹勞資間應以協商並訂立團體契約的方式，來規範有關勞工的工資及勞動條件，唯數十年來，團體協商制度在國內並不盛行，以民國八十二年為例，根據行政院勞工委員會的統計，臺灣地區三千六百八十九個工會中，僅有二百九十二個

工會與僱主（資方）訂立了團體協約，比例僅達百分之七。因此，如何加速勞資關係的立法腳步並予以落實，是未來勞資關係努力的方向之一。

一、勞資關係的定義與重要性

所謂「勞資關係」係指勞工與僱主（資本家）之間，在勞動過程中所產生的權利與義務的互動關係，二者含有主管從屬關係。換句話說，凡是勞資雙方在勞務上供需之權益狀態，均可謂之。有些學者認為勞資關係在具體之事務作業上，應包括勞資法理、勞動契約、工會制度、工作時間、工資與考績、升遷、協商與保障、褒獎與福利、安全與衛生、撫卹與職災、保險、退休、養老、爭訟等十四項。

勞資關係問題是現代工商企業中的基本問題，也是當前勞工行政中的重要問題。由於各國的立國精神不同，處理勞資關係的態度也就有所差異，特別是共產集團和民主國家之間，更有其顯明甚至相反的做法。一般而言，民主國家對勞資關係的處理，大半是採取盡量滿足勞工願望或疏導的措施；反之，共產集團大多是利用美麗的謊言，採用欺騙的手法或強勢手段來榨取勞工的血汗。前者意在使勞資雙方維持良好的關係；後者則是利用過去勞資雙方相互敵視的心理，製造矛盾，然後從中利用操縱。

近年來，隨著社會結構的急速變遷，社會日趨自由開放，勞工意識日漸覺醒，人力資源及勞資關係已產生重大的變化；加上政府提倡「經濟自由化、國際化」及高科技時代的影響，勞資關係面臨相當複雜的挑戰，包括勞工需求提高、勞工意識抬頭、勞工自主性增強、政治團體介入、政府政策失當等。因此，如何減少勞資之間的衝突對立、促進勞資關係的合作與和諧，是未來努力的方向，以免浪費人力資源，影響國家經濟的發展。

二、勞資合作與勞資衝突

　　所謂「勞資合作」，亦稱「勞資協調」，簡單的說，是指勞方與資方的合作，也就是勞資雙方為了達成共同利益，滿足共同願望的一種精神的與物質的結合。另一種解釋為「以政治的力量，採行有關勞資雙方的各種合作措施，旨在促進勞資雙方維持良好的互動關係，而有利於生產效能的提高、勞工生活的改善」。

　　促進勞資合作，不但是當前勞資關係發展的新方向，更是現代世界潮流的新趨勢，而且已成為各國勞工政策內的首要事務。它也是各國勞工運動與經濟建設的一項重大工作，更是現代勞工問題研究中的主要課題。勞資雙方之間的關係是基於僱傭關係，以勞動契約或團體協約方式加以確定，其精神與實質上雙方是平等的。勞資雙方的地位既是基於平等精神，因此在事業單位中的一切措施，都需要有互相尊重的度量，凡事都要經過協商才作決定，而不宜獨斷獨行，各執己見。彼此須有互相忍讓的意願，而應避免不正當的行為，特別是暴民式的罷工或蠻橫式的關廠。勞資雙方間的行為必須是互惠的，而非片面的私利，享權利必須盡義務，盡義務亦可享權利。勞資雙方有如唇齒之相依，手足之互助。福利與生產並重，最足以表現互惠的精神。

(一)勞資關係的類型

　　美國學者 Derber、Chalmers 及 Eaelman 等人在一九六一年進行一項勞資關係的研究，調查發現影響勞資關係的重要因素有四：**對領導者的感受、工會本身的影響力、共同解決問題的可行性**，以及**雙方的壓力**。Derber 等人再將各類因素中共五十一個變項，依其高、中、低等不同的組合，分析出五種勞資關係的氣候類型：

　　1. **攻擊與反抗型**：表示對領導者有高度的反感、高度的工會影響力、極力想解決問題及高度的壓力。

2.**合作型**：表示對領導者有高度的好感、高度的工會影響力、願意共同解決問題及低度的壓力。

3.**冷漠型**：表示對領導者有高度的反感、低度的工會影響力、未迫切想解決問題及低度的壓力。

4.**敵視型**：表示對領導者的反感較高、低度的工會影響力、不想共同解決問題及高度的壓力。

5.**共同參與型**：表示中度的領導感受、適度的工會影響力、適度的共同解決問題意願及中度的壓力。

　　在上述不同類型的勞資關係中，以第二類「合作型」與第五類「共同參與型」是屬於勞資合作的典範；其他三類則屬於勞資衝突的模式，亟待問題解決。解決勞資關係的衝突，必須了解上述類型及有關的向度（dimension）指標。

(二)勞資關係的向度指標

　　勞資本一家，任何企業組織內若是勞資雙方衝突、對立，長久下來，必然會因雙方將太多的心力、時間、體力耗損於彼此的「惡鬥」之中，以致工作無力、互動無心，終至降低工作士氣與生產效能。究竟勞資雙方的關係良窳如何衡量，下列五個指標向度可供參考評估：(1)和諧性：勞資之間互助、互信的程度；(2)開放性：勞資之間願意互相交換訊息意見的程度；(3)敵視性：勞資之間彼此厭惡、爭執，不惜訴諸武力解決問題的程度；(4)冷漠性：員工（勞方）與企業（資方）對於工會事務的熱中支持程度；(5)即時性：員工訴願與勞資歧見獲得解決的速度。

　　基本上，若是勞資雙方和諧性高、開放性多、即時性強且敵視性弱、冷漠性少，則勞資衝突較容易解決；反之，若雙方堅持己見、互不信任，而且敵視又冷漠，則彼此關係欲改變、勞資衝突欲化解，恐非易事。一般而言，欲解決勞資爭議，必須注意下列原則：(1)成熟的勞資信任感可全然免除意識型態爭議的代價；(2)經營者要誠摯地承認

工會存在；(3)工會支持資本主義的理論功能，工會運作民主化；(4)透過勞資諮詢及其他方式建構日常勞資之間的完全溝通；(5)勞資協商應解除意識、抽象及成規的限制以減少爭議；(6)快速處理職場上的抱怨；(7)在勞資雙方被迫上法院興訴之前，設法找相關團體協調、解決勞資爭議。

三、勞資、政府之間的三角關係

今日探討勞資雙方的互動關係，實不宜忽略另一個重要角色：政府，故有人趣稱現代工商業社會的勞資關係已成為**勞工（含工會）**、**資方**與**政府**間的三角關係。近年來，由於「政治」與「經濟」二者關係密切，勞工團體儼然已成為新興龐大的選舉票源，使得政府對企業界是否重視勞工福利的要求，亦由過去消極忽略的態度轉而為積極的關注介入。當前勞資關係的經營最重要的是如何建立起相互協調的管道，俾使彼等關係更加密切，達成合作、和諧與互惠的勞資關係，而非以擴大自己的制衡力量，以絕對優勢來壓迫對方接受，否則任何一方徒然只獲得短利卻以長期的不利、不安為代價，勞資之間的問題並沒有徹底解決。

綜合學者看法，以下分就**企業三能**、**政府三職**與**勞工三權**的合理發揮，來探討勞資間關係的新發展，以鞏固三者平衡的關係，避免誤導至「你消我長」的失衡現象。

第一：所謂企業三能，係指企業的**用人**、**薪資**與**專業知能**等變項必須充實且合理，如此將有助於勞資關係的改善，而且也有利於企業的發展。企業的用人措施，不論是否僱用外籍人士，其起自招募安置，終至退休安養，均需合於勞工法令的要求。

第二：企業的合理薪資措施應具備勞資雙方共享企業盈餘之原則，進一步來講就是建立合理的薪資制度與合法的薪酬給付。維持良好的勞資關係，除了靠理性的法令措施外，守法的精神也極為重要。

隨著工業的發達、民主的進步，許許多多合理的勞工法案應運而生，例如工會法、勞資關係法，促成一個理性又符合法制的勞資關係，如此使得勞資間的糾紛次數大幅度減少，而且脫軌的勞資關係亦較難產生。所以政府的行政職權、立法職能與監督職責必須鞏固。

第三：所謂的勞工三權，係指勞工的**團結權、團體交涉權**與**爭議權**等三項，具體表現在工會法、勞資關係法與勞動基準法等勞工三法中。隨著工商業民主化的步調愈趨加快，要求政府透過各種適當管道來協調勞資關係的呼聲也愈來愈高，政府已經無法以置身度外、漠不關心的態度，或者偏向勞資任何一方的方式來處理勞資問題。唯有透過政府三職的有效運作輔以「勞工三權」和「企業三能」，彼此相輔相成，才能建立合理的勞資關係制度。

四、勞資關係的和諧

健康的勞資關係應該是和諧而有效的勞資關係，想要擁有健康的勞資關係，則有賴於勞資雙方的努力與配合。基本上，健康的勞資關係有四大要點：(1)能以勞資對等的原則處理工作條件及員工待遇的問題；(2)團體協約與勞資會議應能在經營者責任明確下作適度的功能規畫；(3)勞資合作有助於職業病預防、職場安全、健康維護及工作環境的改善；(4)中小企業，尤其是沒有工會、沒有勞資會議、團體協約者，應有相對較佳的工作條件。

勞工或者勞工組織（即工會），與資方或者資方組織（即公會）之間的權利義務關係，有些是以契約建立的，有些則是建立在溝通、參與感或者互信的關係上。不論建立在何種關係上，勞資的和諧端賴雙方是否本著理性、人性在運作，也就是僱主處處照顧勞工，而勞工不斷提升工作效率。一個勞資和諧的公司，反映的是雙方均能福禍同享的信念。勞資關係協調的管道有的僅是單向的，由資方至勞方的單向管道，此乃屬於霸道的、不民主的溝通方式；另外有採雙向管道的

溝通，勞資雙方處於平行的地位，以傳統觀念的溝通方式或者是以民主制度的運作方式來進行勞資互動。除了加強勞資雙方的溝通管道之外，欲改善勞資關係亦可運用下列具體的作法：

(一)增加員工參與決策的管道

例如加強勞資會議協調、溝通的實質功能，成立工會，進行團體交涉或簽訂團體協約；另一方面，建立提案、申訴等制度、員工自主管理及員工自由交談等非法制式的員工參與管道，以加強勞資間的溝通及互助，期望勞資雙方能雙向溝通及回饋，進而邁向勞資共存共榮。

(二)提高員工認同感

從員工參與公司活動的「質」與「量」兩方面著手，不僅要擴大員工參與事項的範圍，更要提升參與品質，使員工能與資方（公司）產生休戚與共的認同感。

(三)縮小勞資雙方的認知差距

尤其是在薪資、獎金、紅利、訓練、升遷等人事管理及財務制度上，應多增加員工獲得資訊的管道，以縮小員工的認知差距，進而提高員工的需求滿足感。

(四)改善勞資關係氣候

從促進勞資的和諧性與減少雙方的敵視性等二方面來進行：(1)和諧性：重視員工參與公司的「決策事項」，包括企業的薪資、福利、安全、衛生及申訴等事項，員工參與的效果愈好，則勞資關係愈和諧。(2)敵視性：為了降低員工工作壓力及減少員工敵視性，可從工作設計著手，工作安排盡可能朝向「工作豐富化」、「工作擴大化」及「工作輪調」，以消除工作的單調性、厭煩感，並提升員工工作層次，使其有參與「計畫」、「控制」、「評估」之機會。

(五)激勵企業內高素質人力

此等高素質人力（含專科以上學歷者）的員工均期望對公司的事務有共同諮商權，因此企業應針對此類員工，鼓勵參與企業內的管理決策，使其學習自我管理，發揮合作及負責的精神，並激發員工潛能，以增進其心理滿足感，將精神與感情融入於企業情境中，進而增加對企業的向心力。

(六)提振企業內低成就者的士氣

此等低成就（含低職位之低學歷或高年資的人員）職場工作者對勞資關係敵視性較高，應透過工作設計或教育訓練，來加強其專業知識，使其能力提升；對於年資較久的員工，要實施「生涯規畫」，來輔助員工擺脫事業低潮期，以降低勞資雙方的敵視性。

總之，傳統的勞資關係，在政府政策主導下，比較傾向於威權式的管理，勞資雙方呈現了「表面的和諧」。自從民國七十六年臺灣地區解嚴之後，加上稍早之前勞基法的公布，以及受到後來勞工運動蓬勃發展等因素的影響，勞資關係進入**對抗期**——為工作權而抗爭、為資遣費而抗爭等事件層出不窮；今日，伴隨國內教育普及、工會茁壯、民主政治的發展，勞資關係也進入**協商期**、**談判期**，勞資雙方的互動更為成熟。以國瑞汽車為例，民國七十七年該公司因勞資關係溝通不良產生嚴重對立，產業工會通過成立「團結基金」，從員工薪資中按月扣繳，為可能發生的罷工「屯糧備戰」。由於這筆已累積達數百萬元的基金讓資方高度重視勞工的團結心聲，因此在年度調薪談判時，資方展現相當大的誠意，而勞工與工會也都能自制、理性面對，多年來勞資關係反而更增和諧。

基本上，勞資是一體的，勞工與資方本為一家人，具有休戚與共、禍福相依的關係，復以民國七十四年味全 AGU 奶粉事件為例說明之。當時味全公司發生經營危機，工會主動減薪，並發動員工認購

附近商家的奶粉，捐一日所得作為產品研發基金，果然使該企業順利渡過難關。等到公司恢復產能後，資方所修訂的勞動條件較原先所制定的勞動條件為優，甚至優於同行同業，此乃「勞資雙贏」最佳的範例。因此，勞工應體察資方對經濟風暴時所承擔的風險大於勞工的事實，不必汲汲於「分紅」求利；反之，資方也應體恤勞工「衝鋒陷陣」、勞心勞力的打拼艱辛，宜適當地分享利潤，以獲取勞工更大的向心力。

當然，「勞資同心，共存雙贏」不能只是一項口號，更須靠制度的設計與政策的落實，包括建立申訴管道、分紅入股、讓勞方參與決策、勞資共同經營等方式，如此勞資「雙贏」的和諧關係，才是企業發展的根本動力，也才能獲得消費大眾的信任與認同。

第三節
消費關係的經營

一個人的工作表現與其人際關係是相輔相成的。人際關係良好的人，往往在工作中有較多的人力資源，不侷限於組織內的人際人脈（已如前述），尚包含組織外的人際互動。傳統上，凡是非組織內的工作者，又與組織工作成果有關的人，即被視為消費者或客戶。**消費者是指購買或取得商品與服務的人**。任何一個組織都有部分的工作人員必須負責與組織外的人接觸，包括消費者及其他廠商同業，此等「第一線的角色」（boundary-spanning roles）包括：銷售員、業務員、送貨員、社會工作人員、接待員、採購員、採購經理、公關人員、市場調查員、分配員、經紀人及其他服務人員等。上述人員與消費者所建立的第一線工作關係（work-related relationships），就是消費關係。

一、阻礙消費關係的陷阱

企業組織為了營運與發展，必須與消費者產生互動關係。如何經營良好的消費關係，是商品行銷與開發方面重要的課題。通常不良的消費關係有四種陷阱，企業廠商必須避免之：

(一)忽略消費關係的依賴性

凡是擔任企業組織與消費者之間接觸關係的第一線角色都必須要謹言慎行，察覺消費者的需求與依賴性。第一線角色者要站在消費者的立場為其著想，同時，有效的向消費者說明組織的立場，畢竟他們對組織的政策和付款期限等狀況沒有主控權。第一線角色者若偏袒組織或消費者的任何一方，均可能引發人際困境或工作困境。許多第一線角色者忽略了他們與顧客之間的相互依賴性（前者須仰賴後者的惠顧、消費；後者須依賴前者的消費資訊、引導），以致阻礙了消費關係的發展，甚至導致二者之間的衝突。有時消費者一句：「你這個店員好像晚娘，面色很難看⋯⋯」，或是店員一句：「我看你不適合這件衣服！很貴的⋯⋯」，往往導致消費關係的惡質化。

(二)忽略消費關係的成長性

現代企業中，成功的第一線角色者願意花時間去傾聽、分享訊息，並向對方或對手學習。消費關係的維護被視為企業生存的第一要件，雙方關係的成長則是開啟下一次互動關係的動力。若是在交易時，雙方能以協商、溝通、澄清、問與答等方式來互動，必能有助於雙方學習成長。因此，第一線角色者必須隨時不忘吸取新知、充實自我，並「適當地」分享消費資訊予顧客，以協助其成長，並確保其權益。此等「互利」的消費關係才能長遠，千萬不要「只做一次的生意」，就結束二者的消費關係。

(三)忽略對「缺乏主控權」的處理

第一線角色者對公司政策缺乏主控權時，必須清楚的向顧客說明，包括退貨規定、訂貨方式、換貨手續等，若能坦誠的運用語言與非語言等溝通技巧（參閱本書第四章），必能在面對不確定性的狀況下，仍然與顧客維持良好的消費關係。由於第一線角色者對於公司的政策（即使不合理的政策）只能順從而無從改變，同時還必須把此一公司的政策（即使個人不認同、不以為然的政策）傳達給與之交易的對象，故其所承受的壓力是相當大的，當事人必須自我調適，上司亦應多予支持或接納其意見反映，否則第一線角色者往往必須「首當其衝」，承受消費者的「無情砲火」。處於今日「消費者權益」意識高漲、消費者保護法令多如牛毛的情況下，如何經營消費關係，自是一項工作挑戰。

(四)使用專業術語

組織內的溝通，基於時效考量與成員的同質性較高等因素，使用專業術語本是無可厚非的事。換句話說，同一組織內共事的人，大多會使用與工作有關的共同語言；然而對於組織體制外的人，特別是消費者，便很難理解此等術語。有時在外商公司聽到上司對部屬指示工作：「你只需把你的 CEO 拿給 K-11 的編輯 ASOP 到 R&D 的 V.P.。每年這個表格都要和你的 FTC-LOB 表一起寄給政府……」，如此的對話，旁人或新進工作者大概都會傻眼。在消費互動時，第一線角色者過度使用術語，不僅會令消費者感受不尊重，也無法了解或容易誤解消費資訊，以致消費權益受損，引發交易糾紛。因此，第一線角色者若必須提供資訊予消費者時，最好使用後者熟悉且能接受的語言或內容來表達，如此當有助於增進消費關係。

二、商業禮儀的運用

除了上述四種陷阱經常容易出現在消費關係中，第一線的工作角色者必須謹慎加以避免之外，也要遵循商業上的社交禮儀與禮節，包括：(1)**記住別人的名字**：第一線角色者要有良好的風度及人際關係，記住消費者的名字（若對方曾表示時），這是最基本的互動條件；(2)**尊重消費者的感受**：凡事不要干擾到消費者，力求避免不受歡迎的舉止；(3)**避免粗俗的言語**：粗俗的論調將使自己喪失人緣與生意；(4)**用別人習慣與喜歡的方式稱呼**消費者，亦別忘了介紹自己（例如遞上自己的名片，注意傳遞動作）；(5)**不要突然造訪消費者**（包括打電話到其家裡）；(6)**避免在工作場所中抽煙，或有其他不雅的動作**；(7)看到消費者，要起立以示歡迎及禮貌，但不宜突兀趨前，可以眼神溫和接觸；(8)在工作時應**避免性感的打扮**。同時，第一線工作角色者的穿著應考量下列原則：

1. 依銷售的產品及服務的行業而定。
2. 依服務的顧客類型而定（即上班穿著須以服務或接觸的顧客之一般期望而定）。
3. 依公司要求的形象而定。

除此之外，男女消費者應受到平等的消費待遇，避免因與消費者的性別差異，產生「異性相吸，同性相斥」不當的服務措施與作為；而且第一線的職場工作者，切勿大聲喧擾或背後評論消費者，以免引發人際衝突與消費糾紛，甚且破壞企業形象。如此必能有助於建立良好的消費關係。

三、增進消費關係的情境設計

根據日本學者鈴木健二（1990）的研究，運用智慧來布置適當的

消費情境實有其必要性，有助於創造建設性的消費關係。換句話說：成功的市場經營者為了爭取更多顧客、更多消費，對商場內部的設計和商品的陳列也須有匠心獨具之處。鈴木健二提出下列六項增進消費關係的情境設計：

1. 商場內**設計多條長長的購物通道**，避免從捷徑通往收款處和出口，目的是使顧客必須從長長的貨架旁邊經過，當顧客走走看看時，便很可能看到一些引起購買慾的商品。

2. 在**貨物擺設**的位置方面，設法**引起顧客購物的聯想**，例如把盒裝餅乾、罐裝紅茶和咖啡放在相距不遠的貨架上。有些超級市場喜歡把物品放在固定的地方，方便顧客選購。然而，也有部分超級市場會在一定的時期內調動貨架上的貨物，主要是使顧客重新找尋所需要的物品時，受到其他物品的吸引而購買更多。

3. **把體積較大的商品放在超級市場的出口附近**，例如袋裝大米、罐裝花生油等。顧客採購這類物品時，若能使用超級市場**準備的手推車**，選購商品的機會也會隨之增加。若顧客挽著的是體積較小的鐵絲（或塑膠成品）購物籃，往往會因籃子愈來愈重或很快滿載而停止選購。

4. **把自己代理或可以獲得較高利潤的物品擺在商場的最佳位置**。一般的做法是將之陳列在右邊。因大多數人慣用右手，所以喜歡拿右邊的東西。而每家超級市場總有某些地點是特別吸引人的，差不多任何一種商品放在該處都會銷售得多些，其中最普遍的地點是**購貨通道的末端**，據調查，物品放在**和顧客眼睛平行的位置**，可使同一類商品銷售增加百分之七十。

5. **加強視覺效果**，例如以粉紅色燈光照射肉類，會給顧客一種肉類新鮮、衛生的感覺；蔬菜在綠色燈光映照下也會顯得格外鮮綠；擺水果的地方背後裝上一面鏡子，水果看起來會大些。凡此種種均可以增加顧客的消費或具有較佳的影響力。

6. **商場光線柔和可引起顧客興趣**。整個商場的採光不妨採用聚光、

折射方式或間接照明，使顧客在挑選商品時有種發自內心的舒適感，以至於流連忘返。反之，商場光線如果暗淡或刺眼，就會使顧客產生一種不舒服感，引不起購買慾望甚或想遠離該商場，這樣做顯然不是在吸引顧客，而是用一隻無形的手對顧客下逐客令。此外，空調、音樂、音量及休閒座椅等情境佈置也必須加以考量。

由此可知，增進消費關係，除了考量人與人之間的因素外，也可運用心理學、人際關係及人體工學來設計人與物之間的互動關係。二者兼顧，必能增進第一線角色者、商品（公司形象、商譽）與消費者之間良好的消費關係。

四、增進與客戶互動關係的策略

有時消費者或客戶在買賣交易的過程中，會因雙方立場的不同與各自經濟利益考量的差異，引發不良的消費關係。成功的企業人或第一線角色者會以理性與智慧面對之，思考增進雙方關係的策略。綜合學者的看法，下列原則可作為增進商業關係的參考：

(一)洞察客戶心理，並作教育對方的構想

因為有業務，公司才能生存。由於客戶的承辦人是在其上司所授與的權限之內做事，所以理解對方的立場與心理是很重要的一件事。現代企業人平時必須由對方的言行舉止中去捕捉「承辦人的心理」；此外，設法讓對方產生「若與此人接觸的話會很有益處」的想法。綜合言之，現代企業人應該力行以下所述的要點：(1)多保有與承辦人接觸的機會（在社交場合盡量避免談公事）；(2)採取能讓承辦人信賴的行為（實行小約定、保守秘密等）；(3)考慮到承辦人的心情與立場（對方若有困難時，設法作為他商量、信任的對象）。

(二)百分之百遵守約定的事，客訴也要立即處理

與客戶商討公務方面所約定的事時，要將約定事項記錄在固定的筆記上，最後再把要點複誦一遍予對方。確認之後，盡量比約定的日期早些付諸實行。客戶有抱怨是理所當然的事，請不要因有客訴而煩惱，而要對客訴多投注精力去處理。業務人員的工作表現與人緣好壞是由他如何處理客訴的表現來加以評估的。當客戶抱怨時，不妨採取下列六項要訣：

1. 誠心誠意的道歉，不可辯解。縱使我方沒有過失，只要道歉能使對方有好印象就向其道歉。事後當他了解真象之後，會更有助於我方與客戶的交往關係。
2. 把對方所說的話從頭聽到尾，在聽的時候要記下談話重點。
3. 若有不了解之處，等對方說完話之後再一一詢問。
4. 若感到自己無力解決時，要馬上與上司商量。若強要靠自己一個人解決的話，結果可能是「自掘墳墓」。
5. 處理客戶的抱怨要努力地在與其約定的期限之前完成。
6. 處理完客訴之後，要在處理簿上將「如何處理」的方式記錄下來。

(三)調整承辦人員與主管之間的價值判斷基準差異

在人際關係的經營上，了解對方的想法是很重要的。承辦人與主管之間，有時因立場不同，判斷的基準也不同。此時我們必須了解到底是「哪些不同」。另外，因行業種類與客戶特質的複雜，難免業務判斷標準的差異性也較大。若自己不懂時要詢問服務的公司或上司，同時也可以進行溝通。

(四)適度容忍客戶的無理要求

假如客戶所說的話是很無理的，員工若能因低頭而使部門目標達成的話，懂得適時忍讓溝通的員工可說已抓住了通往成功的機會。人

情練達的人是經驗過許多需要忍耐之事的人，何妨把忍耐當做是現代企業人成長的起步。究竟應該如何應付客戶的無理要求呢？下列方式可作參考：

1. 向上司（前輩）請教該如何應付。
2. 對可預測到的無理要求，事先聽取他人的意見。
3. 加強商業溝通的技巧。
4. 充實自我，以便能擁有更多有利的資訊。
5. 注意平時人際關係的互動。

㈤珍惜任何一個公司的部門與人員

一般人會重視與業務上有往來的客戶，對於沒有直接關係的部門或已經沒有關係的客戶會漸漸疏遠，這是自然的現象。但是，若能時時珍惜、重視過去的（公司）客戶，對個人今後業務的開展會有很大的助益。此外，在業務承接或與前任人員互動時，一定要經常採取慮及對方立場的行動：

1. 對現任者一概不評論前任者的任何事。
2. 當你被現任者問到有關前任者的意見時，要技巧地避開此話題。
3. 對前任者不要提接任後的工作情形；至少表達時要考量對方的感受。
4. 即使從前任者那兒得到有利於工作的情報，也不要向現任者說明情報來源；與前任者的交往要盡量是私人性質且公私分明。

㈥掌握客戶的真意，善解人意

人際關係良好的人知道判別真心話與掌握做人的原則。若不能把握住客戶的真意，便會說出一些離題、不得體的話。現代企業人必須能夠掌握顧客的真意，包括：

1. 製造讓對方認為「他是可以交心、談心」的氣氛。
2. 對於所交談的主題，個人要能以不同的觀點事先向多數人請教，

並想想當事人言談舉止有無矛盾之處。

3.注意同一個人上次與這次所說的話有無不同。

4.從頭到尾聽完對方的話。

5.注意對方所說所做是否一致。

(七)與客戶的經辦人接觸時，不要有「喜惡」偏見

業務人員若常以個人的感情、情緒與客戶接觸，將會帶給自己及公司相當大的損失，例如抱持著「與客戶的經辦人不投緣」、「討厭」的意識，就常常會有以下的不當行為表現出來：(1)接觸訪問頻率變少；(2)電話的應對變得不禮貌；(3)商談變得禮節公式化。

若必須面對不喜歡的客戶時，不妨考量下列作法：(1)具體地訂定訪問計畫；(2)約定下次訪問的時間；(3)養成與對方約好商定某些事情的習慣，使自己不得不去訪問；(4)請求上司一起去訪問；(5)有意地多製造與對方閒聊的機會，設法改善雙方的關係與印象。

(八)建立客戶心中「這個人很會做事」的形象

讓客戶認為你是一個「有工作能力的人」。從客戶的角度來看，他們不希望與一個沒有自信的經辦人打交道。沒有工作能力的人會使周圍的工作世界變暗淡，說的話也會很無用。是故，一個有工作能力的人會表現出：

1.擁有應對客戶的銷售方法（經營方針）。

2.能具體提出現在該做什麼的計畫。

3.能把客戶的無理要求聽進去。

4.是一位能即刻行動的積極者。

5.很有禮貌。

6.能提供客戶需要的情報。

7.會給客戶、面談者面子。

8.不將客戶的情報洩露給其他同業。

9.有客戶申訴時，能站在客戶立場適切地說明。

五、意見領袖與消費行為

　　領導是一種影響力，也是一種影響他人的歷程。在商業情境中，領導行為不僅影響勞資關係、同事關係、上司與部屬的互動關係，領導行為也會影響消費者與產品、廠商之間的消費關係。一般而言，個人的影響力在產品的行銷與開發過程中扮演著重要的角色，尤其是領導主管、意見領袖、專家學者、民意代表及傳播媒體的影響力尤其顯著。所謂「個人影響力」是指個人對產品效能的陳述，對於其他人的態度或購買行為產生可能性的影響。換句話說，個人消費態度與購物行動有時會受到他人的影響。

(一)意見領袖對消費趨勢的影響力

　　美國社會心理學家Katz和Lazarsteld的研究發現：在消費市場裡，約有三分之一的婦女表示，自己因受到他人的影響，以致經常更換過去使用的產品或品牌（徐西森，民87）。個人影響力尤其在產品壽命發展中（生命周期）的「評估階段」最為明顯。新產品上市時，消費者的反應速率往往受到消費者個人因素與產品特性的影響。基本上，人類具有從眾的行為傾向，因此許多廠商努力的目標是讓產品上市初期的採用者產生好印象，尤其是那些民意領袖、意見領袖，如此「口碑相傳」有助於開拓更多的消費族群。

　　同理，在產品訂價方面，意見領袖等影響力較大的人物，往往也扮演著重要的角色。無論是地理性訂價、折扣訂價、促銷訂價、差別訂價或新產品訂價、組合產品訂價，只要意見領袖等具有影響力者反對或對產品所訂價格有意見，往往會影響產品的訂價高低或銷售情形。消費者基於對意見領袖的信任與了解，廠商經常在產品發表、價格訂定、包裝行銷等方面先徵詢意見領袖的看法，以獲得其認同與支

持，進而藉由意見領袖的社會聲望與群眾魅力，來影響社會大眾的消費態度與行為。

意見領袖（opinion leader）未必是企業或政府等單位的領導主管，意見領袖通常是學有專精的人，或在某些領域上具有豐富的經驗，他們容易被年輕識淺者、從眾傾向者、無意見者或基層民眾視為權威、專家，他們往往被賦與「為民喉舌」的職責任務。換句話說，意見領袖的產生，乃是社會大眾基於動機期望論的觀點，企圖從高地位、高成就者處獲得實質（財物）利益或社會性酬賞，以至於高地位或高成就者具有吸引他人的特質。此一具有吸引他人或影響他人的角色，即為意見領袖。

意見領袖未必是領導者，也未必具有權威地位，而是能夠非正式的、間接的影響他人的人，它是一種相對性的概念；意見領袖即團體中個人影響力相對大於其他成員者。因此，意見領袖在團體中可能是領導者，也可能是非正式領導者，他們能夠影響他人的態度與行為。領導者雖然具有法定權、控制權，但意見領袖未必具有此等權柄，他們不一定會去處心積慮的算計別人、影響別人。意見領袖只是意見的提供者、情報的反映者，影響所及較屬於他人的認知層面，至於他人的行動意向層面仍非意見領袖所能控制的。意見領袖普遍存在於任何一個團體中，意見領袖也普遍生活在你我的周遭環境中。

意見領袖影響他人的方式相當多，未必是提供認知的資訊，也未必是具體的語言文字，其影響力有時出現在意見領袖的非語言訊息中：穿著、行動、喜好、興趣、姿勢與表情等方面。根據社會心理學家 Katz 和 Larzarsfeld 的觀點：**意見領袖的影響力往往顯現於食品消費、時裝消費、公共事務與電影消費等四方面**，而且各有不同的屬性特徵。一般而言，食品消費的意見領袖多半是已婚婦女，生長在大家庭中，具有群眾魅力與外向性格；時裝消費的意見領袖則是社會地位高，重視美學與流行資訊、社交能力較佳；公共事務的意見領袖，其影響力常超越不同的社會階層，具有較高的社會地位與學識學歷。

至於電影消費的意見領袖多為年輕的社會中堅，思想開放、勇於建言及心思敏銳，他們未必擁有高社會地位與廣闊的人脈關係，但往往能以「影評」影響消費趨勢與票房口碑，例如一九九八年轟動全世界的電影「鐵達尼號」，因意見領袖的推介與傳播媒體的報導，不但在美國的票房衝上影史新高紀錄（逾四億七仟二百萬美元），同時也囊括當年度美國奧斯卡十一座金像獎（自一九五一年以來提名最多之影片，共十四項；並平了「賓漢」的獲獎記錄），該片極盡風光榮耀，實乃拜意見領袖之賜，而能「佳評如潮」。

(二)意見領袖的特質

　　一般而言，意見領袖的行為較重視以身作則，也較符合團體規範，其言行舉止往往是他人效法的標竿。意見領袖的專業知能豐富，社會關係良好，外向且有支配性格，表達能力良好，思考多創意，專注於專業領域的事物與資訊，例如公共事務的意見領袖往往喜歡閱讀政論性、新聞性的雜誌與報導。一般而言，**意見領袖具有三項重要的心理特質：社會參與性、社會地位、世界主義觀**。易言之，意見領袖的社會參與性較高，經常出入於社會群眾中，他們具有較高的社會地位，生活範圍大，人脈關係良好，其思考與建言往往能夠跨越國界、種族等藩籬，具有宏觀的視野。

　　意見領袖並不具有超乎常人的性格屬性，不同學者研究不同領域的意見領袖特質，其所得的結果相當不一致。任何有關意見領袖的人格特質研究大多不具有特殊意義。事實上，意見領袖與非意見領袖的性格很難加以區分，意見領袖多半與其所處環境的因素有關，包括：(1)個人價值觀與團體規範的一致程度；(2)個人勝任專業事物的能力程度；(3)個人的社交方法與純熟度。換言之，若一個人的價值觀與團體規範一致性程度較高，個人對該項商品的知識或專業領域的事物能充分了解、學識淵博，而且社交生活多彩多姿，則此人成為意見領袖的可能性較大；反之，一個人的價值觀無法見容於團體成員中，對專業

事物的了解甚少，故步自封，不善與人相處，則難以成為意見領袖。

綜合言之，意見領袖的特質包括：學識淵博、積極活躍、見多識廣、善於社交、尊重團體規範、具有世界觀、富創造力及社經地位高等。意見領袖接觸大眾傳播媒體的機會較多；意見領袖常與其他意見領袖相交聚集，少與其他階層屬性的人互動生活；意見領袖雖與領導者一樣具有影響力，然而意見領袖未必對領導行為與領導權柄感興趣，意見領袖只重視且專精於其所關心的事物、知識，願意花費更多的人力、物力與時間投入研究其所關心的領域。因此，意見領袖可能在某一領域內是「專家學者」、「內行人」，但對其他領域的了解則未必如此。

企業唯有適當的提供資訊予意見領袖，才能藉由意見領袖之人際影響力來影響、說服消費者建立或改變其消費態度與行為。廠商開發新產品時（包括製造、包裝、訂價、行銷與服務），若能先向有關單位與人員（意見領袖）諮詢意見，必能有效地激發消費者的購買慾，提高其對產品的認同感與支持度。換句話說，廠商也可培養意見領袖來影響產品在市場的銷售率，以創造企業利潤，增進消費福祉。

總之，人與人之間的關係是複雜多變的，任何一位事業成功的人，不僅要擁有健康的心理特質、腳踏實地的努力及善於運用社會資源，同時也要與組織內外的人保持良好的人際互動關係。唯有獲得**上司的器重、同事的協助、部屬的認同與消費者（客戶）的支持**，才能永遠創造出高績效的工作表現。因此，職場中的人際關係是現代人必須重視與學習的一門學問。

　　記得小時候，和鄰居的小孩聚在一起，最喜歡玩官兵抓強盜的遊戲（俗稱：兩枝柱子）。許多小朋友都不願留守柱子（即「看家」，以防敵方來佔領，因先佔領對方柱子者即獲勝），反而喜歡跑出去逗弄對方，引誘敵方來追逐，來抓自己。大部分的小孩都覺得這樣比較刺激，具有挑戰性。

　　曾幾何時，長大的我們，習慣於從事熟悉的工作，每個人喜歡停留在「熟悉區」、「舒服區」，不願邁向「陌生的環境」去接受挑戰，諸如：不喜歡換工作、不喜歡搬新家、不喜歡坐在陌生人較多的桌次喝喜酒、不喜歡解難題、不喜歡看須動腦筋思考的電影、不喜歡意外的生活刺激、不喜歡挫折……等。似乎生活中任何的變化都是一種生命的負擔。於是乎人變得脆弱、無助、退化。

　　我們都知道不要做溫室中的花朵，因為在溫室中一帆風順的成長，未必禁得起外面的大風大浪。如同人的生命若曾經歷無數的挫折與挑戰，其實本身就是在享受那生命的演化與洗禮。

　　舉例而言，假設現在有甲、乙兩個人，甲有一百萬，乙不但沒有一百萬，還負債一千萬。兩個人同時出去奮鬥，十年之後，兩個人同樣成為千萬富翁。你比較佩服誰？答案自然是乙吧！因為乙的起始點比較艱難。既然如此，你又何必在乎現在的生命是不是充滿了挫折、委曲和

悲傷，自怨自憐的同時，你已經喪失了生命的原動力。

「向前走，捨咪攏不驚」不應該只是一首歌，而應該進一步落實在我們的生活中，如此，你才能走出一片真正屬於自己的天空。也許，有些人現在尚未領悟這一點，每天看到的就是這些挫敗、不如意，然後被這些挫敗、不如意折磨得喪失了一切鬥志。

只要你願意跨向前一步，拋開那些挫敗，就可以發現：那些挫敗正是日後面對未來挑戰的一大「資產」。想成功的人，時時不忘接受考驗；想快樂的人，處處勇於接受挑戰。

12

網路人際

今日，社會多元化、資訊發達與教育普及，改變了人類的生活品質與人際互動型態；科技發展更是日新月異，令人目不暇給，也讓社會大眾生活在此一多采多姿的新時代裡，其心理、行為、信仰、價值觀及次文化隨之產生巨大的變化。「網際網路」（internet）便是一種集合科技化、社會化、教育化與資訊化等多功能的新興傳播媒體。網際網路的興起，對人類生活脈動與人際交流，帶來許多正向、積極的意義與啟發，也有助於學術研究突破時間、空間及人力等資源限制；然而，伴隨網際網路在廣度、速度的大幅躍進，以及匿名性增加所引發的真假虛實難辨等因素，導致網際網路也衍生不少值得省思的問題與現象，諸如駭客入侵、智慧財產權受到侵犯、網路的非法交易（例如援助交際）、社會風氣的敗壞（例如兒童色情圖片）、不當人際互動或自我封閉、不實資訊的傳播，以及網路沉迷、成癮等弊端。

根據我國資訊工業策進會於民國九十年所進行的台灣地區「網際網路用戶數調查統計」資料顯示：迄九十年三月止，國內網際網路用戶人口數已達六百七十四萬餘人，網路已迅速進入我們的家庭、學校、工作和生活中，成為一種新的環境、新的工具、新的人際及新的次文化。正因如此，網路使用者上網成癮、人際疏離，甚至引發網路犯罪等問題，已成為當代國內外教育、心理、社會、科技與諮商輔導等領域專家學者學術研究與憂患意識的重要課題。

許多學者（林美珍，民 90；Kandell, 1998；Postman, 1985；Suler, 1996；Young, 1998）認為，網際網路、電視、新聞、報章雜誌等傳播媒體已深深影響著人類的認知思考、價值體系、人際關係與行為反應；其中網路更成為一種難以抗拒的誘惑，不少網路使用者投注大量的時間、金錢、精神和體力於網路中，網路沉迷行為嚴重影響這些人的工作效率、學習效能、人際關係、家庭婚姻及身心健康，甚至導致違法亂紀問題，令人憂心不已。網路成癮如同賭癮、毒癮、酒癮一樣，成為當代世人關注、亟謀對策的社會問題。

第一節
網路族與網路沈迷

　　隨著數位時代的來臨，電腦網路及其產品提供人類更迅速便捷的資訊服務，同時促進人與人之間更開放多元的資訊交流。電腦網路或網際產品也成為高等教育中一項重要的研究工具、教學方法與教育資源。其中網路的支援網站更成為人與人之間互相分享個人經驗、情緒和困擾的媒介，從中彼此相互扶持。網路諮商（online counseling，或稱 webcounseling）之所以因應而生，正是基於考量網路之匿名、即時、經濟、方便及資料完整等優點（Morrissey, 1998）。黃國彥（民90）認為在現實的世界裡，人際交流與群體互動往往因個別差異及本位主義，導致持續不斷的偏見、歧視和衝突，而網際網路因具備隱匿性、開放性及便利性，因此網路使用者不必刻意掩飾自己人格缺陷或外在限制，便得以獲得他人的信任、接納和人際歸屬。唯此自由的線上個體，在避開廣泛社會的批評和法律的監督之下，更容易形成流動性、片段性和激情性的自我特質，導致成癮、偏差與犯罪等不良行為（藍三印，民90；莊道明，民87）。

一、網路沉迷現象

　　現有的國內外網路沉迷方面的研究報告，大多以大學生為對象（楊佳幸，民90）。根據蕃薯藤調查網（民89）一項針對台灣網路使用者所作的調查結果也顯示，台灣地區網路使用人口中以二十至二十四歲之大學生為多；Griffiths 等人（1999）也發現，校園網路的架設最為普遍，大專生因上網的便利、自主的習性、彈性的作息及課業的需求等理由，學生使用網路情形相當普遍，正因如此，被視為網路沈迷

第12章　網路人際

的高危險群。此外，針對有近兩年上網經驗及每週至少使用網路 3.45 小時的大專生為受試對象所作的研究調查也發現，其中僅有 27% 的人完全不受網路沉迷的影響，身心完全未有不適。網路使用的偏好者，較不熱中實際生活中的社會活動及人際互動，其性格向度也較封閉內歛（朱美慧，民 89；黃瓊慧，民 89；廖瑞銘，民 90；Morahan-Martin & Schumacher, 2000）。

(一)網路沉迷的意義與評估

所謂「網路成癮」（internet addiction），亦即「網路沉迷行為」，係指「由重複的對於網路的使用所導致的一種慢性或週期性的著迷狀態，並帶來難以抗拒再度使用之慾望。同時會產生想要增加使用時間的張力與忍耐、克制、退縮等現象，對於上網所帶來的快感會一直有心理與生理上的依賴」（周榮、周倩，民 86）；換句話說，凡是過度使用、誤用或濫用網路，導致個人身心受到影響的行為，即屬之。

一般而言，在學術研究或臨床醫學上大多使用「網路上癮」、「網路成癮」的名詞，但因「癮」含有疾病實體的診斷（楊佳幸，民 90），而且「上癮」的症狀或特性，包括耐藥性（tolerance）、依賴性（dependence）、戒斷症狀（withdrawal syndromes）及再發性（relapse），此乃臨床治療單位採用做診斷治療之依據（廖瑞銘，民 90），故為了避免涉及價值判斷或疾病診斷之考量，對於網路過度使用、濫用之行為常以「網路沉迷行為」一詞通稱之。

至於網路沉迷的診斷標準為何，學者看法分歧，除了依據網路使用時間、頻率加以界定之外，也有學者分別從身心健康狀態、人際互動及專業知能等角度探討之。Young（1997）以下列八項評量問題來協助專業工作者作為臨床診斷網路沉迷者之參考，若具備五項（含）以上即屬於網路成癮者，唯此一評量尚未形成建構效度與臨床信度等考驗。

1. 當事人上網時全神貫注，下線後仍意猶未盡，並期待下次上網？

2.當事人需要更多時間上網才能感到滿足？

3.當事人在控制、暫停或終止上網動作方面感到困難？

4.當事人在暫停或終止上網時感到欲罷不能、難過、沮喪或空虛？

5.當事人用在網上的時間較做其他事情所花的時間多？

6.當事人願意因上網而承擔失去交友、工作、學習或其他生涯發展機會的風險與考驗？

7.當事人曾對家人、師長、輔導人員或其他關心的人隱瞞自己上網的頻率、內容或事實？

8.當事人藉上網來逃避困擾或減輕不舒服的感覺（例如想降低無助感、罪惡感、焦慮感或沮喪等狀態而上網）？

如前所述，大專學生網路使用的頻率最多，相對的，網路沉迷行為的發生機率也最高。蓋大專階段的重要任務乃在於學習專業方面的知識技能與建立個人成功的自我認同，而網際網路則被視為一種獨立自主、自我認同的學習工具（張玉鈴，民87；楊佳幸，民90；Kandell, 1998），目前大專學生已普遍地運用網路來進行人際溝通或搜尋資訊、撰寫報告。根據我國交通部統計處（民87）的資料顯示，學校或研究機構上網的比率最多，大專生每週上網的時數普遍高達十至十五小時之間（周倩，民88；周榮、周倩，民86；Anderson, 1999）。

然而許多的研究報告也證實網路使用情形和網路成癮程度有密切的正相關（周榮、周倩，民86；楊佳幸，民90；Lin & Tsai, 2000；Young, 1998），亦即上網頻率愈高、使用時間愈久者，其網路成癮、網路沉迷的機率愈大。值得注意的，網路使用時數愈多、愈容易網路成癮者與其休閒生活的安排、自我認同感也有密切相關（張玉鈴，民87；蕭銘鈞，民87），例如無聊、好奇、打發時間、好玩、消遣及低自尊性格等狀況者較易沈迷於網路。

(二)網路沈迷的成因與因應

Gabrieal（1998）研究發現，當一個人無法發展一個令人滿意的休閒生活型態，通常也容易在生活中經驗到「無聊」的感受，導致生活適應困難，並且呈現較低的自我認同與生活幸福感。張玉鈴（民87）認為「休閒無聊感」源自於個人內在的「休閒動機」與「休閒阻礙」。前者包括休閒承諾、休閒挑戰、休閒自主權和休閒勝任能力等條件；後者包含個體內阻礙、人際阻礙和結構性阻礙等因素。兩者呈現負相關，亦即當個體有愈高的自我內在動機時，則其休閒阻礙、休閒無聊感愈低（Hamilton, 1981）。所以，網路沉迷行為與休閒生活因素密不可分，休閒內在動機、休閒阻礙、休閒無聊感、網路使用行為、網路心理需求都會影響其網路沉迷行為，其交互作用關係如圖 12-1（徐西森、連廷嘉，民 90）所示。

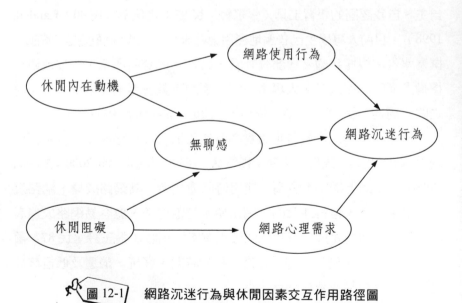

圖 12-1　網路沉迷行為與休閒因素交互作用路徑圖

綜合學者看法（徐西森、連廷嘉，民 90；陳淑惠，民 88；楊佳幸，民 90；Kandell, 1998；Metchik, 1997；Young, 1997），當個體內在

人際關係的理論與實務

休閒動機強且休閒阻礙因素多時，當事人容易增加生活無聊感，同時此一無聊感容易引發其偏差行為。若當事人又不熟悉社會資源、不善於生涯規畫、不熟中實際生活中的社會交往及人際關係的建立，也較容易沈溺於某一生活習性或行為反應。換言之，前述因素對於經常使用網路的人或對網路心理需求強烈的人，可能間接導致其網路沈迷行為發生。

一般人網路沉迷行為除了受休閒生活的因素影響之外，也與個人的心理需求有關，Young（1997）認為網路沉迷者有助於自己獲得社會支持、滿足性的需求及創造虛擬角色；Suler（1996）也發現電腦網路的設計與使用，使當事人獲得操弄成就的需求滿足，增加網路族的人際歸屬感，以及獲得親密的人際關係。此外，他們也可在網路建構的虛擬世界中，超越自我與實現自我。

楊佳幸（民90）調查七百二十八位大專學生的網路使用行為，研究結果顯示：(1)在整體網路沉迷傾向、部分網路活動及網路需求向度上，網路成癮者大專男生高於大專女生、大二學生高於其他年級學生；(2)網路活動高者，其網路沉迷的傾向也高；(3)網路心理需求高者，其網路沉迷的傾向也高；(4)網路心理需求及網路使用活動可有效預測大專生的網路沉迷行為；(5)網路沉迷類型有「性需求滿足者」（上情色網）、「專業成就者」（網站、網頁設計）、「資訊利用者」（搜尋新知）、「網路遊戲者」（上網遊戲）等；(6)重度沉迷網路者只占 3.43%。此研究結果與國內外相關的研究結論一致，唯美國大學生之重度網路沉迷者似乎略高於我國，約占 10%（Anderson, 1999）。

徐西森和連廷嘉（民90）在一項針對大專學生所作的網路沈迷行為研究中也發現，在網路沈迷行為整體考量及「耐受向度」、「強迫向度」、「戒癮向度」、「生活功能問題向度」四個層面上，男生比女生更容易有網路沈迷的傾向；又個人休閒內在動機愈強者，較易引發「休閒參與」，其休閒無聊感也較低，而休閒無聊感低的人，其網路心理需求相對減弱、網路使用行為較少、網路沈迷行為機率也降

低；該研究也發現，休閒內在動機、休閒阻礙、休閒無聊感、網路使用行為以及網路心理需求等因素對網路沈迷行為具有聯合預測的功能。換句話說，當一個人休閒內在動機強、休閒阻礙少、休閒無聊感弱，網路使用行為也減少。

蓋網路沉迷行為成因複雜，有涉及動機需求、人格特質、自我認同等內在心理因素，也有因科技環境、集體行為、休閒生活等外在誘因而影響；唯有對網際網路及其族群之特性與形成歷程多一份了解，方能在享受電腦網路正向功能的同時，不致於耽溺其中、身受其害。電腦網路與科技發明，確實對於人類的文明發展與生活生計有正向的價值，其影響層面也是利多於弊，故毋需因噎廢食，而將「網際網路使用」與「網路沉迷成癮」畫上等號。期盼未來社會大眾對電腦網路有更多的了解、更好的運用，以分享資訊、促進成長、交流人際及發揮正向功能。

(三)網路犯罪與防治

隨著網際網路的興起，以及網路遊戲日漸受到社會大眾的喜愛和重視，網路犯罪手法也不斷翻新，包括網路賭博簽注、網路色情泛濫、網路金融犯罪（例如盜取虛擬貨幣的行為）、網路購物消費糾紛、網路匿名人身攻擊、網路不法密醫及網路駭客入侵等。舉例而言，我國刑事警察局於民國九十年十二月破獲的「VEGASUSA 網路賭城」賭博網站，該網站即是複製國外知名的賭博網站，諸如 CASINO LUX、CASINO ELEGANCE、CASINO PEARL 等，提供各式變種賭博性電玩遊戲，其經營的範圍甚至是涵蓋韓國、沙烏地阿拉伯、土耳其等十多個國家。目前世界各國咸感頭痛的五大網路犯罪問題分別為：駭客入侵、兒童色情、恐怖主義、重大侵權盜版行為及網路販售槍枝毒品等。

有鑑於網路犯罪的科技化、多樣化，世界各國的警政單位皆有共同打擊犯罪的合作共識，並已建立跨國性防治電腦犯罪的協商機制。

防治網路犯罪的實際作法包括：(1)結合資訊科技及民營科技產業，提供警方最新的資訊和技術以打擊犯罪；(2)加強基層員警偵查辦案技巧，提升其網路科技的專業知能；(3)訂定網路管理及其犯罪刑罰之相關法規，嚴刑峻法遏阻不法；(4)強化培育打擊電腦犯罪的人才及專責單位，充分運用現代資訊科技和傳統犯罪偵查的技能；(5)結合諮商、輔導、科技、教育、心理與社會工作等專家學者，共同發展一健康的網路文化及休閒生活模式，以促進社會大眾的身心發展和社會適應。有鑑於網際網路的普及化、國際化和多元化，甚至網路購物及網路金融交易也成為未來必然的發展趨勢，政府機關與社會各界實有必要正視並防治網路犯罪的課題。

二、網路族的心理世界

網際網路是一新時代的新興媒體與溝通管道，因此吸引許多現代人流連忘返於「網咖」中。「網咖」即網路咖啡店之簡稱，它是提供社會大眾休閒娛樂與流通資訊的一種場所，人們在此一場所中透過消費行為可以滿足上網的需求，它結合了電腦網路的服務與飲料咖啡的消費等兩項服務功能。它也可以突破身分（ID）、地域或國界的藩籬限制，催化了網路世界與個人身心發展、人際關係等層次的連結，因此網際網路已不再只是一項科技或工具，而是一項人際互動與溝通的管道。為何網際網路如此吸引網路使用者，值得探討、深入了解。唯有人與人之間、人與物之間、人與科技之間獲取更多的了解，方能促進互惠、互利與互用的正向發展空間，人類也才能避免產生被科技「物化」、「奴役化」的困境。

為期了解網路族的認知感受，並探討其網路使用行為時的心理狀態與行為反應，徐西森和連廷嘉（民90）曾以深度訪談法訪問流連網咖的十二位青少年朋友，蒐集其對於上網行為的背景原因、利弊得失及其他議題的看法。經彙整代表性的意見分述如下：

第12章　網路人際

(一)上網的利弊得失

甲:「資源容易取得,需要的資料一下子就能找到,而不必常常往圖書館跑。但它的缺點是不良的網址易取得,容易造成犯罪(例如販賣迷幻藥……等)。」

乙:「彈指之間即可遨遊世界,接收豐富的訊息;尤其在找尋需要的資料時,不用在圖書館找得灰頭土臉。不僅方便、迅速,也可拓展自己的見識。不過有些人太著迷,若沈迷其中,小則廢寢忘食,大則甚至不務正業,或誤入歧途。」

丙:「我認為上網可以隨時得到自己想要的資料,和別人之間也有所互動,但因任何網站幾乎任何人都可以上,沒有任何限制,會影響身心健康,可能發生危險,這樣很不好。」

丁:「大部分人上網都是想找資料,而且它會自動整理,可減少去圖書館查資料的時間;只是有許多網站是非法的,例如打電動、上網援交……」

(二)上網的背景原因

甲:「有時是因知道一些新發明或新技術出現時,才去官方網站看看。或是為了要買一件物品時,會去問一下網友的使用情形,或查一些醫療資訊。」

乙:「為了找資料,收發 E-mail,或是上留言板和畢業同學吐苦水、看看網路上正談論啥新鮮的話題……等,我才會想上網。」

丙:「我大部分會在無聊時上網聊天、聽音樂、玩遊戲(線上遊戲),或是在做報告時上網查資料。」

丁:「有時會在工作外的休息時間,或半夜睡不著時,甚至心情惡劣,被上司主管罵的時候,我就會想上網。」

(三)網路交友的看法

甲：「沒玩過，不過，我覺得這種交友方式像『紙上談兵』。我還是喜歡現實生活中和人相處、交往，那樣比較真實，電腦還是電腦，和它接觸的感覺與和人相處是不一樣的。」

乙：「若是抱著健康的角度，純粹是交友來多了解他人，當然好囉！但……不法之徒想藉此做壞事，還是得小心，愈是成熟的人，上網交友愈有判斷力和應變能力。」

丙：「我可以接受與網友作朋友，相互『吐糟』一下，但我堅決反對一夜情、性交易或發展交友以外的關係。這不容易，但人總要自制一下。」

丁：「網路交友對我來說太『恐怖』、『危險』，因對方交友的條件大部分是謊報，而且也無法見到真面目，有些人會利用交友來做非法的事，所以我不會去上網交友。」

(四)對網路族的建議

甲：「在網路規定的法律尚未完全前，個人盡量不要把身分ID及信用卡號給別人。此外，網路實在是非常方便的玩意兒，政府要建立完整的法律來約束網上不法人士，這確實是當務之急吧！」

乙：「不要整天活在虛擬的世界裡，有了它，少了人生，好像腦筋有問題吧！奇怪的是，為什麼許多的爸爸、媽媽或年紀大的人都不上網，我想全家一起來也不錯哩！」

丙：「奉勸心術不正的人，不要利用網路來做一些非法的勾當，百密也有一疏，會上網的人也不笨哦！也奉勸心情不佳的網友，多找一些更有效、正當的管道，才是上策，像是去找專家、『張老師』、『生命線』或長輩、師長求助吧！」

丁：「適可而止吧！」

網際網路雖然是一個新時代的新興媒體與溝通管道,然而多元化的溝通網絡並不意味著人與人之間的互動更為親密、坦誠、直接與豐富。今日,不少網路使用者面對電腦的時間比接觸人的時間還多,尤其是網路咖啡店(俗稱「網咖」),更是不少網路族的最愛,有些青少年因家庭、學校及經濟因素無法在家中或校內上網,紛紛流連於消費額低又可與同儕談心、交友的「網咖」,其中所涉及的心理、法律、家庭與社會等層面的問題,確實值得有關單位與社會大眾的重視。蓋「多一分了解,少一分偏見」、「多一些預防,少一些傷害」,網際網路的存在確有其正向功能,如何適切的規範與宣導乃是今後發展網路科技的重要課題。

第二節
網路中的人際互動

　　個人電腦自一九七七年問世以來,已深入學校、家庭與職場各個生活領域中,伴隨網路產品的大眾化、廉價化及電腦程式的生活化、「本土化」,電腦科技及其相關產品已成為人類重要的生活工具、人際媒介與資訊來源,自有其一定的貢獻與價值。隨著一九九〇年代電腦網路的大量興起,網際網路使用者已遍及全球,網路族的年齡層也有擴大的趨勢,其中大專學生因位居新新人類之翹楚,身受高等教育之薰陶,已成為使用網際網路的最大族群之一,已如前述。網際網路的便利性、立即性、匿名性、開放性與流通性,確實有助於社會大眾的專業學習、人際溝通、資訊搜集、談心支持與生活輔助等層面的適應與發展。

一、網路人際的特色

　　網路中人際互動的二大特色即為深度的自我表露與高度的親密性。前者來自於個人行為的去抑制化；後者則受到個人人際依附需求的影響。一般而言，社會大眾在網際網路情境中所表現的行為似乎較現實社會環境裡的反應更顯得自由自在、無拘無束，亦即人們透過電腦工具所呈現的行為反應較少受到限制，個人在電腦網路上的表現會形成一種「去抑制化」（disinhibition）的效應現象。所謂的「去抑制化」係指個體不必考量他人對自我的評價或限制，因而展現出不受現實生活拘束的行為反應（Joinson, 1998），例如網路使用者在電子郵件中會表現得較為坦白、直接與開放，較會主動提出個人的人際期待，包括性需求等。

　　Parks 和 Floyd 認為網際中的人際互動，個人的自我表露性（self-disclosure）會較高；相對的，此一高度化的自我表露易使人與人之間的互動關係發展得更為迅速、深入，即使它可能缺乏足夠的資訊驗證程序。除此之外，透過網際網路，影響人際溝通的社會情境（社經地位、職務、儀表、角色等訊息）線索減少了，也隨之降低現實社會中道德規範的約束力，人與人之間較能容許直接探問或接受徵詢個人的訊息、隱私，經由當中語言文字的回應及所形成的支持度、認同感，更容易形成親密的關係（Griffiths et al., 1999）。

　　一般而言，愈重視親和需求的人，使用網路的頻率也愈高。徐西森和連廷嘉（民90）的研究發現，「親和性需求」最能有效預測個人的網路使用行為與網路沈迷行為，其他的預測因素依序為「虛擬情感」、「休閒挑戰」、「結構阻礙」、「休閒娛樂」、「自主需求」、「休閒自我決定」及「資訊使用」。網路上的人際互動具有高親密度、高自我表露性與高不確定感等三項特性；而人際互動在自我概念的建立與發展上扮演著重要的角色，因此網路上多元開放的人際活動

411

將吸引低自尊者進行對自己自我概念的探索。換言之，自我概念不清晰者將有較高的網路人際互動，甚至網路成癮傾向也較高。此外，網路上人際互動的活躍程度與個人焦慮依附傾向有顯著正相關，亦即網路人際互動頻繁者，其對他人的焦慮依附感愈高。

朱美慧（民88）分析網路使用行為與人際互動型態之間的相關結果發現有四類的網路人際行為類型：(1)「積極性社交的使用行為」乃強調網路可以拓展個人的人際關係，其人際交流不再侷限於地理空間，可以選擇互動對象，不再仰賴地理上有形距離不需接近、面對面，仍可互動頻繁。(2)「玩樂性的網路使用行為」則強調網路可做為社會互動、玩樂、交換訊息及打發時間，並可依個人興趣選擇所流連的網站。(3)「逃避性的網路使用行為」係指一個人自覺心情不好，不想與人接觸，或者害怕與人接近，可以跳脫現實環境的束縛，進入電腦網路建構的另一個社會空間，彌補個人在現實生活的缺憾。(4)「虛擬兩性性愛或社交的網路使用行為」意指網路提供兩性交往、虛擬社交與色情文化、性愛活動的社群與空間，構築出網路一夜情等發展兩性之愛與性的世界。

根據Bowlby（1979）情感性依附（affectional）行為理論的觀點，人際之間的交往互動會彼此調整自我的反應度與敏感性，以相互建立親密的人際關係，此一依附行為包含安全依附、焦慮依附、逃避依附。換言之，透過網際網路，人與人之間較易增強其依附行為，以獲得內在心理需求的滿足。當一個人處在高壓力情境時，為了逃避不舒服感，減少衝突焦慮，可能尋求網路人際慰藉以獲得更多的依附點與安全感。網路上經常可見頻繁又親密的人際對話，無論是白天或夜晚、清晨或黃昏，更不受天候、交通、地形等客觀環境的限制，只要連上網路，隨時可以找到願意與自己對話談心的人；即便「遇人不淑」、話不投機也隨時可以中斷人際互動。人在選擇環境時，傾向於選擇與自己信念、價值觀相一致的條件事實，因此焦慮依附感高的人較安全依附、逃避依附者較易傾向於追求網路中的人際互動。畢竟高

親密需求的人，其依附焦慮來自於「分離」，而網路人際的便利性較易降低其依附焦慮的產生。

二、網路人際的影響層面

網際網路的興起，不僅影響人際互動，也改變了人與人之間的溝通型態。網路世界提供另一個人生舞台，使用者可以自訂性別、年齡、種族、學歷等不同身分（ID），藉此創造現實生活中另一個理想自我，過去人與人的溝通變成今日ID（身分）與ID（身分）的溝通，我們難以確認出在另一台電腦前的人，其描述的自我形象與真實世界的形象是否一致。此外，網路世界中，一個人可能不只擁有一個ID，其複雜多變性不似真實生活裡，一個人就是一個人般的單純。是故，同一個人，不同的ID，也可能呈現多變的溝通型態或對話方式，值得重視。

何英漢（民90）的研究發現，網路中多 ID 的使用者，會為其不同的 ID 賦與不同的任務，而網路上一般的使用者會利用多 ID 對話的方式，以塑造「眾人與之有共同觀點」的假象；同一個人使用不同 ID 來對話，有時有助於建立一個自我反省機制，調節個人的孤獨感，例如擔任網路板上行政工作的使用者，可藉多 ID 對話方式來達成認錯、發表言論、塑造話題或調節衝突的目的。但 Young 和 Rogers（1998）提醒網路使用族，過度使用網路也可能反映當事人不活躍的社交型態，以網路社群的人際關係取代真實生活中的家人、親友、夥伴，他們比較防衛自己與封閉自我，對自己缺乏信心且易有情緒化與叛逆性的行為反應。

眾所皆知，網際網路對人類群居生活影響既深且遠，不僅改變社會大眾的生活型態、工作職場（例如企業對消費者的零售網站、虛擬的線上購物網站），更重新塑造人際之間的模式。網際網路的興起，網路空間（cyberspace）形塑了虛擬社群（virtual community）的社會網

路。換言之，透過電腦與網際網路所連絡而成的社會網絡是一種能夠產生社群功能的「虛擬社群」。所謂虛擬社群係指「人們與他具有共同興趣，或來自相同團體的成員，因為互動的需求所凝聚而成的，在此其中，地域上的限制是完全不存在的」。

網路虛擬社群正足以提供網路族需要的友誼、資訊、歸屬感、群體支持以及社會認同的一種人際互動關係。儘管如此，虛擬社群成員也須留意在此中的互動關係也可能產生鎖住效應（lock-in effect），它是一種無形的轉換成本，導致成員在成本考量前提下，持續投入虛擬社群活動，僵化了個人的人際歷程與生活型態，影響自我的身心發展、人際關係與生涯空間。

當然，網際網路的確是一個資訊交流的龐大通道，也是獨樹一格的虛擬社群，Suler（1991）認為網路可以滿足人際之間的性需求、親和需求、歸屬感需求，也可達成實現自我、成就自我的目標，例如我國十七歲少年曾政承曾經是一位國中輟學的學生，但他卻榮獲二○○一年第一屆世界電玩大賽「世紀帝國二」項目冠軍，即是例證。網際網路成為個人自我探索、自我認同的一個實驗場域。

總之，網路本身的特性與空間，豐富了個人不同的自我面向，提供一個人更深化或轉化自我概念的社會。理論上，自我概念愈清楚的人，愈容易社會化與社會適應，較易擁有更高的生活滿意度。從此一角度觀之，網際網路對個人的身心健康、人際互動與生涯發展也有正向的功能。今後唯有避免網路沈迷等不當現象產生，塑造健康的網路人際社會，網路科技方能真正成為人類文明發展和社會進步的原動力。

人際之間

時下提到青少年問題，大多數人不外乎將之歸因於受到家庭、學校與社會等不良因素的影響。令人納悶的是：相同的家庭、學校和社會環境，為甚麼會塑造出不同行為表現的青少年呢？

心理學原則強調：「相同刺激會引發不同個體的不同反應。」換句話說：青少年問題，乃至所有的人類困擾，不應只歸咎於外界環境，其關鍵仍在於當事人本身。成功的人隨時能反省自我，面對責任；失敗的人，很少檢討自己，老是將責任歸咎於他人，於是錯誤一再發生，悲劇一再上演。

許多青少年將自己曠課流連「網咖」的行為，歸因於教師教學品質不佳；攻擊他人說是對方先言行挑釁；遇到困難便自怨自艾或怪罪他人⋯⋯。一個缺少自省能力的人，很難與他人建立良好的人際關係（包括親子關係、師生關係、同儕關係、兩性關係等），也很難獲得快樂豐富的心靈。

青少年朋友！其實「曠課」是因你不想「辛勤求知」；「攻擊」是因你執著「本能自衛」；「自責」只因你深感「一無是處」；「怨人」只因你無法「接受責任」。我們絕對相信，每位青少年心中都有「愛」也渴望「被愛」，都想要成長自我也希望成就別人。

青少年朋友！只要你心中願留下一個空間，讓別人走

第12章　網路人際

415

進來；腦中願留下一個空間，換個角度思考；眼中願留下一個空間，看看自己的不足；耳畔願留下一個空間，聽聽別人的聲音。那麼，你會發現這個世界的美好，這個世界的寬廣，有太多太多的人在關心你，在陪伴你的成長，人生道上，你並不孤獨，只因「人人關懷處處溫馨」，「時時播種付出，處處開花結果」。

　　新新人類！別忘了反省自己，讓我們擁有真實的自我、真實的人生！

參考書目

一、中文部分

王伯壽（民73）：父母與同儕對青少年作決定的影響之比較研究。國立台灣師範大學教育研究所碩士論文。

王沂釗（民89）：婚姻衝突的敘述性研究。國立彰化師範大學輔導研究所碩士論文。

王政彥（民80）：溝通恐懼。台北：遠流出版事業公司。

王淑俐（民89）：人際關係與溝通。台北：三民書局。

王瑞仁（民73）：國民中學學生生活調適問題之研究。國立台灣師範大學教育研究所碩士論文。

佐藤俊明（民80）：現代禪話。台北：新潮社書局。

交通部統計處（民87）：民眾使用網際網路狀況調查報告。台北：國立中興大學法商學院統計系研究報告。

朱美慧（民89）：我國大專學生個人特性、網路使用行為與網路成癮關係之研究。大葉大學資訊管理研究所碩士論文。

江漢聲（民85）：性反應與性功能異常。載於陳皎眉、江漢聲、陳惠馨合著：兩性關係（148-160）。台北：國立空中大學印行。

余德慧（民79）：中國人的人際觀。台北：張老師文化事業公司。

余德慧、陳斐卿（民85）：人緣——中國人舞台生活的秩序。載於楊國樞主編：中國人的人際心態（2-46）。台北：桂冠圖書公司。

吳就君譯（民83）：新家庭如何塑造人。台北：張老師文化事業公司。

吳錦鳳編著（民75）：心理學與心理衛生。高雄：復文圖書出版社。

李佩怡（民 88）：人際關係理論。測驗與輔導，152，52-56。

李美枝（民 81）：性別角色兩性差異。載於吳靜吉等編著：心理學
（561-592）。台北：國立空中大學印行。

李茂興譯（民 85）：合作。台北：巨流圖書公司。

李茂興、李慕華、林宗鴻合譯（民 85）：組織行為。台北：揚智文化
事業公司。

李燕、李浦群譯（民 84）：人際溝通。台北：揚智文化事業公司。

周倩（民 88）：我國學生電腦網路沉迷現象之整合研究—子計畫二：
網路沉迷現象之教育傳播觀點研究（報告編號：NSC89-2511-
S009-009-N.）。行政院國家科學委員會研究報告。

周倩（民 89）：我國學生電腦網路沉迷現象之研究。台北：社會變遷
與青少年學術研討會論文。

周榮、周倩（民 86）：網路上癮現象、網路使用行為與傳播快感經驗
之相關性初探。台北：中華傳播學會年會論文。

周麗端、吳明燁、唐先梅、李淑娟（民 88）：婚姻與家人關係。台
北：國立空中大學印行。

孟祥森譯（民 82）：逃避自由。台北：志文出版社。

林宜旻、陳皎眉（民 84）。愛情類型、嫉妒與關係滿意度之相關研
究。教育與心理研究，18，287-311。

林美珍（民 90）：網際網路使用的心理學面面觀。載於國立政治大學
心理學系主編：e 世代心理學（1-18）。台北：桂冠圖書公司。

林稚心譯（民 90）：朋友—不是生活上的奢侈品，而是必需品。台
北：種籽文化公司。

林靜茹（民 82）：國民中小學校長人際衝突管理及其相關因素之研
究。國立高雄師範大學教育學系碩士論文。

林靈宏譯（民 81）：組織行為學。台北：五南圖書公司。

姚秀瑛（民 90）：從生命教育談青少年的親子關係。載於連廷嘉主
編：家庭關係與介入策略（11-22）。國立屏東高級中學印行。

施香如（民 90）：青少年網路使用與輔導。學生輔導雙月刊，74，18-25。

柯淑敏（民 90）：兩性關係學。台北：揚智文化事業公司。

胡茉玲譯（民 85）：與豪豬共舞。台北：校園書房。

胡海國譯（民 78）：發展心理學。台北：桂冠圖書公司。

苗廷威譯（民 87）：人際關係剖析。台北：巨流圖書公司。

徐西森（民 86）：團體動力與團體輔導。台北：心理出版社。

徐西森（民 87）：商業心理學。台北：心理出版社。

徐西森（民 91）：商業心理學（2 版）。台北：心理出版社。

徐西森、連廷嘉（民 90）：大專學生網路沉迷行為及其徑路模式之驗證研究。中華輔導學報，10，19-49。

時蓉華（民 85）：社會心理學。台北：東華書局。

晏涵文（民 87）：現代青少年的感情生活與性教育。理論與政策，48，165-182。

桂冠前瞻教育叢書編譯組譯（民 88）：教師角色。台北：桂冠圖書公司。

翁文彬、陳淑娟譯（民 82）：如何減輕壓力。台北：商務出版公司。

翁今珍（民 90）：個別諮商歷程中人際行為之分析研究。國立高雄師範大學輔導研究所碩士論文。

張玉鈴（民 87）：大學生休閒內在動機、休閒阻礙與其休閒無聊感及自我統合之關係研究。國立高雄師範大學輔導研究所碩士論文。

張承漢譯（民 82）：社會學。台北：巨流圖書公司。

張長芳（民 71）：大一學生的人際關係與其自我觀念及歸因特質的關係。教育與心理研究，5，1-46。

張美惠譯（民 85）：EQ。台北：時報文件出版公司。

張春興（民 72）：心理學。台北：東華書局。

張春興（民 78）：張氏心理學辭典。台北：東華書局。

張春興（民 84）：現代心理學。台北：東華書局。

參考書目

張清滄（民 84）：企業人事管理法論。台南：復文書局。

張惠卿譯（民 76）：人際關係的新法則。台北：中國生產力中心。

張華葆（民 81）：社會心理學理論。台北：三民書局。

張龍雄（民 81）：性關係社會學。台北：遠流出版事業公司。

張麗梅（民 82）：家庭氣氛、父母管教態度與兒童偏差行為關係之研究。中國文化大學兒童福利研究所碩士論文。

曹中瑋（民 74）：自我狀態、夫妻溝通型態與婚姻滿意度之相關研究。台北師專學報，12，1-63。

曹國雄（民 70）：高中高職生的代溝。中華心理學刊，23（1）9-16。

淺野八郎（民 78）：心理測驗（愛情篇）。台北：專業文化出版社。

莊道明（民 87）：從台灣學術網路使用調查解析網路虛擬社群價值觀。資訊傳播與圖書館學，5（1），52-61。

莊耀嘉、王重鳴譯（民 90）：社會心理學。台北：桂冠出版社。

許佑生（民 84）：當王子遇見王子。台北：皇冠出版社。

許惠珠（民 85）：人際關係。台北：華杏出版社。

許維素（民 87）：焦點解決短期心理諮商。台北：張老師文化事業公司。

連廷嘉（民 87）：諮詢理論初探。諮商與輔導，146，25-27。

連廷嘉（民 88）：高危險群青少年有效處遇策略。教育資料文摘，254，172-177。

陳光中、秦文立、周素閑譯（民 80）：社會學。台北：桂冠圖書公司。

陳志賢（民 87）：婚姻信念、婚姻溝通與婚姻滿意度之相關研究。國立高雄師範大學輔導研究所碩士論文。

陳幸仁（民 86）：國小教師面子需求、溝通主體地位與衝突因應風格關係之研究。國立高雄師範大學教育研究所碩士論文。

陳庚金（民 78）：人際關係與管理。台北：五南圖書出版公司。

陳秉璋（民 80）：社會學理論。台北：三民書局。

陳奎熹（民 84）：教育社會學。台北：三民書局。

陳奎熹、王淑俐、單文經、黃德祥（民85）：師生關係與班級經營。
　　台北：三民書局。

陳美靜譯（民90）：網路心理講義。台北：天下遠見出版公司。

陳淑惠（民88）：我國學生電腦網路沉迷現象之整合研究—子計畫
　　一：網路沉迷現象的心理病理之初探（報告編號：NSC89-25-
　　S002-010-N）。行政院國家科學委員會研究報告。

陳皎眉（民86）：人際關係。台北：國立空中大學印行。

陳皎眉、鍾思嘉（民85）：人際關係。台北：幼獅文化事業公司。

陳麗欣（民89）：人際關係與人際溝通。全國文化機構義工溝通技巧
　　訓練研習手冊。南投：國立暨南國際大學。

彭文賢（民81）：人群關係的生態面。台北：幼獅文化事業公司。

彭炳進（民87）：人際關係研究概論。台北：馨園文教基金會出版。

曾文星、徐靜（民84）：家庭的心理衛生。台北：水牛出版社。

曾端真（民82）：親職教育模式與方案。台北：天馬文化事業公司。

曾端真、曾端譯（民85）：人際關係與溝通。台北：揚智文化事業公
　　司。

曾端真、曾端譯（民89）：教師與班級經營。台北：揚智文化事業公
　　司。

陽婉譯（民86）：人際溝通。台北：桂冠圖書公司。

黃安邦譯（民81）：社會心理學。台北：五南圖書出版公司。

黃佩瑛譯（民85）：人際溝通分析：ＴＡ治療的理論與實務。台北：
　　張老師文化事業公司。

黃素菲（民80）：組織中人際關係訓練。台北：遠流出版事業公司。

黃國彥（民90）：網路中的衝突與合作。載於國立政治大學心理學系
　　主編：e世代心理學（197-212）。台北：桂冠圖書公司。

黃惠惠（民87）：邁向成熟。台北：張老師文化事業公司。

黃惠惠（民88）：自我與人際關係。台北：張老師文化事業公司。

黃鈴喬（民87）：不同依附風格夫妻之關係期望、婚姻溝通與婚姻調

適之關係研究。國立高雄師範大學輔導研究所碩士論文。

黃囑莉（民85）：中國人的和諧觀／衝突觀：和諧化主評証觀之研究取經。載於楊國樞主編：中國人的人際心態（47-71）。台北：桂冠圖書公司。

黃囑莉（民88）：跳脫性別框架。台北：女書文化公司。

楊佳幸（民90）：高雄地區大學生網路使用行為、網路心理需求與網路沉迷關係之研究。國立高雄師範大學輔導研究所碩士論文。

葉明濱譯（民71）：自我的掙扎。台北：志文出版社。

葉肅科（民89）：一樣的婚姻、多樣的家庭。台北：學富出版社。

詹火生、張笠雲、林瑞穗（民77）：社會學。台北：國立空中大學印行。

資訊工業策進會（民90）：我國網際網路用戶數達674萬——撥接用戶市場漸趨飽和，本季成長率創歷史新低。
http://www.find.org.tw/0105/howmany/20010516.asp。

鈴木健二（民79）：人際關係趣談。台北：洪健全文教基金會。

廖瑞銘（民90）：電腦網路e癮。載於國立政治大學心理學系主編：e世代心理學（19-30）。台北：桂冠圖書公司。

趙居蓮譯（民84）：社會心理學。台北：桂冠圖書公司。

劉惠琴（民80）：從心理學看女性。台北：張老師文化事業公司。

潘正德（民84）：團體動力學。台北：心理出版社。

潘正德（民85）：Hill 口語互動行為與團體效果之關係暨相關因素之研究－以家庭探索團體為例。中華輔導學報，4，203-257。

潘正德譯（民84）：壓力管理。台北：心理出版社。

蔡文輝（民83）：社會學理論。台北：三民書局。

蔡春美、翁麗芳、洪福財（民90）：親子關係與親職教育。台北：心理出版社。

蔡培村主編（民89）：人際關係。高雄：復文圖書出版社。

鄭石岩（民89）：親子共成長。台北：遠流出版事業公司。

鄭全全、俞國良（民88）：人際關係心理學。北京：人民教育出版社。

鄭佩芬（民89）：人際關係與溝通技巧。台北：揚智文化事業公司。

鄭淑麗（民87）：分手十年心理比較。張老師月刊，251，66-74。

甌申談譯（民82）：教師效能訓練。三重市：新雨出版社。

蕃薯藤調查網（民89）：2000台灣網路使用調查。
　　　http://survey.yam.com/survey2000/index.html。

蕭文、陳愛娟、周玉貞、許筱梅（民83）：企業員工工作動力之調查
　　　研究。中華輔導學報，2，25-59。

蕭銘鈞（民87）：台灣大學生網路使用行為、使用動機、滿足程度與
　　　網路成癮現象之初探。國立交通大學傳播研究所碩士論文。

賴瑞馨、王桂花（民74）：婚姻面面觀。台北：張老師文化事業公司。

簡春安（民85）：婚姻與家庭。台北：國立空中大學印行。

藍三印（民80）：迎向生命迎向愛。台北：伯樂出版社。

藍三印（民90）：網路中的自我。載於國立政治大學心理學系主編：
　　　e世代心理學（121-140）。台北：桂冠圖書公司。

藍采風（民89）：壓力與適應。台北：幼獅文化事業公司。

羅惠筠、陳秀珍編譯（民81）：現代心理學——生活適應與人生成
　　　長。台北：美亞書版公司。

嚴韻譯（民90）：我們愛死了的故事。台北：麥田出版社。

蘇建文（民89）：發展心理學。台北：心理出版社。

二、英文部分

Altman, J. S., & Taylor, D. A. (1973). *Social Penetration: The Development of Interpersonal Relationships*. New York: Holt, Rinehart and Winston.

Anderson, K. J. (1999). Internet use among college students: An exploratory study. Retrieved September 13, 2000, from the World Wide *Web: http://www. rpi.edu/~anderk4/research.html.*

Bales, R. F. (1965). The equilibrium problem in small group. In A. P. Hare, E. F. Borgatta, & R. F. Bales, *Small Group*. New York: Knopf.

Baron, A. R., & Byrne, D. (1997). *Social Psychology* (8th ed.). Boston: Allyn & Bacon.

Basow, A. S. (1992). *Gender Stereotypes and Roles* (3rd ed.). Pacific Grove, Calif: Books/Cole .

Beck, A. P. & Lewis, C. M. (2000). *The Process of Group Psychotherapy: Systems for Analyzing Change*. Washington DC: APA.

Belliotti, R. A. (1993). *Good Sex*. Kansas: Kansas University Press.

Berne, E. (1961). *Transactional Analysis in Psychotherapy*. New York: Grove Press.

Berne, E. (1964). *Games People Play*. New York: Grove Press.

Berscheid, E., & Walster, E. (1978). *Interpersonal Attraction*(2nd ed.). MA: Addison-Wesley.

Bion, W. R. (1961). *Experiences in Groups*. London: Tavisto CK.

Blumer, H. (1969). *Symbolic Interactionism*. Englewood Cliffs, N. J.: Prentice-Hall.

Bowlby, J. (1979). *The Marking and Breaking of Affectional Bonds*. London: Tavistock.

Brammer, L. M. (1993). *The Helpering Relationship: Process and Skill*. New York: Allyn & Bacon.

Brannon, L. (1996). *Gender: Psychological Perspectives*. Boston: Allyn & Bacon.

Budman, S., Soldz, S., Davis, M., & Merry, J. (1993). What is Cohesiveness? An empirical examination. *Small Group Research, 24*, 199-216.

Buhrke, R. A., & Douce, L. A. (1991). *The Counseling Psychologist, 19*(2), 216-234.

Canary, J.D., Cody, J.M., & Manusov, L.V. (2000). *Interpersonal Communica-*

tion: A Goal-based Approach(2nd ed.). Boston: Bedford.

Cannon, W. B. (1932). *The Wisdom of the Body*. New York: Norton.

Carnegie, D. (1936). *How to Win Friends and Influence People*. New York: Simon and Schuster.

Charon, J. (1979). *Symbolic Interaction*. Englewood Cliffs, N.J.: Prentice-Hall.

Christopher, F. S., & Sprecher, S. (2000). Sexuality in marriage, dating, and other relationships: A decade review. *Journal of Marriage and the Family, 62*(4), 999-1018.

Clarkson, P. (1999). *Gestalt Counseling in Action*. London: SAGE.

Cooke, A. (1996). *The Economics of Leisure and Sport*. Wadsworth: Thomson.

Cooper, L. C., & Payne, R. (1993). *Personality and Stress: Individual Difference in the Stress Process*. New York: John Wiley & Sons.

Corey, G. (1990). *Theory and Practice of Group Counseling*. Pacific Grove, CA: Brooks/Cole.

Corsini, R. J. & Wedding, D. (1995). *Current Psychotherapies*(5th ed.). Itasca, I L：F.E. Peacock publishers.

Devito, J. A. (1994). *Human Communication: The Basic Course*. Harper Collins College Publishers.

Dollard, M. F., & Winefield, A. H. (1994). Organizational response to recommendations based on a study of stress among correctional officers. *International Journal of Stress Management, 1*, 81-102.

Duck, S. (1992).The role of theory in the examination of relationship loss. In T. Orbuch(Eds.), *Close Relationship Loss Theoretical Approach*(pp. 3-27). New York: Springer-Verlag.

Duck, S., & Pittman, G. (1994). Social and personal relationships. In M. L. Knapp & G. R. Miller (Eds.), *Handbook of Interpersonal Communication* (pp. 676-695). Thousand Oaks, CA: Sage.

Dunn, J. (1985). *Sisters and Brothers*. Cambridge, MA: Harvard University Press.

Dunn, J., & Kendrick, C. (1982). *Siblings*. Cambridge, MA: Harvard University Press.

Dunn, J., & McGuire, S. (1992). Sibling and peer relations in childhood. *Journal of Child Psychology and Psychiatry, 33*, 67-105.

Dunn, J., & Munn, P. (1987). Development of justification in disputes with mother and sibling. *Developmental Psychology, 23*, 791-798.

Dunphy. D. C. (1990). Peer group socialization. In R. E. Muuss(ed.), Adolescent Behavior and Society(4th ed.)(pp.171-183). New York: Mh Graw Hill Publishing Co.

Dwyer, D. (2000). *Interpersonal Relationships*. London: Routeledge.

Feeney, J. A. (1999). Issues of closeness and distance in dating relationships: Effects of sex and attachment style. *Jounal of Social & Personal Relationship, 16*(5), 571-591.

Fiedler, F. (1967). *A Theory of Leadership Effectiveness*. New York: McGraw-Hill.

Fink, B., & Wild, K. (1995). Similarities in leisure interests: Effects of selection and socialization in friendships. *Journal of Social Psychology, 135*(4), 471-483.

Foa, U.G. (1971). Interpersonal and economic resources. *Science, 171*, 345-351.

Foa, U.G., & Foa, B. E. (1974). *Social Structure of Mind*. Springfield, Ill: Thomas.

Forsyth, D. R. (1990). Group Dynamics. (2nd ed.) Brooks Cole Publishing Company.

Franzoi, L.S. (2000). *Social Psychology*(2nd ed.).New York: McGraw-Hill.

Friedman, M. (1996). *Type A Behavior: Its Diagnosis and Treatment*. New

York: Plenum Press.

Fuhriman, A. & Burlingame, G. M. (1994). *Handbook of Group Psycho-therapy: An Empirical and Clinical Synthesis*. New York: John Wiley & Sons.

Gabrieal, M. A. (1998). Boredom: Exploration of a developmental perspective. *Clinical Social Work Journal, 163*, 156-164.

Garfinkle, J.W. (1967).*Studies in Ethnomethodology*. Englewood Cliffa, N.J.: Prentice-Hall.

Goffman, E. (1959).*The Presentation of Self in Everyday Life*. New York: Doubeleday.

Greenberg, J. S. (1993). *Comprehensive Stress Management.* New York: Bantam.

Griffiths, M., Miller, H., Gillespie, T. & Sparrow, P. (1999). Internet usage and internet addiction in students and its implications for learning. *Journal of Computer Assisted Learning, 15*(1), 85-90.

Gudykunst, W. B. (1991). *Bridging Differences: Effective intergroup communication*. Newbury Park, CA: SAGE.

Gudykunst, W. B. (1993). Toward a theory of effective interpersonal and inter-group communication. In W. B. Gudykunst (Eds), *Intercultural Communication Competence*(pp.33-71), California: SAGE.

Hamilton, J. A. (1981). Attention, personality, and the self-regulation of mood: Absorbing interest and boredom. *Progress in Experimental Personality Research, 10*, 281-315.

Harter, S. (1998). The development of self-representations. In W. Damon & N. Eisenberg, (Eds), *Handbook of Child Psychology—Volume 3: Social, Emotion, and Personality Development*(pp.533-617). New York: John Wiley & Sons.

Hazan, C., & Shaver, P. (1987). Romantic love conceptualized as an attach-

參考書目

ment process. *Journal of Personal and Social Psychology, 42*(3), 511-524.

Heider, F. (1958). *The Psychology of Interpersonal Relations.* New York: Norton.

Hidalgo, H., Peterson, T. L., & Woodman, N. J. (1985). *Lesbian and Gay Issue: Lesbian and Gay Adolescents.* New York: Maryland.

Hill, C. T., Rubin, Z., & Peplau, L. A. (1976). Breakups before marriage: The end of 103 affairs. *Journal of Social Issues, 32,* 147-168.

Holmes, T. H., & Rahe, R. H. (1967). The readjustment rating scale. *Journal of Psychosomatic Research, 11 ,* 213-218.

Homans, G. C. (1950).*The Human Group.* New York: Harcourt, Brace &World.

Homans, G. C. (1974). *Social Behavior: Its Elementary Forms.* New York: Harcourt, Brace & Jovanovich.

Horney, K. (1937). *The Neurotic Personality of Our Time.* New York: Norton.

Jacobs, E. E., Harvill, R. L., & Masson, R. L. (1994). *Group Counseling: Strategies & Skills.* CA: Brooks/Cole.

Joinson, A. (1998). Causes and implications of disinhibited behavior on the internet. In J. Gacken Bach(ed.), Psychology and the Inernet: intrapersonal, interpersonal and transpersonal implications (pp.43-60). San Diego: Academic Press.

Kandell, J. J. (1998). Internet addiction on campus: The vulnerability of college students. *Cyber Psychology & Behavior, 1*(1), 11-17.

Kim , Y., & Gudykunst, W.(1988). *Theories in Intercultural Communication.* Newbury Park, CA: SAGE.

Lazarus, R. S., & Lazarus, B. N. (1994). *Passion and Reason: Making Sense of Our Emotions.* New York: Oxford University Press.

Lee, J. A. (1973). *Colours of Love.* Toronto: New Press.

Lewin, K. (1951). *Field Theory in Social Science: Selected Theoretical Papers*. London: Tavistock Publications.

Lin, S. J. & Tsai, C. C. (2000). *Sensation seeking and internet dependence of Taiwanese high school adolescents*. Paper presented at the 108th annual conference of the American Psychological Association.

Maccoby, E. E. (1990). Gender and relationships. *American Psychologist, 45,* 513-520.

Mann, R., Gibbard, G., & Hartman, J. (1967). *Interpersonal Styles and Group Development: An Analysis of the Member-Leader Relationship*. New York: John Wiley & Sons.

Mark, L.K., & Anita, L. V. (1996). *Interpersonal Communication and Human Relationships* (3rd ed.). Massachusetts: Allyn & Bacon.

Masters, W., & Johnson, V. (1966). *Human Sexual Response*. Boston: Little Brown.

Matthews, S., & Rosner, T. (1988). Shared filial responsibility: The Family as the primary caregiver. *Journal of Marriage and Family, 50,* 185-95.

McGuigan, F. J., Wesley E. S., & Macdonald J. W. (1989). *Stress and Tension Control*. New York: Plenum.

McWhirter, D. P., & Mattison, A. M. (1984). *The Male Couple: How Relationship Develop*. Englewood Cliffs , N. J. : Prentice Hall.

Mead, G. H. (1934). *Mind, Self & Society*. Chiago : The University of Chiago Press.

Metchik, E. (1997). A typology of crime on the Internet. *Security Journal, 9,* 27-31.

Morahan-Martin, J. & Schumacher, P. (2000). Incidence and correlates of pathological Internet use among college students. *Computers in Human Behavior, 16,* 13-29.

Moreno, Z. (1979). Escape me never. *Group Psychotherapy, Psychodrama*

参考書目

and Sociometry, 32, 5-12.

Morrissey, M. (1998). ACES Technology Internet Network drafts technology competencies for students. *Counseling Today, 6*, 21-28.

Napier, R. W., & Gershenfeld, M. K. (1983). *Making Group Work*. Boston: Houghton Mifflin.

Nevid, S. J., Rathus, A. S., & Greene, B. (1994). *Abnormal Psychology* (2nd ed.). New Jersey: Prentice-Hall.

Newcomb, T.M. (1989). *The Acquaintance Process*. New York: Holt.

Perls, F. S. (1973). *The Gestalt Approach & Eye Witness to Therapy*. New York: Bantam Books.

Perls, F. S. (1976). *The Gestalt Approach & Approach & Eye Witness to Therapy* . New York: Bantam Books.

Popenoe, D. (1983). *Sociology* (5th ed.). Englewood Cliffs, N.J. : Prentice Hall.

Postman, N. (1985). *Amusing ourselves to death: Public discourse in the age of show business*. New York: Viking.

Ralston, S. M., & Kirkwood, W. G. (1999). The Trouble with applicant impression management. *Journal of Business & Technical Communication, 13*(2), 190-207.

Ritzer, G. (1992). *Sociological Theory*(3rd ed.). New York: McGraw-Hill.

Rubin, Z. (1973). *Liking and Loving: An Invitation to Social Psychology*. New York : Holt, Rinehart and Winston.

Rusbult, C. E., & Zemborodt, I. M. (1983). Responses to dissatisfaction in romantic involvements: A multidmensional scaling analysis. *Journal of Personality and Social Psychology, 43*, 1230-1242.

Sartre, J. P. (1948). *Existentialism and Humanism*. London: Methuen.

Schlenker, B.R. (1980). *Impression Management*. Monterey, CA: Brooks/ Cole.

Schutz, W. (1966). *The Interpersonal Underworld*. Palo Alto, Calif.: Science and Behavior Books.

Schutz, W.C. (1958). *A Three-dimensional Theory of Interpersonal Behavior*. New York:

Sears, O. D., Peplau, A. L., & Taylor, E. S. (1994). *Social Psychology*. (8th ed.). New York: Prentice Hall.

Segrin, C. (1997). *Social skills, stressful life events, and the development of psychosocial problems*. Manuscript submitted for publication at Journal of Social and Clinical Psychology.

Shaffer, D. R. (1994). *Social and Personality Development*. New York: Brooks/Cole.

Shaffer, D. R. (1999). *Development Psychology: Childhood and Adolescence*. Pacific Grove: Braks/Cole Pub.

Smith R.E., & Mackie, M.D. (2001). *Social Psychology*(2nd ed.). Philadelphia: Psychology Press.

Spitzberg, B. H., & Hurt, H. T. (1987). The measurement of interpersonal skills in instructional contexts. *Communication Education, 36*, 28-45.

Stephen, P., & Windy, D. (1995). *Counselling for Stress Problem*. London: SAGE.

Sternberg, R.J. (1998). *Cupid's Arrow: The Course of Love through Time*. United Kingdom: Cambridge University Press.

Sternberg, R.J. (1986). A triangular theory of love. *Psychological Review, 93*, 119-135.

Stockton, R., & Morran, D. K. (1982) Review & perspective of critical dimensions in the therapeutic small group research. In G. M. Gazda (Ed.), *Basic Approachs to Group Psychotherapy & Group Counseling* (3rd ed.). Springfield, IL. Charles C. Thomas.

Stogdill, R. M. (1974). *Handbook of Leadership*. New York: Free Press.

參考書目

Suler, J. R. (1996). Computer and cyberspace addiction. Retrieved March 3, 1998, from the World Wide Web: *http://wwwl.rider.edu/~suler/psycyber/cybaddict.html.*

Sullivan, H.S. (1953). *The Interpersonal Theory of Psychiatry.* New York: Norton.

Thibaut, J. W., & Kelley, H. H. (1986). *The Social Psychology of Groups* (2nd ed.). New York: Transaction.

Thibuat, J. W., & Kelly, H. H. (1959). *The Social Psychology of Groups.* New York: Wiley.

Thibuat, J. W., & Kelly, H.H. (1978). *Interpersonal Relations:A Theory of Interpendence.* New York: Wiley.

Ting-Toomey, S. (1993). An identity negotiation perspective. In W. B. Gudykunst (Eds), *Intercultural Communication Competence*(pp.72-111). California: SAGE.

Tony, C. (1999). *Stress, Cognition and Health.* New York: Routledge.

Trenholm, S. & Jensen, A. (1996). *Interpersonal Communication.* Belmont: ITP.

Trotzer, J. (1977). The Counselor & The Group: Integrating theory, training & practice. Monterey, CA: Brooks / Cole.

Turner, P. J. (1991). Relations between attachment, gender, and behavior with peers in preschool. *Child Development, 62,* 1475-1488.

Verderber, R. F. (1996). *Communicate* (8th ed.). New York: Wadsworth Publishing Company.

Verderber, R. R., & Verderber, K. S. (1995). *Inter-Act: Using Interpersonal Communication Skills* (7th ed.). New York: Thomson .

Verderber, R. F.,& Verderber, K. S. (1992). *Inter-Act: Using Interpersonal Communication Skills* (6th ed). Belmont, Calif: Wadsworth.

Walt, S. (1992). *Stress Management for Wellness.* Harcourt Bracw Jovanovich

College Publishers.

Wiemann, J. M. (1977). Explication and test of a model of communicative competence. *Human Communication Research, 3*, 195-213.

William R. A., & Ian, H. G. (1994). *Stress and Mental Health*. New York: Plenum.

Wood, J. T. (2000). *Communicate in Our Lives* (2nd ed.). New York: Wadsworth Publishing Company.

Yalom, I. D. (1995). *The Theory and Practice of Group Psychotherapy*. (4th ed.). New York: Basic Books.

Yaughn, E., & Nowicki, J. S. (1999). Close relationships and complementary interpersonal styles among men and women. *Journal of Social Psychology, 139*(4), 473-479.

Young, K. S. (1997). *Frequently asked questions*. Retrieved May 3, 2001, from the World Wide Web: *http://netaddiction.com/resources/faq.htm*.

Young, K. S. (1998). Internet addiction on campus: The emergence of a new clinical disorder. *Cyber Psychology & Behavior, 1*(3), 237-244.

Young, K. S., & Roger, R. C. (1998). The relationalship between depression and Internet addiction . *Cyber Psychology & Behavior, 1*(1), 25-28.

Zunker, V. G. (1996). *Career Counseling Applied Concepts of Life Planning*. Calif: Brooks/Cole.

參考書目

中英名詞對照

友伴之愛　companionate love

友情的轉換　friend shifts

反社會行為　antisocial behavior

心性發展　psychosexual develop-
ment

心理動力工作及客體評量系統　psy-
chodynamic works and object rating
system/PWORS

心理測驗法　psychological test
method

手足競爭　sibling rivalry

文化情境　cultural context

月暈效應　halo effect

比較水準　comparison level

水平衝突　horizontal conflict

父母苛求／控制程度　parental de-
mandingness／control

父母接受度／反應性　parental ac-
ceptance／responsiveness

五劃

他人知覺　other-perception

代價　cost

代價與報酬的關係理論　cost-reward
relation theory

加權平均模式　algebraic model

去抑制化　disinhibition

外表吸引力　physical attraction

外爆層　explosion layer

鉅觀　macro-order

平均模式　averaging model

平衡論　balance theory

打岔型　irrelevant

民主型　Democrat

民主權威型　authoritative parenting

生理性別　sex

目標能力　goal competence

六劃

交換論　exchange theory

交錯式溝通　crossed transaction

仲裁者　arbitrator

再發性　relapse

印象形成　impression formation

印象整飾　impression management

同事　colleagues

同儕　peers

同儕壓力　peer pressure

合作　cooperation

合作者　cooperators

因果循環　circular causality

地位　status

好的我　good-me

好聚好散　negotiated farewell

安全依附型　secure attachment

成員與領導者計分系統　member-leader scoring system / MLSS

有利的評價　admiration

次系統　subsystem

死寂層　death layer

自我　self

自我系統　self-system

自我坦露　self-disclosure

自我知覺　self-perception

自我表現論　self-presentation

自我表露　self-disclosure

自我能力　self competence

自我意象　self-image

自我概念　self-concept

自尊　self-esteem

自然語言　natural language

自慰　masturbation

行為　behavior

行為自主性　behavioral autonomy

七劃

佔有之愛　mania/possessive/depend-
　　ent love

作戲層　game layer

利社會行為　prosocial behaviors

完整之愛　conummate love

快樂感　marital happiness

戒斷症狀　withdrawal syndromes

扮演他人角色　taking the role of the

other

投降　surrender

投射　projection

投射法　projective technique

攻擊　aggression

私人距離　personal distance

私黨　clique

系統　system

肛門期　anal stage

角色扮演層　as-if layer

角色能力　role competence

角色期望　role expectation

角色衝突　role conflict

八劃

依附　attachment

依賴性　dependence

其他選擇　alternatives

協調結果　coordinating outcomes

受訊者　decoder

孤獨　aloneness

幸福感　well-being

忠誠　loyalty

忽略　neglect

性反應週期　a sexual response cycle

性別認同　sex identity

性取向　sexuality

性慾　sexual desire

中英名詞對照

性器期　genital stage

性蕾期　phallic stage

承諾　commitment/ decision

治療歷程協商編碼系統　negotiation of therapy agenda / NOTA

直接策略　direct strategies

直線—幕僚衝突　line-staff conflict

知曉　awareness

知覺　perception

社交距離　social distance

社交階段　social phase

社交層　cliché layer

社會比較　social comparison

社會交換論　social exchange theory

社會行為結構分析系統　structural analysis of social behavior / SASB

社會角色模式　social role model

社會性別　gender

社會性的寂寞　social loneliness

社會滲透模式　model of social penetration

社會認知技巧　social cognition skills

空愛　empty love

表面接觸　surface contact

表達式禮儀　presentation rituals

非語言溝通　non-verbal communication

九劃

俗民方法學　ethnomethodology

前台　frontstage

垂直衝突　vertical conflict

建構論　constructivism

後台　backstage

指責型　blame

指標性表達　indexical expression

指標變義性　indexicality

既成事實　fait accompli

架橋　bridging

界限　boundary

相互關係　mutuality

相似性　similarity

相對效果　contrast effect

相識　acquaintance

相屬性　affection

計算　account

重複曝光效應　repeat exposure

面子功夫　face-work

十劃

個人主義者　individuals

個人衝突　personal conflict

個性　personality

個案研究　case study

家長諮詢　parent consultation

家庭星座　sibling constellation

家族治療　family therapy

射精　ejaculation

恐懼自由　fear of freedom

時空的接近性　proximity

時間限制　time limit

浪漫之愛　romantic love

消退期　resolution phase

真誠表露層　cathartic expressions layer

缺乏人際關係　underpersonal

缺乏社交　undersocial

能力　competence

荒唐之愛　fatuous love

討好型　placate

訊息　information/message

訊息能力　message competence

迷戀　infatuation

退出　exit

退縮　withdraw

迴避式禮儀　avoidance rituals

逃避自由　escape from freedom

高原期　plateau phase

高潮期　orgasmic phase

十一劃

問卷法　questionnaire method

基本焦慮論　basic anxiety

婚姻成功　marital success

婚姻溝通　marital communication

婚姻滿意　marital satisfaction

婚姻衝突　marital conflict

婚姻調適　marital adjustment

婚姻穩定　marital instability

寂寞　loneliness

得寸進尺效應　foot-in-the-door effect

情感依附　affectional

情境寂寞　situational loneliness

情境認同論　situational identity

情緒自主性　emotional autonomy

情緒性的寂寞　emotional loneliness

情緒智商　emotional intelligence
quotient/EQ

控制的需要　control need

接近程度　poximity

晤談法　interview method

逃避型　waiver

現象學　phenomenology

現實之愛　pragma, logical, shopping
list love

第一線角色　boundary-spanning ro-
les

符號　symbol

符號互動　symbolic interaction

符號互動論　the theory of symbolic
interaction

符號互動學派　symbolic interactio-

439

nism

組織內的衝突　intraorganizational
　conflict

累加模式　additive model

袖手旁觀型　uninvolved parenting

連結人數　number of links

逐漸褪色　fading away

閉鎖效應　lock-in effect

單邊知覺　unilateral awareness

十二劃

疏離　disengagement

場地論　field theory

報酬　reward

尊重　respect

循環　circularity

提高成本　cost escalation

智力多元論　multiple-intelligence
　theory

智商　intelligence quotient/IQ

替代性選擇水準　comparison level
　of alternatives

期望　expectation

減少付出　cost cutting

渴望　yearning

測量法　measurement method

測驗法　test method

焦慮／不確定性處理論　anxiety/un-
certainty management

焦慮喚醒　anxiety-arousing

無私之愛　agape/all-giving/selfless
love

善後階段　grave-dressing phase

評估結果　evaluating outcomes

評定法　rating method

超理智型　super-reasonable

逸散效果　radiating effect

間接策略　indirect strategies

十三劃

傳訊者　encoder

微觀　micro-order

感受　feeling

感覺　sensation

愛的三角形理論　triangle of love

愛的六種類型　six styles of loving

愛的需求　need for affection

愛情依附類型論　attachment styles
of love

溝通　communication

溝通分析論　theory of transactional
analysis

溝通恐懼　communication apprehen-
sion

溝通能力模式論　model of com-
munication ability

群內衝突　intragroup conflict

群間衝突　intergroup conflict

解釋能力　interpretive competence

詮釋　interpretation

遊戲之愛　ludus/game-playing love

遊戲模式　game model

過度人際關係　overpersonal

過度社交　oversocial

零接觸　zero contact

十四劃

團眾　crowd

團體情緒評定系統　group emotion-
　ality rating system / GERS

實驗法　experimental method

對等原則　etcetera principle

對關係不滿的反應模型　model of
　responses to relationship

漫天要價效應　door-in-the-face ef-
　fect

滲結　enmeshment

網路成癮　internet addiction

網路空間　cyberspace

網路諮商　online counseling/Web-
　counseling

網際網路　internet

維繫式禮儀　maintenance rituals

語言溝通　verbal communication

語意　semantics

認可式禮儀　ratification rituals

說服　persuasion

需求層次論　need hierarchy theory

領導　leadership

十五劃

僵局層　impasse layer

增強情感論　reinforcement-affect
　theory

寬容溺愛型　permissive parenting

模仿　imitation

潛伏期　latent stage

熱情的愛　passionate love

衝突管理　conflict management

談判階段　dyadic phase

調查法　survey method

調停者　mediator

十六劃

學習模式論　learning model

歷史情境　historical context

激情　passion

獨裁型　autocrats

獨斷專權型　authoritarian parenting

興奮期　excitement phase

親合動機　affiliation motivation

親密　intimacy

中英名詞對照

國家圖書館出版品預行編目（CIP）資料

人際關係的理論與實務／徐西森等合著. --初版--臺北市：
心理，2002（民91）
面； 公分.--（通識教育系列；33011）
參考書目：面

ISBN 978-957-702-539-5（平裝）

1. 人際關係

177.3   91017899

通識教育系列 33011

人際關係的理論與實務

作　　者：徐西森、連廷嘉、陳仙子、劉雅瑩
執行編輯：陳文玲
總 編 輯：林敬堯
發 行 人：洪有義
出 版 者：心理出版社股份有限公司
地　　址：231 新北市新店區光明街 288 號 7 樓
電　　話：(02)29150566
傳　　真：(02)29152928
郵撥帳號：19293172　心理出版社股份有限公司
網　　址：http://www.psy.com.tw
電子信箱：psychoco@ms15.hinet.net
駐美代表：Lisa Wu（lisawu99@optonline.net）
排 版 者：臻圓打字印刷有限公司
印 刷 者：容大印刷有限公司
初版一刷：2002 年 11 月
初版八刷：2016 年 8 月
Ｉ Ｓ Ｂ Ｎ：978-957-702-539-5
定　　價：新台幣 450 元